광장의 신학

Reformed Theology in the Naked Public Arena

Copyright © 2010 Prof. Seung-Goo Lee, Ph. D.

Hapdong Theological Seminary Press
Mt. 42-3 Woncheon-dong, Yeongtong-gu, Suwon, Korea

광장의 신학 – 한국 사회의 공적 문제들에 대한 개혁신학의 한 접근

초판 1쇄 발행 2010년 4월 9일
초판 2쇄 발행 2010년 6월 11일

지은이 이승구
발행인 성주진
펴낸곳 합신대학원출판부
주 소   443-791 수원시 영통구 원천동 산 42-3
전 화   (031)217-0629
홈페이지 www.hapdong.ac.kr
인쇄처 예원프린팅 (031)906-6551
총 판   (주)기독교출판유통 (031)906-9191
값 15,000원

ISBN 978-89-86191-95-0 93230
잘못된 책은 교환해 드립니다

이 도서의 국립중앙도서관 출판시 도서목록(CIP)은 e-CIP 홈페이지
htttp://www.nl.go.kr/cip.php에서 이용하실 수 있습니다.
(CIP 제어번호 : CIP2010001092)

한국 사회의 공적 문제들에 대한 개혁신학의 한 접근

광장의 신학

이승구 지음

머리말

이 책은 공적 영역(public arena)의 여러 문제들, 특히 21세기 초 한국 사회 안에서 제기 되고 있는 공적 문제들에 대한 기독교적인 대응을 시도한 책이다. 그러므로 이는 넓은 의미에서 공적 신학의 한 시도라고 할 수 있다. 특히 나의 신학적 입장이 개혁파적인 것이므로 이를 '개혁파적 공적 신학의 한 시도'라는 부제를 달았다. 우리들의 적나라한 공적 영역을 '광장'으로 설정하고 그 광장에서 우리가 어떻게 신학을 해야 하는지 시도한 것이다. 오래 전 최인훈은 자신의 소설에서 주인공인 이명준으로 하여금 해방 전후사의 광장에서 남한도 북한도 아닌 제3 지대를 택하도록, 그것도 그리로 가면서 자살을 택하여 어머니 자궁 같은 바다 속으로 들어가게 만들었다.[1] 최인훈이 제시한 그 광장을 읽고서 많이 고뇌한 우리들은 이제 그 작가가 그 안에서 고뇌하던 광장과는 또 다른 성격의 광장 앞에 서 있다. 시대마다 광장은 동일하면서도 다른 의미로 우리에게 다가 오는 것 같다. 이런 새로운 광장 앞에서 우리는 과연 어떤 선택을 어떻게 하여야 책임 있는 한 사람으로서의 선택을 할 수 있는 것인가? 이러한 고민을 하고 있는 여러분들을 우리 사회의 복잡다단한 문제가 많은 적나라한 광장에로 초대하고자 한다.

---

[1] 최인훈, 『광장/구운몽』 (서울: 문학과 지성사, 1976). 본래 이 소설은 1960년 11월 새벽지에 연재된 소설을 단행본으로 묶은 것이다.

이 책을 저자가 이제 막 사역을 시작한 합동신학대학원대학교 출판부에서
내게 된 것은 저자에게는 큰 영예가 아닐 수 없다. 오랜만에 모교에 와서
귀한 후배들과 대화하면서 우리 사회의 공적 문제들에 대한 개혁신학적
논의를 할 수 있는 이런 기회를 만들어 주신 오덕교 전 총장님과 성주진
총장님과 나의 은사님들이신 신복윤 교수님, 윤영탁 교수님, 김명혁 교수님,
박형용 교수님, 김성수 교수님, 유영기 교수님, 그리고 여러 동료 교수님들,
또한 이 책을 만들어 내기 위해 귀한 수고를 아끼지 않으신 출판부의 조주석
목사님께 깊은 감사를 드린다. 광장의 신학이라는 멋진 제호를 비롯하여
여러 면에서 조주석 목사님은 이 책의 탄생에 지대한 기여를 하여 주셨음을
밝히는 바이다.

부디 바라기는 이 책과 함께 한국 사회의 여러 문제를 같이 돌아본 분들이
최소한 이 문제들에 대한 성경적이고 기독교적인 이해와 해결의 방식에
대한 생각을 가질 수 있으면 한다. 그리고 우리가 그런 기독교적 사유에
근거한 사랑의 실천을 해 갈 수 있었으면 한다. 주께서 이 책을 사용하셔서
우리들로 하여금 우리 사회의 복잡한 문제들에 더 민감하게 하시고, 우리의
생각과 활동을 더 성경적이 되도록 해 주시기를 바랄 뿐이다.

2009년 10월 7일
합동신학대학원대학교 연구실에서

감사와 인정

이 책의 각 장의 내용은 다음과 같은 기회에 발표되었음을 밝히면서, 그 개최 기관의 관계자들과 출판물의 경우에는 편집인들에게 이 내용을 이 책에 사용할 수 있도록 허락해 주심에 대해서 깊은 감사를 드린다.

제2장 '공적 신학'은 "공적 신학에 대한 개혁파적 한 접근"이라는 제목으로 미래목회포럼(당시 공동대표 이성희 · 신화석 목사)에서 "공공 신학(Public Theology)에 대한 이해와 접근 – 한국교회의 공적 정책"이라는 주제로 2008년 10월 24일 동대문 동신교회(김권수 목사)에서 발제한 신학 심포지엄의 발제문이다. 이때 이형기 교수 ("공적 신학의 지평: 하나님 나라—한국교회의 공적 책임을 중심으로"), 이장형 교수("세계화의 능동적 수용과 기독교적 책임 – 스택하우스의 공공신학을 중심으로"), 권성수 목사 ("목회자적 입장에서 본 공적 신학의 접근"), 박진 의원("정치적 측면에서의 공적 신학의 과제와 접근"), 양혁승(연세대) 교수 ("평신도 입장에서 본 공적 책임의 수행")도 함께 발제했다. 이 논문은 「한국개혁신학」 24 (2008)에 게재되었다.

제3장 '동성애'는 국회 소회의실에서 열린 동성애자에 대한 차별 금지 법안에 대한 공청회에서와 기독교학문학회에서 발제한 내용이다.

제4장 '성전환자'는 "성전환자의 호적상 성별 정정 문제에 대하여"라는 제목으로 한국 교회 언론회의 주최로 한국교회 백주년 기념관에서 2006년에 발제한 내용으로, 김영한 교수 회갑기념 논문집인 『21세기 한국 신학의 방향』(서울: 선학사, 2006), 817-33에 실렸었다.

제5장 '사형제, 존치냐 폐지냐'는 "사형 제도에 대한 기독교의 견해"라는 제목으로 한기총 신학위원회 주최로 한기총 세미나실에서 열렸던 신학 심포지엄에서 발제한 내용으로, 김영재 교수님의 은퇴기념 논문집인 『한국교회의 신학 인식과 실천』(수원: 합신대학원출판부, 2006)에 기고했던 논문이다.

제6장 '강호순 사건'은 온누리 TV의 시사 칼럼에서 녹화 방송한 것인데 나의 블로그(http://blog.daum.net/wminb)와 홈페이지(http://cvtchurch.org/wminb/)에도 실렸고, 마지막의 질문에 대한 대답은 한동대학교 학보사의 질문에 응하여 작성한 것이다.

제7장 '정치 문화'는 "한국 정치 문화의 발전과 한국 교회의 역할"이라는 제목으로 한국 장로교 신학회에서 발제한 내용으로 「장로교회와 신학」 5 (2008)에 실렸던 논문이다.

제8장 '이주자'는 "이주자를 어떻게 볼 것인가? 이주자 신학의 토대로서의 이주자 이해"라는 제목으로 "제1차 이주자 선교포럼"에서 발제한 내용이다.

제9장 '안락사?'는 2009년 12월 5일 9일(토) 오후 2~6시에 서울대학교병원 C강당에서 열린 성산생명윤리연구소 창립 12주년 기념 세미나: "죽어가는 환자를 어떻게 돌 볼 것인가?"(End-of-Life Care)에서 발제한 내용이다.

제10장 '생명관'은 합동신학대학원대학교의 학술지인 「신학정론」 27/2 (2009년 11월): 217-44에 발표되었던 글이다.

제11장 '두 신학'은 "한기총의 신학과 KNCC의 신학"이라는 제목으로 2007년 8월 9일에 한기총 신학연구위원회 주최로 한기총 세미나실에서 열린 "한기총의 신학적 입장은 무엇인가?"라는 제목의 세미나에서 조종남 박사님과 나용화 박사님과 함께 3편의 주제 논문 중 하나로 발제한 글을 보완한 것이다. 함께 발제를 했던 조종남 박사님과 나용화 박사님, 그리고 필자의 논문에 대해 논평을 해주신 이상규 교수님의 귀한 논평에 대해서 깊은 감사를 드린다. 이는 「국제신학」 9 (2007): 205-26에 게재되었다.

제12장 'WCC총회 한국유치?'는 「진리의 깃발」 101호 (2010년 1월호)와 「기독교개혁신보」에 실렸던 글이다.

제13장은 '포스트모던 세계와 그리스도'는 김차생 장로님의 은퇴 기념 논문집인 『애굽에서 약속의 땅 가나안까지』 (용인: 웨스트민스터 출판부, 2007), 398-418에 게재한 논문이다.

제14장 '한국 교회의 나아갈 길'은 "한국 교회의 문제점들과 그 극복의 길"이라는 제목으로 안명준 교수께서 편집하여 낸 『한국 교회의 문제점들과 그 극복의 길』 (서울: 이컴비즈넷, 2006), 119-42에 실렸던 글이다.

1부
공적 신학

"공적 신학이란 도덕에 대한 공적 토론을 포함한
내용 있는 심각한 공적 논의에 영향력을 행사할 심사로
아주 의도적으로 종교적 언어와 헌신을 사용하는 것이다."

1. 적나라한 공적 영역

오늘날 한국 사회를 사는 사람들은 누구나 이 사회가 복잡한 사회이며, 그것으로도 모자라 날로 더 복잡한 상황을 향해 나아가고 있다고 생각할 것이다. 얼마 전에 그 모습을 새롭게 드러낸 광화문 광장에 나서거나, 협상이 타결되어 오랫동안 매우 격렬하게 농성하던 노동자들이 나와서 회사의 재개를 위해 애쓰고 있는 쌍용차 공장의 상황을 생각하거나, 그야말로 어수선한 곳의 대명사가 된 대한민국 국회의사당을 생각하거나, 우리 사회 속에서는 누구나 무엇인가를 말해야 할 것 같은데, 그렇게 하면 그 말들이 다양한 메아리를 남기고 전혀 다른 의미를 지닌 말로 되돌아 올 것이나 아닌지를 걱정하게 되기도 하고, 더 나아가면 도대체 어디서부터 실타래를 풀어야 할지 모르겠는, 그래서 차라리 손으로 입을 가리고 말하지 않는 것이 더 나은 듯이 여겨지는 상황 속에 있음을 느끼게 될 것이다.

그리스도인들도 역시 같은 느낌을 강하게 받을 것이다. 그것이 지나치면 우리의 그리스도인 됨도 그 의미가 무색해 질 것 같은 아주 복잡한 한국 사회 속에 우리는 살고 있다. 이 책에서 나는 이런 모든 그리스도인들을 일종의 가상 여행에로 초대하고자 한다. 이 여행을 통해서 우리는 우리 사회의 문제 속으로 더 깊이 들어 가 볼 것이다. 마치 평토장된 무덤 밑까지를 드러내려는 듯이 우리의 문제 속으로 더 들어 가는 일을 해보는 것이다. 이것이 바다 밑의 모습을 살펴보는 수중 산책 같은 이색적이고 기분 좋고 모험심을 자극하는 여행이 되지 못함에 대하여 안타깝게 여긴다. 이 여행은 처음에는 그렇게 즐거운 것이 되지 못할지도 모른다. 우리는 어떤 지역을 피상적으로 지나가는 여행이 편안하다고 느낄 수 있다. 수많은 문제 속으로 들어가는 것은 사실 어려운 일이다. 낯선 곳에 가서 그저 풍경을 보고 나름의 인상을 받고 그것을 생각하는 그런 여행이 단순하고 간단한 일이다. 그러나 사회 속에서 그들과 대화하면서 그들의 내면의 문제를 드러내어 보고, 할 수만 있으면 해결의 실마리라도 찾아보려고 하는 것은 결코 즐거운 여행으로 여겨지지 않을 것이다.

이 책을 통해 내가 독자들과 함께 하려는 여행은 사실 그 두 가지 중간쯤에 있는 좀 어정쩡한 여행이다. 이 여행을 같이 하고서 독자들이 좀 더 심각한 문제의식을 가지고 우리 사회의 문제를 조금이라도 해결하는 길로 나아가야 하겠다는 일종의 사명 의식을 가질 수 있었으면 하는 것이 나의 일차적 목적이다. 우리들은 도대체 그런 문제의식 자체를 멀리 하려 하기 때문이다.

1990년대 말에 소위 "적나라한 공적 영역"(naked public arena)에 관한 존 코트니 머리(John Courtney Murray, 1904~67) 신부의 글을 보고서 이 문제에 대한 개혁신학적 입장에서의 본격적인 논의가 필요하다는 생각이 들었었다. 그때부터 이루고 싶었던 작업의 일부가 이렇게나마 부족한 형태로 이루어졌다고 말할 수 있다.

물론 이 책은 아직 본격적인 의미의 공적 신학(公的神學)은[2] **아니**라고 할 수 있다. 오히려 이는 공적 신학을 위한 전초 작업이라고 할 수 있을 것이다. 왜냐하면 이 책의 여러 글에서 나는 무엇보다도 공적 영역의 여러 문제들에 대해서 그리스도인들이 **자신들의 입장을 분명히 하도록 하기 위한 일**에 신경 썼기 때문이다. 우리 사회의 복잡한 문제들에 대하여 그리스도인들은 과연 어떤 입장을 천명해야 하는지, 그리고 이런 문제들에 대해서 그리스도인이 또 다른 그리스도인에게 어떻게 이야기해야 하는지를 우선적으로 살펴 본 것이다. 이 과정에서 개혁파적 확신을 가지고 있는 나는 성경의 가르침과 그에 근거한 개혁파적 가르침을 중심으로 생각하고 진술하지 않을 수 없었다.

그러므로 늘 성경에 충실하게 생각하는 그리스도인들은 결과적으로 이 복잡한 문제들에 관련하여 그 문제의 복잡성을 드러내면서도 결국은 성경의 가르침만을 말하는 것을 보고서 별로 새롭지 않음에 대해 실망할 수도 있고, 또 그 성격적 입장에 동의하면서 기뻐할 수도 있을 것이다. 또한 성경에 대해서 아주 비평적으로 접근하는 분들이나 이 문제들의 복잡성에 비례하는 복잡하고 보다 정교한 대답을 추구하거나 주로 새로움을 추구하는 분들에게는 이 책의 논의와 결론들이 매우 진부하게 여겨질 것이다.

동시에 이 모든 독자들은 무엇보다도 이 책은 아직 이런 '기독교적 입장, 개혁파적인 입장'을 그리스도를 자신의 구주로 아직 믿지 않는 분들에게 그들이 잘 이해할 수 있는 말로, 또한 그들을 잘 설득할 수 있는 방식으로 제시하지 않았다는 것을 지적하며 안타까워 할 것이다. 나는 이런 지적에

---

2 공적 신학, 혹 공공 신학이라고도 언급되는 이 용어에 대한 논의로 이 책의 제2장의 서론, 각주 1의 논의를 참조하라.

대하여 전적으로 공감한다. 그런 것이 온전히 이루어질 수 있을 때 우리는 진정하고 본격적인 의미의 공적 신학(公的神學)을 갖게 될 것이다. 바로 이런 의미에서 나는 이 책이 **아직은** 본격적 의미의 공적 신학은 **아니라**고 한 것이다. 그런 의미에서 이 책의 출판은 아직 설익은 책을 내는 것이라고 할 수 있다. 그러나 이는 부분적으로는 다분히 의도적인 것이기도 하다. 지난 몇 년 동안 나는 공적 신학의 문제들을 가지고 많은 이들과 이야기하는 가운데 아직 그리스도를 믿지 않는 분들과의 대화나 그분들을 설득하는 것 **이전에** 소위 그리스도인들 사이에서도 명확히 성경적인 입장이 제대로 진술되지 않고, 성경적 입장이 너무 쉽게 포기되거나 저버려지거나 양보되는 경우를 너무나도 많이 경험했었다. 그런 나에게는 **일차적인 목표가 어떻게 하면 명확히 성경적인 기독교적 입장을 기독교적 입장에서 진술하고 제시할 수 있을까 하는 것이었다.** 그러므로 나는 이 책에 실린 모든 글에서 가장 기본적인 성경적 입장을 분명히 하려고 애썼다. 물론 우리들이 직면하고 있는 공적 영역의 문제들이 얼마나 복잡한 문제인지 잘 드러내는 일을 할 수 있는 만큼은 하면서 그런 문제에 대한 성경적 입장의 진술이 어떻게 되어야 하는지를 시도한 것이다.

　적어도 성경의 가르침을 온전히 받아들이는 그리스도인들을 위하여 일차적으로 복잡한 공적 영역의 문제에 대하여 성경적 입장이 어떠한 것임을 아주 분명히 해야 할 필요가 있다고 판단했기 때문이다. 그것이 이루어지지 않으면 논의하는 과정에서 소위 그리스도인들이 성경의 관점과는 다른 말을 하는 것을 보게 된다. 과거의 수많은 토론에서 경험했던 이런 안타까움이 나로 하여금 이와 같이 성경적 입장을 명백히 하는 책을 제시하도록 한

것이라고 할 수 있다. 그러므로 이는 이 책의 2장에서 언급할 '일차적 논의',
즉 first order language를 사용한 논의라고 할 수 있다.[3]

이와 같이 명확한 기독교적 입장이 정리되고 나서야 이제 우리의 입장
을 어떻게 기독교 신앙을 아직 가지지 않은 사람들에게 그들이 잘 이해
할 수 있고, 그들도 쉽게 설득될 수 있는 방식으로 제시할 수 있는가 하는
'이차적 논의'가 시도될 수 있다. 이것이 2장에서 말할 소위 이차적 언어(the
second order language)를 사용한 논의가 되고, 그것이 공적 신학의 진면목
이라고 할 수 있다.[4] 그런 '이차적 논의'가 필요한 이유는 첫째로 우리가
공적 영역의 문제, 즉 믿는 이들과 아직 믿지 않는 분들이 같이 살고 있는
영역의 문제에 대해서 말하는 것이기 때문이다. 둘째로, 우리는 그 공적인
영역에서 우리의 입장을 제시하여 아직 믿지 않으시는 분들이라 할지라도,
최대한으로 바란다면, 비록 그분들이 이런 입장을 받아들이는 동기와 궁극
적 목적은 다를지라도 우리가 제시하는 입장에 동의하면 그런 방향으로
나와 주시기를 원하고, **또 최소한**으로 바란다면 적어도 믿지 않는 분들도
우리가 제시하는 것이 그리 무리한 것은 아니라고, 즉 그저 고집스러운
사람들이 말도 안 되는 소리를 하면서 고집 피우는 것은 아니지 않느냐라고
설득하려는 것이기 때문이다. 다시 말해서, 우리의 입장이 그래도 생각해
볼 가치는 있는 입장이고 공적 영역의 많은 문제들을 같이 가지고 사는
사람들로서 충분히 가질 수 있는 합리적 입장이라고 여기면서 비록 자신은
다른 신념 때문에 다른 입장을 취한다고 해도 우리의 입장도 충분히 존중할
만한 입장으로 여기게 할 만큼 설득하는 것이기 때문이다.

---

[3] 이 개념에 대해서는 이 책의 2장 43f.을 읽어 주시기 바란다.
[4] 이에 대해서는 본서 44f.를 보라

이런 '이차적 논의' 즉 the second order language를 사용하는 second order discussion이라는 본격적 공적 신학의 논의에서 우리가 가장 주의해야 할 바는 그런 논의 과정에서 우리의 기독교적 입장이 양보되거나 절충되거나 심지어 변하지 않도록 하는 것이다. 흔히 변증(apologetic)에서 이와 비슷한 일이 많이 발생한 것을 경험한 우리들은[5] 처음부터 이 점에 매우 주의하지 않을 수 없다. 물론 공적 신학은 변증학이 아니다. 공적 신학은 일차적으로 공적 영역의 문제에 대하여 우리의 입장을 알리고 아직 믿지 않는 분들도 할 수 있는 한 이런 입장에 동의하게 하거나 적어도 우리 입장을 충분히 이해하는 동감에 찬 반대를 하도록 하려는 것이기 때문이다. 그러므로 궁극적으로 기독교적 입장을 공적이고 신학적으로 받아들이도록 하는 목적도 배제하는 것은 아니다. 그러므로 서구에서 공적 신학을 시도하는 분들이 공적 신학은 결국은 증언(witness)이 될 수밖에 없고, 증언이 되어야만 한다고 말하는 것은 매우 의미심장한 일이라고 여겨진다.[6]

그러나 우리의 이차적 언어가 그저 신앙 고백적 언어가 된다면 이는 다시 '일차적 논의'(the first order language)로 되돌아가는 것이기에 주의해야 한다. 이런 의미에서 공적 신학은 서구나 우리나라에서도 아직 완숙한 단계에 들어선 것이 아니다. 물론 이 책도 그런 성격을 지니고 있다. 이 책은 앞으로 온전한 개혁파적 공적 신학이 나타나도록 하기 위하여 먼저 명확히 기독교적인 입장에서 성경적, 신학적 대답들을 미리 정리하는 시도라고 할 수 있다. 이 책은 아직도 그리스도인들 간의 대화를 위하여 저술한

5 이 점에 대해서는 소위 고전적 변증에서 어떤 일이 발생했는지에 대한 코넬리우스 반틸의 논의를 참조하라. 가장 간단하게는 이승구, 『코넬리우스 반틸』 (서울: 살림, 2007)을 보라.

6 이에 대해서도 본서 2장 서론의 논의를 참조하여 보라.

책이다. 물론 그리스도인이 아닌 분들도 이 책을 읽고서 의미 있게 대화하며 저자가 목적하는 바를 향해 나아온다면 그보다 더한 기쁨은 없을 것이다. 그러나 일단은 그리스도인들이 공적 영역의 여러 문제들에 대한 우리들의 입장을 잘 정리할 수 있도록 도움을 주기 위해서 이 책을 여러분들 앞에 내어 놓는 무모한 일을 감행한다.

　　이런 점에서 이는 이전에 저자가 21세기 한국 사회의 여러 문제들에 대해서 그리스도인들이 어떻게 생각해야 하는지를 좀 더 단순하게 진술하여 제시하였던 『기독교 세계관으로 바라보는 21세기 한국 사회와 교회』의 후속 편이라고도 할 수 있다.7 그 책에서 제시했던 것들에 덧붙여서 이 책에서는 우리 사회 속에서 좀 더 심각한 문제로 제시되고 있는 동성애 문제, 성전환자 문제, 사형제도 문제, (한국 정치 문화와 한국 교회 문제) 한국 정치, 사회 문제들, (소위 "존엄사" 문제, 배아 복제 문제, 생명 문제 같은) 의학적 문제들, 그리고 (한국 교회의 문제점들, 포스트모던의 문제 같은) 교회와 사회의 문제들에 대하여 어떤 것은 상당히 본격적으로, 또 어떤 것을 이전처럼 단순한 형태로 제시해 보았다. 이 논의들의 초안은 우리 사회의 심각한 공적 문제들에 대하여 기독교적 입장을 분명히 제시하려고 마련한 무대 위에서 성경적이고 개혁파적인 입장을 제시해 보려고 했던 시도들이었기 때문이다. 이제 그 논의들을 좀 더 가다듬어 이 땅의 많은 그리스도인들과 대화하기 위해 이 논의들을 개혁파적 공적 신학의 한 시도로 내어 놓는다.

---

　　7 『기독교 세계관으로 바라보는 21세기 한국 사회와 교회』(서울: SFC, 2005, 재판 2006). 그러므로 실천 편인 그 책의 원론 격이라고 할 수 있는 이승구, 『기독교 세계관이란 무엇인가』(서울: SFC, 2003, 개정 3판, 2008)와 기독교 세계관 시리즈의 세 번째 책으로 기독교 세계관적 시각을 온전히 교회 문제에만 적용한 『한국 교회가 나아 길 길』(서울: SFC, 2007)과 같이 이 책을 읽어 보면 도움이 될 것이다.

2. 공적 신학

공적 신학(公的神學, public theology)이라는 말을[1] 넓은 의미로 쓰면 이전부터 교회가 그리한 바와 같이 우리의 삶의 공적 영역에 대하여 관심을 가지고 논의하는 것을 지칭하기도 한다. 그러나 근래에 이 용어를 사용할 때는 이와는 달리 소위 '적나라한 공적 영역'(naked public square)에서[2] 공적 중요성을 띤 문제를 제기하는 일정한 의도가 담긴 신학적 성찰을 모색하는 **새로운 신학적 분과 또는 새로운 신학하기**를 지칭하는 말로 쓰인다. 즉, 최근에 논의되는 "공적 신학"은 "현대 사회의 공적인 문제들과 상관성 있는 신학이 점차 필요하다고 보는 인식이 늘어남)"(a growing perception

---

[1] 근래에 우리나라에서 public theology를 "공공신학"으로 지칭하는 일이 많이 있다. Cf. 새세대교회윤리연구소(NICE) 편, 『공공신학이란 무엇인가』 (서울: 선학사, 2007); 장신근, "공공신학이란 무엇인가: 공공신학의 형성배경과 지평에 대한 연구", 교회공적책임을 위한 신학연구소. 제1차 정기논문발표 (2008년 9월 19일), 7. "Public square"를 어떻게 번역하느냐에 따라서 사용하는 용어가 달라질 것이다. 오래 전부터 public square를 "공적 영역"이라고 옮겨 왔으므로 이를 "공공 영역"이라고 번역하고 그 연장선상에서 "공공 신학"이라고 하는 것보다는 "공적 영역에 대한 신학"이라는 뜻으로 이 글에서는 "공적 신학"이라는 번역어를 사용하고자 한다. 이형기 교수님께서도 같은 용어를 사용하여 주심에 대하여 감사를 드린다.

[2] Cf. Gavin D' Costa, *Theology in the Public Square: Church, Academy & Nation* (Oxford, UK: Blackwell Publishing, 2006).

of the need for theology to interact with public issues of contemporary society)에 따라 나타난 것으로서,3 이를 가장 일반적인 용어로 표현하자면 "공적인 삶과 연관된 문제들에 대하여 신학적 확신의 빛에 비추어 그리고 신학적 학문 분과의 도움을 받아 이루어지는 체계적인 성찰"로 제시된다.4 이 새로운 공적 신학은 사회적 문제에 대해서 교회가 공적 성명서를 내고, 사회적 행동에 관여하는 것 정도가 아니라, 기본적으로 "공적 중요성을 지닌 문제들에 대하여 관심을 더 촉구하고 싶어 하는 **신학을 하는 방식**"(*a mode of doing theology* that is intended to address matters of public importance)으로 이해된다.5 그러므로 공적 신학은 "살아 있는 종교 전통들이 그들이 그 안에서 살고 있는 공적인 환경, 즉 공동생활의 경제적, 정치적, 문화적 영역들에 관여하는 것"으로 이해된다.6 빅토 앤더슨(Victor Anderson)의 말을 빌어 요약하자면, 공적 신학이란 "도덕에 대한 공적 토론을 포함한 내용 있는 심각한 공적 논의에 영향력을 행사할 심사로 아주 의도적으로 종교적 언어와 헌신을 사용하는 것"이다.7

---

3 Sebastian Kim, "Editorial," *International Journal of Public Theology* 1/1 (2007): 1.

4 "Public Theology in the Canadian Context," available at: http://public theology.org/ (the website of the Centre for Public Theology, a research initiative located in the Faculty of Theology at Huron University College, at the University of Western Ontario), accessed on 13 October, 2008: "systematic reflection on issues relating to public life, carried out in the light of theological conviction and with the aid of the theological disciplines."

5 이는 다음 글에서 인용하여 온 것이다: John W. de Gruchy, "Public Theology as Christian Witness: Exploring the Genre," *International Journal of Public Theology* I/1 (2007): 26-41, at 40, 강조는 필자의 것임.

6 Kim, "Editorial," International Journal of Public Theology 1/1 (2007), 2: "Public theology is an **engagement of living religious traditions with their public environment** - the economic, political and cultural spheres of common life"(Emphasis is given).

7 Victor Anderson, "Contour of an African American Public Theology," *Journal*

그러나 근래에까지도 공적 신학이라는 말로써 뜻하고자 한 바가 매우
다양하다고 많은 사람들이 지적한다. 즉, "공적 신학"이라는 말을 사용하는
사람들마다 각기 다른 의미로 사용한다는 것이다.[8] 그러므로 공적 신학을
이해하고 해석하는 일은 지금도 계속 진행 중이다.[9] 바로 이러한 상황 속에서
이 문제에 관한 한 기여를 하기 위해 이 글에서는 먼저 그 동안 제시된
공적 신학을 논한 선구적 신학들과 최근의 공적 신학들의 다양한 유형을
나누어 고찰하겠다. 그런 다음 오늘날 공적 신학을 공적 신학으로 규정하게
하는 공통 요소들을 찾아보고, 본디 교회의 사회적 관심을 신학적으로 표현
한 전통 신학에서 말하는 공공 신학과 근래의 공공신학을 접목할 수 있는
방향에서, 특히 개혁파적인 공적 신학의 성격과 방법을 고려하면서, 21세기
초의 한국 사회 속에서 우리가 공적 신학을 전개하려 할 때 유의할뿐더러
강조해서 나가야 할 일들을 제시하고자 한다. 더 나아가 21세기 초의 한국
사회 속에서 우리의 공적 신학의 문제들을 열거한 다음, 결론을 내리려고
한다.

---

of Theology (Summer 2000): 49-68, available at: http://livedtheology.org/pdfs/
VAnderson.pdf (page 2): "I describe public theology as the deliberate use of religious
languages and commitments to influence substantive public discourse, including public
debates on moral."

 8 R. M. Bezuidenhout, *Re-Imagining Life: A Reflection on "public theology" in
the Work of Linell Cady, Denise Ackermann, and Etienne de Villiers* (Port Elizabeth:
Nelson Mandela Metropolitan University, 2007), 6-8, esp., 8, cited in Cobus van
Wyngaard, "David Bosch as Public Theologian," 7, 20, available at: http://
mycontemplations.files.wordpress.com/2008/10/david-bosch-as-public-theologian
.pdf, accessed on October 12, 2008.

 9 van Wyngaard, "David Bosch as Public Theologian," 16.

공적 신학의 다양한 유형들

일반적으로 다양한 공적 신학들이 있다는 것이 오늘날의 일반적 생각이다.
예를 들자면, 스코틀랜드 공적 신학의 대부격인 던컨 폴레스터(Duncan
Forrester)를 기념하여 에든버러에서 2001년에 열린 공적 신학에 대한 학술
회의에서 남아공의 존 드 그루치(John W. de Gruchy)는 "보편적 '공적
신학'(universal public theology)이 있는 것이 아니고, 특정한 지역들에서
정치적 영역과 관련한 (다양한 공적) 신학들이 있다"는 관찰로 자신의 논의
를 시작한다.10 이는 **현상적으로는** 매우 옳은 말이니 그 동안 매우 다양한
유형의 공적 신학들이 나타났기 때문이다. 이를 근래에 언급된 공적 신학의
선구 신학들과 현재 시도되고 있는 공적 신학들로 크게 둘로 나누고 그
다양성을 논의해 보고자 한다.

선구적 신학들

공적 신학 정향의 전통 신학
제일 먼저 우리는 전통 신학적 작업을 하면서 공적 영역에 대하여 매우
분명한 입장을 나타낸 신학들을 생각할 수 있다. 최근에 공적 신학을 주장하
시는 분들도 "공적 신학은 사실상 새로운 개념이 아니니 신학은 항상 그
맥락과 사회에 적합성을 가지려고 노력해 왔었다"는 것을 인정하기 때문이

---

10 John W. de Gruchy, "From Political to Public Theologies: The Role of Theology
in Public Life in South Africa," in William F. Storrar and Andrew R. Morton, eds,
Public Theology for the 21st Century (Edinburgh: T&T Clark, 2004), 45-62, at 45.

다.[11] 특히 공적 영역에 관심을 표한 이전 신학의 가장 대표적인 예로 우리는 칼빈의 신학과 아브라함 카이퍼의 신학을 들 수 있다. 물론 직업을 소명(*vocatio, Beruf*)으로 파악하고 그에 근거한 활동과 창조 질서를 중시한 루터와 그의 생각을 이어 받은 루터파 신학자들의 창조 질서에 대한 탐구도 일종의 공적 신학의 선구로 언급될 수 있으나, 루터의 두 왕국 사상의 영향은 루터파 사상을 공적 영역에 대한 적극적 관여보다는 공적인 것들을 주어진 질서로 수동적으로 받아들이게끔 하는 측면이 강하였다고 판단된다.[12] 이와는 달리 칼빈은 아주 의도적이고 적극적으로 공적 영역에 대한 신학적 논의를 하고 실천을 유도했으며, 낙스(John Knox) 등이 이를 어느 정도 자신의 상황 속에 잘 적용하였으나 17세기 이후로 좀 수그러졌다가[13] 아브라함 카이퍼는 그 전통을 부활시키면서 공적 신학의 논의를 더 활발하게 했다고 할 수 있다.[14] 오늘날 공적 신학을 주장하는 분들이 카이퍼와 연관성을

---

[11] 그 대표적인 인정으로 Sebastian Kim, "Editorial," *International Journal of Public Theology* 1/1 (2007): 1을 보라.

[12] 이에 반대하면서 루터파적인 두 왕국 사상이야말로 참된 공적 신학의 비전을 제시하며, 칼빈주의가 이 땅 가운데 하나님 나라를 건설하려고 하여 두 왕국의 차이를 모호하게 한다는 입장을 제시하는 Robert Benne, *The Paradoxical Vision: A Public Theology for the Twenty-first Century* (Minneapolis, MN: Augsburg Fortress, 1995), 26–52의 논의와 비교하라. 이에 비해 스택하우스는 오히려 칼빈주의적 비전이 더 공적 신학이라고 본다. 과연 어떤 논의가 옳은지를 논의하는 것은 매우 흥미로운 신학 논의가 될 것이다.

[13] 그러나 18세기에도 칼빈주의자들은 계속해서 일종의 공적인 영역에 대한 관심을 잘 표현해 왔다. 요나단 에드워즈(1703–58)의 공적 신학에 대해서는 Gerald McDermott, *One Holy and Happy Society: The Public Theology of Jonathan Edwards* (University Park, PA: Penn State Press, 1992); 핫지의 경우에 사회 문제에 대한 논의를 위해서는 다음 논문에 인용된 글들을 보라: 이승구, "이성과 계시 문제에 대한 찰스 핫지의 견해", 「교회와 문화」 20 (2008): 188–231.

[14] Cf. John Bolt, *A Free Church, a Holy Nation: Abraham Kuyper's American Public Theology* (Grand Rapids: Eerdmans, 2004); Vincent E. Bacote, *The Spirit in Public Theology: Appropriating the Legacy of Abraham Kuyper* (Grand Rapids: Baker Academic, 2005); *idem*, "Abraham Kuyper's Rhetorical Public Theology with Implications

짓는 것은 이런 의미에서 적절한 것으로 보인다.[15]

신정통주의 신학들의 공적 신학의 선구로서의 특성들

칼 바르트의 신학이 공적 신학의 성격을 가졌다는 것에 많은 이들이
의견을 같이 하고,[16] 그의 영향 아래 있는 본회퍼의 신학에도 그런 공적
신학적 특성이 나타난다고들 본다.[17] 미국에서 신정통주의적 입장에서 신학
을 발전시킨 라인홀드 니이버(Reinhold Niebuhr)의 신학 작업과 관련하여
시카고의 마틴 마티(Martin Marty) 교수가 공적 신학이라는 말을 처음
만들어 사용하였다고도 말한다.[18] 스코틀랜드의 대표적인 공적 신학자인

---

for Faith and Learning," *Christian Scholar's Review* 37/4 (Summer 2008).

15 우리가 후에 논의할 맥스 스택하우스가 2002년에 세워진 프린스턴 신학교의 카이퍼
공적 신학센터(Abraham Kuyper center for public theology)의 원장이라는 것은 이런 함의가
깊다. 이 센터에서는 1998년 칼빈주의 강연 100주년 기념 학술대회 이후 매년 카이퍼 강좌를
하고 있는데 지난 몇 년 동안의 주제는 다음과 같은 것들 이었다: "일반 은총: 신학, 생태학,
과학 기술"(2002), "신학과 경제생활"(2003), "하나님의 주권, 종교적 자유, 기독교 핍박"(2006),
"신칼빈주의, 다원주의, 시민사회"(2007), "A. A. van Ruler의 삼위일체적 신학에 대한 탐
구"(2007), "화란 개신교 전통에 대한 학술회의"(2007), "시민사회와 영역 주권"(2008). 그리고
다음 같은 학술회의를 준비하고 있다고 한다: "철학과 계시"(2009), "일반 은총과 공동의 말씀(a
common word)"(2010). Cf. http://libweb.ptsem.edu/collections/kuyper/conferences.
aspx?menu=298&subText=470.

16 Martin Laubscher, "A Search for Karl Barth's 'Public Theology': Looking into
Some Defining Areas of his Work in the post-World War II Years," *Journal of Reformed
Theology* I/3 (2007): 231-46. 또한 이형기 교수님의 기조 연설문인 "공적신학의 지평: 하나님
나라", 2, 11-16을 보라. 한스 프라이의 공적 신학에 대한 논의로는 Mike Higton, *Christ,
Providence & History: Hans W. Frei's Public Theology* (New York, New York: T &
T Clark International, 2004)를 보라.

17 이에 대한 좋은 논의로 다음을 보라: Frits de Lange, "Against Escapism: Dietrich
Bonhoeffer's Contribution to Public Theology," in Len Hansen (ed.), *Christian in Public.
Aims, Methodologies and Issues in Public Theology*, Beyers Naudé Centre Series on
Public Theology, Volume 3 (Stellenbosch: Sun Press, 2007): 141 - 15.

18 Bezuidenhout, *Re-Imagining Life*, 7, cited in Wyngaard, "David Bosch as Public
Theologian," 7.

던컨 폴레스터(Duncan Forrester)도 공적 신학 형성에 있어서 라인홀드 니이버는 상당한 영향을 미쳤다고 말한다.[19]

제세례파 신학의 아이러니

전통적 신학 가운데서 가장 공적 영역에 대해 의식적으로 기피하여 온 재세 례파 신학이 오늘날 매우 중요한 공적 신학의 선구의 하나로 생각될 수 있는 것은 제세례파 신학의 반어적(反語的, ironical) 모습이라고 하지 않을 수 없다. 여기에는 제세례파 사람들 중 일부가 좀 더 폭넓은 세상에 자신들의 목소리를 제시하려는 노력도 한 몫을 하였고, 그 목소리를 적극적으로, 그리고 폭넓게 받아들이려고 한 세계 신학계의 포용력이 또 한 몫을 하였다 고 할 수 있다. 하워드 요더(John Howard Yoder) 같은 이가 바르트 밑에서 매우 좋은 박사 학위 논문을 써 내었고, 그 이후에도 계속해서 신약성경적 하나님 나라 개념에 근거한 증언을 해내는 지속된 노력이 전 세계에 미친 영향과 그런 목소리를 적극적으로 수용하면서 새롭게 발전시켜 제시하는 스탠리 하우어워스(Stanley Hauerwas)와 윌리몬(W. H. Willimon) 같은 이들의 작업이[20] 이를 가능하게 하였다고 판단된다. (물론 하우어워스와 윌리몬은 감리교 신학자들이고 재세례파 신학자들은 아니다. 그러나 그들이

---

[19] Duncan B. Forrester, "The Scope of Public Theology," *Studies in Christian Ethics* 17/2 (August 2004): 5-19, at 9-10. 비슷한 견해로 Victor Anderson, "The Wrestle of Christ and Culture in Pragmatic Public Theology," *American Journal of Theology and Philosophy* 19/2 (May 1998), 135, 138f.; Raimundo Barreto, Jr., "Christian Realism and Latin American Liberation Theology: Expanding the Dialogue," *Koinonia* 15/1 (2003): 95-122.

[20] S. Hauerwas & W. H. Willimon, *Resident Aliens, Life in the Christian Colony*, 3rd print (Nashville: Abingdon Press, 1989).

요더의 재세례파적 전통을 끌어안으면서[21] 그 통찰을 잘 제시하고 있다는 점을 부인할 수 없다.) 이들은 이 세상과의 공통성에 호소하기보다는 이 세상과는 대조되는 대안적인 것을, 그것이 대안적 인격/성품(alternative character)이든, 대안 사회(alternative society)이든지 그 대안적인 것을 이 세상 앞에 가시적으로 드러내고자 추구하는 것이다.[22]

폭넓은 해방 신학들의 공적 신학적 성격

몰트만 자신은 공적 신학이라는 말을 자신의 신학적 관심들이 모두 표출되어야 할 방향을 지시하는 말로 쓰기도 하였다.[23] 이에 따르면 그의 정치 신학, 생태 신학, 자연 신학은 모두 공적 신학을 지향해야 한다는 것이다. 더 나아가서 몰트만은 "그 기원과 목적의 관점에서 보면 기독교 신학은 공적 신학이니, 왜냐하면 이는 곧 하나님 나라 신학이기 때문이다"라고 하며, "따라서 신학은 개인적인 영역이나 교회적인 영역과만 관련하는 것이 아니라, 정치, 문화, 교육, 경제, 환경 영역들과도 관련하는 것이다"고 말한다.[24] 또한 이형기 교수께서 잘 지적하였듯이, "몰트만은 자신의 신학은 (특히 J. Moltmann, *God For A Secular Society: The Public Relevance*

---

21 이에 대한 그들의 언급으로 Hauerwas and Willimon, 44–46을 보라.

22 Storrar는 교회가 대안 공동체(alternative community)가 되어야만 한다고 제안하는 하우어워스를 비판하고 있다. Storrar, "A Kairos Moment for Public Theology," *International Journal of Public Theology* I/1,11. 그가 보기에 이런 입장은 충분히 공적 신학이 될 수 없다는 것이다.

23 Cf. Moltmann, "Theology for Christ's Church and the Kingdom of God in Modern Society," in *A Passion for God's Reign*, ed. by M. Volf (Grand Rapids: Eerdmans, 1998), 51–52.

24 Cf. C. Marshall, "What Language Shall I Borrow?: The Bilingual Dilemma of Public Theology," in *Stimulus* 13/3 (2005): 11–18, at 11에서 재인용.

of Theology, 1999) 물론, 해방신학, 여성신학, 흑인신학 등이 모두 공적
신학에 속하는 것으로 본다."25 이와 같이 정치적 억압이나 경제적 압제나,
성차별이나 인종 차별로부터 사람들을 해방시키려는 의도를 가지고 시도된
신학들이 모두 일종의 공적 신학이라는 것을 부인하기는 어려울 것이다.
폴레스터는 1960년대 정치신학과 해방신학으로부터 오늘날의 공적 신학이
나타나게 되었다고 말한다.26

천주교의 공적 신학

오늘날 유행하는 공적 신학의 논의를 불러일으킨 인물로는 역시 예수회의
존 코트니 머리(John Courtney Murray, 1904-67) 신부를 들 수 있다.
그는 보스턴 대학교에서 클래식과 철학을 공부한 후 로마 그레고리안 대학교
에서 삼위일체와 은혜에 관한 논문으로 1937년에 박사 학위를 하고, 자신의
모교인 메릴랜드 주 우두스톡 신학교(Woodstock Theological Center)에서
평생을 가르치면서 미국 헌법과 천주교가 병행할 수 있음을 주장하며 자신의
공적인 신학을 전개했다.27

또 다른 천주교 신학자인 데이비드 트레이시(David Tracy)는 모든 신학
적 논의는 공적 논의(public discourse)인 까닭에 신학자는 자신이 누구에게
말을 하는지 분명히 해야 할 필요가 있고, 그것이 신학자가 사용하는 언어,

---

25 이형기, "공적신학의 지평: 하나님 나라 - 한국교회의 공적 책임을 중심으로"(기조강연),
1.

26 Forrester, "The Scope of Public Theology," 14. 해방신학의 공적 신학적 성격의
논의로 Barreto, Jr., "Christian Realism and Latin American Liberation Theology,"
Koinonia 15/1 (2003): 95-122를 보라.

27 http://johncourtneymurray.blogspot.com/2007/09/fr-john-courtney-murray
-sj-1904-1967.html.

즉 신학적 언어에 영향을 줄 것이라고 논의한다.[28] 오늘날은 교회만이 그 청중이 아니고, 교회(the Church)와 학계(the Academy)와 일반 사회(the Society)가 그 청중이기에 신학은 그에 따른 언어를 개발해야 한다는 것이다.

새로운 공적 신학의 등장과 시도들

오늘날은 사회가 매우 중요한 신학의 청중으로 등장하였다고 말할 수 있다. 순전히 세속적인 세상은 그 나름의 수용 수준이 있기에 이제는 이성에 근거하고, 대중이 받아들일 수 있는 형태로 말해야만 기독교의 목소리가 공적 문제에 적응성을 가질 수 있다고 트레이시(Tracy)뿐 아니라 많은 이들도 지적한다. 여기서 이전과는 다른 식의 논의가 나와야 할 필요가 있고, 그것이 바로 최근에 나타나는 여러 공적 신학들의 출현 이유라고 보는 이들이 많다.[29] 그러므로 앞에서 언급한 공적 신학들은 더 전통적 의미에서 **공적 영역**에 대한 신학적 성찰을 하는 것이었다면 1980년대에 등장한 오늘날의 공적 신학(contemporary public theology), 더 구체적으로 말해서 공적 신학을 하려는 근래의 시도들은 이 사회에 말을 걸어 보고, 이 사회에 영향을

---

[28] David Tracy, *The Analogical Imagination: Christian Theology and the Culture of Pluralism* (New York: Cross Road, 1981), 3. See also *idem*, "Theology as Public Discourse," *The Christian Century* (March 19, 1975): 280–84, available at: http://www.religion-online.org/showarticle.asp?title=1889, accessed on 15 October, 2008.

[29] 이를 잘 지적한 논의 중의 하나로 van Wyngaard, "David Bosch as Public Theologian," 13을 보라.

미치려는 동기에서 이루어지고 있는 새로운 형태의 신학이라고 할 수 있다.

이런 입장을 가진 사람들은 공적 신학에서 "공적"(public)이라는 말을 규정하는 것이 바로 트레이시의 제3의 청중(Tracy's third public)인 "사회로서의 공중"(the public of society, the public life in the world)이라고 생각한다.[30] 여론이 형성되고 사회의 변화를 일으킬 수 있는 그 대중을 향한 어떤 일을 시도하려는 것이 새로운 공적 신학이다. 그런데 9 · 11이후의 상황에서 "종교들의 세계와 신앙 간의 관계가 제4의 청중(the fourth public)이 되었다"는 Storrar의 제시도 등장했다.[31]

이런 입장에서는 교회와 학계만을 그 청중으로 하고 이에 근거하여 그 의제(agenda)의 규정을 받는 신학은 공적 신학이 **아닌 것**으로 분류된다.[32] 그래서 새로운 입장에서 공적 신학을 주장하는 이들은 이전의 신학이 하던 공적 문제에 대한 신학적 성찰과 의견 표명은 공적 신학이 아니라는 주장을 하며 **이제는 공적 영역에 대한 공적 논의에 관여하는 새로운 신학이 필요**하게 되었다고 주장하는 것이다. 공적 문제를 논의하는 학문적 신학도 교회와 학계만을 위하여 신학하는 것을 극복해야 한다고 주장한다. 물론 이때 교회와 학계가 공적 신학을 하는 협력자가 되지 않는다는 말은 아니다.[33] 그러므

---

[30] Van Wyngaard에 의하면 남아공의 Dirkie Smit가 2008년 8월에 프레토리아 대학의 '공적 신학 센터'에서 행한 강연에서 바로 이런 지적을 했다고 한다. Cf. Dirkie Smit, "'Wat beteken publiek? Vrae met die oog op publieke teologie'," Unpublished lecture at the Centre for Public Theology University of Pretoria, Aug. 2008, cited in van Wyngaard, "David Bosch as Public Theologian," 15.

[31] W. F. Storrar, "Public Anger – the Stranger's Gift in a Global Era," Unpublished lecture at the Centre for Public Theology University of Pretoria, Aug. 2008, cited in van Wyngaard, "David Bosch as Public Theologian," 16.

[32] Cf. van Wyngaard, "David Bosch as Public Theologian," 19.

[33] Storrar, "A Kairos Moment for Public Theology," *International Journal of Public Theology*, I/1, 12.

로 오늘날 논의되는 공적 신학은 "신앙의 보화로부터 기독교의 독특하고 건설적인 통찰을 제공하여 더 나은 사회를 만들기" 위한 "공적인 대화에 참여하는 것"으로 이해된다.[34]

그 동안 각국에서 이루어진, 그리고 근자에 국제적 네트워크를 통해 이루어지고 있는 새로운 공적 신학의 대표적인 예들을 언급하면 다음과 같다.

(1) 스코틀랜드의 던컨 폴레스터(Duncan Forrester)는 1984년 에든버러에 '신학과 공적 이슈들을 위한 센터'(The Center for Theology and Public Issue)라는 연구소를 세우고 스코틀랜드에서 공적 신학을 제시하고 형성하는 일에 힘을 기울였다.[35] 공적 신학은 교회의 복지(the welfare of the church)보다는 사회, 즉 이 세상의 복지(the welfare of the city)를 논의거리(agenda)로 가진다고 생각하는 폴레스터는[36] 공적 문제들을 교회 지도자들, 신학 교수들뿐 아니라, 다른 전문 분과의 교수들, 정치 지도자들과 함께 대화하면서 논의하여 자신이 사는 스코틀랜드의 나아갈 방향을 제시하려고 노력했다. 물론 폴레스터는 자신이 공적 신학 작업으로 이 세상과의 의견 일치(consensus)를 추구하는 것이 아니고, 자신이 섬기는 기독교적 전통으로부터 공적인 문제에 대한 독특한 기여를 하되, 이 세상이 접근 가능한 식으로 기여를 하려는 것이라고 밝힌다.[37]

그와 함께 에든버러 센터에서도 일하였고 프린스턴 신학교의 신학 탐구 센터에서 작업하고 있는 윌리엄 스토라르(William F. Storrar)와 에든버러

---

34 van Wyngaard, "David Bosch as Public Theologian," 21.
35 이 연구소 홈페이지: http://www.div.ed.ac.uk/theolissues.
36 Forrester, "The Scope of Public Theology," 6.
37 Forrester, in *Public Theology for the 21st Century*, eds. Storrar and Morton, 1.

센터의 앤드류 몰톤(Andrew R. Morton)은 15년도 넘게 폴레스터 교수의 작업을 기념하며, 꾸준히 그러한 공적 신학 연구를 계속해 나간다는 징표로써 2001년에 세계 여러 나라에서 공적 신학에 관여하는 많은 학자들을 초청하여 에든버러에서 학술회의를 개최하고, 그 결실로『21세기를 위한 공적신학』을 출판하였다.38

(2) 다른 영국 기관들의 작업: 에든버러 외에도 영국에는 공적 신학에 관한 연구소가 상당히 많으며39 공적 신학 작업은 지속적으로 이루어지고 있다.40

(3) 미국의 스택하우스 교수와 그 동료들의 작업: 맥스 스택하우스(Max L. Stackhouse) 교수는 오래 전부터 공적 신학 논의를 시도해 왔고,41 특히 프린스턴 신학교의 교수(the Rimmer and Ruth de Vries Professor of Reformed Theology and Public Life)와 공적 신학을 위한 카이퍼 연구소 소장으로 재직하면서 카이퍼의 영역 주권 이론을 이어 받아 그것을 더 발전시키는 논의를 하였다. 이것은 그의 가장 큰 기여라고 말할 수 있다. 1996년부터는 세계화(globalization) 문제에 대하여 매우 깊이 있게 폭넓은 논의를 해 왔는데,42 그는 세계화에 대하여 사람들이 갖는 오해와 그 때문에 나타날

---

38 Duncan Morton, "Duncan Forrester: A Public Theologian," in *Public Theology for the 21st Century*, eds. Storrar and Morton, 3-4.

39 대표적인 예들로 다음과 같은 연구소가 있다: Centre for the Study of Religion and Politics, University of St Andrews; Manchester Centre for Public Theology, University of Manchester; University of Exeter Network for Religion and Public Life, Exeter; York St. John University.

40 Cf. John Atherton, *Public Theology for Changing Times* (London: SPCK, 2000).

41 Max L, Stackhouse. *Public Theology and Political Economy: Christian Stewardship in Modern Society* (Grand Rapids: Eerdmans, 1987); idem, *Creeds, Society, and Human Rights* (Grand Rapids: Eerdmans, 1984).

42 Stackhouse. *Christian Social Ethics and the Globalization of Economic Life*

수 있는 문제점들을 잘 지적하면서도 세계화에 대하여 매우 적극적인 태도를
나타낸다는 점에서 논란거리가 되고 있다.

그와는 조금 다른 시도로 다원주의적 문화 속에서 교회의 모습을 염두에
둔 채 우주적 기독론을 생각하면서 공적 신학을 제시하려는 하버드 대학교
신학부의 학감(Dean)으로 있었던 로랄드 씨만 교수의 작업도 들 수 있다.[43]
그는 기독교 공적 신학은 두 가지 목적을 가지고 있다고 한다. 하나는 "기독교
적 확신과 그 안에서 기독교 공동체가 사는 폭넓은 사회적 문화적 맥락의
관계를 이해하는 것"이고, 다른 하나는 "오늘날의 공적인 삶을 특징짓는 실제
들과 기독교적 확신이 어디에서 관계를 갖는지를 찾아내는 것"이라고 한
다.[44]

그와는 또 다른 입장에서 공적 신학에 관심을 가지고 있는 학자로는 반더빌
트 대학교의 기독교 윤리 교수인 빅터 앤더슨(Victor Anderson)이 있다.[45]
그는 아프로-아메리칸 입장에서 공적 신학에 관심을 표하고 있다.[46] 그러나

(1996), 심미경 옮김, 『지구화 · 시민사회 · 기독교 윤리』(서울: 도서출판 패스터 하우스,
2005); idem, *God and Globalization 1: Religion and the Powers of the Common Life*
(Harrisburg: Trinity Press International, 2000); idem, *God and Globalization 2: The
Spirit and the Modern Authorities* (Harrisburg: Trinity Press International. 2001);
God and Globalization 3: Christ and the Dominions of Civilization (Harrisburg: Trinity
Press International. 2002); idem, *God and Globalization 4: Globalization and Grace*
(Harrisburg: Trinity Press International, 2007).

43 Ronald F. Thiemann, *Constructing a Public Theology: The Church in a Pluralistic
Culture* (Louisville, Kentucky: Westminster/John Knox Press, 1991).

44 Thiemann, *Constructing a Public Theology*, 21–22: "to understand the relation
between Christian convictions and the broader social and cultural context within which
the Christian community lives and to identify the particular places where Christian
convictions intersect with the practices that characterize contemporary public life."

45 Cf. http://www.vanderbilt.edu/gradschool/religion/faculty/facultypages/ander
son.html.

46 Cf. Victor Anderson, *Pragmatic Theology: Negotiating the Intersections of an*

그는 미국 사회와 문화가 나타내고 있는 양상, 즉 "경제 성장에 몰려가는 경향, 다국적 확장을 위한 노력, 중산층에 집중하는 것, 도덕적 부패, 폭력, 넘치는 감옥 등과 같은 양상이 이 기독교적인 비판을 받을 필요가 있다"고 깊이 의식하면서 공적 신학을 전개하려고 한다.[47]

(4) 남아공에서의 공적 신학: 남아프리카 공화국에서는 특히 아파타이트 (Apartheit) 정책과 대립하는 과정에서 공적 신학이 등장하였고 발전하였다.[48] 그것은 남아공뿐 아니라 전 세계에 걸쳐 공적 신학이 발전하는 데 큰 영향을 주었다고들 생각한다.[49]

(5) 캐나다 공적 신학 연구소의 작업: 캐나다의 공적 신학 연구소는 캐나다의 웨스턴 온타리오 대학교(the University of Western Ontario)에 속한 후론 대학 신학부(the Faculty of Theology at Huron University College)에서 운영하는 연구소로 근래에는 아프카니스탄 문제, 에이즈 문제, 기후

American Philosophy of Religion and Public Theology (Albany: State University of New York, 1998); idem, "Contour of an African American Public Theology," Journal of Theology, (Summer 2000): 49-68, available at: http://livedtheology.org/pdfs/VAnderson.pdf, accessed on 15 October, 2008; idem, "Secularization and the Worldliness of Theology," *Converging on Culture: Theologians in Dialogue with Cultural Analysis and Criticism*, eds. Delwin Brown, Sheila Greeve Davaney, and Kathryn Tanner (Oxford: Oxford University Press, 2001): 71-85.

47 Anderson, "Contour of an African American Public Theology," available at: http://livedtheology.org/pdfs/VAnderson.pdf (page 2).

48 물론 근자의 공적 신학을 논의하면서 존 드 그루치 교수는 반 아파타이트적인 제3의 길을 제안하던 신학들은 공적 신학이 아니라고 하였다. Cf. de Gruchy, "From Political to Public Theologies," 47, 50. 그러므로 이는 남아공 상황에서는 매우 흥미로운 논의 주제가 될 수 있을 것이다. 반 원고어는 적어도 이전의 신학적 노력이 현대의 공적 신학이 나타날 수 있는 배경을 제공했다고 보아야 한다고 주장한다(van Wyngaard, "David Bosch as Public Theologian,"46).

49 이런 견해를 잘 보여 주는 논의로 van Wyngaard, "David Bosch as Public Theologian," 8을 보라.

변화 문제 등에 관심을 가지고 연구하는 일에 집중하고 있다.[50] 또한 '법, 신학, 공공 정책에 대한 캐나다 연구소'의 활동도 주목할 만하다.[51]

(6) 세계적 네트워크 구성 및 공적 신학에 대한 국제 학술 잡지(Journal) 출간: 각국에서 공적 신학을 시도하던 이들이 전 세계적 네트워크(global network for public theology)를 구성해 함께 연구하는 일이 필요하다는 것을 절감하고 공적 신학을 위한 세계적 네트워크를 구성하였다. 2007년 5월에 전 세계의 24개 연구소의 대표자들이 프린스턴 신학 탐구 센터(Center of Theological Inquiry)에 모여 새로운 연구 자매 결연식을 하고 GNPT(global network for public theology)를 형성하였다. 그리하여 아프리카, 아시아, 오세아니아, 북미, 남미, 유럽의 여러 연구소들이 이 네트워크를 형성하고 있다.[52] 이들은 이제 세계적인 공적 신학(a global public

---

[50] Cf. "Public Theology in the Canadian Context," available at: http://publictheology.org/

[51] Cf. http://www.ciltpp.com/

[52] 이 네트워크에 관여하는 기관들과 연구소들에 대해서는 다음 홈페이지를 참조하라: http://www.ctinquiry.org/gnpt/institutions.htm. Beyers Naudé Centre for Public Theology, University of Stellenbosch, South Africa; Centre for Public Theology, University of Pretoria, South Africa; Institute for Public Theology & Development Studies, University of Mkar, Nigeria; Department of Religion and Theology, University of the Western Cape, South Africa; Centre for Sino-Christian Studies, Hong Kong Baptist University, Hong Kong; Jakarta Theological Seminary, Indonesia; United Theological College, India; Presbyterian College & Theological Seminary, Korea; New Zealand Centre for Theology and Public Issues, University of Otago, Aotorea New Zealand; Public and Contextual Theology Strategic Research Centre, Charles Sturt University, Australia; School of Theology, University of Auckland, Aotorea New Zealand; Sia'atoutai Theological College, Tonga; EST – Lutheran School of Theology at São Leopoldo, Brazil; Lutheran Theological Seminary at Philadelphia, United States of America; Centre for Liberation Theologies, University of Leuven, Belgium; Centre for the Study of Religion and Politics, University of St Andrews, UK; Centre for Theology and Public Issues, University of Edinburgh, UK; Dietrich Bonhoeffer Research Centre for Public Theology, University of Bamberg, Germany; Irish School of Ecumenics,

theology)에 헌신할 생각을 공유하고 있다고 한다.

이들을 중심으로 2007년부터 화란의 Brill 출판사를 통해서『국제 공적신학 저널』(*International Journal for Public Theology*)을 내고 있다. 미국 프린스턴 신학교의 신학 탐구 센터(Center of Theological Inquiry, Princeton)의 윌리엄 스토라르를 편집장으로, 영국 요크 세인트 존 대학(York St John University, UK)의 세바스챤 킴(Sebastian Kim)을 편집인으로, 남아공 스텔렌보쉬(University of Stellenbosch)의 니코 코푸만(Nico Koopman), 호주 찰스 스튜르트 대학(Charles Sturt University)의 클리브 피어슨(Clive Pearson), 영국 맨체스터 대학교(University of Manchester, UK)의 일레인 그래엄(Elaine Graham)을 부편집인들로, 그리고 영국 요크 세인트 존 대학교의 에스더 매킨토쉬(Esther McIntosh)가 협력하면서 「국제 공적신학 저널」(*International Journal for Public Theology*)이 발간되고 있다.[53] 이를 통해서 공적 신학을 하는 학자들은 그 동안 각 지역에서 발생하는 특정 문제를 중심으로 한 논의에서 출발하여 "공적 신학에 대한 세계적 대화"(global conversation about public theology)로 나아가려고 하는 것이다.[54]

이와는 별도로 세계 개혁신학회가 발행하는 「개혁신학저널」(the *Journal of Reformed Theology*)은 남아공의 니코 코프만의 주도하에서

Trinity College Dublin, Ireland; Manchester Centre for Public Theology, University of Manchester, UK; Protestant Theological University, The Netherlands; University of Exeter Network for Religion and Public Life, UK; Vrije Universiteit, The Netherlands; York St. John University, UK.

53 Cf. http://www.brill.nl/default.aspx?partid=210&pid=26697.

54 Storrar, "2007: A Kairos Moment for Public Theology," *International Journal of Public Theology* 1/1 (2007): 5–25, at 6.

2007년 12월호를 공적 신학 특집호를 발간하였다.[55]

새로운 공적 신학의 공통 요소들

이전의 신학적 진술과 조금은 차별성을 드러내는 오늘날의 새로운 공적 신학이라고 할 때는 일반적으로 다음과 같은 요소가 있어야 그것을 공적 신학이라고 한다.

첫째는, 세상의 문제들을 중심으로 세속적 세상과 관련하되, 동시에 이를 위해 필요한 자료들을 찾기 위하여 기독교적 전통에 깊이 파고드는 작업(engaging the secular world in terms of its issues while at the same time digging deeply into the Christian tradition for the resources necessary for doing so)이 있어야 한다.[56] 공적 신학을 하려면 한편으로는 기독교적 통찰력과 독특성을 잃지 않으면서도, 다른 한편으로는 세속의 문제를 논의하기 위해 세속의 언어를 배워야 한다. 왜냐하면 우리들은 공적 신학

---

[55] 이에 실린 글들은 다음과 같다: Nico Koopman, "Reformed Theology in South Africa: Black? Liberating? Public?"; Frits de Lange, "Becoming One Self: A Critical Retrieval of 'Choice Biography'"; Martin Laubscher, "A Search for Karl Barth's 'Public Theology': Looking into Some Defining Areas of his Work in the post-World War II Years"; Douglas J. Schuurman, "Vocation, Christendom, and Public Life: A Reformed Assessment of Yoder's Anabaptist Critique of Christendom"; Gotlind Ulshöfer, "Economic Justice as Social Justice in a Globalized World: A Theological Analysis"; Nico Vorster, "A Theological Evaluation of the South African Constitutional Value of Human Dignity"; Clive Pearson, "How Shy Can a Reformed Theology Be?"

[56] Duncan B. Forrester, "Working in the Quarry: A Response to the Colloquium," in Storrar and Morton, eds, *Public Theology for the 21st Century*, 431-38, at 431.

적 진술에서도 "공적인 의사 결정 과정에 영향을 미치려는 동기에서 일부러 일상적 용어를 사용하며"(a deliberate use of common language in a commitment to influence public decision—making), 이를 위해서는 "공적 논의 내용(substantive public discourse)을 배워야" 하고,[57] 또한 특정 문제를 논의하기 위하여 다른 학문들의 통찰력을 높이 사는 것이 필요하다는 것이다. 그래서 공적 신학은 "영성, 세계화, 사회 일반뿐 아니라, 정치학, 경제학, 문화 연구, 종교학 등과 같은 다른 학문들과 대화하려고 한다"는 것을 강조한다.[58] 이는 좋은 공적 신학이 제시되려면 특정 학문계와 일반 대중 모두에게 받아들여질 수 있고, 이해 가능한 방법론(a methodology which is acceptable to, and understandable by, both the general public and specific academic disciplines)이 개발되어야 한다는 것을 함의한다.[59]

둘째로, 이런 식으로 신학을 하는 것은 "공적인 논쟁에 겸손하나 참되고 건설적이며 도전적인 기여"(a modest but truthful, constructive and challenging contribution to public debate)를 할 뿐 아니라 "인간의 융성과 발전"(human flourishing)에도 기여하는 것이라고 한다.[60] 즉, 공적 신학은 우리가 살고 있는 세상에 변화를 줄 수 있는 가능성이 있는 것이어야 하고 그런 변화를 목적으로 해야 한다는 것이다. 그런 변화를 효과적으로 이루기 위해서 학문적 신학자들이 "정치 공동체의 윤리적 양심에 영향을 미칠 수

---

[57] Sebastian Kim, "Editorial," *International Journal of Public Theology* 1/1 (2007), 1.

[58] Kim, "Editorial," 1. 또한 Stackhouse, 『지구화 · 시민사회 · 기독교 윤리』, 15도 보라.

[59] Kim, "Editorial," 2.

[60] Forrester, "Working in the Quarry," in Storrar and Morton, eds, *Public Theology for the 21st Century*, 432.

있는 범주들을 개발"(developing categories that are capable of affecting
the ethical conscience of the political community)할 수 있어야 한다고도
한다.[61] 그러므로 공적 신학은 "치유하고, 화해시키며, 돕고, 도전하는" 신학
이라고 한다.[62] 이를 위해 드 그루치 교수는 공적 신학은 사회적 행동과 토론
을 포함한 기독교적 증언으로 나타나야 한다고 주장하기도 한다.[63] 이를 생각
하면서 공적 신학은 "신앙의 언어가 사적인 영역에서만 쓰여서는 안 되고,
신앙의 언어가 공적 진리를 포함하고 있음을 논의하려는 것"이라고 하는 쿠버
스 반 윈고어(Cubus Van Wyngaard)의 말을 깊이 생각할 수 있다.[64]

셋째로, 공적 신학은 온 세상의 삶에 대한 하나님의 통치를 증언하기 원하
는 사람들의 공동체에 구현된 신학, 즉 교회적 신학(ecclesial theology)이라
고 한다.

넷째로, 공적 신학은 더 나은 세상을 위한 희망을 살아 있게 하며, 따라서
우리들의 관심을 필요로 하는 문제들에 대한 긴급한 해결책을 찾기를 희망한
다는 의미에서 공적 신학은 (만하임적 의미에서) 유토피아적인 신학이라고
한다.[65] 그러므로 공적 신학의 과제는 현상 유지(*status quo*)를 하거나 그것
을 확인하는 것이 될 수 없고 항상 계속해서 변혁해 가기를 추구하는 것이
된다고 한다.[66]

---

[61] Kim, "Editorial," 2.

[62] Forrester, "Working in the Quarry: A Response to the Colloquium," in Storrar
and Morton, eds, *Public Theology for the 21st Century*, 436.

[63] de Gruchy, "Public Theology as Christian Witness: Exploring the Genre,"
International Journal of Public Theology I/1 (2007): 40.

[64] van Wyngaard, "David Bosch as Public Theologian," 18.

[65] Cf. Forrester, "Working in the Quarry," in Storrar and Morton, eds, *Public
Theology for the 21st Century*, 433–38; idem, "The Scope of Public Theology," 14;
and de Gruchy, "Public Theology as Christian Witness," 28.

개혁파 공적 신학 전개시의 유의점들

오늘 우리가 살고 있는 한국 상황에서 공적 신학을 제시하고 발전시킬 때에 우리가 반드시 유의하면서 신학 작업을 해야 할 것은 어떤 것이지를 제시해 보고자 한다. 이 논의는 일반적인 논의이기도 하지만 특히 개혁신학의 입장을 유의하면서 이 논의를 제시하려고 한다.

기독교적 증거가 될 수 있어야

무엇보다 먼저 우리의 공적 신학은 **기독교적 증거**가 될 수 있어야 한다는 것을 지적하지 않을 수 없다. 보편적 사회 문제에 대한 반성과 활동을 중시하다가 우리의 공적 신학이 기독교의 독특한 목소리를 상실하는 경우들을 많이 경험할 수 있기 때문이다. 그러므로 공적 신학을 판단하는 가장 중요한 시금석도 역시 얼마나 기독교적 증거 능력을 가지고 있느냐 하는 것이 되어야 할 것이다. 복잡하고 말이 많은 이 세상에 또 하나의 비슷한 목소리만을 더하는 것이라면 그것은 굳이 신학적 작업을 하는 이들이 나서서 할 이유가 없다. 이 세상이 필요로 하는 것은 주어진 문제에 대한 기독교적인 목소리이기 때문이다. 순전히 포스트모던적 의식에서라도 기독교적 목소리를 발하는 것이 아니라면 이 공적 논의에 한 소리를 더할 이유가 없다. 이 세상에서 얼마든지 들을 수 있는 이야기라면 할 필요도 없고, 이 세상이 그것을 들을 이유도 없으니 이미 그런 소리가 이 세상에서 크게 들려지고 있기 때문이다.

그러므로 주어진 문제를 해결하는데 사용될 수 있는 '기독교의 독특한

---

66 de Gruchy, "From Political to Public Theologies," in Storrar and Morton, eds., *Public Theology for the 21st Century*, 59.

통찰'이 과연 어떤 것인지를 찾아 그것을 교회와 온 세상이 들을 수 있는
형태로 제시하는 것이 필요하다.

교회 내적 논의와 교회 밖을 향한 논의의 문제

그런 의미에서 교회 내적 논의와 교회 밖을 향한 논의를 얼마만큼 나누어
제시할 필요가 있다. 교회 내적 논의, 즉 그리스도인들 간의 논의에서는
주어진 문제에 대한 성경의 가르침이 과연 어떤 것이며, 이 문제에 대한
과거의 신실한 기독교적 성찰이 과연 어떤 것이었는지를 살피고, 오늘이라
는 상황에서 그리스도인들은 주어진 문제에 대해서 과연 어떤 입장을 표명해
야 하는지에 대하여 깊이 있게 서로 논의하는 것이 필수적이다. 이 교회
내적 논의에서는 성경적 논의, 교회의 교리적 논의, 교회사적 논의 등이
매우 중요한 논의 방식을 이루게 될 것이고, 마땅히 그리해야할 것이다.
대개 오늘날의 공적 신학에서는 이와 같은 논의는 공적 신학의 논의가 아닌
것으로 여겨지고 있다. 공적 신학에서는 이 세상 사람들과 공유할 수 있는
언어가 사용되어야 한다고 여겨지는 것이다.

그러나 그런 작업을 하기 이전에 주어진 문제에 대한 기독교의 본래적
입장과 전달할 내용을 **기독교 내에서 먼저** 분명히 하지 않는다면 결국 우리는
이전 시대의 천주교회의 자연법 이론(natural law theory)에 근거한 접근이
나 19세기 문화 개신교 접근(the approach of the culture-protestantism),
제3제국의 독일 그리스도인들(the German Christian in the third *Reich*)이
범한 잘못을 재연할 위험이 있다. 오늘날 우리가 기독교적 공적 신학으로
논의하는 것이 성경의 가르침과 모순된다든지, 성경의 가르침을 무시하고

나간다면 그것이 과연 받아들여 질 수 있겠는가? 그러므로 공적 신학에 대한 교회 내부 논의(the first order language, the inner-church language)의 수준은 성경적, 교리적, 교회사적 성찰이라는 특성을 띠게 될 것이다. 이것이 다른 공적 신학들과 우리의 공적 신학이 서로 다른 차별성이 될 것이다.

그러나 공적 신학은 교회에 대해서만 말하는 것이 아니라, **교회 밖의 청중들을 향해서도** 말해야 할 책임이 있다. 왜냐하면 공적 신학은 기독교적 **입장을 교회 밖의 청중들에게도** 전달하고 그들과 대화할 책임도 있기 때문이다. 그러므로 교회 내에서 사용하던 똑 같은 논의를 교회 밖의 논의에서 그대로 사용하기는 어려운 일이다. 교회 밖의 청중들에게는 성경에만 호소하는 논의는 매우 이상한 것으로 여겨질 수 있기 때문이다. 그러므로 공적 신학의 제2의 수준(second order), 즉 교회 밖의 청중을 대상으로 하는 논의에서는 성경에 호소하고 교회의 바른 전통에 호소하는 것과는 다른 논의 방식이 개발될 필요가 있다. 이 수준에서는 계시의 언어나 종교적 경험에 호소하는 언어가 아닌 이 세상과 공유하는 경험과 인간들의 같은 생각을 이끌어 내는 언어가 사용되어야 한다. 물론 그와 같이 교회 밖의 청중에 대한 논의에서도 결국은 앞서 성경적, 교리적 논의에서와 **같은 내용**이 전달되도록 해야 한다[**내용상의 동일성**]. 교회 내에서 취하는 입장과 교회 밖 청중들을 향하여 말할 때 취하는 입장이 서로 달라서는 안 되기 때문이다. 그러므로 우리가 취하는 입장과 궁극적으로 전달하려는 내용은 같은 것이지만, 공적 신학의 이차적 논의(second order language)에서 **그 논의 방식은 교회 밖에 있는 청중들을 잘 설득할 수 있는 방식이어야**

한다[논의 언어의 차별성, 즉 형식상의 차이]. 여기에 기독교적 내용을 세속적 언어로 어떻게 제대로 번역해 낼 수 있는가 하는 어려운 문제가 도사리고 있다. 참으로 기독교적인 내용을 그와는 다른 세속적 언어, 즉 "공적으로 접근 가능한 언어"(publicly accessible language)로 어떻게 번역해 낼 수 있는가 하는 문제이다.[67] 기독교의 독특한 요소들을 상실시키기 쉬운 그 번역의 과정에서 어떻게 기독교적 내용과 독특성의 상실이 전혀 이루어지지 않게 할 것인가? 이것이 기독교 철학의 문제이기도 하고, 오늘날 공적 신학의 문제이다. 우리는 그 번역의 과정에서 그 내용을 조금도 손상시켜서는 안 된다. 즉, **참된 내용**의 전달이 이루어져야 한다. 그러나 또한 이것이 일종의 번역 작업을 하는 것이므로 우리는 그 내용을 참으로 전달할 수 있어야만 한다. 즉, 내용의 **참된 전달**이 이루어져야 하는 것이다. 기독교적 독특성이 들려지게 한다는 의미에서 "얼마나 충분히 예언적이 되느냐 하는 것과 얼마나 충분히 대화할 수 있을 만큼 공통성을 가지느냐 하는 것 사이의 긴장"이 항상 있는 것이다.[68]

물론 이것은 우리의 이차적 언어에서는 하나님을 조금도 말하지 말아야 한다든지 언제나 모호하게 말해야 한다는 뜻은 아니다. 마샬이 잘 표현한 대로 "하나님을 너무 빨리 말하지도 않고, 너무 늦게 말하지도 않는 방식", "공적 영역에 대한 논의에서 신앙의 언어와 성찰의 언어를 모두 사용하되 과연 언제 어떤 언어를 사용하는지를 아는" 것이 필요하다.[69]

그러므로 그 **논의를 들은 후에** 교회 밖에 있는 청중들은 기독교적 입장이

---

[67] Cf. van Wyngaard, "David Bosch as Public Theologian," 18.

[68] 이 점을 잘 지적하는 van Wyngaard, "David Bosch as Public Theologian," 17을 보라.

[69] Marshall, "What Language Shall I Borrow?" 16-17.

과연 어떤 것인지 알 수 있게 되어야 한다. 그리고 자신의 입장과 기독교의 독특한 입장을 깊이 있게 비교해 볼 수 있어야 한다. 적어도 그들은 기독교인들이 공적인 문제에 대하여 그 나름의 목소리를 발하고 있다는 것을 알아들어야 한다. 또한 제2 수준의 공적 신학 논의를 통해서 매우 설득력 있는 논의가 제공되고 있음도 알 수 있어야 한다. 그렇게 되지 않고 그리스도인들은 항상 성경에만 호소하고, 기독교적 전통에만 호소한다는 인상을 받게 된다면 그들이 자신의 입장에 대한 또 하나의 대안으로 기독교적 대안(option)을 깊이 있게 생각해 볼 이유가 없어지기 때문이다. 그러므로 명확히 기독교적 입장을 이 세상에 발하는 공적 신학의 제2의 수준(second order language)은 **이 세상의 공중(public)이 그 입장과 내용을 알아듣고 설득당할 수 있는 형태의 논의**로 구성되어야 한다.

물론 어떤 논의가 그와 같이 이 세상의 공중을 잘 설득할 수 있는 논의인가 하는 것은 가장 어려운 작업이 아닐 수 없다. 이것과 밀접히 연관된 문제가 다음 절에서 이야기하려는 다른 학문들의 통찰들을 잘 활용하는 문제이다.

그러나 이와 같은 설득적인 논의를 할 때도 잊지 말아야 하는 것은 우리가 기독교적 입장을 이 세상에 전달하려고 한다는 것이다. 우리는 이 세상 사람들의 의견에 영향을 미치며, 그들의 논의에 같이 참여하여 이 세상을 더 나은 세상으로 변화시키려는 노력을 하는 것이지만, 그 과정 가운데서 기독교적 성격을 모호하게 하거나 기독교인 것이 있지 않아도 되는 것과 같은 인상을 주어서는 안 될 것이다. 우리가 효과적으로 우리의 의사를 전달하여 공공의 의견에 영향을 미치는 궁극적 이유는 예수 그리스도 안에서 우리에게 이미 임하여 온 하나님 나라를 증언하려는 것이기 때문이다. 그러므로 하나님 나라를 증언하는 기독교의 독특한 입장이 분명히 드러나지 않는다면 우리는 제대로 된 공적 신학 논의를 하는 것이 안 되는 것이다. 가장 설득력 있는 공적 신학이라면 그것은 이런 제2 수준의 논의를 통해서 기독교적 입장에 관심을 가지게 된 이들이 이 기독교적 입장의 일차적 논의 (first order language)에도 관심을 갖고서 성경적 입장과 기독교 교리적 입장과 기독교 전통에 더 관심을 가지고 알아보고자 하며 급기야 그런 일차적 언어에도 동의할 수 있어야 할 것이다. 물론 그것이 다 이루어지는 것이 공적 신학의 목표는 아니다. 그러나 좋은 공적 신학은 이차적 언어에 의해 설득된 일반 대중들을 참된 기독교적 대안과 원천으로 이끌어 갈 수 있어야 한다고 여겨진다.

그런 설득력을 지닌 좋은 이차적 공적 신학 논의는 역시 다른 학문들의 통찰력을 반영하고 활용하는 논의가 되겠다. 이제 이 문제를 다루어 보기로 한다.

다른 학문들의 통찰력을 활용하는 문제

위에서 말한 바와 같이 설득력 있는 공적 신학의 논의는 다른 학문들의 통찰을 적극 활용할 수 있어야 한다. 그런 의미에서 오늘날의 공적 신학은 학제적(學際的, inter-disciplinary)인 작업이라고 할 수 있다. 오늘날에는 신학 자체도 학제적 성격을 띠는 경우가 많지만, 특히 공적 신학은 주변의 여러 학문들과 대화하며 그 통찰을 잘 활용해야 하는 새로운 신학 분과라고 할 수 있다.

그러나 이때에도 주변 학문적 논의와 그 통찰이 주도적이어서 독특한 기독교적 관점이 사라지지 않게 해야 할 것이다. 바로 여기에 다른 학문의 통찰을 사용하는 일의 한계가 있다. 그러나 엄밀히 보면 모든 학문적 작업에는 모두 다 이와 같은 한계가 있다는 것을 인식할 수 있으므로 이는 공적 신학만이 갖는 한계는 아니다. 우리는 어떤 입장을 지니든지 자신이 논의하는 것을 잘 뒷받침해 줄 수 있는 다른 학문의 통찰을 활용하게끔 되어 있다. 그것은 비학문적인 것도 아니고, 편견이 찬 활동인 것도 아니다. 열린 마음으로 논의하면서 온 세상을 가장 잘 설명할 수 있는 것들을 가져와 우리의 논의에 사용할 수 있다.

몇 가지 신학적 유의점들

마지막으로 우리의 공적 신학 논의에서 우리가 유의해야 하는 몇 가지 신학 요점을 언급하지 않을 수 없다, 과거의 공적 신학 논의에서 잘못하면 그런 함정에 빠지기 쉬웠던 요점들로는 다음과 같다.

삼위일체론이 포기되지 않도록
우리의 공적 신학의 논의에서 기독교 유신론(Christian theism)이 포기되지 않도록 유의해야 한다는 점을 제일 먼저 지적하고자 한다. 이전 세기의 신학적 논의에서 하나님을 삼위일체로 이해하는 것이 포기되거나 무시된 것과 같이 공적 신학의 논의에서는 특별히 삼위일체적 강조를 하지 않으므로 결국 삼위일체적 논의는 뒤로 물러나고 또 무시되어도 좋은 듯한 인상을 주는 공적 신학 논의가 있을 수 있다. 종국에 있어서는 유대인적인 입장으로 이해될 수도 있고, 이슬람교적인 입장으로도 이해될 수 있는 신 개념으로 논의하는 일이 가능할 수 있다는 것이다. 물론 논의하는 이들은 명확히 기독교적 신 개념을 염두에 두고 논의하지만 다른 이들이 보기에는 전혀 기독교 유신론적 인상을 받지 못하는 논의가 제시될 수도 있기에 우리들의 공적 신학 논의가 기독교 유신론이 포기되는 논의가 되지 않도록 유의해야 한다.

이런 의미에서 스택하우스가 세계의 문명들이 삼위일체론에 근거하여 "상호 연관성이 있는 다양성"에 도달할 수 있다고 보는 것은[70] 매우 의미 있는 시도이다. 그러나 이런 인정이 그저 형식적으로만 나타난다면 그것은 심각한 문제이기도 하다. 세계 문명들이 어떻게 삼위일체와의 관련성을 갖는지 논의하지 않는다면 그것은 열매 없는 개념적 이용으로만 그칠 수 있기 때문이다.

보편구원론적 함의를 가지지 않도록

마찬가지로 공적 신학은 구원에 대한 논의를 하는 것은 아니지만 그 논의 과정과 결과에 보편구원론적 함의가 있지 않도록 하는 일에 매우 유의해야 한다. 공적 대중을 대상으로 하는 공적 신학의 논의의 성격상 기독교적인 성격을 잊고서 논의의 효과만 생각하면 그 논의 과정과 결과에 보편구원론적 함의가 있을 가능성이 크다. 그러므로 이는 매우 중요한 유의점이라고 하지 않을 수 없다.

---

[70] Stackhouse, "Public Theology and Political Economy in a Globalizing Era," in *Public Theology for the 21st Century*, eds. Storrar and Morton, 190–91.

보편구원론과 같이 매우 심각한 문제만이 아니라, 폴레스터의 이른 바 "교회의 복지(the welfare of the church)보다는 사회, 즉 이 세상의 복지 (the welfare of the city)를 논의거리(agenda)로 가지는"[71] 공적 신학의 논의 과정에서 구원 문제에 대한 신학적 관심이 사라지지 않도록 하는 일의 중요성은 아무리 강조해도 지나치지 않다.

만유재신론적인 방향으로 전개되지 않도록

그와 밀접히 연관된 문제로는 논의 배후에 만유재신론적 가정이 도사릴 수도 있다. 하나님이 역사 과정의 영향을 받아 변화하여 가신다는 것을 시사하는 모든 신학들에서처럼 공적 신학에도 그런 만유재신론적 함의가 있어 궁극적으로 정통적 기독교적 입장으로부터 벗어나게 할 위험이 있다.

인간의 능력을 중심으로 변화가 가능하다는 것을 시사하지 않도록

사회와 문화의 변혁을 지향하는 공적 신학의 성격상 논의 과정에서 인간의 능력으로 이 세상의 변화를 이루는 것이 가능하다는 시사를 하기 쉽다. 그러므로 이런 인간 중심주의를 벗어나도록, 그리고 될 수 있으면 신인협력 주의를 벗어나도록 논의하는 것이 필요하다고 여겨진다.

진정 하나님 나라를 증언하는 공적 신학이 되도록

궁극적으로 우리의 공적 신학은 하나님 나라를 증시(證示)하는 신학이 되어 야 한다. 그러므로 공적 신학도 하나님 나라 신학의 한 부분으로서 그 의미를

---

[71] Forrester, "The Scope of Public Theology," 6.

드러내야 할 것이다.

21세기 초의 한국 공적 신학의 문제들

● 남북 통일 문제

(북핵 문제, 경협 문제, 통일 방안 문제, 통일 이전 상태 문제, 통일을 위한 준비 문제, 통일 비용 문제, 통일 이후의 정치, 경제, 사회, 문화, 언어, 사상의 문제 등)[72]

● 경제 문제

(노동 문제, 실업 문제, 시장 문제, 경쟁의 문제, 양극화 문제, 부의 재분배 문제, 경제 블록화 문제, **세계화 문제,** 다국적 기업의 문제 등)

● 정치 문제

(정치 발전의 문제, 정치 문화 문제, 정치 사회화 문제, 복지 국가 문제, **세계화 문제** 등)

● 사회 문제

(자살 문제, 복권 문제, 이주 노동자 문제, 다문화 다민족 문제, 동성애 문제, 사법적 심판의 여러 문제들, 수형제도 문제, 사형제도 문제, 사면 문제, 공교육 문제, 사교육 문제, 다문화 교육 문제, 여성 문제, 이혼 문제, 가정폭력 문제, 성폭력 문제, 성범죄 문제, 성매매 문제, 시민사회 문제,

---

[72] 이 문제들에 대한 시론적 논의로 이승구, "통일 문제에 대한 그리스도인의 태도와 기독교적 준비", 「성경과 신학」 37 (2005): 413-50=『21세기 개혁신학의 방향』 (서울: SFC, 2005).

NGO 활동 문제 등)[73]

• 국제적 문제

(국제적 테러 문제, 전쟁 문제, 환경 문제, 경제 관계 문제, 핵문제, 제3세계 문제 등)

• 문화적, 과학적 문제

(**세계화 문제**, 민족적 정체성 문제, 문화 문제, 문화 발전 문제, 과학기술의 문제, 예술 문제, 예술적 표현의 자유와 한계 문제 등)

• 의학적 문제

(에이즈 문제, 안락사 문제, 생명의 시작에 관한 문제, 배아 줄기 세포 문제, 유전자 치료 문제 등)

• 공공신학의 기초 개념의 문제

(정의, 힘, 사랑, 생명, 죽음, 인권 등)

마지막 부탁의 말

이와 같은 폭 넓은 문제를 논의해야 하는 공적 신학의 사역 앞에서 **이런 공적 신학이 열매를 맺도록 하기 위해서** 한국 교회가 유념해야 할 몇 가지 점을 지적하고 이 논의를 마치려고 한다.

---

[73] Cf. 이승구, 『기독교 세계관으로 바라 본 21세기 한국 사회와 교회』 (서울: SFC, 2005), idem, "사형제도에 대한 기독교적 입장",『한국 교회의 신학 인식과 실천』 (수원: 합동신학대학원대학교 출판부, 2006); "성전환자들에 대한 기독교적 고찰",『21세기 한국 신학의 방향』 (서울: 선학사, 2006): 817-33.

첫째로, 우리의 논의가 한국 사회에 진정한 영향을 끼치려면 우리가 어떤 말을 건네기 이전에 먼저 한국 교회가 진정한 교회의 모습을 이 세상에 보여야 한다. 교회가 교회의 참된 모습을 보이지 않고는 우리의 모든 논의가 이 세상에 그 어떤 영향력도 발휘할 수 없을 것이다. **참된 그리스도인의 모습과 참된 교회의 모습의 회복**이야말로 우리의 공적 신학의 참된 무대를 마련하는 것이 된다.

둘째로, 교회가 **진리 안에서 그리고 사랑으로 하나된** 모습을 이 세상에 보이지 못한다면 이 세상은 제대로 기독교의 목소리를 결코 듣지 못하게 될 것이다.

2부
성性

"참 사랑은 무원칙적이지 않고 분명한 원칙에 근거한 것이다.
…… 그러하니, 남자와 여자 사이의 사랑에 대해서도
하나님께서 내신 원칙에 따르는 것이 진정한 사랑의 표현이다."

3. 동성애

　눈을 피해 동성애 관계를 갖던 사람들이 자신이 동성애자임을 선언하는 일[coming out]이 자주 나타나고 있다. 이로 인해 동성애 문제가 사회적 문제가 되자 많은 사람들은 이 문제에 대하여 과연 어떻게 생각해야 하는지를 묻고 있다. 얼마 전 국회에서 동성애자들에 대한 차별을 금지하는 법안이 입법 제안되었다가 검토를 걸쳐 동성애에 대한 차별 금지 조항을 삭제하는 식으로 수정된 것과 관련해서도 논란이 일고 있다. 이러한 현실 속에서 정통적 기독교는 동성애 문제를 어떻게 생각하는지를 밝히고, 이에 근거해서 동성애자 차별 금지 법안에 대한 정통파 기독교의 의견을 제시해 보려고 한다.

　먼저 동성애 문제는 현대에 들어 처음 등장한 새로운 문제가 아니다. 인간 타락 이후로 인간들이 행하는 여러 가지 일 가운데 동성애도 계속해서 역사 속에 있어 왔다. 이스라엘이 그들 가운데 살던 가나안 족속들 사이에서는 동성애의 관습을 포함한 온갖 성적인 무질서가 성행했으며,[1] 가나안

---

[1] Cf. 전승사적 입장의 구약학자 폰 라트도 이 점을 지적한다. Cf. Gerhard von Rad,

종교 의식에도 신전 남창(male cult prostitute) 사이에 성적 관계가 있었다
는 기록이 있고 가나안 사회에 살던 유대인들 가운데서도 상당 기간 많은
신전 남창이 있었던 것으로 간주된다.[2] 또한 고대 그리스와 로마 사회에서
동성애는 매우 일반적으로 행해지는 행위였다. 심지어 플라톤의 글에서도
동성애가 매우 자연스러운 것으로 나타나고 있으며 『향연』(*Symposium*)에
서는 동성애가 사람을 성숙시키고 상승시키는 사랑인 "에로스"의 좋은 양태
로 제시되고 있을 정도이다. 그리스 문화에서 특히 어린아이와 나이 많은
동성 간의 관계(pederasty, παιδοφθορία)는 특히 젊은이의 교육 완성을
위해 고귀하고 중요한 요소로 받아들여지고 있었다.[3] 역사적으로 타락한
인간들 사이에서 동성애가 없었던 적이 없었다고 말할 수 있는 정도이다.

이렇게 온 세상에 퍼져 있고, 역사 속에 만연해 있다는 이유로 동성애가
당연한 것으로 여겨질 수 있는 것일까? 이에 대해서 정통파 기독교는 과연
어떤 입장을 취하는지 논의해 보기로 하자.

기독교적 사유의 원칙: 계시 의존 사색

정통파 그리스도인들은 **모든 것을 성경에 근거해서 생각하는 사람들**이다.

Genesis A Commentary, trans. John Bowden. Revised Edition (London: SCM Press,
1972), 217.

2 특히 신 23:17, 왕상 14:22 등을 언급하면서 이 문제를 지적하는 R. K. Harrison,
Leviticus, Tyndale Old Testament Commentary (Leicester, England and Downers Grove,
Ill.: IVP, 1980), 192를 보라.

3 이에 대하여 Henry Wansbrough, *Genesis*, Doubleday Bible Commentary (New
York: Doubleday, 1998), 38을 보라.

우리가 진정한 그리스도인이라면, 우리는 성경 계시에 의존해서 사색[啓示
依存思索]하는 이들이다. 그러므로 사랑에 대해서도 우리는 성경에 근거해
서 생각해야 할 것이다. 그런 의미에서 우리 그리스도들은 사랑 문제뿐
아니라 사랑에 대해서도 근원적으로는 하나님께서 말씀하신 것에 따라서
생각해야만 한다. 하나님의 창조하심이 근본적으로 사랑의 행위였고, 사랑
의 창조인 것이다. 그리고 하나님께서 우리를 사랑하심으로 우리가 사랑을
알게 되었다. 따라서 사랑이 무엇인지에 대한 대답도 궁극적으로는 하나님
에게서 찾아야 한다. 하나님께서 자신의 어떠하심을 보여 준 것이 사랑의
근원적 기준이 된다. 그러므로 참 사랑은 무원칙적이지 않고, 분명한 원칙에
근거한 것이다. 그래서 바울은 "사랑엔 거짓이 없나니 악을 미워하고 선에
속하라"고 선언한다(롬 12:9). 이는 사랑 일반에 대해서 하는 말이지만,
남녀 간의 사랑에도 적용되는 말이다. 모든 면에서 그러하니, 남자와 여자
사이의 사랑에 대해서도 **하나님께서 내신 원칙에 따르는 것이 진정한 사랑의
표현**이다. 그러므로 우리는 연애와 혼인, 그리고 성(性) 문제나 모든 친밀한
인간관계와 관련된 사랑에 있어서도 하나님께서 내신 어떤 원리가 있는지를
성경으로부터 찾아보려고 해야 한다. 이를 무시하고, 오히려 변화하는 이
세상의 문화에 따라, 또는 세상의 동향에 따라서, 또는 대다수의 사람들이
생각하는 바에 따라서 사랑에 대한 우리의 생각을 정리하려고 하는 일은
옳지 않다.

사랑에 대한 구약성경의 원리

하나님께서 사람을 창조하신 원리에 따르면, 남자와 여자가 사랑하는 것은 매우 정상적인 것이다. 하나님께서는 처음부터 사람을 남자와 여자로 만드실 계획을 가지시고, 먼저 남자를 만드신 후에(창 2:7), 사람의 독처하는 것이 좋지 않으니 자신이 그를 위하여 돕는 배필[즉, 그에게 상응하는 돕는 재]를[4] 지으시겠다고 말씀하시고(창 2:18), 남자로 하여금 자신이 혼자이며 누군가의 도움을 필요로 한다는 심리적 필요를 느끼게 하신 뒤에(창 2:19~20), 여자를 만드셔서 그 둘이 한 몸을 이루고 살게 하셨다(창 2:24). 여기에 인간들 사이의 사랑과 혼인의 시작이 있다. 사랑은 모든 면에서 하나 됨을 위한 가장 기본적인 정서이다. 영적, 정신적, 인격적, 신체적 하나 됨에서 사랑이 나타난다. 그러므로 사랑이란 하나님께서 의도하신 진정한 하나 됨을 위해서는 인간의 혼인 관계 안에서 이루어져야만 한다.

그런데 그 사랑은 결국 하나님을 중간 언어로 하는 사랑이다.[5] 두 사람이 사랑하면 할수록 하나님을 더욱 사랑하게 되며, 하나님을 사랑하면 할수록 사랑하는 이를 더욱 사랑하게 될 때라야 그것이 하나님께서 진정으로 의도하신 사랑이라고 할 수 있다. 그렇지 않고 사랑하는 사람에 대한 사랑이 하나님에 대한 사랑과 대립될 때 그것은 참된 사랑이 아니다. 그리고 참된 사랑은 결국 상대편을 세워주는(up-building) 것이어야 한다. 상대를 파괴하고

---

4 이 어귀에 대한 논의로 이승구, 『인간 복제, 그 위험한 도전』, 개정판 (서울: 예영, 2006), 제1장을 보라.

5 Cf. S. Kierkegaard, *The Works of Love* (Princeton: Princeton University Press, 1993)의 여러 곳을 보라.

무너뜨리는 결과를 가져다주는 것은 참 사랑이 아니다. 또한 인류의 역사와 문화를 하나님께서 의도하신 대로 잘 세워가는 것만이 진정한 사랑이다.

(1) 이런 창조의 원칙에 따라 생각해 볼 때 성경이 이성애와 동성애에 대하여 어떤 태도를 나타내고 있는지는 아주 분명하다. 결국 하나님을 사랑하는 것과 대립되지 않는 사랑은 하나님께서 내신 창조의 원리에 따라 사랑하며, 하나님께서 선언하신 말씀의 원리에 따라 사랑하는 것이다. 이와 같이 하나님께서는 처음부터 남자와 여자를 창조하시고, 그 둘이 한 몸이 되어 자녀를 생산하고, 그 결과로 많아져서[繁盛], 땅에 충만하고, 그리하여 온 땅에 흩어진 사람들이 하나님의 뜻대로 온 세상을 잘 다스리기를 원하셨다. 그러므로 창조의 원리에 따르면 이 세상에 창조된 사람은 창조하신 하나님의 의도에 따라서 온 세상을 하나님의 뜻대로 다스려야 하는데, 그런 다스림의 한 부분으로 혼인하여 그의 형상을 닮은 자녀들을 낳고, 그들에게 하나님의 뜻을 가르치고 교육하여 함께 온 세상을 하나님의 뜻대로 다스리는 일을 하도록 하신 것이다. 이 일에는 혼인과 혼인 관계, 가정 제도와 가정교육을 포함은 폭넓은 교육이 함의되어 있다. 여기 함의된 혼인 관계는 남자와 여자의 관계, 즉 이성애적 관계이고, 그것도 일부일처의 관계이다. 그러므로 하나님의 창조의 원리에 따르면 남자는 여자와 혼인하도록 하신 것이고, 그런 이성애적 관계를 하나님이 창설하신 것이라고 할 수 있다. 창조의 빛에서는 동성애의 여지가 전혀 없다.

(2) 그리고 소돔 사람들이 남자의 모습을 하고 **나타난** 천사들과 "상관하리라"고 말하면서[6] 그들을 내어 놓도록 요구함으로써 **그들의 죄악상의 한**

---

6 이 표현이 소돔 고모라 사람들이 낯선 이들과 동성애적으로 강간하려는 것이었다는 해석과 그런 입장으로는 다음을 보라: Derek Kidner, *Genesis*, Tyndale Old Testament

단면을 소개하고 있는 창세기 19:5, 7, 9을 생각해 보아야 한다. 영어성경 새국제역(*New International Version*)에서는 아주 명확히 그 의미를 성적인 의미로 규정하여 다음과 같이 번역하였다: "Bring them out to us so that we can have sex with them." 전통적인 해석은 모두 이런 의미로 보면서 이런 것이 소돔과 고모라의 죄악상을 잘 드러내는 것이라고 해석한다. 심지어 성경 비평적 입장의 해석자들 중에서도 소돔 백성들이 요구한 것은 이 방문자들과 동성애적 관계를 가지려는 것이었다고 해석하는 분들이 많다.7 이런 것을 볼 때, 이 부분도 동성애를 정당화하지 않는다고 분명히 말하는 것이다. 물론 동성애가 소돔과 고모라의 유일한 죄였다고 할 수는

Commentaries (Leicester, England and Downers Grove, Ill.: IVP, 1967), 134; R. L. Alden, "Sodom," in *The Zondervan Pictorial Encyclopedia of the Bible*, vol. 5, ed., Merrill C. Tenney (Grand Rapids: Zondervan, 1976), 466; D. A. Blaiklock, "Sodomite," in *The Zondervan Pictorial Encyclopedia of the Bible*, vol. 5, 468; Gordon Wenham, *Genesis 16-50*, Word Biblical Commentary (Dallas: Word Books, 1994), 55; Victor Hamilton, "Genesis," in *Evangelical Commentary on the Bible*, ed., Walter A. Elwell (Grand Rapids: Baker, 1989), 23; Victor P. Hamilton, *The Book of Genesis* (Grand Rapids: Eerdmans, 1995), 33-35; Bill T. Arnold, *Encountering the Book of Genesis* (Grand Rapids: Baker, 1998), 103: "When the men of Sodom threaten to *rape the two visitors....the homosexual attackers* would not be interested in his daughters"(이탤릭은 필자의 것임); Henry Wansbrough, *Genesis*, Doubleday Bible Commentary (New York: Doubleday, 1998), 38; 그리고 Ralph Earle, "1, 2 Timothy," in *The Expositor's Bible Commentary*, vol. 11 (Grand Rapids: Zondervan, 1978), 352.

7 그 대표적인 예로 글라스고우 대학교의 구약 교수였던 Robert Davidson, *Genesis 12-50*, The Cambridge Bible Commentary on the New English Bible (Cambridge: Cambridge University Press, 1979), 72: "The men of the city...gather round Lot's house demanding that his guests be made available for *homosexual relationships.*"(역시 이탤릭은 필자의 것임). 그리고 Cutherbert A. Simpson, "Exegesis of Genesis," in *The Interpreter's Bible*, vol. 1 (Nashville: Abingdon Press, 1952), 627을 보라. 명확히는 아니나 이를 시사하는 von Rad, 217도 보라. 그런가 하면 헤르만 궁켈은 아주 명백히 이를 옛 전설(the old legend)이라고 말하면서 이 전설 속에서 "그 남자들[천사들]은 그들의 신체적 아름다움이 소돔 사람들의 악한 정욕을 자극할 정도로 꽃피는 젊은이들로 묘사되어 있다"고 언급한다(Hermann Gunkel, *Genesis* [1901], trans. Mark E. Biddle [Macon, Georgia: Mercer University Press, 1997], 207).

없다. 그들은 다중적인 죄인이었다. 그러나 동성애도 그들의 죄의 하나였다는 것을 부인할 수 없다.

이 구절을 주석하면서 이 구절이 동성애를 문제 삼는 것이 아니라 도리어 자신들의 도성(都城)에 찾아 온 사람들을 잘 받아들이지 않고, 그들에 대하여 배타적으로 굴며, 그들에게 텃세를 부리고 그들에게 해를 가하려 한 것이 소돔과 고모라가 멸망한 원인이 되는 죄악이라고 논의하려는 이들도 일부 있다. 이런 논의의 고전적이고도 영향력 있는 예로 우리는 셜윈 베일리 (D. Sherwin Bailey)의 『동성애와 서구 기독교 전통』을 들 수 있다.[8] 베일리는 이 책에서 창세기 19:5과 사사기 19:22의 "안다"는 뜻의 동사 "야다"(יָדַע)가 성적 함의를 가지고 있다는 것을 부인한다.

이 논제를 세우기 위해서 그는 (1) 구약성경에서 "알다"라는 뜻의 "야다"(יָדַע)라는 동사가 가장 기본적인 의미로 사용된 900여회를 서로 비교하여 성적 함의로 쓰인 예가 단지 15회뿐이라는 통계와 (2) 성적 관계가 개인적으로 친숙한 앎에로 나아가기 위해서는 "단순한 육체적 성적 경험 그 자체만이 아니라, 성적인 차이에 대한 의식과 보완 의식이 있어야만 한다"는[9] 심리적 이유, (3) 롯과 사사기 19장의 주인이 모두 그 땅의 우거자들(gērîm)이었는데 "롯이 그 신임성을 점검해 보지도 않은 낯선 두 사람을 자기 집에 들임으로 우거자(gēr)의 권리 이상을 행사한 것이므로" 사회적 물의를 일으킨 것이라는 추론을 제시하고 있다.[10]

---

[8] D. Sherwin Bailey, *Homosexuality and the Western Christian Tradition* (London: Longmans, 1955). 비슷한 견해로 J. J. McNeill, *The Church and the Homosexual* (Kansas City: Sheed, Andres and McMeel, 1976), 42-50.
[9] Bailey, 3.
[10] Bailey, 4.

그러나 통계만으로는 어떤 단어의 의미를 확립하기 어려우므로 **어떤 단어의 의미는 항상 그 맥락에서 찾아져야 하는데,** 창세기 19장이나 사사기 19장 모두에서 손님을 "알려는" 요구에 대하여 모두 다른 사람을 "아는" 것으로 대치하는 제안이 주어지고 있는데, 그 두 경우 모두 이 제안의 "안다"는 말은 모두 성적인 의미를 지니고 있다(창 19:8; 삿 19:25). 따라서 소돔 사람들이 요구한 것도 역시 같은 성적인 관계를 의미했다고 보는 것이 문맥상 자연스러운 해석이다.[11] 소돔 사람들이 찾아 온 손님들을 더 깊이 알고 그들과 교제하기 원하는데 롯이 그것을 막으면서 그 대신에 "남자를 알지 못하는" 두 딸을 내어 놓으려 했다는 것은 있을 수 없는 일이기 때문이다. 그러므로 여기서 문제가 되는 "앎"은 그저 인식적이고 사교적인 앎이 아니라, 성적인 의미의 앎인 것이다.

둘째로, 소돔과 고모라 사람들이나 기브아 사람들이 참으로 그 손님들을 인격적으로 알고 싶어 하지 않는데도 역시 "안다"라는 말이 쓰였으므로 이를 그저 인격적으로 친숙히 안다는 의미로 해석하기는 어렵다. 또한 문맥상 롯에 대하여 그의 지위를 문제 삼은 것은 그가 손님들을 집에 들여서가 아니라, 그들을 내어주기를 거부하면서 "내 형제들아 이런 악을 행치 말라"(창 19:7)고 하며 "이 사람들은 내 집에 들어 왔은즉 이 사람들에게는 아무 짓도 하지 말라"(창 19:8)고 설득한 것에 대한 반감에서 나온 것임이 분명하다. 소돔 사람들의 다음의 말은 이런 해석의 타당성을 분명히 해준다: "너는 물러나라." "이 놈이 들어 와서 우거하면서 우리의 법관이 되려 하는 도다. 이제 우리가 그들보다 너를 더 해하리라"(창 19:9). 그러므로 창세기 19장의

---

11 이 점을 잘 지적하는 Kidner, 137을 보라. 또한 창세기 19장의 맥락에서 이 점을 잘 드러내는 Wenham, *Genesis 16–50*, 55; Hamilton, *Genesis*, 34도 보라.

맥락에서 소돔 거민들이 동성애적 관계를 시사한 것이 아니었다고 말하는
것은 배제하기 어렵다.

그뿐만 아니라 신약성경 유다서 7절에서는 소돔과 고모라는 "다른 색을
따라 가다가 영원한 불의 형벌을 받음으로 거울이 되었느니라"고 소돔과
고모라의 죄가 동성애적인 죄였다는 것을 분명히 하고 있다.[12]

더구나 그와 같이 다른 견해를 주장하는 이들조차도 소돔과 고모라가
손님 대접에 소홀히 한 것만이 죄라는 명확한 논증을 세우지는 못한다.
동성애적 해석을 통속적인 해석이라고 하면서 이를 애써 피해 보려고 매우
애쓰는 Walter Brueggemann조차도 "성적인 무질서(sexual disorder)가
일반적인 무질서(general disorder)의 한 측면일 수도 있을 것이다."고 인정
한다.[13] 그는 성적인 죄도 "집단 강간"(gang rape)만이 문제될 것임을 강조
하려고 한다.[14] 그러나 많은 해석자들은 이 구절을 동성애와 연관시켜 보지
않으려는 주해의 문제를 많이 지적하고 있다.[15] 이 구절에 대한 해석에서
동성애를 전혀 문제로 여기지 않는 주해를 옳은 주해라고 하기 어렵다고
본다. 이런 모든 논의를 친숙히 알고 그에 대하여 반증 논의를 하는 웬함이
결론적으로 분명히 말하고 있는 바와 같이 "여기서 '야다'(יָדַע)는 깊은 성적

---

[12] 이에 대해서 베일리는 이는 후대의 입장을 반영하는 것이라고 설명한다. 그러나 이는
결국 성경에 나타난 것을 하나님의 말씀으로 받아들이지 않음을 드러내 주는 것이다.

[13] Walter Brueggemann, *Genesis. Interpretation: A Bible Commentary for Teaching
and Preaching* (Atlanta: John Knox Press, 1982), 164. 그러나 그럴지라도 "이와 같이
제시된 문제는 동성애에 대한 현대의 논의에 적절하지 않다"고 브루게만은 주장한다. 그러나
그렇게 단언할 뿐 더 명확히 이것이 동성애적인 문제를 배제한다는 적극적 논의를 내어 놓지
않고, 단지 이 구절이 현대의 동성애 논의에 적절하지 않다고 단언하기만 하는 것이다.

[14] Brueggemann, *Genesis*, 164. 이런 해석에 대한 자세한 논박으로 Hamilton, *Genesis*,
34f.를 보라.

[15] 이런 논박의 대표적인 예로 Kidner, 136f.; Wenham, *Genesis 16–50*, 55; Hamilton,
Genesis, 33–35 등을 보라.

관계라는 뜻으로 사용되었음이 분명하고 이는 모든 중요한 주석가들에 의해서 인정되고 있다."[16]

(3) 구약적 하나님의 백성인 이스라엘 백성들에게는 아주 명백하게 "너는 여자와 교합함 같이 남자와 교합하지 말라 이는 가증함이니라"(레 18:22)고 강하게 말한다. "가증하다"(תּוֹעֵבָה)라는 말은 근본적으로 하나님께서 몹시 싫어하시는 것을 언급할 때 사용한다.[17] 따라서 이런 자들을 반드시 죽이라고 명하고 있다(레 20:13). 그렇게 강하게 공적인 사형(the death penalty)을 명할 만큼 구약의 언약 백성들에게는 하나님께서 아주 분명한 삶의 원리를 제시해 주셨다.[18] 이스라엘 주변의 나라에는 동성애가 만연하고 있어도 하나님의 언약 백성인 이스라엘 백성들은 그렇게 해서는 안 되며, 그런 행위를 하는 이스라엘 백성들은 반드시 사형에 처해야 한다고 하실 만큼 이스라엘에게 구별된 삶을 요구하시는 것이다. 이 구절들에 따르면 동성애가 아주 명확히 금지되었다는 것은 아주 분명한 규정이어서 그 누구도 이를 부인할 수 없다. 가장 비평적인 입장을 견지하는 마틴 노트조차도 레위기 18:22이 "허용될 수 없고 부자연스러운 성적인 관계들"을 언급하는 19~23절이라는 문맥 속에 나오는 것으로 인정한다.[19] 이를 거부하고 동성애가 허용

---

16 Wenham, *Genesis 16-50*, 55.

17 거의 모든 이들이 그렇게 말하지만, 그 대표적인 예로 John E. Hartley, *Leviticus*, Word Biblical Commentary (Dallas, Texas: Word Books, 1992), 297; 그리고 Gordon J. Wenham, *The Book of Leviticus* (Grand Rapids: Eerdmans, 1979), 259를 보라.

18 후에 우리에게 대한 적용에서 드러날 것이지만, 그 때문에 정통파 기독교에서 오늘날 동성애자들을 죽여야 한다고 주장하는 것은 아니다. 이것은 기본적으로 언약 백성에게 명하시는 것이다. 따라서 구약의 언약 백성들은 반드시 이 원리대로 살아야만 했고, 신약의 언약 백성인 그리스도인들도 이 원칙에 부합한, 즉 이 원칙을 주신 하나님의 의도와 정신이 나타나는 삶을 살아야 하므로 교회 공동체 안에서는 동성애에 대해서 엄한 치리적 원칙을 천명해야 한다. 언약 관계 밖에 사람들에게는 일반 은총 하에서 사람들이 보다 순리에 따른 관계를 가지도록 하는 일을 권하고 확대시켜 나가며, 그에 반하는 일을 피하도록 해 나가야 하는 것이다.

될 수 있다고 생각하는 것은 "성경의 권위와 그 가르침을 완전히 저버릴 때에만 가능하다"는 래어드 해리스의 말을[20] 상기할 때 이 점은 그 누구도 부인하기 어려울 것이다.

(4) 더 나아가서 심지어는 "여자는 남자의 의복을 입지 말 것이요, 남자는 여자의 의복을 입지 말 것이라. 이같이 하는 자는 네 하나님 여호와께 가증한 자니라"(신 22:5)고까지 말한다. 이 표현에 대해서는 그것이 가질 수 있는 다양한 의미도 생각해 볼 수 있다. 신명기 22:5에서 "남자의 옷"이라고 번역된 말은 직역하면 "남자의 것들"(man's things)로서 단지 남자의 옷만이 아니라 남성에게 속하는 것들을 지칭하는 것이다. 장식물이나 무기나 일반적으로 남자와 연관되는 것들을 걸치지 말라는 것이다. 그런데 후반에 있는 "여자의 옷"에서는 분명히 여자의 옷으로 지칭하고 있다. 그러므로 전체적 의미로는 남자가 여자의 옷을, 여자가 남자의 옷을 입지 말라는 일반적 해석이 옳다고 할 수 있다.

이를 금한 이유는 (1) 그런 행위가 동성애의 어떤 형태와 연관되기 쉽고, (2) 고대 사회에서는 그렇게 상대편 성의 옷을 입는 행위가 특정한 신들의 제의와 연관되었을 가능성이 있기 때문이다.[21] 어떤 이들은 두 번째 가능성을 좀 더 의미 있게 생각해 보려고 한다. 그럴 경우에 근본적으로 이 금령은 이교의 예배 풍속을 본받지 말라는 것이 된다. 그래서 게르하르트 폰 라트는

19 Martin North, *Leviticus. A Commentary* (1962), trans. J. E. Anderson, Revised Translation (London: SCM Press, 1977), 136.

20 R. Laird Harris, "Leviticus," in *The Expositor's Bible Commentary*, ed. Frank E. Gaebelein, vol. 2 (Grand Rapids: Zondervan, 1990), 601.

21 P. C. Craigie, *The Book of Deuteronomy*, NICOT (Grand Rapids: Eerdmans, 1976), 288.

"여기서는 그저 옳게 보이는 것(what is seemly)의 준수, 또는 자연에 의해 규정된 것에 대한 순종 이상의 문제가 연관되어 있는 것으로 보인다"고 하면서, "(여호와께 가증하다)는 아주 강한 논의가 사용된 이유는 이것이 어떤 제의적 범과(cultic offence)임을 시사해준다"고 말한다.[22] 또한 우리가 앞서 말한 두 가지 이유를 다 제시하는 알렌은 두 번째 이유와 관련해서 이렇게 말한다: "어떤 종교들에서는 제사장들이 여성의 옷 비슷하게 입거나 아주 여성의 옷을 입고 제의를 집례하는 것이 관례였다……이것은 대개 그 숭배의 대상이 되는 신이 여성인 경우에 발생했다."[23]

그러나 이를 입증할 외적인 증거들은 사실 대부분 상당히 후대인 그리스 로마 시대에 근동에서 행하던 예들인 경우가 많고,[24] 또한 앗시리아의 경우들로 언급되는 예들도 문제가 되는 것이 그저 옷을 바꾸어 입는 것인지 아니면 그것이 동성애에 대한 것인지 논란이 될 수 있기 때문에[25] 제의적 이유만으로 옷을 바꾸어 입지 말라고 한 금령이라고 제시하기는 어려워 보인다.

또한 어떤 이유에서든 다른 성(性)의 옷을 입는 것은 "여호와 보시기에 가증한 것"으로 정죄되고 있다. 그러므로 이런 금령에는 적어도 창조 때에

---

[22] Gerhard van Rad, *Deuteronomy. A Commentary* (London: SCM Press, 1966), 141.

[23] C. Allen, *A Textbook of Psychosexual Disorders* (1962), 243, cited in Craigie, 288.

[24] 그런 경우의 예들을 많이 언급하고 있는 S. R. Driver, *Deuteronomy*, ICC (Edinburgh: T. & T. Clark, 1902), 250을 보라. 또한 이 예들이 훨씬 후기의 예들이라는 지적으로 G. Ernest Wright, "Introduction and Exegesis," *The Book of Deuteronomy, The Interpreter's Bible*, vol. 2 (Nashville: Abingdon Press, 1953), 464; 그리고 Craigie, 288을 보라.

[25] 이 점을 지적하는 Craigie, 288, n. 6. 그는 앗시리아 시대의 예를 W. G. Lambert, *Babylonian Wisdom Literature* (1960), 226, 230에 제시되어 있다고 한다.

주어진 성 정체성을 모호하게 하려는 그 어떤 시도도 하지 못하게 하려는 의도가 있는 것이라고 보아야 한다.26

아주 더 명확히 이 금령은 종교적 이유와 같은 이유 때문이 아니라 "남자와 여자로 창조하신 것에 의해 수립된 그 '성의 구별'이라는 거룩성을 수립하고 주장하는 것"이라고 하는 카일과 델리취는 따라서 "이 구별을 침해하고 제거해버리려는 모든 시도는 부자연스럽고, 따라서 하나님 보시기에 가증한 것"이라고 말한다.27 G. E. Wright도 "모든 부자연스러운 것에 대한 이스라엘 백성의 혐오에서 이 금령이 기원한 것으로 볼 수 있는 가능성이 높다"고 한다. "비록 그 배후에 무엇이 있는지를 우리가 확실히 말하기는 어렵지만 말이다."28 더 나아가서 얼 칼란드(Earl S. Kalland)는 이 금령에는 "동성애를 포함한 불법적인 성적 관행이 포함되었을 가능성이 아주 높다고" 한다.29

(5) 가나안 족속들과 이스라엘 중의 동성애적 행위[男色]를 비난하면서 말하는 것을 볼 때, 구약성경이 동성애적 행위와 이를 유도할 수 있는 모든 것을 다 정죄하고 있다는 것은 아주 분명하다.

예를 들면, 솔로몬이 암몬 여인 '나아마'를 취하여 얻은 자녀인 르호보암이 즉위한 후에 이전에 가나안 백성들이 행하던 가증한 일이 유다 땅에 성행하게 되었다. 즉, (1) 우상을 세워 섬기는 일이 ("산 위에와 모든 푸른 나무 아래 산당과 우상과 아세라 목상을 세웠음이라") 많았고, (2) 그 땅에 남색하

---

26 이 점을 포함해서 언급하는 Earl S. Kalland, "Deuteronomy," in *The Expositor's Bible Commentary*, vol. 3 (Grand Rapids: Zondervan, 1992), 135.

27 C. F. Keil and F. Delitzsch, *Commentary on the Old Testament*, vol. III, trans. James Martin (Grand Rapids: Eerdmans, 1976), 410f.

28 Wright, 464.

29 Kalland, 135.

는 자가 있게 된 것이다(왕상 14:21~24). 이 때 "남색하는 자"(קָדֵשׁ)라는 말은 제의적 매춘자들(the cult prostitutes)을 지칭하는 표현이라고들 본 다. 이는 집합적으로 제의적 남창들과 제의적 여창을 모두 포함하는 것으로 간주된다.30 이들은 풍작을 위하여 종교적 제의를 수행하는 일의 하나로서 제의적 성행위를 제공하던 자들로서 이전 가나안 종교에서 중요한 역할을 맡았던 자들이다.31 이방 종교적 행위가 정죄를 받은 것이지만 동성애적 문제도 함께 정죄되었다고 보아야 한다. 이교적 배경과 이교적 함의 없이 남색하는 것이 인정될 수 있었다고 하는 것은 매우 이상한 해석이 될 것이다. 로스너는 세속적 매춘자(secular prostitute, זוֹנָה)와 이교 제의적 매춘자 (the cult prostitute, קָדֵשׁ)를 구별하고, 전자 즉 세속적 매춘자는 개인의 도덕적 실패를 지적하는 맥락에서 정죄되었으며, 후자 즉 제의적 매춘자는 하나님께 신실하지 못함과 관련하여 정죄되었으나, 그 둘 모두가 하나님의 백성이 거룩한 신실함에로 부름 받았음에 반하는 것이라고 잘 지적한다.32 그러므로 일반적인 남색, 즉 동성애도 역시 하나님의 언약 백성 안에서는 있을 수 없는 것으로 나타나고 있다고 할 수 있다.

그 이후로 유대와 이스라엘 왕들 가운데 이런 자들을 없애는 일을 하면 하나님께서 원하시는 길로 나아가는 이들로 언급된다. 예를 들어서, 아사에

---

30 이런 해석으로 Simon J. DeVries, *1 Kings*, Word Biblical Commentary (Waco, Texas: Word Books, 1985), 185를 보라. 이에 비해서 Gerald Van Groningen ("1-2 Kings," in *Evangelical Commentary on the Bible*, 245)은 제의적 정황에서 활동하는 남창(male prostitutes)을 생각한다.

31 Cf. John Gray, *I & II Kings*. A Commentary, third, fully revised edition (London: SCM Press, 1977), 343: "Those persons were ministers of rites of imitative magic designed to promote fertility in nature."

32 Brian S. Rosner, *Paul, Scripture and Ethics: A Study of I Cor. 5-7* (Leiden: Brill, 1994), 126-28.

대해서는 그가 그 아버지 아비얌과는 달리 "그 조상 다윗 같이 여호와 보시기에 정직히 행하였다고(왕상 15:11) 하면서 (1) 남색하는 자들을(הַקְּדֵשִׁים)[33] 그 땅에서 쫓아내고(12절), (2) 그 열조의 지은 모든 우상을 없이 하고(12절), (3) 또 그 모친(실질적으로는 할머니) 마아가가 아세라의 가증한 우상을 만들었으므로 태후의 위를 폐하고, 그 우상을 찍어서 기드론 시냇가에서 불살랐다고 묘사한다(13절). 아사의 아들 여호사밧에 대해서도 그가 "그 부친 아사의 모든 길로 행하여 돌이켜 떠나지 아니하고 여호와 보시기에 정직히 행하였다"(왕상 22:43)고 하면서, 그의 사역으로 남아 있던 남색하는 자를 그 땅에서 쫓아낸 것을 언급하고 있다(46절).

또한 요시아 때에는 성전에서 발견된 율법에 따라 개혁하던 중에 "여호와의 전 가운데 미동의 집을 헐었다"고 말한다(왕하 23:7). 여기서 "미동의 집"이라고 우리말로 번역된 표현은(בָּתֵּי הַקְּדֵשִׁים), 열왕기상의 번역을 따라 하자면 남색하는 자들의 집이라고도 번역할 수 있는데, 이곳은 성전 안에서 제의적 매춘 활동을 위해 확보된 곳으로 이해된다.[34] 요시아 개혁 이전에 이런 미동의 집이 성전 안에 있었다는 것은 당시 종교가 얼마나 가나안 종교와 깊숙이 연관되었는지를 잘 보여 주는 것이라고 여겨진다. 시대의 대세에 밀려 심지어 종교까지도 시대의 대세와 합류하는 것이 심각한 문제로

---

[33] Gerald Van Groningen ("1-2 Kings," in Evangelical Commentary on the Bible, 245)은 제의적 정황에서 활동하는 남성 창기(male prostitutes)를 생각하고 있는데 비해서 John Gray는 이 남성복수가 남성 제의적 창기와 여성 제의적 창기를 모두 포함해서 하는 말이라고 한다(I & II Kings, A Commentary, third, fully revised edition [London: SCM Press, 1977], 349). DeVries도 이 남성 복수가 양성 모두를 포함하는(common gender) 공동 복수를 의미 한다고 말한다(1 Kings, 190).

[34] T. R. Hobbs, 2 Kings, Word Biblical Commentary (Waco: Word Books, 1985), 333.

나타난 것이다. 그것을 요시아가 율법에 따라 종교개혁을 하면서 타파시킨
것이다. 따라서 이스라엘이 하나님의 뜻을 따르는 때에는 남색하는 일이
있을 수 없었고, 이스라엘이 하나님의 뜻을 따르지 않을 때에는 그 땅에
남색하는 일이 성했음을 알 수 있다.

그러므로 구약 시대의 언약 백성인 이스라엘 백성들은 그 주변에서 동성
애가 성행하는 현실 가운데 있으면서도 그에 따라가지 말고 그들과는 구별된
삶의 원리를 갖고 살도록 명령을 받은 것이다. 그들에게 동성애는 잘 모르는
어떤 이상한 것이 아니라 주변에서 자주 목도하는 일이었고, 바로 그런
것을 엄격히 피하라고 구약성경은 언약 백성에게 명령하고 있다.

동성애에 대한 신약의 가르침

신약에서도 분명히 동성애적 행위는 자연적인 방식을 벗어난 부자연스러
운 것이라고 천명한다(롬 1:26). 이 문맥에서 "순리대로 쓸 것"이라는 말은
성 관계(sexual relation)의 자연적 기능(the natural use), 즉 "창조자의
의도에 따른 기능"을 뜻하는 말이다.[35] 이는 자연이나 본성이라는 말에
하나님의 창조 의도(God's creative intent)와 창조 질서(God's created
order)가 함의되어 있다고 생각하는 것이다.[36] 따라서 "순리대로 쓸 것을

---

35 명확히 이 점을 지적하는 논의로 C. E. B. Cranfield, *The Epistle to the Romans*,
vol. 1, ICC, New Edition (Edinburgh: T. & T. Clark, 1975), 125를 보라. 그는 고린도전서
11:14의 본성이라는 말도 "하나님께서 우리를 만드신 방식"이라는 말로 이해하며 이와 연관시킨
다(125f.)
36 Douglas Moo, *The Epistle to the Romans*, NICNT, New Edition (Grand Rapids:

역리로 쓰며"라는 말은 자연적인 기능을 "자연에 역행하는"(παρὰ φύσιν: that which is against nature) 기능, 즉 "창조자의 의도에 반하는 기능"으로 바꾸어 사용하는 것을 뜻한다. 그러므로 창조자의 의도에 따른 자연적인 관계는 남자와 여자의 관계성을 말하는 것이고, 자연에 역행하는 관계는 여자가 여자와 더불어 관계하는 것을 뜻하는 것이다. 따라서 곧 이어 또 다른 자연에 역행하는 관계인 남자와 남자와의 관계성에 대한 언급이 따라 나온다. 그러므로 26절과 27절은 동성애 관계를 비판적으로 언급하는 것이다.[37] 즉, 동성애 관계를 부자연스럽고(unnatural) 왜곡된(perversion) 것으로 보는 것이다. 이를 염두에 두면서 바레트는 이 부분을 아예 다음과 같이 번역하기도 한다:

> 예를 들자면, 그들 중의 여인들은 자연스러운 성관계(the natural kind of intercourse)를 부자연스러운 것으로 바꾸었다. 마찬가지로 남자들도 여성 파트너와의 자연스러운 성관계를 버리고서 서로를 향한 정욕으로 가득 차게 되었다. 그래서 남자가 남자로 더불어 음탕하고 추잡한 일을 하고, 그들 자신의 어리석음

Eerdmans, 1996), 115. 칼빈도 "the whole order of nature"라는 말을 하며 하나님을 버린 죄인인 인간들이 이를 다 전복시켰다고 표현한다 (John Calvin, *The Epistle of Paul to the Romans and Thessalonians*, Calvin's New Testament Commentaries, trans. Ross Mackenzie, vol. 8 [Edinburgh: Oliver and Boyd, 1960; reprinted, Grand Rapids: Eerdmans, 1974] 36).

37 거의 모든 주석가들이 이렇게 설명한다. 대표적인 예로 다음을 보라: John Knox, "Romans," in *The Interpreter's Bible*, vol. 9 (Nashville: Abingdon Press, 1954), 400f.; John Murray, *The Epistle to the Romans*, vol. 1, NICNT (Grand Rapids: Eerdmans, 1959), 47f.; Matthew Black, *Romans*, The New Century Bible Commentary, 2nd edition (Grand Rapids: Eerdmans, 1973), 42; C. K. Barrett, *A Commentary on the Epistle to the Romans* (New York: Harper & Row, 1957; reprinted, Peabody, MA: Hendrickson, 1987), 39; Cranfield, *The Epistle to the Romans*, vol. 1, 125f.; Everett F. Harrison, "Romans," in The Expositor's Bible Commentary, vol. 10 (Grand Rapids: Zondervan, 1976), 25; 그리고 James D. G. Dunn, *Romans 1-8*, Word Biblical Commentary (Dallas, Texas: Word Books, 1988), 64를 보라.

(오류)에 상당한 벌을 그들 스스로가 받게 되었다.[38]

26절에서 여성 간의 동성애적 관계를 먼저 언급한 것은 후에 남성 간의
동성애에 대한 아주 심각한 문제점을 잘 지적하기 위한 것이라고 관찰하기도
한다.[39] 이 모든 동성애적 관계는 부끄러운 일이고, 창조주의 의도를 벗어난
것으로 선언된다(롬 1:25f.). 이로부터 바울이 동성애적 활동을 하나님의
창조 질서에 대한 침범(a violation of God's creation order)으로 묘사한다
는 것이 분명해 진다.[40] 그러므로 이 맥락에서는 "동성애가 잘못된 열정의
대표적인 예(a prime example)로 언급되고" 있다.[41]

"남자가 남자로 더불어 부끄러운 일을(τὴν ἀσχημοσύνην) 행한다"(롬
1:27)고 했을 때, 이는 여자와의 자연스러운 관계(natural relations with
women)에 반하는 남성간의 동성애에 대하여 비판적으로 언급하는 것이
다.[42] 그러므로 이 문맥 전체는 결과적으로 남성간의 동성애뿐 아니라,
여성간의 동성애도 포함하는 모든 동성애적 관계와 실천을 포함하여[43] 비판

---

[38] Barrett, *Romans,* 39.

[39] 이를 지적하는 Murray, 47; 그리고 Dunn, *Romans 1-8,* 64를 보라.

[40] Cf. Moo, 115.

[41] Robert H. Mounce, *Romans,* The New American Commentary (n. p.: Broadman
& Holman Publishers, 1995), 35.

[42] "shameful thing"이라고 설명하는 Murray, 48을 보고, 이를 생각하면서 "부끄러운
일을 부끄러운 줄도 모르고(shamelessness) 행한다"로 번역하는 것이 더 낫다고 하는 크랜필드,
126도 참조하라.

[43] 이 점에 대한 지적으로 Dunn, *Romans 1-8,* 65를 보라. 또한 R. Scroggs, *The
New Testament and Homosexuality: Contextual Background for Comtemporary Debate*
(Philadelphia: Fortress, 1983), 115를 보라.
　그러나 스크로그스는 (1) 바울이 이렇게 동성애에 대해서 비판적으로 생각하는 것은 자신의
헬라주의적 유대교적 모델에 따른 것이며 그 자신의 이런 편견에 따라 동성애적 관계가 자연적인
것에 반하는 것이라고 말하는 것이라고 한다는 것(114f.)과 (2) 흔히 동성애적인 것으로 언급되며
비판받는 것은 특히 젊은이와의 성관계만을 뜻하는 것이며, 결국 아동과의 관계만이 비판되었다

하고 있다. 또한 이런 일을 행하는 자는 사형에 해당하다고 하나님이 친히
정하셨다고 하는 말(롬 1:32)에는 동성애적 관계도 포함되어 있다고 보아야
한다.

또한 바울은 이 세상의 현저한 악들을 열거하는 중에 동성애적 행위를
포함시켜 언급하고 있다(고전 6:9f.; 딤전 1:9f.). "탐색하는 자"라고 번역된
"말라코스"(μαλακός)라는 단어는 일반적으로는 "남자답지 않음"(unmanly)
이라는 뜻으로 사용되는 말이나, 더 구체적으로는 "의식적으로 여성의 스타
일이나 방식을 모방하는 젊은이"라는 뜻이다.[44] 그러면서 이와 같은 것은
쾌락을 위해서든 돈을 벌기 위해서든 "수동적인 동성애 관계"(passive
homosexual activity)로 빠져들어 가기 쉽게 된다는 것이다.[45] 그러므로
이 문맥에서 "말라코스"는 "남성 동성 관계에서 수동적인 편의 파트너"라는
뜻으로 이해하는 것이 일반적이다.[46]

또한 "남색하는 자"라고 번역된 '아르세노코이테스'(ἀρσενοκοίτης)라는
말은 "남성"(명사로는 ἄρσην, 형용사적으로는 ἀρσενικός)과 "함께 자는,
또는 성적인 관계를 맺는"(κοίτης)이라는 뜻이라는 데에 모든 이들의 의견이

고 본다는 점(85-97), 그리고 (3) 고린도전서 6:9에서는 동성애적 매춘만을 정죄하는 것이라는
입장을 나타낸다(101-109)는 점에 주의해야 한다. 그와 비슷하게 바울이 말하는 바는 본성
(nature) 등에 대한 가정에 있어서 동성 관계는 씨를 말린다는 원시적 가정에서 1세기 희랍-로
마 사회의의 가장에 결정적인 영향을 받고 있다고 논의하는 퍼니쉬의 논의도 참조하라(V.
P. Furnish, "The Bible and Homosexuality: Reading the Texts in Context," in J. S.
Siker, ed., *Homosexuality in the Church: Both Sides of the Debate* [Louisville:
Westminster-Knox, 1949], 18-37, esp., 26-28).

[44] Scroggs, 106: "the youth who consciously imitated feminine styles and ways."
[45] Scroggs, 106.
[46] C. K. Barrett, *A Commentary on the First Epistle to the Corinthians* (London:
Black, 1978; 2nd edition, 1971), 140; Anthony C. Thiselton, *The First Epistle to the
Corinthians*, NIGTC (Carlisle: The Paternoster Press and Grand Rapids: Eerdmans,
2000), 449.

일치한다.[47]

그렇게 보면 이 두 단어는 모두 남성 동성애자들 중의 수동적 역할을 하는 편과 능동적 역할을 하는 편에 대한 지칭이라고 생각하는 것이 자연스럽다.[48]

이런 견해에 전적으로 동의하지 않는 스크로그즈(Scroggs)도 '아르세노코이테스'(ἀρσενοκοίτης)라는 말 자체는 레위기 18:22(과 레 20:13)에 나타나는 바와 같은 "남성과 함께 눕는 자"라는 것은 인정한다.[49] 그러나 그는 이것이 남성과 관계하는 여창을 지칭할 수도 있으므로 모호성의 요소가 있다고 논의한다.[50] 그러면서 그는 이것이 동성애적 관계 전반에 대한 것이

---

47 William D. Mounce, *Pastoral Epistles*, Word Biblical Commentary 46 (Nashville, Thomas Nelson Publishers, 2000), 38f.; Thiselton, 448. 티슬톤은 *BAGD*, 109-10과 Liddell, Scott and Jones, *A Greek-English Lexicon*, 223-24에 나온 정보도 언급한다. 또한 다음도 보라: D. Sherwin Bailey, *Homosexuality and the Western Christian Tradition* (London: Longmans, 1955); Ralph Earle, "1, 2 Timothy," in *The Expositor's Bible Commentary*, 352: "male homosexuals"; Donald Guthrie, *The Pastoral Epistles*, Tyndale New Testament Commentaries, Revised Edition (Leicester: IVP and Grand Rapids: Eerdmans, 1990), 72. 또한 켈리도 이 "ἀρσενοκοίτης"라는 말을 단순히 "homosexuals"로 옮기고, 그 앞에 나오는 "포르노이스"(πόρνοις)와 함께 "모든 형태의 성적인 죄악을 다 포함하는 것"(embracing sexual vice in all its forms)으로 해석한다(J. N. D. Kelly, *A Commentary on the Pastoral Epistles* [NY: Harper & Row, 1960, reprint. Peabody, MA: Hendrickson Publishers, 1987], 50).
48 이런 입장을 잘 표현하는 것으로 Hans Conzelmann, *I Corinthians* (1969), Hermeneia, trans. James W. Leitch (Philadelphia: Fortress Press, 1975), 106; F. F. Bruce, *1 and 2 Corinthians*, NCBC (London: Oliphants, 1971), 61; Barrett, *First Corinthians*, 140; Thomas F. Lea & Hayne P. Griffin, Jr., *1, 2 Timothy, and Titus*, The New American Commentary 34 (Nashville, Tennessee: Broadman Press, 1992), 71, n. 11; S. J. Kistemaker, *1 Corinthians* (Grand Rapids: Baker, 1993), 188; Thiselton, 449f.를 보라.
티슬톤은 다음 같은 저자들도 같은 입장을 표한다고 말한다: D. F. Wright, J. B. de Young, D. E. Malick, P. Zaas, R. B. Hays, K. E. Bailey, C. Senft, C. Wolff, R. F. Collins (이상에 대한 문헌 정보는 Thiselton, 450, n. 153을 보라).
49 Scroggs, 85-88 그리고 106-108.
50 Scroggs, 107, n. 10. 그러나 그도 70인경에 이 말이 사용된 것과 랍비적 논의에서는 "남자와 함께 눕다"는 이 용어는 "남성 동성애를 묘사하기 위해 가장 많이 사용되었다"고 인정하기

아니라 필로(Philo) 같은 이도 비판적으로 말했던 동성의 어린아이와의
성관계만을 지칭하는 것이고, 바울이 비판적으로 말한 것도 바로 이런 관계
에 관한 것뿐이라고 한다.[51] 또한 보스웰은 바울이 동성애 행위들과 남창과
의 관계를 서로 구별하고 있다고 주장하면서 바울은 일반적 동성애 관계에
대해서는 별로 문제 제기를 하지 않았다고 하고,[52] 동성애적 매춘만을 잘못
된 것으로 지적했다고 주장한다.[53]

그러나 이와 같은 주해는 바울의 글에 대한 자연스러운 주해라고 보기
어렵다는 것이 많은 학자들의 견해이다.[54] 물론 동성의 어린아이와의 동성
애 관계(Scroggs)나 동성애적 매춘(Boswell)도 문제이지만 그것들만이 문
제가 된다면, 바울이 여기서 이렇게 구체적으로 다른 단어를 사용하면서
이 논의를 길게 할 이유가 없기 때문이다. 라이트는 증거가 보스웰의 결론을
지지하지 않는다고 하면서, 바울의 논의는 레위기 18:22과 20:13에 나타나
는 구약의 금지에 근거하고 있으며, 그 의미는 희랍 문화에서 일반적이었던
십대 남성과 성적인 관계를 하는 남성을 포함하여 동성애자 모두를 의미하는
것으로 이해될 수 있다고 잘 논의한다.[55] 우리가 위에서 살펴 본 모든 점을

도 한다(107f.).

[51] Scroggs, 85–97.

[52] J. Boswell, *Christianity, Social Tolerance and Homosexuality* (Chicago: University of Chicago Press, 1980), 111–14.

[53] Boswell, 특히 107, 341–44.

[54] 그 대표적인 예로 Thiselton, 450과 거기 언급된 다른 학자들의 견해를 참조하라. 특히 D. F. Wright, "Homosexuals or Prostitutes? The Meaning of ἀρσενοκοίται (I Cor. 6:9; I Tim. 1:10)," *Vigiliae Christianae* 38 (1984): 125–53; 그리고 J. B. de Young, "The Source and NT Meaning of ἀρσενοκοίται with Implications for Christian Ethics and Ministry," *Master's Seminary Journal* 3 (1992): 191–215를 보라.

[55] Wright, "Homosexuals or Prostitutes? The Meaning of ἀρσενοκοίται(I Cor. 6:9; I Tim. 1:10)," 125–53. 또한 Mounce, *Pastoral Epistles*, 39도 보라.

생각하면 가장 자연스러운 이해는 여기서 바울이 온갖 종류의 동성애적
관계를 비판적으로 보고 있다고 해야 한다. 동성애를 포함한 다른 죄들을
행하는 자들은 "하나님 나라를 유업으로 받지 못하리라"(고전 6:10)는 말을
매우 심각하게 들어야 할 것이다.

　그러므로 신약성경도 전반적으로 동성애를 죄악으로 간주하며, 가증한
것으로 여기므로 아주 분명하게 비난하는 것이다.

동성애에 대한 성경 가르침의 결론

　그러므로 "구약은 일관성 있게 동성애적 관계를 가정한 것으로 정죄하고
그에 대한 형벌은 사형이었다"고 말하는 해리슨의 주장은[56] 매우 정확하며
정당한 것이라고 결론 내릴 수 있을 것이다. 우리는 신약에 대해서도 같은
말을 할 수 있다. 그러므로 성경은 일관성 있게 동성애를 옳지 않은 것으로
천명한다.[57]

　물론 성경에 의하면 동성애만이 죄악인 것은 아니고, '정상적인 혼인
관계 밖에서 이루어지는 모든 성 관계'도 다 죄악된 것으로 정죄하였다.
바로 이런 이유에서 "이스라엘 여자 중에 창기가 있지 못할 것이요 이스라엘
남자 중에 미동이 있지 못할지니라"(신 23:17)는 말씀이 주어진 것이다.

---

[56] Harrison, 192. 같은 지적으로 Dunn, *Romans 1-8*, 65도 보라.

[57] 같은 말을 하는 다음 주석가들의 말도 참조하라: Gordon Wenham, *Leviticus*, 259:
"Homosexuality is condemned throughout Scripture (Gen. 19; Lev. 20:13; Judge 19:22ff.;
Rom. 1:27; I Cor. 6:9)"; Ralph Earle, "1, 2 Timothy," 352; 그리고 Mounce, *Pastoral
Epistles*, 39.

여기서 미동(male cultic prostitute)은 일반적 매춘자(female prostitute)처럼 문제시되고 있는 것이다. 더 나아가, 이는 다른 하나님 앞에서의 다른 죄와도 같이 심각하고 무시무시한 죄인 것이다. 개신교에서는 성경에서 금하고 있는 모든 죄를 다 무시무시한 죄로 여긴다. 그러므로 우리는 동성애만을 정죄하고, 그런 이들이 특별히 더 잘못된 것으로 생각해서는 안 된다. 우리는 오히려 동성애의 죄도 다른 모든 성적인 죄와 같이 심각한 죄이고, 하나님에게 정죄 받을 죄라고 말해야 한다. 다시 말하지만, 동성애자들도 다른 죄인들과 같은 죄인들이지, 그들이 더 심각한 죄인들이라고 생각할 수는 없다. 성경에 의하면, 모든 죄는 그 어떤 형태를 띤 것이든지 하나님 앞에서 다 심각한 것이기 때문이다.

그러므로 우리는 동성애를 비롯해서 모든 잘못된 사랑의 표현이 창조주 하나님의 의도에 반하는 것이므로 잘못된 것이라는 의식을 가지고, 하나님의 뜻에 따라서 바른 사랑을 하도록 해야 할 것이다. 하나님께서 우리에게 주신 가장 고귀한 선물들 중의 하나가 바로 서로 사랑하는 것이다. 그러나 가장 고귀한 것들은 타락하면 가장 추악한 것이 된다. 최선의 것이 타락하면 최악의 것이 되는 것이다.[58] 사탄과 뱀을 생각해 보라. 사탄은 하나님이 지으신 천사가 타락한 존재가 아닌가? 또한 뱀은 여호와께서 지으신 들짐승 가운데 가장 똑똑했다고 하지 않았는가? 그런 것이기에 사탄이 가장 잘 이용한 것이다. 또한 인간의 이성을 생각해 보라. 고귀한 기능을 담당하게끔 창조된 이성이 오용될 때 사람들로 하여금 하나님께 반역하도록 하고 하나님

---

58 이는 일반적 원리처럼 진술되는 것이다. 근자에 이를 잘 표현한 것으로 캠브리지 대학교의 David F. Ford, *Theology* (Oxford: Oxford University Press, 1999), 강혜원, 노치준 옮김, 『신학이란 무엇인가?』 (서울: 동문선, 2003), 12를 보라.

을 부인하게 하지 않는가 말이다. 이처럼 하나님께서 가장 고귀하게 창조해 주신 것일수록 타락하면 더 흉악하게 되기 쉽다. 그러므로 우리는 우리에게 주어진 가장 고귀한 능력의 하나인 사랑하는 일도 하나님의 의도와 하나님께 서 내신 원리에 따라 행사하도록 해야 할 것이다.

다시 말하지만, 구약과 신약은 모두 동성애를 모르던 시대에 문화적으로 뒤쳐진 상태여서 동성애를 금한 것이 아니라 주변 세계에서는 동성애가 성행하며, 이스라엘조차도 정신 차리지 않으면 그와 같은 죄악 속에 있는 자신들을 발견할 때가 많은 바로 그런 정황 가운데서 하나님의 의도로 동성 애와 다른 모든 죄를 버리고 멀리하라는 명령을 받은 것이다. 그러므로 동성애가 만연하는 우리 시대에도 동일한 성경적 원리가 천명되어야 할 것이다. 동성애가 만연되던 시대에 쓰인 구약과 신약은 동성애를 아주 엄격 히 금하고 있는데, 오늘날 성경을 읽는 우리들이 동성애를 인정한다면 그 얼마나 이상한 일인가?

차별 철폐 법안과 관련하여

이와 같은 정통 기독교의 입장에서 우리는 동성애자들의 대한 모든 차별 을 철폐하는 법안에 대해서만 반대 의견을 표하지 않을 수 없다. 물론 다른 모든 문제에 대해서는 일체의 차별이 없어져야 한다는 입장을 우리는 취한 다. 그러므로 우리는 "성별, 장애, 병력, 나이, 출신국가, 출신민족, 인종, 피부색, 언어, 출신지역, 용모 등 신체조건, 혼인여부, 임신 또는 출산,

가족형태 및 가족상황, 종교, 사상 또는 정치적 의견, 범죄전력, 보호처분, 학력, 사회적 신분"에 따른 차별을 금지하는 데에 동의한다. 단지 지금까지의 논의에서 자세히 살펴 본 성경적 입장에 근거해 볼 때 우리는 다음과 같이 말하지 않을 수 없다. 동성애자에 대한 차별을 폐지하는 것은 이 세상에 동성애가 있을 수 있는 것으로 용인할 수 있는 것이 되고, 더 나아가서 동성애를 조장할 수도 있다고 판단된다. 그러므로 동성애자들에 대한 차별을 금하는 법안에 대해서는 우리는 찬성할 수 없다. 성경과 하나님은 동성애를 옳다고 용인하지 아니하심이 분명하기 때문이다. 그리므로 정통파 기독교의 입장은 동성애자에 대한 차별을 철폐하는 것에 대해서 반대하는 것이다.

4. 성전환자

　대한민국의 대법원이 2006년 6월 22일에 성전환자의 호적상 성별 정정을 허용하는 판결을 내렸다. 이에 반대하는 소수 의견을 낸 두 명의 판사들이(손지열 판사, 박재윤 판사) 있었지만, 다수 의견에 따라 우리나라도 이제 일정한 조건을 지닌 성전환자들이 자신들의 성별을 정정해 달라고 성별 정정 신청을 내면 그것을 허용해 주도록 하는 대법원의 판례인 것이다. 그동안 하급심의 판례에서 서로 다른 판례들이 나오기는 했지만 이번에 대법원의 판례가 나온 것은 그 의미가 심장하다. 이런 대법원의 판례는 성전환자를 포함한 사회적 소수자의 불이익을 개선하겠다는 사법부의 확고한 의지 표현으로 여겨진다. 이에 대해서 우리는 과연 어떤 생각을 하고, 어떤 반응을 해야 할 것인가?

　먼저 이와 관련한 용어 정리가 필요하다. 그리고는 성전환을 추구하는 이들과 그들을 옹호하는 사람들의 주장을 간단히 살펴보려고 한다. 셋째로 그리스도인들 사이에서 이 문제에 대하여 어떤 입장과 태도를 가져야 하는지를 논해야 하고, 넷째로 이런 기독교적 관점에 근거하여 이제 그리스도인은 어떻게 해야 하는지 살펴보려고 한다.

용어 정리

   우리나라에서 성전환자라고 언급되는 이들은 타고난 성과는 다른 성으로 성전환 수술을 한 사람들을 일컫는다. 그와 같은 수술을 받기를 원하는 사람들은 성전환 희망자라고 할 수 있을 것이다. 그런데 영어로는 이렇게 성전환 희망자와 실제적으로 성전환 수술을 한 사람들을 가리켜 모두 "transsexual (people)"이라고 표현하는 것이 가장 일반적이다. 그래서 "transsexual (people)"은 타고난 물리적인 성과는 다른 물리적 성을 갖기 원하거나 그렇게 다른 성으로 전환한 사람을 뜻한다.[1] 성전환 수술은 sex reassignment surgery(SRS), 또는 gender reassignment surgery(GRS) 라고 일컫는다. 성전환이라는 말의 근원이 되는 "sex change operation"이 라는 말은 부정확한 것으로 언급된다.[2] 그러나 sex reassignment surgery (SRS), 또는 gender reassignment surgery(GRS)와 같은 용어 배후에는 이미 이런 수술을 거치면 새로운 성이 주어진다고 생각하는 이데올로기적 정향이 있을 수 있다. 그러나 우리가 일반적으로 이 말을 사용하면서도 그 배후에 어떤 동기가 들어있는지에 대하여는 주의하지 않을 수 있다. 의학적으로는 "여성화 성기 성형"(feminizing genitoplasty) 그리고 "남성화 성기 성형"(masculinizing genitoplasty)이라는 말이 사용된다.[3]

---

[1] Cf. http://en.wikipedia.org/wiki/Transgender.

[2] Cf. http://en.wikipedia.org/wiki/Sexual_reassignment_surgery.

예전에는 남성에서 여성이 되고자 하는 사람(transwomen)이 여성에서
남성이 되고자 하는 사람들(transmen)보다 더 많은 것으로 생각되었으나
최근 연구에 따르면 스웨덴의 경우 그 비율이 1:1인 것으로 나타난다고
한다.[4]

오늘날 일반적으로 널리 사용되는 "트랜스젠더"(transgender)라는 말은
1990년대에 레슬리 파인버그(Leslie Feinberg)가 특정한 운동적 의미로
이 용어를 사용한 이래 태어날 때 주어진 성(性)에 부여된 역할과는 다른
성향을 나타내는 모든 것을 지칭하는 **일반 용어로** 사용되고 있다.[5]

그러나 이 말은 원래 물리적 성을 바꾸는 수술을 원하지 않고 자신들이
그 어떤 성에도 속하지 않고 양성 중간(between genders)에 있다고 느끼는
사람들을 지칭하는 용어로 사용되었다.[6] 그렇기에 트랜스젠더들은 구체적
으로는 수술의 방식이 아닌 다른 방식으로 자신들의 사회적 성(social
gender)을 지속적으로 유지하려고 하는 사람들이다. 그리고 오늘날에는
그렇게 사용하도록 요구하는 일이 일반적이다. 대표적인 예로 1999년에

---

[3] http://en.wikipedia.org/wiki/Sexual_reassignment_surgery.

[4] M. Landén and J. Wålinder, et al. (1996). "Incidence and Sex Ratio of
Transsexualism in Sweden." *Acta Psychiatrica Scandinavica* 93/4 (1996): 261-263, cited
in http://en.wikipedia.org/wiki/Transgender, n. 2.

[5] 이런 의미로 "transgender"라는 말을 사용한 예들로 다음을 보라: Leslie Feinberg,
Transgender Liberation: A Movement Whose Time Has Come (1992); *Transgender
Warriors: Making History from Joan of Arc to Rupaul* (Boston: Beacon Press, 1997);
and *Trans Liberation: Beyond Pink or Blue* (Boston: Beacon Press, 1998).

[6] 이렇게 처음으로 "transgender"라는 말을 "transsexual"과는 다른 의미에서 양성의
경계인을 지칭하는 말로 사용한 사람은 Virginia Prince였다. Cf. http://www.glbtq.
com/social- sciences/transgender.html. 버지니아 프린스에 대해서는 Richard F. Docter,
From Man to Woman: The Transgender Journey of Virginia Prince (Doctor Press,
2004)와 Richard Ekins and Dave King (Eds.), *Virginia Prince: Pioneer of Transgendering*
(New York: Haworth Medical Press, 2006)을 보라.

나온 영국의 한 보고서에 따르면, 트랜스젠더라는 말은 "수술도 원치 않고 수술도 할 수 없지만 출생 형태에 따라 가정되는 것과는 다른 성 정체성을 가진 사람들"을 지칭할 때 쓰인다.[7] 그러므로 '이성(異性) 복장 착용자들'(transvestites)은 상황에 따라 자신들의 옷을 바꾸어 남성이 여성의 옷을 입거나, 여성이 남성의 옷을 입고 나타난다. 이처럼 그 어떤 성에도 매이지 않고 넘나들고 싶어 하는 이들을 가리켜 '크로스젠더'(cross-gender)라고 한다. (오직 그들만 그렇게 하는 것은 아니나) 그들에게서 이성의 옷 착용(cross-dressing)[8] 현상이 많이 나타난다. 이에 비해서, 트랜스젠더들은 수술은 하지 않고 타고날 때의 성과는 다른 성을 자신의 성이라고 느끼며 사는 사람들이며, "transsexual"들은 궁극적으로 성전환을 지향하거나 그 결과 바라는 대로 성전환을 이룬 사람들을 뜻한다.

이런 세 부류의 사람들에 대하여 그 집단 안에 있는 사람들이나 정치적 공정성(political rightness)을 추구하는 사람들은 가장 일반적인 의미로 "trans people"이라고 언급하며, 그렇게 언급해 주도록 요구한다.[9] 때로는 그들을 "transsexual and transgender people"이라고 언급하기도 한다.

---

[7] Christine Burns, Susan Marshall, Claire McNab, Alexander Whinnom and Stephen Whittle, *Recognising the Identity and Rights of Transsexual and Transgender People in the United Kingdom: A Report for the Interdepartmental Working Group On Transsexual Issues*, Press For Change (June 1999), available at: http://www.pfc.org.uk/workgrp/pfcrpt1.htm: "people who do not wish to undergo or cannot undergo surgery but who, nevertheless, possess a gender identity which is different to what would be assumed on the basis of their genetic kenotype or morphology at birth."

[8] Cf. Peggy J. Rudd, *Crossdressing With Dignity: The Case For Transcending Gender Lines* (PM Publishers, Inc., 1999); Charles Anders, *The Lazy Crossdresser* (Greenery Press, 2002).

[9] *Recognising the Identity and Rights of Transsexual and Transgender People in the United Kingdom*, available at: http://www.pfc.org.uk/workgrp/pfcrpt1.htm.

그런가 하면 양성의 성징을 모두 다 가지고 태어난 사람들은 "intersex people"로 언급된다. 그들에 대하여 의학적으로는 '성발달 장애'(Disorders of Sex Development: DSD)를 가진 사람들이라고 하는 움직임이 강하다.[10]

성전환 희망자와 그 옹호자들의 주장들과 이번 판결의 함의

"trans people"과 그들을 옹호하는 사람들은 "trans people"이 자신의 타고난 성과는 다른 성 정체성을 가졌다고 주장한다. 이런 주장에 근거하여 다음과 같은 주장이 주어지고 있다.

첫째로, 성 정체성은 사람이 **느끼는 것을 중심으로** 하는 것이고, 모든 사람들은 스스로 느끼는 성 정체성을 따라 살도록 허용되어야 한다. 타고난 것과 같든지 다르든지 그들의 진정한 정체성의 실재를 인정해 주어야 하고 부인하지 말아야 한다.

둘째로, 그뿐만 아니라 그와 같은 심리적 성 정체성은 호르몬 작용이나 두뇌 구조에 의해 물리적으로 주어지는 것일 수도 있다.[11] 남성 성 정체성을

---

10 Cf. *Intersex Society of North America* (May 24, 2006). Why is ISNA using "DSD"?; http://en.wikipedia.org/wiki/Intersex.

11 1991년의 미국에서 활동하는 영국인 뇌신경학자인 Simon LeVay는 동성애자들은 성적 행동을 통제하고 태아기 이전의 호르몬과 연관되는 것으로 여겨지는 the third interstitial nuclei of the anterior hypothalamus (a tiny clump of neurons of the anterior hypothalamus)의 크기가 이성애자들보다 두 배가 된다는 학술적 주장을 하였다. Cf. http://en.wikipedia.org/wiki/Prenatal_hormones_and_sexual_orientation. 그러나 이 주장을 한 LeVay 자신은 "그 차이가 출생 시부터 주어진 것인지, 아니면 후에 나타나게 되는지를 우리는 아직 모른다"는 점을 분명히 한다. Cf. D. Nimmons, "Sex and the Brain," *Discover* (March 1994): 64-71, cited in http://en.wikipedia.org/wiki/Homosexuality. 또한 LeVay 가 연구한 동성애 남자들은 거의 모두가 AIDS로 죽었기에 다른 요인들에 대한 고려가 부족했다는

가진 이들은 그들의 염색체나 외적 성징에도 불구하고 그들이 동일시되기 원하는 성의 두뇌 구조를 지니고 있다는 보고가 있다.[12] 또한 형을 가진 사람들이 동성애자가 되기 쉽다는 연구 보고도 있다. 자신의 형이 있는 사람일수록 그 동생이 동성애자가 될 확률이 33% 높아진다고 한다.[13] 그러므로 자신이 느끼는 성 정체성은 본인에게는 자연스러운 것이기에, 본래 여성이기를 원하는 사람에게 남성이기를 강요하는 것은 옳지 않고, 남성이기를 원하는 사람에게 여성이기를 요구하는 것은 옳지 않다는 것이다. 그것은 부자연스러운 것을 강요하는 일이 되는 것이다.

셋째로, 이런 성정체성을 가진 이들은 그들이 소수라고 해서[14] 그들에게 자연스러운 것을 사회의 다수가 가지고 있는 기준에 따라 살도록 요구하는

비판이 있고, 동성애 여성들에 대한 실증적 연구는 없다는 문제점이 있다.

[12] 이에 대해서는 Christian Burns and Claire McNab, "The A to Z of Trans People's Discrimination," available at: http://www.pfc.org.uk/campaign/a-z.htm: "Y" 항목을 보라.

[13] Blanchard and Klassen, "H-Y Antigen and Homosexuality in Men," *Journal of Theoretical Biology*, 185 (1997): 373-378, cited in http://en.wikipedia.org/wiki/Homosexuality#_note-5. "Male fetuses produce HY antigens which are 'almost certainly' involved in the sexual differentiation of vertebrates (Blanchard and Klassen, 1997). It is this antigen which maternal H-Y antibodies are proposed to both react to and 'remember'. Successive male fetuses are then attacked by H-Y antibodies which somehow decrease the ability of H-Y antigens to perform their usual function in brain masculinisation. This is now known as the fraternal birth order effect." 그런데 이 경우에도 여성에게서는 그에 상응하는 결과가 없다.

[14] 일반적인 통계에 의하면 자신이 같은 성에 대해 끌리는 성정체성을 지닌 사람이 인구의 1%에서 10%에 이른다고 하고 있다. Cf. http://en.wikipedia.org/wiki/Homosexuality. 2004년 미국 선거 때의 출구 조사에 의하면 조사된 사람 중 4%가 자신을 게이나 레즈비언 등의 동성애자라고 지칭했다고 한다. 이에 대해서는 다음을 보라: http://www.cnn.com/ELECTION/2004/pages/results/states/US/P/00/epolls.0.html.

더 최근 연구에 의하면 남성 인구 중에서 2%에서 3.3%가 배타적으로 동성애적인 성향을 지닌다고 한다. Cf. G. Wilson and Q. Rahman, *Born Gay* (London: Peter Owen Publishers, 2005), 19, cited in http://en.wikipedia.org/wiki/Homosexuality.

강요일 뿐이고, 다수의 횡포일 뿐이라고 한다. 더구나 포스트모던 사회는 그런 강요를 받아들일 수 없다는 것이다. 그러므로 사람은 그들이 느끼는 성 정체성으로 인해 사회나 직장에서 억울한 대우나 해고를 당하지 않도록 해주어야 한다는 것이다. 영국의 경우에는 정상적인 결혼에 의해 낳은 자녀들에게 성전환 부모로 하여금 접근하지 못하도록 하고 있다(1999).[15] 성전환자들과 이들을 옹호하는 이들은 이런 것을 불의한 것이라고 여기며 철폐해야 한다고 주장하고 있다.

넷째로, 더구나 오랜 세월의 어려움과 고민을 겪은 후에 이미 남성으로 또는 여성으로의 성전환 수술을 한 사람에게는 자신들이 새롭게 얻은 성징에 부합한 생활을 할 수 있도록 법적 조치를 취해 주어야 하는 것이 마땅하다는 것이다. 불필요하게 자신의 성전환 사실의 구체적인 것을 드러내지 않아도 될 수 있게끔 해 주어야 하고, 혼인을 할 수 있게 허용해 주어야 하고, 혼인을 하면 그 혼인에 의해 가정이 형성된 것으로 인정해 주어야만 한다는 것이다. 그리고 그런 가정에 입양한 아이들이나 '기증자에 의한 인공수정'(Invitro-fertilization by doner: IVFD)에 의해서 얻어진 아이들은 남성으로 전환한 가족의 구성원이 법적인 아버지가 되도록 허용해 주어야 한다는 것이다.

유럽연합에 속한 39개국 가운데 영국(Britain), 아일랜드(Ireland), 안도라(Andorra) 그리고 알바니아(Albania)는 1999년까지 성전환자들의 출생증명서의 성별 정정을 허용하지 않았다고 한다.[16] 또한 영국에서는 성전환

---

[15] Christian Burns and C. McNab, "The A to Z of Trans People's Discrimination," available at: http://www.pfc.org.uk/campaign/a-z.htm. ("C" 항목).

[16] Christian Burns and C. McNab, "The A to Z of Trans People's Discrimination," available at: http://www.pfc.org.uk/campaign/a-z.htm. ("B" 항목). 카트리나 폭스

자가 다른 성의 일원과 같이 사는 경우에 그 커플이 가정으로서는 인정받으
나, 남성으로 전환한 가족의 구성원은 아기의 법적 아버지로 인정받는 일이
1999년까지 허용되지 않았다. 예를 들어서, 남성으로 성전환한 맨체스터
대학교의 법과 대학 교수(senior lecturer)인 Stephen Whittle은 20년 동안
Sarah Rutherford와 같이 살며 Sarah가 '기증자에 의한 수정'의 방법으로
얻은 4자녀를 키우고 있는데, 그들은 1997년에 '인권에 대한 유럽 법정'(a
European Court of Human Rights case)에서 스티븐이 그 아이들의 법적
아버지로 출생증명서에 기록되기를 청원하였으나 기각되었다. 비록 그들이
가족으로 인정되긴 했지만 말이다.[17]

　그런데 이번 우리나라 대법원 판례는 결국 이 모든 것을 인정하는 판례가
될 수도 있어서 심각한 것이다. 즉, 이번 대법원 판례는 성전환자의 성별
정정을 인정한 것이므로 남성으로 성전환한 사람이 다른 여성과 혼인할
수 있는 법적 근거를 제공한 셈이다. 그의 성별이 남성으로 바뀌었으니
그가 다른 여성과 혼인한 것을 법원이나 행정부에서 가정으로 받아들이지
아니할 근거가 없게 된 것이기 때문이다. 또한 그 커플이 입양이나 IVFD의
방식으로 아기를 얻게 되었을 때 남성으로 성전환한 사람이 법적인 아버지가
될 수 있다는 근거도 제공한 셈이다. 이미 법적으로 남성으로 인정되었고,

(Katrina Fox)와 트레이시 오키프(Tracie O'Keefe)는 이미 20년 전에 성전환 수술을 한 오키프가
출생 증명서상 법적으로 남자라는 근거에서 **레즈비언끼리의 혼인**이 1998년 11월에 영국에서
이루어졌다. 그러나 처음에는 눈앞에 여성처럼 보이는 이가 남자일 수 없다는 생각에서 혼인증명
서를 발부할 수 없다는 지방 관리 때문에 혼인이 연기되기도 했었다고 한다(Ibid. "K" 항목).
이는 당시까지도 영국이 출생증명서의 성별을 정정하지 않고 있었음을 보여주는 일화이다.
　17 이에 대해서 다음 글의 저자 소개를 보라: *Recognising the Identity and Rights
of Transsexual and Transgender People in the United Kingdom*, available at:
http://www.pfc.org.uk/workgrp/pfcrpt1.htm.

그와 같이 살고 있는 여성의 남편으로 인정된 것이므로 그 여성이 낳은 아기에 대하여 법적인 아버지 됨을 거부하기가 어려워진 것이다. 그러므로 이는 가정을 이해하는 틀을 다르게 만들 수 있는 매우 심각한 판결이다.

기독교적인 의견과 태도

그리스도인들 사이에서도 이 문제에 대한 견해가 다르다면 그것은 심각한 문제이다. 그런데 사실 소위 그리스도인이라고 하는 사람들 사이에서도 이 문제에 대해서도 서로 다른 의견들이 나타나고 있다. 따라서 다양한 의견들을 성경에 근거해서 면밀하게 검토하고 **그 가운데서 성경의 가르침에서 벗어난 의견들은 기독교의 의견이라고 하지 않아야 한다.** 그렇게 하지 않으면 계속해서 기독교 안에도 다양한 의견의 차이가 있다는 이야기만 반복될 것이기 때문이다. **중요한 것은 이런 문제에 대해서 성경에 근거한 진정한 기독교적 의견이 어떤 것인가 하는 데 있다.** 물론 이에 대해 동의하지 않는 사람들이 있을 것이다. 성경에 근거하지 않으려는 의지와 그런 의지에 근거한 의견 표명들이 표출될 것이다. 그러므로 우리는 무엇보다 먼저 다양한 사회 문제에 대하여 **성경의 명백한 가르침과 성경으로부터 합리적으로 추론할 수 있는 것에 근거한 입장만을 기독교적인 입장으로 인정하려는 태도를 수립해야 할 것이다.**

그렇다면 성경은 이 문제에 대하여 어떻게 말하고 있는가? 물론 성경은 성전환 문제나 성전환 수술 문제에 대하여 직접적으로 언급하지 않는다.

성경 시대에는 성전환 수술이 있지 않았기 때문이다. 그러나 성경은 구약과 신약을 막론하고 우리 인간은 하나님께서 창조 시에 주신 성(gender)을 중시하고, 그것을 우리에게 주어진 고유한 성(gender)으로 여기며, 그에 근거해서 이 세상에서 다른 성에 속한 사람 중의 한 사람을 사랑하고 혼인하며 살아가야만 한다는 것을 기정사실화하고 있다.

구약 시대에는 여자가 남자의 옷을 입는 것과 남자가 여자의 옷을 입는 것도 금하고 있을 정도이다(신 22:5 참조). 이 표현에 대하여는 그것이 가질 수 있는 다양한 의미도 생각해 볼 수 있다. 신명기 22:5에서 "남자의 옷"(כְלִי-גֶבֶר)이라고 번역된 말은 직역하면 "남자의 것들"(man's things)로서 단지 남자의 옷만이 아니라 남성에게 속하는 것들을 가리킨다. 장식물이든 무기든 일반적으로 남자와 연관되는 것들을 걸치지 말라는 것이다. 그런데 후반에 있는 "여자의 옷"에서는 분명히 여자의 옷으로 지칭하고 있다. 그러므로 전체적 의미로는 남자가 여자의 옷을, 그리고 여자가 남자의 옷을 입지 말라는 일반적 해석이 옳다고 할 수 있다. 이를 금한 이유는 하나는 그런 행위가 동성애의 어떤 형태와 연관되기 쉽고, 다른 하나는 고대 사회에서는 그렇게 상대편 성의 옷을 입는 행위가 특정한 신들의 제의와 연관되었을 가능성이 있기 때문이다.[18] 어떤 이들은 두 번째 가능성을 좀 더 의미 있게 생각해 보려고 한다. 그럴 경우에는 이 금령의 근본적인 이유는 이교의 예배 풍속을 본받지 말라는 것이 된다. 그러나 제의적 이유만을 들어 옷을 바꾸어 입지 말라고 한 금령으로 제시하기 어려워 보인다. 어떤 이유에서든 이는 "여호와 보시기에 가증한 것"으로 정죄된다. 그러므로 이 금령에는

---

[18] P. C. Craigie, *The Book of Deuteronomy*, NICOT (Grand Rapids: Eerdmans, 1976), 288.

적어도 창조 때에 주어진 성 정체성을 모호하게 하려는 그 어떤 시도도
하지 못하게 하려는 의도도 있는 것이라고 보아야 한다.[19]

그러므로 모든 사람에게는 창조 때에 주어진 독특한 성(gender)이 있으
며, 모든 사람이 그것에 따라 살아가야 한다는 것이 성경적 입장이다. 성기
성형 수술이 기술적으로 가능한 오늘날에도 그런 수술이 적용될 수 있는
유일한 경우는 양성의 성징(性徵)을 모두 가지고 태어난 사람들("inter sex
people")의 경우라고 할 수 있다. 그와 같은 경우에 타고난 염색체에 따라서
그것이 XX인 경우에는 여성으로, 그것이 XY인 경우에는 남성으로 주어진
염색체에 따른 성징을 가질 수 있게 해야 하는 것이다.[20] 즉, 어릴 때에
타고난 염색체에 따라 그에 해당하는 성기 성형을 하여 특정한 성을 지닌
사람이 되게 해야 한다.

심리적으로 생래적(生來的)으로 주어진 염색체와는 다른 성 정체성을
가진 사람은 어떻게 해야 하느냐의 문제에 대해서도 성경적 입장은 창조
때에 주어진 성(gender)을 중심으로 자신의 성 정체성을 확립하고 그것을

---

19 이 점을 포함해서 언급하는 Earl S. Kalland, "Deuteronomy," *The Expositor's Bible Commentary*, vol. 3 (Grand Rapids: Zondervan, 1992), 135.

20 이에 반해서 염색체가 결정적인 것이 아니라고 주장하는 이들은 초기 수정란에는
남녀의 구별이 없고, 남성의 성징이 후에 드러난다는 것에 근거해서 결국 성경의 가르침에
반해서 "여자가 아담에게서 나온 것이 아니라, 그 반대이다"라고 주장한다. Cf. http://www.
webglaz.ch/rife/eng-faq.html. 그리고 이런 주장은 대개 진화론적인 입장에서 진행된다.
예를 들어서 다음 주장을 보라: "This is how fish (our very ancient ancestors) which,
like mammals, possess a pair of XY or XX chromosomes are able to change sex if
there is a deficit of one or the other sex"(Ibid.). 또한 XXY 염색체를 지닌 경우들이
이런 주장의 근거로 제시되기도 한다. 그 대표적인 예가 호주의 Kai Chris Somers XXY의
경우이다. 이 사람은 염색체가 47개여서 47 XXY로 언급된다. (남성의 성기를 가진 이 사람은
의학적 조사 결과 난소와 숨어 있는 질과 여성의 가슴을 지닌 것으로 나타났다). Cf.
http://47xxy.org/Chris.htm:http://www.intersexualite.org/English_OII/IAIA/
Somers/Chris_Somers.html

건전하게 발전시켜 나가끔 힘쓰도록 하는 것이라고 여겨진다. 그런 태도를 가지지 않는 것을 의료계에서는 성 정체성 장애(gender identity disorder) 라고 하며, 치료해야 할 정신병의 하나로 여기고 있다.[21] 그러므로 주어진 것과는 다른 성을 갖고 싶어 하는 사람들은(transsexual people) 자신들의 생각과 심리를 성경적으로 바른 입장에 근거하여 바꾸어 가도록 해야 할 것이고, 교회와 가정과 기독교 학교는 이에 대한 교육과 상담을 제공해야 한다.

이 때 우리는 이처럼 독특한 성 정체성을 가진 사람들에 대하여 다른 죄를 범하는 사람들보다 더한 죄인으로 취급하지 않아야 한다. 마치 예수님 을 믿고 그리스도 안에서 살아가는 우리가 그렇게 해서는 안 되지만 날마다 이런저런 죄를 범하고 있듯이, 주어진 염색체와는 다른 성 정체성을 가지고 있는 사람들도 자신들이 생각하고 느끼는 바에 따라서만 산다면 그들은 우리와 동일한 죄를 범하는 것으로 여겨야 한다. 그들이 우리보다 더한 죄를 범하는 것이라고 해서는 안 된다. 죄인은 자신의 죄를 인정하고, 그리스 도의 구속에 근거하여 용서 받아야 하는 존재이다. 우리는 죄인이 회개하고 하나님 앞에서 바르게 살아가는 일에 최선의 노력을 다해야 한다. 그러므로

---

[21] Cf. The American Psychiatric Association, *Diagnostic and Statistical Manual of Mental Disorders*, 4th Edition (The American Psychiatric Association, 2005), 그러나 transgender를 옹호하는 이들은 이런 정의에 동의하지 않으면서 이를 개정해야 한다고 주장하며 (이에 대해서는 http://www.transgender.org/gidr/를 보라), "gender- giftedness"라는 말 을 사용하는 것을 옹호하고자 한다(이에 대해서는 다음을 보라: http://en.wikipedia.org/wiki /Transgender#_ref-1). 또한 1973년에 미국 정신 치료 협회(the American Psychiatric Association)에서 새롭고 더 잘 계획된 연구의 중요성을 확언하고 동성애를 정신적, 정서적 장애를 공식적으로 기록한 명단에서 제거했고, 1975년에는 미국심리학협회(American Psychological Association)가 이를 지지하는 결의안을 통과시켰다는 주장도 있다. 이에 대해서 는 다음을 보라: http://www.apa.org/topics/orientation.html#mentalillness

우리는 비정상적 성 정체성을 가진 사람들도 목회적으로 돌아보고 사랑하여 그들도 하나님이 원하시는 방향대로 살고 사랑하도록 하는 일에 힘써야 한다.

우리 주 예수 그리스도께서는 세리와 죄인의 친구이셨다. 그런데 **그와 만난 세리와 죄인은 즉시로 회개하고 삶의 방향을 고쳤다.** 그러므로 우리는 이 두 측면을 다 강조해야 한다. 먼저 우리는 모든 사람의 이웃이요, 그들의 친구가 되어야 한다. 우리가 그런 사람들을 정죄하는 것이 아니고, **하나님께 서 정죄하시는 것을 따라서 같이 말하되[같이 고백함, ὁμολογέω, homologeō), 동시에 그들을 사랑으로 끌어안아야 한다.** 그 다음으로 예수님을 만난 세리 와 죄인들이 계속해서 세리와 죄인으로서의 삶을 살지 않고 **변화된 삶에로 나아갔듯이,** 우리 기독교회와 관련하는 모든 이들은 타고난 성과는 다른 성 정체성을 가졌다고 느끼는 사람들이 스스로 심리적으로 느끼는 성 정체성 을 끝까지 주장하지 않고, **하나님께서 의도하신 방향으로 바꾸어지도록 해야 한다.** 그리스도의 십자가에 근거한 사랑의 공동체는 그들을 포용할 수 있는 사랑의 용기와 그들을 변화시킬 수 있는 성령의 능력이 있어야만 한다.

주님은 사람을 변화시켰는데, 그러한 능력의 통로가 되지 못하고 있는 것이 오늘날 교회의 문제이다. 우리는 주님께 더욱 의존하고 성령님께 의존 하여 교회 공동체 안에 들어오는 모든 사람들이 성경이 말하는 가장 바람직 한 사람의 모습으로 성화되도록 해야 한다. 여기에 교회가 존재하는 의미가 있다. 성 정체성을 독특하게 가진 사람들에 대해서도 우리는 십자가와 성령 님의 능력 아래 있는 신앙 공동체 안에서 하나님께서 의도하신 대로 그들을 변화시키는 일을 할 수 있어야 한다. 사회의 여러 종류의 소수자들도 보호하며 그들의 인권을 존중하는 일에 그리스도인들이 앞장 서야 하지만, **우리의 궁극적 목적은** 그들이 지금 있는 그대로의 자신을 주장하게 하려는 데 있지 않고, 하나님께서 의도하신 대로 자신들을 바꾸어 가게끔 도와서 우리 사회도 하나님 보시기에 좀 더 바른 사회가 되게끔 하는 데 있다.

그리스도인은 이제 어떤 일을 해야 하는가

사법부와 입법부에서의 활동

무엇보다도 사법부와 입법부 안에서 활동하는 그리스도인들이 법안을 제출하거나 법안에 따라 판결을 하는 일에 있어서 지속적으로 기독교적인 입장에 좀 더 가까운 것을 이 세상에 내놓도록 힘써야 한다. 이 세상은 기독교적인 입장을 그대로 따르지 않는다. 이것이 성경이 말하는 죄가 만연한 이 세상의 모습이다. 그러나 세상 가운데서 우리는 어찌하든지 기독교적 관점에 조금이라도 가까운 것이 우리 주변의 법적인 현실로 있게 하는 일에 힘썼어야만 한다. 그동안 사법부와 입법부에서 활동하는 분들이 일반 은총의 작용 아래 불신자들 가운데서도 어느 정도 작용하던 양심과 협력하여 잘 막아 왔는데, 이번 대법원 판결로 성전환 문제에 있어서 그 막는 것이 일부 제거된 것이다. 그러므로 기독교적인 입장에서 판결하려는 분들이 더 어려운 입장에 처하게 되었다. 이런 대법원의 판례에 반하는 판결을 하기 어려워진 것이다. 이와 같은 상황은 사법부 내의 그리스도인들이 그동안 여러모로 노력했음에도 불구하고 전도와 기독교적 관점의 확대 노력을 잘 하지 못해 온 결과라고도 할 수 있다. 그러나 지금이라도 더 노력해서 다른 면에서 비기독교적인 판례들이 더 나오지 않도록 사법부에 있는 전문적 그리스도인들이 행해야 할 일들이다.

또한 입법부에서 활동하는 그리스도인들은 이런 대법원 판례를 보충하는 입법이 이루어지지 않도록 더 힘써야 할 것이다. 이미 2002년 5월 당시 한나라당 의원이었던 김홍신은 '성별의 변경에 관한 특례법'을 발의하는 등 국회에서는 성별 정정을 허용하자는 움직임이 있었다. 두 달 뒤인 2002년 7월 3일 부산지법 가정지원은 "성전환증 환자도 헌법상 권리를 보호받아야 한다는 헌법 이념에 따라 입법 조치가 이뤄질 때까지 기다릴 수 없다"며 호적 정정을 인정했다. 국회는 2002년 7월 10일에 이 문제를 다룰 공청회를 개최했으나 16대 국회의 회기가 끝나면서 법안은 자동 폐기되었다. 그런데 언론에서는 이번 대법원 결정으로 2006년 9월 정기국회에서는 관련법을 제정할 가능성이 높아졌다고 전망하고 있다. 실제로 최현숙 성전환자 성별 변경 공동연대 운영위원장은 "민주노동당 노회찬 의원실이 '성전환자 성별 변경 및 개명에 관한 특례법'을 준비하고 있다"며 "입법이 돼야 개별적으로 성별 정정을 신청하는 데 드는 경제적 부담을 덜 수 있다"고 말했다고 한다.[22] 그러므로 이런 상황에 대비하여 입법부에 있는 그리스도인들은 합리적인 토론과 합리적인 방법을 동원하여 이런 입법이 이루어지지 않도록 최선의 노력을 기울여야 한다. 바르지 못한 입법이 되지 않도록 노력하고, 바른 입법이 되도록 노력하는 일이 입법부 내의 그리스도인들이 참으로 힘써야 할 일이고, 그들이 부름 받은 소명을 이루는 길이다.

---

22 Cf. http://news.media.daum.net/society/affair/200606/23/donga/v13135041.html.

다른 전문 영역의 활동

다른 전문 영역에서 활동하는 그리스도인들이 기독교적 관점을 명확히 하거나 기독교적 관념에 비교적 가까운 견해를 이 세상에 전달하는 일에 힘써야 한다. 상담학을 하시는 분들이나 심리학을 하시는 분들, 또는 교육학을 하시는 분들의 노력이 특히 유의미하게 쓰일 수 있다. 인간들이 생래적으로 주어진 성에 따라 사는 것이 그 개인이나 사회 전체에 왜 유의미한 것인지를 드러내는 일을 각 분야에서 분명히 해 주어야 한다. 사실 성전환자를 옹호하시는 분들도 모든 사람이 그런 주장을 하게 되면 이 사회가 곧 붕괴된다는 것을 다 인정한다. 몇몇 소수자만이 그렇게 주장할 것이라고 생각하면서 그들의 자유를 존중하자는 것이다. 그러나 자기 마음대로 할 수 있는 자유를 다 허용한다고 하는 것은 있을 수 없고, 그것이 자유의 진정한 의미가 아니라는 논의를 각 분야의 전문가들이 해 주어야 한다.

이와 관련해서 각종 언론 매체에서 활동하는 그리스도인들이 노력해서 이와 같은 관점을 보다 널리 알리는 일에 도움도 주어야 한다. 객관적인 입장에서 공평한 기회만 주어도 이 사회 내에서 잘못된 의견들이 언론 매체를 주도하는 일도 감소될 것이다. 그러므로 최소한 공평한 입장의 논의가 이루어지게끔 힘써야 한다.

일반 교양인으로서의 노력

이 모든 문제에 대한 최종 책임은 그리스도인들 전체에게 있다. 우리 사회의 그리스도인 일반이 일반 교양인들로서 이런 사회적 문제에 대하여 자신들의 기독교적 입장에서 태도를 분명히 하는 일에 힘써야 한다. 이를 위해서는 다음과 같은 일에 힘을 모아야 한다.

먼저 그 동안 깊이 있게 배운 성경의 가르침에 근거해서 다양한 전문가들의 의견 가운데서 어떤 것이 성경적 기독교의 입장에 좀 더 일치하는 것인지를 살피고, 둘째로 그런 명확히 기독교적인 입장과 태도에 동의하는 일을 해야 할 것이다. 셋째로 바른 기독교적 입장이나 그에 조금이라도 가까운 의견으로 제시되는 의견을 사회적으로 확산시키는 일에 힘써야 한다. 넷째로 이번에 나온 대법원 판례에 대하여 국민들의 의견을 수렴하는 기회가 주어지도록 하는 데 힘쓰고, 그런 기회가 주어지면 강하게 이번 판례에 반대하는 의견을 표출하도록 해야 한다.

그리고 이런 일은 사회적 소동을 일으키는 방식으로가 아니라, 조용한 가운데 각자가 성경에 근거해서 하나님의 뜻에 가까운 것을 깨닫고 그에 근거한 행동 방식으로 이루어져야 한다. 이런 문제에 대하여 무관심한 것도 하나님과 이 사회에 대해서도 죄이고, 선동식의 활동이나 성경적 관점을 분명히 하는 작업도 없이 활동하는 것도 근본적으로 비기독교적인 것이기 때문이다.

이런 활동이 진정으로 효과 있는 것이려면 그리스도인들이 평소에 주변 사회에서 진정한 사랑의 실천자들로 살며 바른 삶의 모본을 보이는 잔잔한 운동을 해 나갔어야 한다. 사회적 문제가 나타날 때마다 늘 이 사회 속에서 문제를 일으키는 사람들이 앞장서서 비판적인 의견만 나타내는 듯한 분위기 가운데서는 그리스도인들의 의견 표명과 그런 노력이 이 사회 속에서 무의미한 것으로 치부될 것이다. 이런 심각한 문제에 대한 성경에 근거한 우리들의 주장과 그에 가까운 입장에 대한 지지가 이 세상에 참으로 확산되기를 원한다면 그리스도인과 교회가 평소에 성경적 복음에 근거한 사랑의 실천자들로 나타나야만 한다. 조용한 사랑의 실천자들이 중요한 문제에 대하여 조용한 의견 표명에 힘쓸 때 이 사회 속에 그런 의견의 확산이 이루어 질 수 있는 것이다.

3부
사 형 제 도

"전통적으로 기독교회는 사형제도를
하나님께서 타락한 세상에 주신 질서의 하나로 여겨왔다.
그러나 요즈음 기독교회 안에서도
많은 사람들이 다른 목소리를 내는 일이 많아지고 있다.
심히 안타까운 일이다"

5. 사형제, 존치냐 폐지냐

　사형 제도에 관한 문제는 모든 종류의 인간 생명의 존엄성, 모든 종류의 인간 생명의 보호, 사회 질서 보존, 법을 통한 정의 실현 등을 포괄하는 심각한 것이다. 그러므로 우리는 이 문제를 매우 진지하게 다루지 않을 수 없다.

　오늘날 우리 주변에서 사형제도 폐지론의 목소리가 점점 커져 가고 있다. 사형 제도란 선진화된 사회 속에서는 있을 수 없는 잔혹하고 낯선 제도라는 것이다. 이 문제에 대하여 기독교는 과연 어떤 태도를 취해야 하는가? 이 질문을 놓고 우리는 현상적으로 기독교회가 어떤 견해를 취하는지를 묻기도 해야 하지만, 근본적으로는 과연 기독교는 어떤 견해를 취해야 하는가 하는 **규범적인 질문**을 먼저 해야 한다. 전통적으로 기독교회는 사형 제도를 하나님께서 타락한 세상에 주신 질서의 하나로 여겨왔다. 기독교회만이 아니라 이 세상에서도 전통적으로는 그렇게 생각하는 일이 일반적이었다. 그러나 세상에서 사형 문제에 대해 견해가 바뀌면서 요즈음 기독교회 안에서도 많은 사람들이 다른 목소리를 내는 일이 많아지고 있다. 그러나 우리는 성경이 과연 이 문제에 대하여 어떤 입장을 취해 왔고, 과거의 교회는 성경의 가르침과 관련해서 어떤 입장을 취해 왔는가에 주의하면서 오늘 우리의 현실 속에서 기독교인들과 교회는 과연 어떤 입장을 취해야 하는가 하는 논의를 하여야 할 것이다.

이를 위해서, 먼저 사형 제도에 대한 역사를 간단히 살피고, 오늘날 우리 나라에서 나타나고 있는 사형 폐지론의 대표적 주장이 무엇인지 알아보고 성경은 과연 이 문제에 대하여 어떤 견해를 밝히고 있는지를 고찰해야 한다. 그 밖에 상대적 논의점들을 간략히 논의하고 가장 어려운 문제라 할 수 있는 사형 제도의 오용과 오심의 문제점도 살펴보아야 한다. 이런 과정을 통해 우리 나름의 결론을 내리려고 한다.

사형 제도의 간단한 역사

역사가 기록된 이후로 거의 모든 사회에는 사형 제도가 있었다.[1] 고대 사회에서 근대에 이르기까지 사형에 처하는 범죄의 종류는 상당히 많았다. 예를 들어 함무라비 법전에서는 (B.C. 약 1750년) 부패한 관리, 도적질, 다양한 성적 범죄를 포함하는 25가지 죄목에 대하여 사형을 명하고 있다. 앗시리아에서도 특정한 범죄에 대하여 사형이 시행되었는데, 신체 중 일부를 절단하는 것이 좀 더 일반적인 형벌이었다고 한다(B.C. 1500년경). 이집

---

[1] John Jefferson Davis, *Evangelical Ethics: Issues Facing the Church Today* (Philadelphia, New Jersey: Presbyterian and Reformed Publishing Company, 1985), 이하의 역사적 정보도 상당히 이 책에 언급되어 있는 정보를 활용하였다.

트에서도 B.C. 1500년부터 사형에 대한 규례가 있었고, 히타이트 법전에서도(B.C. 1400년경) 일정한 범죄에 대하여 사형을 명하고 있다. 고대 아테네에서는 살인, 주화 위조, 특정한 도적질, 인신 유괴, 그리고 소매치기를 사형에 해당하는 죄로 여겼다. 로마 시대 초기에는 군대에서만 사형이 있었는데, 후에 로마제국에서는 사형 제도가 일반화되어서 사형 제도가 범죄를 방지하는 효과가 있다고 여겨서 십자가 처형이나 목을 벰이나 화형 등의 방법으로 공중 앞에서 처형하는 일이 일반화되었다고 한다.

로마 치세 하에 있던 초기 교부들은 사형에 대하여 반대 입장을 취하는 일이 많았다.[2] 왜냐하면 순교 당하는 그리스도인들의 사형에 대하여 부당하다는 의식이 고조되었기 때문이다. 그러나 이런 교부들의 말을 일반화시키면 안 되는 것은 그리스도인들이 무고히 사형에 처해지는 것에 대한 반감에서 나온 말들이기 때문이다. 어거스틴(Augustine)은 아주 조심스럽게 국가가 어떤 특정한 범죄자들을 사형에 처할 수 있는 권리를 가지고 있다고 시사하였다. 이와 같은 입장은 중세 내내 계속되었으나 교회와 교회의 직원들이 사형 문제에 관여하는 것에 반대하는 주장이 나오기도 했다. 이는 때때로 주교들이 사형에 깊이 관여하여 사람들을 사형시키는 일이 많았다는 것을 보여 주는 것이다. 그래서 레오 1세(5세기)와 니콜라스 1세는 교회가 사형에 관여하지 말라고 했으며, 톨레도 공의회(675년)와 제4차 라테란 공의회(1215년)에서는 성직자들이 사형과 관련한 재판에 관여하지 못하도록 금했다. 그러나 아이러니하게도 중세 유럽에서 가장 많은 사형이 행해진 것으로 보고되고 있다.[3] 중세의 최고 신학자로 여겨지는 토마스 아퀴나스

---

2 대표적인 예로 Tertullian, Ambrose, Lactantius 등을 들 수 있다.
3 이 점을 지적하는 신의기, "실정법 관점에서 본 사형제도", 「에머지」 2002년 3월호,

(Thomas Aquinas)는 특정한 죄에 대하여 국가가 사형을 시행할 수 있다고 논의하였다.4 아퀴나스와 둔스 스코투스는 성경과 교부들의 증거와 이성의 증거에 근거하여 사형 제도를 변증하였다.5

또한 종교개혁자들 가운데서 루터는 특히 농민전쟁과 관련하여 로마서 13:4과 칼의 권세를 인유하면서 "이교의 통치자들도 형벌할 수 있는 권리와 권세를 가진다"고 말했고,6 칼빈도 하나님의 법은 "죽이는 것을 금하고 있지만, 살인자들은 반드시 처벌받아야 하니, 입법자 자신[하나님]께서 그의 사역자들[정부 관리들]의 손에 모든 살인자들에 대해서는 칼이 휘둘러지게끔 하셨기 때문이다"라고 논의하면서 사형 제도를 지지했다.7 박해를 받던 청교도들도 성경에 근거해서 일반적으로 사형을 지지했고, 미국 땅에서도 같은 주장에 따라 미국 최초의 기록된 처형은 1608년 제임스타운 (Jamestown)에서 행해진 것으로 나온다고 한다.8

----

available at http://emerge.joins.com/200203/200203_06.asp. 신의기 박사는 14세기에서 17세기에 역사상 가장 많은 사형이 행해졌다고 말한다. 이는 아마 유럽 중심으로 말하는 것이 될 것이다. 제도화되어 있고, 기록이 남아 있는 정황이므로 이런 통계적 논의를 할 수 있는 것이다.

4 Thomas Aquinas, *Summa Theologica*, Part II-II, q. 64, art. 2, 3.

5 Cf. Davis, 194; Avery Cardinal Dulles, S.J., "Catholicism and Capital Punishment," First Things 113 (April 2001): 30-35, available at: http://www.firstthings.com/ ftissues/ft0104/articles/dulles.html.

또한 트렌트 공의회가 마친 뒤 3년 후인 1566년에 나온 천주교 교리문답에서도 살인자 등을 사형에 처하는 것은 십계명 5계명에 대한 순종이라고 하고 있다.

6 Martin Luther, "Against the Murdering and Robbing Peasants," in *The Works of Martin Luther* (Philadelphia: Muhlenberg, 1931), 4:251.

7 John Calvin, *Institutes*, IV. xx. 10.

8 이는 다음 홈페이지 자료를 반영한 것이다: "Death Penalty," accessed on August 13, 2005, available at: http://www.policyalmanac.org/crime/death_penalty.shtml. 그 러므로 미국 최초의 사형 기록은 1622년 버지니아에서 조지 예르들리 경(Sir George Yerdley)에 게서 송아지와 다른 가축들을 훔친 대니엘 프랭크(Daniell Frank)가 교수형 당한 것이라고 Norman Krivosha, Robert Copple, and Michael McDonough, "A Historical and

근대에 들어와서 1764년에 베카리아(Cesare Beccaria, 1738~1794)가 익명으로 쓴『범죄와 형벌에 대하여』(*On Crimes and Punishments*)에서 사형 금지를 처음으로 진지하게 주장한 이후로 그 영향을 받아 투스카니에서 사형이 폐지되었고(1786), 뒤 이어 오스트리아(1787),[9] 베네주엘라(1863), 산 마리노(1865), 코스타리카(1877)에서도 사형 제도가 폐지되었다.[10] 사형 폐지론은 영국에도 영향을 미쳐 1860년에는 190여종의 범죄에 대하여 사형을 언도하지 못하게 하였다. 베카리아 이후에 그와 같이 사형 폐지론을 주장한 이들이 많아졌는데 볼테르, 루소, 칼 마르크스, 데이비드 흄, 제러미 벤담, 벤저민 프랭클린, 토마스 페인이 당대에 허용되던 사형을 폐지하자는 견해를 강하게 주장하였다.[11] 영국에서는 1965년 10월 18일에 사형을 5년 동안 하지 않기로 한 법안이 왕실의 재가를 얻어 효력을 발휘하다가, 1969년 12월 16일 살인에 대한 사형이 영구히 폐지되어야 한다고 하원이 결정하였고, 1998년 10월에는 군대에서 범한 죄에 대하여도 사형을 폐지하는 인권 법안(Human Rights Bill)에 대한 수정을 받아들였다. 그리고 1999년 12월 10일 세계인권일(International Human Rights Day)에는 영국 정부가 '시민권과 정치권에 대한 국제 언약에 대한 두 번째 선택적 의정서'(Second Optional Protocol to the International Covenant on Civil and Political

---

Philosophical Look at the Death Penalty – Does it Serve Society's Need?" *Creighton Law Review* 16 (1982–83): 1–46(인용은 p. 22)의 정보를 활용하여 말한 Davis, 195의 정보는 수정되어야 할 것이다.

[9] Davis, 195.

[10] "Death Penalty," *New Batch*, available at: http://www.newsbatch.com/death penalty.htm.

[11] 이는 일반 정보이지만 여기서는 Davis, 195의 정보를 사용하였다. 그가 인용하고 있는 William H. Baker, *Worthy of Death* (Chicago: Moody Press, 1973), 24도 보라.

Rights)를 비준함으로써 사형을 전격적으로 폐지하였다.12 캐나다에서는 1976년에 사형을 언도하지 못하도록 국회가 결정하였다.13

미국에서는 1846년에 미시간 주에서 사형을 폐지하였고, 1945년에 '미국 사형 폐지 협회'(the American Society for the Abolition of Capital Punishment)가 결성되어 많은 이들이 사형 제도를 없애려고 노력하였으며, 1967년부터는 어떤 법적 조치가 취해지지 않았는데도 사형 선고와 처형이 거의 10년간 이루어지지 않았다.14 그러다 1972년 '풀만 대 조지아 주 재판'(Furman v. Georgia)에서 법원은 당시에 조지아 주의 법에 따라 시행되던 형태의 사형은 잔인하고 유별난 형벌(cruel and unusual punishment)이므로 미국 헌법 수정 8조에 어긋난다고 판결하였다. 그러나 **1976년 7월 2일** '그레그 대 조지아 주 재판'(Gregg vs. Georgia)에서 미국 대법원은 비행기 납치, 반역), 살인 교사, 공무집행 중인 법관과 경찰과 소방수의 살인, 그리고 이전의 심각한 폭행 경력자의 살인 같은 흉악 범죄의 경우에는 사형을 허용한다는 조지아 주 새 헌법을 승인함으로써 조지아 주 헌법이 사형을 유지하거나 재도입하는 다른 주의 모델로 사용되어 왔다. 그 이후로 미국에서는 사형 제도가 재개되어 1977년 1월 17일에 게리 길모어(Gary Gilmore)가 유타(Utah) 주에서 총살된 이래 2005년 6월까지 972명이 사형에 처해졌다. 미국의 경우 2005년 7월 1일까지 38개 주와 연방 정부와 군대는 사형 제도를 허용하고 있고, 그 밖의 12개 주(Alaska, Hawaii, Iowa, Maine, Massachusetts, Michigan, Minnesota, North Dakota, Rhode

---

12 Cf. http://www.richard.clark32.btinternet.co.uk/abolish.html.
13 Amnesty International, *The Death Penalty* (New York: Amnesty International, 1987).
14 Davis, 196.

Island, Vermont, West Virginia, and Wisconsin)와 컬럼비아 디스트릭트 (the District of Columbia)는 사형 제도를 폐지하였다.[15] 2005년 3월 1일 미국 대법원은 이전의 결정을 뒤집고서 5-4의 평결로 미성년자에 대한 사형 폐지를 결정하였다.[16]

전 세계적으로 보면 2003년까지 사형 완전 폐지국은 80개국, 일반 범죄에 대한 사형을 폐지한 경우는 12개국, 지난 10년 동안 사형 집행하지 않은 실질적 폐지국은 12개국, 사형 존치국은 62개국이라고 한다. 1999년에 2003년 사이에 사형을 집행한 나라의 사형 집행 건수는 다음과 같다.[17]

아프가니스탄 78	베라루스 37-52	**중국 6,687**
콩고 350	이집트 59+	**이란 604+**
일본 13	요르단 52+	나이지리아 4
파키스탄 48+	**사우디아라비아 403+**	**싱가포르 138**
수단 53+	타이완 67	타지키스탄 35+
태국 43	우간다 33	**미국 385**
우즈베키스탄 35+	베트남 128+	예멘 144+
짐바브웨 3		

---

15 이 정보는 available at http://www.clarkprosecutor.org/html/death/dpusa.htm.

16 "Death Penalty," New Batch, available at: http://www.newsbatch.com/deathpenalty.htm.

17 Report of the Secretary-General to Economic and Social Council, E/2005/3, Session July 29, 2005), accessed on August 13, 2005, available at: http://www.deathpenaltyinfo.org/

지금까지 많은 이들이 사형 제도를 폐지해야 한다는 주장을 계속 펴고
있고, 이런 상황 가운데서도 대부분의 국가는 일정한 범죄에 대하여 사형을
존치하고 있다. 현재 분위기는 사형을 폐지해야 한다는 의견들이 날이 갈수록
큰 목소리를 내고 있다. 우리나라에서는 1989년 사형폐지운동협의회가 결성
된 후 인권 운동의 일환으로, 또 국제사면위원회(Amnesty International)와
유대를 갖고서 시민 단체가 벌이는 사형 폐지 운동이 진행되고 있다.

사형 폐기론

사형 폐기론에 대한 외국의 모든 주장을 요약하면서 한국의 일부 주장자
들의 견해를 살피려고 한다.

대구 효성대학교 윤리 신학 교수인 김정우 교수는 "사형제도 폐지를 위한
신학적 변론"이라는 한 논문에서 기본적으로 다음과 같은 주장을 하고 있다:
(1) 사형은 인간의 존엄성과 인권을 침해하는 것이다. (2) 어떤 이유에서도
사형은 정당화될 수 없다. 그러므로 (3) 오늘날 사형 집행 과정에서 일어나고
있는 비인간적 현상들에 대하여 교회와 사회는 인간 생명의 존엄성이라는
차원에서 단호하게 반대의 입장에 서야 한다.[18] 그는 천주교의 전통적 입장
과는 대립되는 현대 천주교 입장에 서서 사형 폐지를 위한 신학적 논의를
한 것이다.

바오로 딸 출판사에서도 회사의 홈페이지에 「가톨릭신문」에 실린 글을

---

[18] http://www.cbck.or.kr/PDS/period/samok/s1999/s9907/spec1.htm.

요약하면서 (1) 사형제도는 회개의 기회마저도 박탈하는 (하나님께로 가는 길을 막는) 반인륜적 제도이고, (2) 억울한 죽음이 있을 가능성이 있으며, (3) 사형 제도를 폐지하는 것이 국제적 추세이며, (4) 우리 국민들 사이에서도 이전에 비해서는 반대 의견이 점증하고 있다는 것을 강조하면서 폐지해야 한다는 논의를 제시한다.[19]

그런데 우리나라 천주교회 일각에서 나오는 이런 입장은 미국 주교들이 사형 제도에 대하여 내고 있는 의견과 비교하면 아주 강한 주장이라고 여겨진다. 미국 주교들은 1980년에 성경과 교회의·전통은 국가가 특정한 흉악 범죄들에 대해서 사형을 시행할 권리와 권세를 가지고 있음을 인정하면서, 그러나 여러 가지 문제를 내포하고 있는 현행 미국 형법 제도 하에서 사형이 과연 정당화될 수 있는지를 의문시하면서 사형 폐지론을 주장했었기 때문이다.[20] 4년 동안 전 세계의 주교들과 논의한 끝에 낸 칙서인 '생명의 복음'(*Evangelium Vitae*) 56 문단에서 요한 바오로 2세는 사형은 "절대적으로 필요한 경우에만, 다른 말로 하자면 그것이 아니고서는 사회를 보호할 수 없는 경우에만" 그 시행이 적절할 수 있다고 용인하고, "그러나 오늘날은 형벌 제도의 구성의 계속적 개선의 결과로 (그렇게 사형이 필요한 경우가) 실제적으로 없다고 할 수 있거나 아주 드물다"고 하였다.[21] 그리고 이런

---

[19] Available at: http://www.pauline.or.kr/catholic/pds/cath_view.php/id/1134/code/4/page/1.

[20] Cf. US Bishops Statement on Capital Punishment, November,1980, accessed on August 13, 2005, available at: http://www.osjspm.org/cst/cappun.htm. 특히 다음 주장을 보라: "We believe that in the conditions of contemporary American society, the legitimate purposes of punishment do not justify the imposition of the death penalty." 또한 이에 동의하는 Dulles, "Catholicism and Capital Punishment," available at: http://www.firstthings.com/ftissues/ft0104/articles/dulles.html도 보라.

[21] Para. 56 of Evangelium Vitae, An Encyclical Letter on Various Threats to Human Life which Pope John Paul II issued on March 25, 1995, accessed on August 13, 2005, available at: http://www.vatican.va/edocs/ENG0141/_PP.HTM

뜻을 살려서 그는 자신의 생애 동안에 그렇기 때문에 사형은 폐지해야 한다
고 여러 번 말했었다. 그러므로 사형제도 자체가 비인간적이고, 인간의
인권을 침해하는 것이라는 우리나라 일부 천주교인들의 주장은 현행 사형
제도의 문제점에 비추어 사형 제도를 폐지하거나 보류하자는 최근 천주교회
의 입장 전체의 배경에 비추어 볼 때에라도 너무 강한 주장이라고 여겨진다.
이는 오히려 국제사면위원회나 순전히 인간주의적 관점에서 논의하는 사람
들의 논의를 따라가는 것이라고 판단된다.[22]

국제 암네스티 한국 지부에서는 자신들의 홈페이지에 사형이 폐지되어야
한다는 10가지 근거를 다음과 같이 제시하고 있다.

1. 사형은 생명권을 침해한다. 세계인권선언에서는 인간의 살 권리를 인정한
   다.
2. 사형은 잔인하고 비인간적인 처벌이다.
   세계인권선언에는 누구든지 잔인하고 비인간적이며 모욕적인 대우나 처벌
   을 받아서는 안 된다고 말한다. 하지만 어느 정부도 사형을 집행할 경우
   이를 보장할 수 없다.
3. 사형은 범죄예방 효과가 없다.
   어떠한 연구도 사형제도와 범죄의 관계를 발견하지 못하였다. 즉, 사형제

---

22 기독교적 입장에서 이렇게 강한 주장을 함의한 다른 글로는 다음을 보라: "Against
Capital Punishment," in *To Abolish Capital Punishment: A Plea to the Citizens of every
Country* (Point Loma, California, 1914), A Summary of Arguments Presented at a Meeting
of the Men's International Theosophical League of Humanity, March 31, 1914, reprinted
in Sunrise magazine (April/May 1998), available at: http:// www.theosophy-nw.org/
theosnw/issues/pu-vscap.htm: "Capital punishment is tantamount to a repudiation of
the divine nature of man." 또한 같은 단체에서 나온 2000년도의 문서도 보라: "Capital
Punishment," Sunrise magazine, October/November 2000, accessed on August 13, 2005,
available at: http://www.theosophy-nw.org /theosnw/issues/pu-capit.htm: "[There] is
nothing that can give us the right to legalize the taking of human life. We are committing
a crime ourselves when we permit it, and it is the crime against the higher law."

　　도의 보유가 범죄율의 감소에 영향을 준다는 상관관계를 찾아볼 수 없다.
효과가 있다는 주장을 하는 국가는 더 큰 효과를 위해 공개처형도 할
수 있다는 말인가?

4. 사형은 계획적인 살인으로 사회를 더욱 폭력적으로 만든다.

　　국가는 사형을 집행함으로써, 국가가 범죄자를 대상으로 살인을 행하는
것이다.

5. 사형은 차별적으로 적용된다.

　　세계적으로 사형은 대부분 사회적 약자에 적용된다. 많은 사례에서 볼
수 있듯이, 영향력이 있는 사람들은 범죄를 저지르고도 그들이 가진 재력
또는 사회적 영향력을 이용하여 빠져나갈 길을 마련해 놓는다.

6. 사형은 인간이 변할 수 있다는 가능성을 거부하는 것이다.

7. 사형은 사회적 안정에 있어서 뿐만 아니라, 피해자에게도 평화를 주지
못한다.

　　사형을 집행함으로써 무죄로 판명된 피해자를 다시 살릴 수 없으며, 피해자
는 긴 소송의 과정에서 더욱 상처받고 피해를 입는다.

8. 사형은 인간이 만든 제도의 위험성을 부정한다. 오판의 위험성은 항상
존재한다.

9. 사형은 집단처벌이다.

　　사형이 집행된 것이 알려지면, 사형에 반대하는 모든 사람들이 고통을
받게 되며, 사형집행자와 피해자 가족들 역시 높은 수위의 충격과 끔찍스
러움을 경험한다.

10. 사형은 인간이 가지는 종교적이고 인도주의적인 가치에 반한다.[23]

　　서울대학교 법대의 한인섭 교수도 두 편의 논문에서 사형 폐지를 적극적
으로 주장한다. 그는 "사형은 국가에 의한 계획적인 법적 살인"이라고 본다.
그러므로 살인을 "국가 테러리즘"이라고 하면서, "국가 테러리즘(state

---

23 Available at: http://www.amnesty.or.kr/dp2.php.

terrorism)은 나치 하의 인종청소처럼 대량적이고 조직적으로 이루어지기
도 하고, 전쟁 하에서 살인은 '훈장'을 받을만한 행위로 여겨진다."고 하면서
이는 반드시 폐지되어야 한다고 주장한다.[24]

한 교수는 사형 존치론에 대한 일반 논의와 특히 국내 판례, 즉 헌법
재판소의 판결 조문을 비판하고, 다음과 같은 점에서 사형 폐지론에 대한
적극적 변론을 시도한다. (1) 사형의 오판 가능성, (2) 사형에 대한 법적
평가의 시기별 차이, (3) 사형집행자의 인권.

그러나 그는 우리나라에서 당장 사형을 폐지할 것 같지 않다는 매우
현실적인 논의로 사형 폐지의 단계적 방안을 다음과 같이 제시한다.

> ① 법률상 사형규정을 고의살인을 포함한 범죄에 국한하고 나머지 사형조
> 항을 삭제하는 방법. 최근에는 고의살인 외의 사안에 대해 사형을 선고하는
> 경우는 거의 없으나, 사형조항을 두는 자체도 문제시되어야 한다. 나머지
> 사형조항을 모두 삭제하는 것은 사형이 바람직하지 않음을 상징적으로 과시
> 하는 효과를 가질 수 있다.
> ② 법원은 사형선고를 함에 있어 극히 신중하게 하여야 하며, 사형을
> 선고하지 않음을 양형상의 기본원칙으로 선언해야 한다.
> ③ 법무부장관은 사형집행에 서명하지 않고 집행을 사실상 유예해야 한
> 다. 가령 매년 초에 "사형수로 인해 가장 특별한 위험이 생겨난 경우"를
> 제외하고는 사형을 집행하지 않겠다고 선언하고 한 해의 경과를 지켜본
> 뒤, 또 다음해 초에 이르러 그 1년 동안은 사형을 집행하지 않겠다는 것을
> 선언하면서, 연속적으로 사형의 미집행의 관행을 쌓아가는 방법을 말한다.
> ④ 이럴 경우 사형대기자의 수가 교도소 내에서 적체될 것이다. 이를

---

24 한인섭, "역사적 유물로서의 사형-그 법이론적, 정책적 검토", 「사목」 (1999): 43–72,
available at: http://jus.snu.ac.kr/~ishan/bbs/zboard.php?id=board2&page=3&sn1
=&divpage=1&sn=off&ss=on&sc=on&select_arrange=subject&desc= desc&no=188.

피하기 위해 5년 내지 7년이 경과할 때 엄밀한 감형심사절차를 제도화하는 것이 바람직하다.

　⑤ 이 같은 경험이 축적되고, 사형의 무용성에 대한 공감대가 확산될 때, 사형의 폐지는 국민 전체의 축제로서, 우리 국민의 인도성과 문명성을 확인하는 계기로 승화될 수 있을 것이다.

이와 같은 한인섭 교수의 논의는 사형폐지론을 제시하면서도 단계적으로 그 길을 향해 가야 한다는 매우 현실적 논의라고 할 수 있다. 또한 그는 최근에 사형을 종신형이나 감형 없는 무기형으로 대체하는 것에 대한 반대 의견을 제출하였다.[25]

그리스도인의 기본적 입장

그러나 우리 그리스도인들에게는 무엇이 중요한가? 지금 추세가 어떻게 진행되어 가고 있는가, 어떤 중요한 이들이 어떤 주장을 펴고 있는가, 그 논거가 어떤 것인지가 중요한 것인가? 아니면 하나님의 뜻이 어떠한가 하는 것이 중요한가? 이 문제에 답하려면 먼저 성경에는 어떤 가르침이 있는지 살펴보아야 하고, 그런 다음에 이 성경의 가르침을 우리의 현실 속에 적용하면서 과연 어떤 주장을 펴야 하는지 살펴보려고 한다.

---

25 한인섭, "가석방 없는 무기형의 도입을 찬성할 수 없다." available at: http://jus. snu.ac.kr/~ishan/bbs/view.php?id=sub1&page=1&sn1=&divpage=1&category=4&sn =off&ss=on&sc=on&select_arrange=headnum&desc=asc&no=419.

창세기 9:6

사형 문제와 관련해서 우리가 가장 먼저 생각하려고 하는 구절은 창세기 9:6이다. "다른 사람의 피를 흘리면 그 사람의 피도 흘릴 것이니 이는 하나님 이 자기 형상대로 사람을 지으셨음이니라."(흘림[שֹׁפֵךְ]−피[דַם]−사람[הָאָדָם] −사람[בָּאָדָם]−피[דָמוֹ]−흘림[יִשָּׁפֵךְ]의 구조, 즉 a−b−c−c−b−a의 구조로) 엄밀히 구성된 대칭 구조(the tight chiastic formulation)를 지닌[26] 이 구절이 의미하는 바는 무엇인가? 사람을 죽인 사람은 하나님의 간섭에 의해 서 반드시 죽게 된다는 미래 결과에 대한 선언을 하는 것인가,[27] 아니면 살인에 대해서 사회가 어떻게 형벌해야 하는지에 대한 하나님의 명령을 담고 있는 것인가? 문법적으로는 "사람이 피를 흘릴 것이니"라는 히브리어 동사에 대한 두 가지 해석이 다 가능하다.[28]

그러나 이 문장의 문맥상 다음과 같은 점들을 살펴 볼 때 우리는 이 구절은 한 사회가 살인에 대하여 어떻게 형벌해야 하는지에 대한 하나님의 명령으로[29] 해석하는 것이 옳다고 판단한다.[30]

---

[26] 이 점에 대한 관찰로 Herman Gunkel, *Genesis* (1901), trans. Mark E. Biddle (Macon, Georgia: Mercer University Press, 1997), 149; John Skinner, *A Critical and Exegetical Commentary on Genesis*, Second Edition (Edinburgh: T. & T. Clark, 1930), 171; U. Cassuto, *A Commentary on the Book of Genesis*, Part II (Jerusalem: Magnes Press, 1949, 1964), 127; Gerhard von Rad, *Genesis: A Commentary*, Revised Edition, Trans. John H. Marks, Revised John Bowden (London: SCM, 1972), 132; 그리고 Gordon J. Wenham, *Genesis 1–15*, Word Biblical Commentary 1 (Waco, Texas: Word Books, 1987), 193을 보라.

[27] 이런 해석의 예로 LXX, NEB, B. S. Jackson, "Reflections on Biblical Criminal Law," *Journal of Jewish Studies* 24 (1973): 24–25 등을 보라(Hamilton, 315, n. 15).

[28] John Murray, *Principles of Conduct* (Grand Rapids: Eerdmans, 1957), 110, n. 3; Davis, 197.

[29] 그러므로 창세기 9:6을 이 기사에 기록자가 집어넣은 과거의 금언적 어귀라고 여기는 헤르만 궁켈과 그를 따르는 이들의 해석은 하나님의 명령으로서의 의미를 손상시키기 쉽다. 그렇게 보는 이들의 견해에 대해서는 다음을 보라: Gunkel, 149; Skinner, 171; Cuthbert

첫째로, 창세기 9:5에서 사람의 생명을 죽인 것에 대해서는 하나님이 "그의 생명을 찾으리니"라고 하셨는데, 여기 사용된 용어는 사람이 단순히 죽게 될 것이라고 하는 서술을 의미하기보다는 명령을 함의한다고 보는 것이 더 옳다. 그러므로 9:5의 말씀 중 사람의 경우에 어떻게 되리라고 하는 것을 구체적으로 설명하는 것은 9:6 상반절의 말씀이다.[31]

둘째로, 창세기 6:9에서 사람을 하나님의 형상으로 지으셨다는 것을 부기 하신 이유를 생각할 때 사람을 죽인 것에 대해서는 그런 **형벌을 내려야 한다**고 해석하는 것이 더 나을 것이다. 단순히 서술을 하는 것이라면 이런 이유를 붙일 이유가 없겠기 때문이다.

셋째로, 창세기 9:6을 만일에 살인자를 하나님께서 처형하실 것이라고 해석한다면 그것은 9:5이 말하고 있는 바를 반복하는 것이 되므로 6절 상반 절의 말씀이 주어질 이유가 없어진다.

넷째로, 창세기 9:6 상반절에 나타나는 두 번째 "사람"은 공식적인 형벌 집행자(the executioner of the criminal)를 뜻하는 것으로 보는 것이 자연스러우며,[32] 그러므로 우리는 이 구절에서 사형에 대한 신적 발견하 는 것이다. 많은 학자들은 "사람이"(בָּאָדָם)라는 말의 בְּ(be)라는 말은

A. Simpson, "Exegesis on the Book of Genesis," in *The Interpreter's Bible*, vol. 1 (Nashville: Abingdon Press, 1952), 550; Von Rad, *Genesis*, 132;

30 이런 해석에 동의하는 이들로 다음을 보라: Murray, 110; Gordon H. Clark, "Capital Punishment," *Faith and Thought* 93 (1963): 16; Meredith G. Kline, "Genesis," in *New Bible Commentary*, The Third Edition (Grand Rapids: Eerdmans, 1970), 90; Harold G. Stigers, *A Commentary on Genesis* (Grand Rapids: Zondervan, 1976), 116; Davis, 197; Wenham, 193f.; Victor P. Hamilton, *The Book of Genesis: Chapters 1-17*, NICOT (Grand Rapids, Michigan: Eerdmans, 1990), 315

31 이런 해석의 대표적인 예로 Wenham, 193을 보라.

32 이런 주해의 예로 Hamilton, 315, n. 13을 보라. 조금 모호하긴 하지만 이 구절에 함의된 "법적 색조"(legal tone)를 언급하는 Von Rad, *Genesis*, 133도 보라.

수단적 용법(the agential or instrumental use)으로 사용되었다는 견해를 지지한다.[33] 그것이 이 구절의 가장 자연스러운 의미이고, 이것을 두고 다른 부자연스러운 의미로 해석할 이유가 없다.[34]

마지막으로, 같은 모세 오경의 민수기 35:16~21에서 고의로 살인한 자들에 대하여 사형을 하도록 하는 규례가 있음을 볼 때[35] 이 구절 역시 같이 해석하는 것이 마땅하다고 생각할 수 있다.

그러므로 창세기 9:6을 살인의 범죄에 대해서는 "사람들로 하여금 사형을 시행하도록 하신 명령을 주신 것이라고 보지 않는 것은 이 구절의 자연적 의미나 성경의 유비에 반하는" 것이라고 결론내린 존 머레이(John Murray)의 결론은 지극히 타당하다고 여겨진다.[36] 이 구절이 중요한 것은 이것이 과거 이스라엘 백성이라는 구약적 하나님의 백성에게 주어진 규례가 아니라 보편적으로 인류 전체에게 주어진 명령이라는 점이다.[37] 이 말 속에는 원한

---

[33] Hamilton은 그런 학자들로 다음 두 사람의 글을 인용하고 있다: M. Greenberg, "The Biblical Conception of Asylum," *Journal of Biblical Literature* 78 (1959): 128; H. McKeating, "The Development of the Law on Homicide in Ancient Israel," *Vetus Testamentum* 25 (1975): 65. John Calvin, *Commentaries on the First Book of Moses Called Genesis*, trans. John King (Edinburgh: Calvin Translation Society; Reprinted, Grand Rapids: Baker, 1993), 295는 아주 명백하고, Von Rad, 133도 시사적이다.

[34] 이 점에 대한 좋은 지적으로 Hamilton, 315를 보라.

[35] 이 두 구절을 연결시키는 논의로 Murray, 111; Stigers, 116을 보라.

[36] Murray, 111.

[37] 그러므로 이 구절은, 다음 몇 문단에서 살펴보려고 하는 이스라엘 백성에게 해당하는 사형 조항들이 현대에도 과연 다 적용되겠느냐 하는 문제와 아무 상관없는, 매우 보편적인 인류 전체에 대한 규례라는 점에서 아주 중요하다. 이 점에 대한 좋은 관찰과 논의로 Gordon H. Clark, "Capital Punishment," *Faith and Thought* 93 (1963): 16; 또한 Davis, 199; Murray, 112를 보라. 윌리엄 베이커는 점진적 계시가 "창세기 9:6의 원 명령을 변경시키지 않는다"고 지적한 바 있다(Baker, *Worthy of Death*, 39). 또한 Kerby Anderson, "Capital Punishment," *Leadership*, available at: http://www.leaderu.com/orgs/ probe/docs /cap-pun.html; 그리고 Charles W. Colson, "Capital Punishment: A Personal Statement," *Prison Fellowship*, http://www.pfm.org/Content/Content Groups/Prison_Fellowship/

을 가진 사인(私人)이 분노에 가득 차서 보복하는 것을 금하는 의도도 함의되
어 있다고 생각하는 것이 옳을 것이다.38 그것을 포함하여 죄에 대한 형벌이
죄에 상응하게, 즉 정도를 넘지 않도록 하려는 함의도 들어있다는 해석도
주목하라.39

그렇다면 왜 하나님께서는 살인에 대하여 이와 같은 극형을 명령하신
것일까? 그 이유는 이 본문이 명백히 제시하고 있으니 인간은 하나님의
형상으로 지어졌기 때문이라는 것이다(창 9:6b).40 따라서 인간을 손상시킨
이는 하나님의 형상을 손상시킨 것으로 보시는 것이다.41 칼빈이 잘 표현한
바와 같이 "사람들은 그들에게 새겨진 하나님의 형상을 가지고 있기에 하나
님께서는 그들이 손상될 때 당신님 자신이 손상 받는 것으로 여기신다."42
그리고 이는 결국 하나님을 침해해 들어가는 것이 되기에 하나님께서는
극형을 선언하셔서 사람들이 사람들을 살해하는 것을 막으시기 위한 금령을
주신 것이다.43 그리하여 이 구절은 사형 제도에 대한 고전적 근거 구절(the

Publications/Capital_Punishment/Capital_Punishment__A_Personal_Statement.htm
도 보라: "The Noahic covenant recorded in Genesis 9 antedates Israel and the Mosaic
code; it transcends Old Testament law per se and mirrors ethical legislation that is
binding for all cultures and eras. The sanctity of human life is rooted in the universal
creation ethic and thus retains its force in society."

38 이 점을 잘 언급하고 있는 이는 칼빈이다. 그의 *Genesis*, 295를 보라.
39 Kline, "Genesis," 90.
40 이 기사 가운데서 이 어구 자체가 하나님께서 친히 말씀한 것으로 되어 있는가, 아니면
"하나님의 형상을 따라"라고 말하는 것으로부터 이 기사의 화자가 설명하는 말로 여겨야 하는가
(John H. Sailhamer, "Genesis," *The Expositor's Bible Commentary* 2 [Grand Rapids:
Zondervan, 1990], 94)에 대해서는 그리 심각하게 의견을 나눌 필요는 없다고 여겨진다.
궁극적으로 이 모든 것이 하나님의 말씀으로 여겨져야 하기 때문이다.
41 W. C. Kaiser, Jr., *Toward Old Testament Ethics* (Grand Rapids: Zondervan,
1983), 91.
42 Calvin, *Genesis*, 295.
43 칼빈은 이 구절이 이 이상의 의미를 지닌다는 것을 강조하면서도 "율법이 규정하는

scriptural *locus classicus* for capital punishment)인 것이다.[44] "하나님
께서는 노아 시대에 사형을 제정하셨다(창 9:6)."[45] 국가가 세워지기도 전에
주어진[46] 이 선언에 의하면, 스티거즈가 잘 표현한 대로 "살인자는 하나님의
통치를 모독한 것으로 보이고 **그럼으로써 하나님의 의지에 의한 보호 밖에
놓여진 것이다.**"[47] 그러므로 그에 대해서는 사형을 시행할 수 있으므로 하나
님께서는 살인자에게는 사형을 명하신 것이라는 뜻이다.

구약의 다른 구절들

이 구절 외에도 모세오경에서는 여러 가지 범죄에 대하여 사형을 언도하
고 시행하도록 규정하고 있다. 여호와 외의 다른 신에게 희생 드리는 것(출
22:20; 레 20:1~5), 다른 사람들을 다른 신을 섬기도록 유도하는 일(신
13:1~16), 여호와를 저주하는 일(레 24:10~16, 23), 살인에 대해서(출 21:
12~14; 레 24:17), 그 예의 하나로 임산부를 해하여 그녀나 태아가 죽은

형벌, 그리고 재판장들이 시행하는 그 형벌이 이 신적인 선언에 근거한다는 것을 부인하지
않는다"고 말한다(Calvin, *Genesis*, 295).

44 해밀톤은 이 하나님의 형상이 살인하는 것을 금하는 기능을 하는지, 아니면 공의를
시행하도록 하기 위해 사형을 집행하는 권위를 정당화하는 것인지를 묻는다(Hamilton, 315,
n. 13). 그러나 그 둘은 나뉘어질 수 있는 것이 아니라 사람이 하나님의 형상이기에 살인하지
말라고 한 것이며, 따라서 동시에 살인자에 대한 사형 집행자의 권위를 정당화하는 것이 된다.

45 Andrew F. Uduigwomen, "The Christian Perspective on Capital Punishment:
An Evaluation of Rehabilitation," Quodlibet Journal, *Online Journal of Christian
Theology and Philosophy*, vol. 6, Num. 3 (July-September 2004), available at: http://
www.quodlibet.net/uduigwomen-rehabilitation.shtml: "God actually instituted capital
punishment in Noah's time (Gen. 9:6)."

46 이 점에 대한 논의로 Betty Miller, "What Does the Bible Say About Capital
Punishment?" *Overcoming Life Digest* (July/August 2000), available at: http://
www.bible.com/answers/acapital.html.

47 Stigers, 116: "It would appear that the murderer has assaulted the government
of God and so lies beyond the protection of the divine will."

것(출 21:22~23), 사람을 죽인 경력이 있는 위험한 동물을 풀어 놓아 사람을 죽게 한 경우(출 21:28~30), 부모를 친 것(출 21:15), 부모를 저주하거나(출 21:17), 부모에게 반역한 것(출 21:18~21; 레 21:9; 신 21:18~21), 사람을 유괴한 것(출 21:16), 결혼한 여인을 강간한 것(신 22:25~29), 결국 혼인하지 않을 사람과의 사통(신 22:20~21), 정혼한 자를 포함한 남의 배우자와의 간음(레 20:10~12; 신 22:22~24), 근친상간(레 20:11~12, 14, 17~21), 동성애(레 21:13), 동물과의 성적 관계(출 22:19; 레 20:15~16), 신접하는 일이나 무당이나 박수(출 22:18), 그런 자들을 추종하는 일(레 20:6), 율법에 의해 해벌되었는데도 죽음으로 보복하여 재판장이나 제사장을 무시하는 일(신 17:12,13), 생명을 해하려고 위증하는 경우(신 19:16~21), 해 돋은 후에 도적을 죽인 죄(출 22:2~3) 등에 대하여 사형을 시행하게 함으로써 구약의 하나님의 백성들 가운데서 죄악이 제거되도록 적극적인 규정을 하고 있다. 그러나 어떤 이가 저지른 그와 같은 범죄에 대한 명확한 증거에 따른 재판에 의해서만 사형의 형벌을 가하도록 하고 있다. 이는 과거 근동 지역의 비슷한 규정들처럼 여길 것이 아니라 구약적 하나님 나라 백성들이 하나님 앞에서 그리고 온 세상의 목전에서 하나님 백성답게 살도록 하기 위한 규례이다. 이 모든 말씀들은 이런 모든 죄악 자체의 심각성과 형벌 받아 마땅함을 보이는 것인 동시에 이 모든 것이 하나님의 백성에게 마땅하지 않음을 보이고, 또한 이와 같이 하여 다른 이들이 이런 죄를 향하여 나아가는 것을 금하게 하는 의도도 가지고 있는 것이다.

　이런 구절들을 대하면서 하나님의 의도가 무엇인지 생각하는 것은 매우 중요하다. 우리는 이와 같은 범죄를 행하는 자들을 오늘날도 모두 사형으로

처형해야 한다고 주장하는 것이 아님에 유의해야 한다. 물론 극단적인 이들,
대표적인 예로 미국의 신율주의자들(theonomists)은 지금 미국 사회 속에
서 이와 같은 죄를 범하는 자들에게 사형에 처하는 법제정과 그 시행에
힘써야 한다고 주장하지만, 그것은 지나친 주장일 뿐이다. 우리에게 중요한
것은 구약 하나님의 백성들에게 이런 규례를 주신 하나님의 의도, 그 율법의
정신을 잘 살피는 것이다. 우리는 율법주의자들일 수 없기 때문이다. 그러나
우리는 적어도 어떤 범죄에 대하여는 하나님께서 사형을 의도하셨다는 것을
생각할 수 있다.

신약의 말씀들

신약성경의 구절 가운데 이 세상 통치자들의 권세를 인정하며 그들의
통치 행위에 대하여 말하는 로마서 13:4 말씀, 즉 "그가 공연히 칼을 가지지
아니하였으니 곧 하나님의 사역자가 되어 악을 행하는 자에게 진노하심을
따라 보응을 하는 자니라"는 구절을 주목해 보아야 한다. 여기서 말하는
칼이라는 말은 "상징적인" 것이지만,[48] 그 말 속에는 사형을 집행하는 것
까지 **실질적으로** 포함되어 있다고 할 수 있다. 존 스토트는 "칼"이라는 말이
신약성경에 사용된 용례에 비추어서 이곳의 칼이라는 말은 "사형의 상징으
로"(as symbol of the capital punishment) 의도되었다고까지 표현한다.[49]

---

[48] 거의 모든 주석가들이 이점을 언급한다. 대표적인 예로 다음을 보라: W. Sanday
and A. C. Headlam, *The Epistle to the Romans*, ICC, Fifth Edition (Edinburgh: T.
& T. Clark, 1902), 367f.: "The sword is the symbol of the execution and criminal
jurisdiction of a magistrate, and is therefore used of the power of punishing inherent
in the government"; 또한 Robert H. Mounce, *Romans*, The New American Commentary
27 (N.P.: Broadman & Holman Publishers, 1995), 244: "The sword is a symbol of the
power delegated to governing authorities to enforce acceptable social conduct."

이 점에 대해 가장 자연스러우면서도 가장 분명한 입장을 천명한 이들 가운데 하나는 머레이(John Murray)이다. 그는 이렇게 말한다:

> 그것은[칼은] 그것이 가져 올 처벌의 공포를 불러일으키기 위해 휘둘러 질 수도 있다. 또한 칼은 죽음이 미치지 않는 형벌을 처형하기 위해 휘둘러 질 수도 있다. 그러나 범죄의 성질이 바로 사형을 요구하는데도 사형시킬 권리를 배제하는 것은 칼이 뜻하고 시행하는 것과 전적으로 모순되는 것이다. 이 용법을 명확히 하기 위해서는 신약의 다른 구절들에 호소하는 것만으로도 충분할 것이다. (신약성경에서는) 칼을 처형 수단으로서의 죽음[즉, 사형]과 자주 연관시켜 언급하고 있다(마 26:52; 눅 21:24; 행 12:2; 16:27; 히 11:34, 37; 계 13:10). 그러므로 이 경우에 사형을 위한 칼의 사용이라는 용법을 배제시킨다는 것은 아주 자의적(恣意的)이어서 그것은 마치 증거에 반(反)하는 편견을 넣어 읽는 것이 될 것이다.[50]

오래 전에 칼빈도 이렇게 말한 바 있다: "주께서 통치자들을 무장시키심으로 칼의 사용도 위임해 주셨다면, 그가 죄책 있는 자들을 죽음으로 형벌할 때에 그는 하나님의 정의 시행을 행사하므로 하나님의 명령에 복종하는 것이다. 죄책 있는 자들의 피를 흘리는 것이 잘못된 것이라고 생각하는 사람들은 하나님께 반박하는 것이다."[51] 머레이의 주석을 대신해서 NICNT 시리즈의 새로운 로마서 주석을 쓴 더글라스 무(Douglas Moo)도 이 구절

---

[49] John Stott, *Romans* (Leicester: InterVarsity Press, 1994), 342.

[50] John Murray, *The Epistle to the Romans*, NICNT (Grand Rapids: Eerdmans, 1968), 152f.

[51] John Calvin, *The Epistles of Paul to the Romans and Thessalonians*, Calvin's New Testament Commentaries, 8, trans. R. Mackenzie (Edinburgh: Oliver and Boyd, 1960: reprint, Grand Rapids: Eerdmans, 1973), 283. 비슷한 논의를 하고 있는 Charles W. Colson, "Capital Punishment: A Personal Statement," *Prison Fellowship*, available at: http://www.pfm.org/Content/ContentGroups/Prison_Fellowship/ Publications/ Capital_Punishment/Capital_Punishment__A_Personal_Statement.htm을 보라.

일반을 잘 주해한 후에 사형과 관련해서 다음과 같이 언급하고 있다. "물론 이 구절은 사형 집행에 대하여 직접적으로 말하고 있지는 않다. 그러나 1세기 로마의 맥락에서나 구약의 배경(창 9:4~6)에 비추어 볼 때 바울은 잘못행한 자에 대한 국가의 형벌 목록에 사형도 분명히 포함시켰을 것임이 틀림없다(Murray, Dunn도 보라)."[52]

대개 이런 해석에 반대하는 이들은, 지난 세대에 어떤 주석가들(M. -J. Lagrange, O. Michel, C. K. Barrett, F. J. Leenhardt)이 사용한 "*ius gladii*"(the right of the sword)라는 용어가 1~2세기 동안 지방 총독들이 자신들의 휘하에서 군복무를 하고 있는 로마 시민들에 대한 권세만을 지칭하는 말이므로[53] 바울은 여기서 "*ius gladii*"를 생각하거나 인유하고 있지 않다는 반박을 하곤 한다.[54] 그러나 이 점에 대해서는 던의 반박 논의가 아주 적절하다고 생각된다. 그는 이렇게 말한다: "바울이 여기서 *ius gladii*를 인유하였다는 이전의 가정이(Lagrange, Michel, Barrett, Leenhardt) 의심스럽다는 크랜필드의 논의는 정당화될 수 있으나…… (여기서 '칼'이 체형corporal punishment보다는 사형capital punishment을 표현하는 것이므로) 여기에 사형에 대한 언급이 있다는 것을 의심하는 것은 그렇게 정당화될 수 없을 것이다."[55] 이는 한편으로 이전 주석가들이 자신들의

---

52 Douglas Moo, *The Epistle to the Romans*, NICNT New Edition (Grand Rapids: Eerdmans, 1996), 802, n. 54.

53 이 점을 잘 드러낸 예로 대개 주석가들은 A. N. Sherwin-White, *Roman Society and Roman Law in the New Testament* (Oxford: Clarendon, 1963), 8-11의 논의를 언급한다.

54 이런 논의를 하는 대표적인 예로 다음을 보라: C. E. B. Cranfield, "Some Observations on Romans 13:1-8," *New Testament Studies* 6 (1959-60): 241-49; Everett F. Harrison, "Romans," in *The Expositor's Bible Commentary*, 10 (Grand Rapids: Zondervan, 1976), 138f.; Leon Morris, *The Epistle to the Romans* (Leicestert: IVP and Grand Rapids: Eerdmans, 1988), 464.

주장을 강화하기 위해 쓸데없이 사용한 용어가 오용된 것으로 드러났을
경우에 과연 바른 주해에 어떤 악영향을 미치는지 잘 보여 주는 것이면서
(따라서 우리들의 논의 과정에서 본문에 없는 것을 당장 유용해 보인다고
도입하는 것이 얼마나 쓸데없고 사실 위험한 것인가를 잘 보여 주면서),
동시에 본문의 의미는 그런 요소나 그런 요소에 대한 반박 때문에 사라지지
않음을 잘 보여 준다. 이전 주석자들의 논의에서 *ius gladii*에 대한 언급이
없었다면 그들은 본문에서 바울의 의도에 더 쉽게 접근했을 수도 있었을
것이며, 또한 *ius gladii*에 대한 반박 때문에 바울의 의도를 놓친 현대 주석가
들도 있음을 보여 준다.

　로버트 마운스(Robert H. Mounce)는 좀 더 일반적으로 다음과 같이
말한다: "여기서 우리는 정부가 법과 질서를 유지하기 위하여 힘(force)을
사용할 수 있다는 성경적 근거를 갖게 된다. 처벌하는 권세는 하나님께서
통치하는 자들에게 위임해 주신 것이다. 하나님의 표현된 의지에 반대하는
경우를 제외하고는 그 땅의 법에 불순종하는 것은 하나님 자신의 목적을
범하고 침해하는 것이다."[56] 그러므로 이 구절에 하나님께서 세속 정부에게
다양한 형태의 형벌을 할 수 있게 하셨다는 함의가 들어있다는 것을 부인하
기는 어려울 것이다. 사실 이를 부인하는 주석가들은 하나도 없다. 그런데
주석가들은 단지 그 다양한 형태의 형벌 가운데 사형이 포함되어 있다고
바울이 생각하느냐에 대해서만 논쟁한다. 이에 대해서 부정적으로 보는
주석가들조차도 바울이 여기서 *ius gladii*를 인유하고 있다는 것만을 반박하

[55] James D. G. Dunn, *Romans 9-16*, Word Biblical Commentary 38B (Dallas, Texas: Word Books, 1988), 764.
　[56] Mounce, *Romans*, 244.

지, 바울이 여기서 사형을 전혀 포함시켜 생각한 일이 없다고 강하게 주장하는 이들은 하나도 없다. 그런 점에서 우리가 앞서 인용한 바 있는 더글라스 무의 다음 같은 말을 부인하기는 어려울 것이다. "1세기 로마의 맥락에서나 구약의 배경(창 9:4~6)에 비추어 볼 때 바울은 잘못 행한 자에 대한 국가의 형벌 목록에 사형도 분명히 포함시켰을 것임이 틀림없다."[57]

물론 세상 통치자들은 자신들에게 주어진 무력을 남용하거나 잘못 사용하지 않으려고 노력해야만 한다. 그런 정당성 없는 세력이 그릇되게 행하는 일은 하나님 앞에서 심판을 받을 만한 것이다. 이런 통치자들은 자신들이 자신들의 의도와 상관없이 "하나님의 사역자"($\theta\epsilon o\hat{v}$ $\delta\iota\acute{a}\kappa o\nu o\varsigma$)라고 불린 그 의미를 잘 드러내도록[58] 세상에서 공의와 평화를 위해 주어진 칼을 잘 사용하도록 해야 한다.

이처럼 어떤 경우에 있어서 바울은 사형이 있을 수 있다고 생각하였다는 것은 자신의 상황을 언급하면서 그가 하고 있는 다음의 말에서도 추론이 가능하다. "만일 내가 불의를 행하여 무슨 죽을 죄를 지었으면 죽기를 사양하지 아니할 것이나 만일 이 사람들의 나를 고발하는 것이 다 사실이 아니면 아무도 나를 그들에게 내줄 수 없나이다 내가 가이사께 상소하노라"(행 25:11). 물론 이 구절에서 바울은 사형 제도에 대하여 직접적으로 말하는 것이 아니다. 그러나 그는 이 세상에서 재판을 하고 통치하는 이들이 있는

57 Moo, *The Epistle to the Romans*, 802, n. 54.
58 이에 대한 칼빈의 언급은 매우 적절하다. Calvin, *Romans*, 282: "통치자들은 이로부터 자신들의 소명의 성질을 배울 수 있다. 그들은 자신 때문이 아닌, 공공의 선을 위해 통치해야 한다. 또한 그들은 무제한적 권세(unbridled power)를 가지는 것이 아니라, 다스림 받는 이들의 복지를 위한 권세를 가지고 있다. 짧게 말해서, 그들은 통치 행사에 있어서 하나님과 사람들에게 책임이 있다."

이유 중의 하나가 일정한 죄가 실제로 범해졌는지 잘 살펴서 그것이 사실이
아닌 경우는 잘 드러내고, 만일 실제로 그런 죄악이 행해졌다면 정당하게
그에 상응하는 형벌을 내려야 할 터인데, 그 가운데 죽음도 포함될 수 있다고
말하는 것이다. 그러므로 신약성경도 국가가 특정 범죄자들을 사형시킬
수 있는 권리를 가지고 있음을 당연시하고 있다고 결론내릴 수가 있다.[59]

그러므로 우리는 이상의 해당 성경 구절들을 생각해 볼 때 노아 시대에
모든 사람에게 보편적으로 적용할 수 있는 것으로 선언된 규례가 지금도
유효하므로 고의로 살인한 자들에 대해서는 정당한 재판 과정을 통해서
그 사실 여부를 정확히 판단한 후 사형을 언도하고 시행하도록 하신 것이
하나님의 의도라고 결론내릴 수 있을 것이다. 데이비스가 잘 지적하였듯이,
"예수님의 가르침을 포함한 신약의 교훈은 이런 기본 명령을 뒤집지 않고
오히려 신정 통치를 하지 아니하는 다른 사회 속에서도 이와 같은 원리가
계속 적용되어야 함을 전제로 하고 있는 것이다."[60] 그러므로, 데이비스가

---

[59] Charles W. Colson, "Capital Punishment: A Personal Statement," *Prison Fellowship*, available at: http://www.pfm.org/Content/ContentGroups/Prison_Fellow ship/Publications/Capital_Punishment/Capital_Punishment__A_Personal_Statement. htm.

현재 미국의 형법 정황상 사형 폐지를 주장하는 Dulles 추기경조차도 구약과 신약성경의 증거에 대해서는 이 점을 인정하고 있다: "No passage in the New Testament disapproves of the death penalty." 또한 그는 눅 9:55, 마 26:52, 마 15:4, 막 7:10, 요 19:11 등을 언급하면서 "예수님께서는 그 어디서도 국가가 사형할 권세가 있다는 것을 부인하지 않으셨다"고 주장한다. Dulles, "Catholicism and Capital Punishment," available at: http://www. firstthings.com/ftissues/ft0104/ articles/dulles.htm. 그러므로 미국에서 사형을 공정하고 바르게 시행할 수 없다는 문제를 들어 사형제도 폐지를 주장하는 것은 이런 성경적 증거를 무시하는 아주 이상한 논리라고 여겨진다.

[60] Davis, 202. 또한 Kerby Anderson, "Capital Punishment," *Leadership*, accessed on August 11, 2005, available at: http://www.leaderu.com/orgs/probe/docs/cap -pun.html도 보라.

결론 내리듯이 "성경은 사형제 존치를 선호한다."[61]

다른 고려점들의 상대성

그리스도인들에게 있어서 사형 제도는 유지해야 하는가 폐지해야 하는가 하는 논의에서 성경에 나타난 하나님의 의도 이외의 다른 고려 점들은 다 **상대적인 고려 점들일 뿐**이다. 예를 들어서, (1) 죄를 그에 상응하게 형벌한다 (retribution)는 의미에서 과연 사형 제도를 가지고 있는 것이 형벌의 의미에 더 부합하는가, 아니면 사형 제도를 없애는 것이 그 정신에 더 부합하는가? 아니면 요즈음에 유행하는 견해처럼, 죄에 대하여 그에 상응하게 형벌한다 는 개념 자체가 복수하려는 우리의 마음의 사회화된 형태일 뿐인가? (2) 사형을 시키고 나면 범죄한 사람을 교화시키고 교도할 수 있는 (법학자들이 사용하는 용어로 "특별 예방"의) 기회를 상실하는 것이 아닌가, 아니면 사형 을 통해서 사형으로 죽기 전까지 자신의 범죄의 신중함을 생각하게 하는 것이 효과적으로 교화시키는 것인가? (3) 사형 제도를 가지고 있는 것이 흉악 범죄를 막고 저지시키는 데(deterrence) 있어서 (법학자들이 사용하는 용어로 말하자면 "일반 예방"에) 더 효과적인가, 아니면 사형 제도를 폐지하 는 것이 그런 "범죄 억압 또는 범죄 저지"(deterrence, "일반 예방")에 더 효과적인가? (4) 사회 전체를 유지하는 데 있어서 사형 제도를 유지하는 것이 모든 점에서 더 효과적이며 효용이 높은 것인가, 아니면 사형 제도를

---

61 Davis, 207.

폐지하는 것이 더 효과적이며 효용이 높은 것인가? 어떤 이들은 사형 제도를 유지하는 것이 총체적인 의미의 사회적 비용을 줄이는 것이 된다고 하고, 어떤 이들은 사형 제도를 폐지하는 것이 총체적인 의미의 사회적 비용을 줄이는 것이 된다고 주장한다.

이와 같은 점들에 대한 생각 가운데서 어떤 것들은 아주 심각하게 잘못된 것이 있다. 예를 들어서, 일정한 범죄에 대하여 정당하게 형벌한다는 생각 자체가 우리의 원수 갚으려는 마음의 사회화된 형태라고 하는 생각이나,[62] 포스트모던주의자들과 같이 어떤 형벌은 어떤 사회 주류 인사들의 생각을 중심으로 그에 맞지 않는 이들을 차별하고 주변화하려는 노력의 산물이라는 견해는 분명히 잘못되었다고 지적해야 한다.

그러나 사형 폐지론과 사형 존치론의 논거점들 가운데 그에 대해서 우리가 이렇게도 생각할 수도 있고 저렇게도 생각할 수도 있는, 따라서 사람들에 따라서 생각이 다 다를 수 있는 중립적인 생각들이 많다. 이준일 교수는 사형 존치론과 사형 폐지론 양편의 주장 요지를 다음과 같이 요약하여 제시한 바 있다:

> 첫째로, 사형 존치론의 논거는 대체로 다섯 가지 정도로 요약된다. ① 사형은 … 범죄에 대한 일반 예방적 효과가 있다. ② 형벌의 목적은 우선적으로 인과 응보적 응징이다. ③ 사형이 무기(또는 종신형)보다 더 인간적일 수 있다. ④ 사형집행으로 인해 범죄자를 교도소에 수용하지 않아도 되는 경제적 효과가 있다. ⑤ 국민의 일반적 법감정은 사형 제도에 찬성하고 있다.
> 둘째로, 사형 폐지론의 논거는 대체로 여섯 가지 정도로 정리된다. ① 법관의

---

62 대표적으로 이런 주장을 하는 이의 대표자로 우리는 자유주의 감리교 신학자인 L. Harold DeWolf, "The Death Penalty: Cruel, Unethical, and Futile," *Religion in Life* 42 (1973): 39, cited in Davis, 203을 들 수 있다.

오판 가능성을 배제할 수 없다. ② 사형의 위하력에 근거한 일반 예방 효과는 증명이 불가능한 것이다. ③ 형벌의 목적은 범죄자에 대한 교화 또는 재사회화에 있다. ④ 범죄에 대한 책임은 범죄자 개인뿐만 아니라 사회도 역시 공동으로 진다. ⑤ 비교법적으로 볼 때 사형을 폐지하거나 미집행하는 것이 세계적인 추세이다. ⑥ 사형 제도는 무엇보다도 정치적 또는 인종적 측면에서 악용되거나 남용될 수 있다.63

이외에 사형 폐지론의 또 하나의 근거로 사형 제도가 비인간적이며 무자비한 제도라는 논의들을 많이 제기한다.64 우리가 이 각각의 논의를 깊이 검토해 보고 우리 자신의 결론을 내릴 수 있다고 생각하는 이들이 많고, 사실 근자의 모든 논의는 그런 생각 가운데서 이루어지고 있다. 그러나 하나님의 의도를 고려하지 않은 이 모든 논의는 사실 상대적인 것이다. 그러므로 이런 상대적인 고려 점들에 근거해서 우리가 사형 제도를 유지할 것인가 폐지할 것인가 하는 것을 결론 내리려고 해서는 안 된다. 왜냐하면 하나님의 의도와 관련하여 형벌의 궁극적 목적이 무엇인가 하는 점을 제외한 모든 생각과 모든 논의는 사실상 다 이럴 수도 있고, 저럴 수도 있는 **상대적인 것**이기 때문이다. 이런 점들은 하나하나 검토해 보기로 하자.

(1) 특히 국민의 일반적인 법 감정에 근거한 논의가 그런 상대성을 보여주는 대표적인 예이다. 우리는 절대로 이런 사람들의 의견의 추이에 따라서 중요한 문제를 결정하도록 하지 않아야 한다. 만일에 우리 국민의 대다수가 사형을 폐지해야 한다고 한다면 그에 따라서 그 때는 원칙이 바뀐다고 할

---

63 이준일, "헌법적 정의와 사형제도,"「에머지」 2002년 3월호, available at: http://emerge.joins.com/200203/200203_08.asp.

64 이 점을 강조하는 대표적인 예로 국제 생명 운동 한국지부 홈페이지에 실린 "사형 제도의 문제점"이라는 문건을 보라. Available at: http://www.hli-korea.org/sub_07/index09_05.php.

수 있을 것인가? 그러므로 사형 존치론자들은 당장은 자신들의 견해에 동의
하는 이들이 더 많다는 것에 근거해서 이런 국민들의 일반적 법 감정에
근거한 논의를 하지 않도록 주의해야 한다. 그와 같은 것은 원칙을 파괴하는
원인을 상대에게 주고서 논의하는 **어리석은 논의의 대표적인 경우**라고 생각
된다. 예를 들어서, 1990년대 초에 행한 갤럽조사 연구에 따르면 우리나라
인구의 77%가 사형 제도의 존치를 찬성했었는데, 2000년 10월의 조사에서
는 54%만이 사형 존치론에 찬성했다고 한다.[65] 또한 미국 갤럽조사에서도
1936년에는 살인한 사람에 대해 사형하는 것을 미국 국민들 중 61%가 찬성했
었는데, 1966년에는 찬성률이 42%로 떨어졌었고, 70~80년도에는 찬성률
이 점증하여 1994년에는 80%가 찬성했으나 2000에는 66%가 찬성했다는
것이다. 이와 같이 사람들의 찬성률은 상황에 따라 달라지는 것이다.[66]
그러므로 국민들의 일반적 법 감정에 따라 이 문제를 해결하려고 하는 것은
통속적 공리주의에 따라 몰려가는 것밖에 되지 않는 것이다. **물론 현재로서
는 미국이나 한국이나 사형 제도를 유지해야 한다고 대답하는 사람의 수가
더 많다.** 그러나 이와 같은 사람들의 생각은 시대와 상황에 따라 변하는
상대적인 것이라는 것을 잊으면 안 된다.

또한 (2) **형벌의 목적**이 순전히 다른 범죄가 나타나는 것을 막기 위한
것임을 생각하면서 벡카리아는 그의 고전적 저술에서 다른 이들이 같은
죄를 범하지 않게 하려면 사형보다는 **종신형**에 처해야 살인에 대한 예방
효과가 더 뛰어나다고 하면서, 그렇게 되면 그 형벌은 "지속적인 예방"의

---

[65] 이 통계는 다음 글에서 재인용하였다. 허일태 (동아대 법학부 교수), "사형제도 폐지를
위한 변론", 「에머지」 2002년 3월호, available at: http://emerge.joins.com/200203/
200203_10.asp.

[66] http://deathpenaltyinfo.msu.edu/c/about/history/history-8.htm.

효과를 내기 때문이라고 논의했었다.[67] 그는 다음과 같이 말한다.

> 범죄에 대한 가장 강력한 억제력은 한 사람의 희생자가 죽는 장면을 목격하는
> 데서 생겨나지 않는다. 이는 무시무시하지만 그 효과면에서 일시적이다. 그보다는
> 자유를 박탈당한 인간이 짐 나르는 짐승처럼 취급받고, 자신의 노동으로 그가
> 사회에 끼친 손해를 속죄하는, 고통스러운 사례를 오랜 동안 대하는 것이야말로
> 강력한 범죄 억제 효과를 갖는다. 이 모양은 보는 자로 하여금 "내가 그와 유사한
> 죄를 범하면, 일생동안 저렇게 비참한 처지에 빠지게 되겠구나" 하는 관념을 불러
> 일으킬 것이다. 이러한 관념은 자주 반복되는 인상으로 인해 실질을 얻는다. 이같
> 은 실질적인 관념은 약간 떨어진 거리에서 어렴풋하게 목격하는 죽음이란 관념보
> 다 사람들의 마음을 강하게 사로잡을 것이다.[68]

그러나 순전히 다른 이들이 범죄하는 것을 막고 억제하는 것만이 형벌의
유일한 목적이라면, 예를 들어서, 영화 〈마이너리티 리포트〉(Minority
Report)에서 시사하듯 아직 범하지 않는 죄에 대하여 처벌하는 것이 당연하
다고 생각될 수 있지만, 그와 같이 아직 범해지지 않는 죄에 대하여 형벌을
하는 것이 과연 정의롭고 가한가 하는 문제가 제기될 수 있다. 더 나아가서
순전히 예방만이 목적이라면 "처벌되는 쪽이 꼭 범죄를 했을 필요가 없을
수도 있다"는 논의도 가능할 것이다. 예를 들어서, 반 전체에 학생들이
잘못 행동하는 것을 막기 위해서 어떤 교사가 어떤 학생에게 처벌을 과하게
하여 학생들로 하여금 잘못할 마음을 갖지 않게 할 수 있다는 것이다. 그러나
그렇게 하는 것은 정의를 심각하게 손상하는 것이 되므로, 결국 정의는

---

67 Cesare Beccaria, *On Crimes and Punishments*, trans. Henry Paolucci
(Indianapolis: Bobbs-Merrill, 1963; 1964), 48.

68 Beccaria, 이수성, 한인섭 공역, 『범죄와 형벌』 (서울: 길안사, 1995), 85-95, available
at: http://jus.snu.ac.kr/~ishan/bbs/view.php?id=sub1&page=1&sn1=&divpage=1&cate
gory=9&sn=off&ss=on&sc=on&select_arrange=headnum&desc=asc&no=8.

개인이 잘못한 책임이 분명히 있어야 하고 그에 상응하는 형벌이 주어져야 할 것으로 요구하게 되지 않느냐는 것이다.[69] 사실 형벌에는 응보의 목적과 예방의 목적과 교화의 목적이 다 있다.

그러나 그 가운데서 **궁극적인 것은** 과연 무엇인가 하는 문제가 항상 남는다. 그리고 그것은 오직 하나님의 의도와 관련하여 대답될 수밖에 없다. 하나님과 하나님의 의도를 전혀 염두에 두지 않는 입장에서는 응보, 예방, 그리고 비교적 근자에 나타난 교화의 목적이 각각 가장 우선적이라고 각축을 벌일 것이다.[70] 그리고 하나님과 그의 의도를 고려하지 않고서는 그 결론을 찾기 어려울 것이다. 우리가 악행에 의해 교란된 조화를 회복해야 한다는 것을 강조하는 플라톤과 예방을 강조하는 고르기아스의 논쟁으로부터 시작하여[71] 오늘날까지 하나님을 전제하지 않는 논쟁들에서 계속 볼 수 있듯이 말이다. 그러므로 **하나님과 그의 의도를 고려하지 않으면** 응보와 예방과 교화 중 어느 것이 근원적인가 하는 논의도 결국 상대적 논의가 되고 만다. 그러나 지금까지 일반 철학계나 형법학회에서는 형벌이 가져 올 수 있는 교화력이나 범죄 예방 효과나 다른 것에 근거하여 형벌하는 것보다는 죄 자체의 성격에 따라 형벌을 부과해야 한다는 논의가 좀 더 주도적이다.[72]

---

[69] 형벌은 오직 범죄를 막기 위한 수단이라는 주장에 대한 이런 문제 제기와 그에 대한 논박, 그리고 따라서 형벌은 궁극적으로 죄에 대한 정의의 시행에 있다는 논의로 C. S. Lewis, *God in the Dock* (Grand Rapids: Eerdmans, 1970), 291을 보라. 그는 의와 바른 형벌의 원리를 버린다면 형벌에 대한 모든 기준도 버려진다는 점을 잘 지적하였다("The Humanitarian Theory of Punishment," in *God in the Dock*, 287-94).

[70] 유호종 박사는 이 중에서 교화를 형벌의 근본적 이유로 볼 수 없다고 하면서 이는 "범죄 예방이라는 최종적 목적에서 파생된 목적으로 자리 매김할 때만 정당화될 수 있다"고 주장한다. Cf. 유호종, "형벌의 정당성 근거에서 본 사형의 정당성", 각주 2, 「에머지」 2002년 3월호, available at: http://emerge.joins.com/200203/200203_09.asp.

[71] 이에 대해서는 모든 법학 이론서를 보되, 특히 김일수 교수의 『형법 총론』 (서울: 박영사, 1996), 635-37을 보라.

(3) 범죄 예방의 효과성(deterrence)을 중심으로 한 논의도 상대적인 것일 뿐이다. 사형 폐지론자들 중 일부는 예를 들어서 미국에서 19세기에 사형을 폐지한 미시간이나 로즈 아일랜드, 위스콘신, 그리고 마인 주 등이 사형 제도를 유지한 조지아 주 알라바마 주보다 살인 발생률이 더 낮았다는 주장을 하기도 하였다.[73] 또한 1907년부터 1964년까지 뉴욕 주에서의 사형과 살인률의 관계를 연구한 후에 윌리엄 보워스(William J. Bowers)는 다음과 같이 결론을 내렸다: "요점은 미국에서 역사적으로 우리가 시행해 온 사형 방식은 살인률에 상당히 기여해 온 것으로 보인다."[74] 또한 1992년도에 미국의 살인률은 100,000명당 9.3명인데, 16개주는 다른 주보다 더 살인률이 높았는데, 그 중 한 개 주를 제외하면 모두 사형 제도를 유지하고 있는 주들이라는, 따라서 사형 제도를 유지하고 있는 주가 더 높은 살인률을 나타내 보이고 있다고 지적하는 이들도 있다.[75] 2003년에는 사형 제도를

---

[72] 대표적인 예로 Robert W. Lee, "Deserving to Die," *The New American*, vol. 6, no. 17 (August 13, 1990), available at: http://www.thenewamerican.com/focus/cap_punishment/vo06no17_deserve.htm를 보라: "Deterrence should never be considered the primary reason for administering the death penalty. It would be both immoral and unjust to punish one man merely as an example to others. The basic consideration should be: Is the punishment deserved? If not, it should not be administered regardless of what its deterrent impact might be.... After all, once deterrence supersedes justice as the basis for a criminal sanction, the guilt or innocence of the accused becomes largely irrelevant." 또한 나치 전범을 찾아내어 재판받게 하는데 30년의 세월을 보낸 Simon Wiesenthal의 예를 통해서 형벌의 궁극적 목적이 교화나 교도를 통한 사회 속에로의 회복에 있지 않다고 지적하는 워터 베른을 월스트리트 저널에 실린 글을 보라: Walter Berns, "Where Are the Death Penalty Critics Today?" *Wall Street Journal*, June 11, 2001, available at: http://www.aei.org/publications/pubID. 12898,filter.all/pub_detail.asp.

[73] 예를 들어서 DeWolf, "The Death Penalty," 40.

[74] William J. Bowers, *Legal Homicide* (Evanston: Northwestern University Press, 1984), 302: "The point is that the way we have carried out executions historically in the United States appears to have contributed slightly but significantly to the increase of homicides."

가진 주의 평균 살인률이 5.3명인데 비해서, 사형 제도를 가지지 않은 주의 평균 살인률은 2.9명이라는 보고도 있다.[76] 이와 같은 논의를 가리켜서 흔히 "잔인화 가정"(brutalization hypothesis)이라고 한다. 잔인한 처형 방식이 그 시사(suggestion)와 모델화(modelling)와 사람 죽임을 정당화함 (legitimizing killing man)을 통해서 사회 전반의 흉악한 범죄율을 높인다는 것이다.[77]

그러나 미국에서 사형 제도를 가진 주는 그 주 자체에 살인률이 높기 때문에 사형 제도를 유지하고 있는 것이지, 그 역으로 사형 제도를 유지하고 있기 때문에 살인률이 높은 것은 아니라는 논의도 있다.[78]

그런가 하면 1933-69 동안의 통계를 잘 분석하여 미국에서 한 해에 1명이 사형된 것이 평균 8명의 살인을 방지한 효과를 낸다고 주장한 이들도 있다.[79]

---

[75] Uniform Crime Reports, Oct. 3, 1993. U.S. Department of Justice, F.B.I.의 자료를 활용해 이를 주장하는 Phil Porter, "The Economics of Capital Punishment"(1999), accessed on August 11, 2005, available at: http://www.mindspring.com/~phporter/econ.html

[76] http://www.deathpenaltyinfo.org/article.php?scid=12&did=169#MRreg.

[77] 이런 논의의 대표적인 예로 다음을 보라: B. Forst, "Capital Punishment and Deterrence: Conflicting Evidence?" *Journal of Criminal Law & Criminology* 74 (1983): 927-942; William J. Bowers, "The Effect of Executions is Brutalization, not Deterrence." in K. C. Haas & J. A. Inciardi (Eds.), *Challenging Capital Punishment: Legal and Social Science Approaches* (Newbury Park, CA: Sage, 1988), 49-89; S. Stack, "Execution Publicity and Homicide in South Carolina: A Research Note," *The Sociological Quarterly* 31 (1990): 599-611, cited in Jennifer C. Honeyman and James R. P. Ogloff, "Capital Punishment: Arguments for Life and Death," *Canadian Journal of Behavioural Science*, volume 28 (1 January, 1996), available at: http:// www.cpa.ca/ogloff.htm.

[78] http://www.wesleylowe.com/cp.html.

[79] Isaac Ehrlich, "The Deterrent Effect of Capital Punishment: A Question of Life and Death," *American Economic Review* 65/3 (June 1975): 414, cited in Robert G. Hann, *Deterrence and the Death Penalty: A Critical Review of the Econometric Literature* (1976), 6. 또한 Isaac Ehrlich 교수의 연구를 인용하는 Ernest Van Den Haag, "The Collapse of the Case Against Capital Punishment," *National Review* (March 31,

그러므로 살인과 같은 흉악한 범죄를 막으려면 사형이라는 그 범죄에 부합하는 극단적인 형벌을 통해 저지해야 더 효과적이라고 말하려고 한다.[80] 또 다른 예를 들어서, 1960년에 미국에서는 56건의 사형 처형이 있었는데 그 때 9,140건의 살인이 있었고, 단 15건의 사형 처형이 있었던 1964년에는 9,250건의 살인 사건이 있었으며, 단 한 건의 처형도 없었던 1969년에는 14,590건의 살인이 있었고, 그렇게 6년을 지낸 1975년에는 20,510건의 살인이 일어났고, 1976년 이후 2건의 사형 처형이 있었던 1980년에는 23,040건의 살인이 발생했다는 보고가 있다.[81] 요약하면 1965년에는 연중 살인 발생 건이 9,960건이었는데, 1980년에는 23,040건으로 131%나 급증하게 되었다는 것이다. 또한 살인률도 1969년에는 5.1명(/10만 명)이었는데, 1980년에는 10.2명(/10만 명)이 되었다는 것이다.[82] 그런데 사형 제도가 꾸준히 시행된 결과 1980년에 10.2명(/10만 명)이던 살인률이 1999년에는

1978): 402, cited in Davis, 205.

80 에얼리히 교수의 계속되는 주장으로 다음을 보라: Ehrlich, "Fear of Deterrence: A Critical Evaluation of the 'Report of the Panel on Research on Deterrent and Incapacitate Effects,'" *Journal Legal Studies* 6 (1977): 293; Ehrlich, "The Deterrent Effect of Capital Punishment: A Question of Life and Death," *American Economic Review* 65 (1975): 397-417; Ehrlich & Gibbons, "On the Measurement of the Deterrent Effect of Capital Punishment and the Theory of Deterrence," *Journal Legal Studies* 6 (1977): 35.

에얼리히 교수의 연구와 그 결과에 대한 비판으로 Robert G. Hann, *Deterrence and the Death Penalty: A Critical Review of the Econometric Literature* (Communication Division of the Ministry of the Solicitor General, 1976), 14: "Ehrlich's work does not meet generally accepted standards in the areas of behavioral theory; accuracy of data; and statistical techniques." " In summary, Ehrlich's work does not meet the generally accepted standards of statistical research." 또한 Phil Porter, "The Economics of Capital Punishment" (1999), available at: http://www.mindspring.com/~phporter/econ.html.

81 "Pro Death Penalty Webpage," available at: http://www.wesleylowe.com/cp.html.

82 Ibid.

5.9명(/10만 명)으로 44%나 줄었다고 한다.[83] 〈모든 이를 위한 정의 (*Justice for All*)〉라는 그룹의 통계에 의하면, 1982년에 사형 제도가 재도입된 텍사스 주의 경우 1991년의 살인률이 15.3명(/10만 명)이던 것이 1999년에는 6.1명(/10만 명)으로 60%나 줄었고, 가장 살인이 많이 일어나는 지역인 휴스턴 근처의 Harris County에서는 1991년에 701건의 살인 사건이 1999년에는 241건으로 줄어 72%나 줄었다고 한다.[84]

그런가하면 1977년 1월 17일에 게리 길모어(Gary Gilmore)가 총살당한 유타 주의 다음과 같은 통계도 언급하는 일이 있다. (1) 유타 주에서는 1976년에 55건의 살인이 있었다고 한다(4.5명/10만 명). 그런데 길모어가 사형당한 1977년에는 44명의 살인자가 있었으며(3.5/10만 명), 살인률이 20% 감소되었다.

(2) 1987년 8월 28일에 악명 높은 "하이파이 상점 살인자들"의 한 사람인 삐에르 데일 셀비(Pierre Dale Selby)가 처형되었는데, 그 해 54명의 살인자들(3.2명/10만 명)이 있었다. 그런데 그 해 1월부터 8월까지는 38명의 살인자가 있었는데(월평균 4.75명/10만 명), 사형 집행 후인 9월부터 12월까지는 16명의 살인(월 평균 4명/10만 명)이 있어서 거의 16%의 살인이 줄었다고 할 수 있고, 9월에는 단지 3건의 살인 사건만 발생했다.

(3) 아동을 성추행하고 죽인 아더 개리 비숍(Arthur Gary Bishop)이 1988년 6월 10일에 처형되었는데, 1988년에는 47명의 살인이 있었다(1977 이후로 최소인 2.7명/10만 명). 그런데 1~6월에는 26건의 살인이 일어났고, 사형 이후인 7~12월에는 21명의 살인이 일어났으니, 19%가 감소했다고

---

[83] Ibid.
[84] Ibid.

할 수 있다.[85]

또한 미국 뉴욕 주의 주지사였던 조지 파타키(George E. Pataki)가 1997
년 3월판 *USA Today*의 한 기사에서 강조하기를 자신이 주지사가 되어
사형 제도를 시행한 1995년 9월 1일 이후로 폭력 범죄(violent crime)가
23%, 강도와 강간(assaults)이 22% 줄었고, 살인은 거의 1/3이 줄었다고
했다. 그래서 뉴욕 사람들이 좀 더 안전한 환경 가운데서 살게 되었다고
주장했다.[86]

또한 영국에서는 내무부(the Home Office) 보고서(Murder, 1957~
1968)에 따르면 영국과 웨일즈의 살인률이 1957년 법안 통과 이후로 증가하
다가 1965년 실제로 사형제도가 폐지된 이후 급증하여, 21세기에는 한 해에
900명에 이르리라는 예측도 나오고 있다.[87]

최근에는 미국에서 1977~1997년에 언도된 6,143건의 사형 언도를 중심
으로 분석하여 한 사형이 5~6명의 살인을 감소시키고, 3건의 사면이 1~1.5
건의 부가적 살인을 증가시킨다고 논의하는 논문도 있었고,[88] 심지어 한
사형이 평균 18명의 살인을 제어한다는 논의도 있었다.[89]

[85] Robert W. Lee, "Deserving to Die," *The New American*, vol. 6. no. 17 (August
13, 1990), available at: http://www.thenewamerican.com/focus/cap_punishment
/vo06no17_deserve.htm.

[86] Accessed on August 10, 2005, available at: http://www.prodeathpenalty.com/
Articles/Pataki.htm.

[87] http://www.richard.clark32.btinternet.co.uk/abolish.html.

[88] Naci Mocan and Kaj Gittings, "Pardons, Executions and Homicide," Working
Paper 8639, National Bureau of Economic Research, December, 2001, accessed on August
12, 2005, available at: www.nber.org/papers/w8639.

[89] Hashem Dezhbaksh, Paul Robin, and Joanna Shepherd, "Does Capital Punishment
have a Deterrent Effect? New Evidence from Post-moratorium Panel Data," *American
Law and Economics Review* 5(2): 344-76. Accessed on August 11, 2005, available at:
http://aler.oupjournals.org/cgi/content/ abstract/5/2/344.

그러나 이 문제 대해서 통계를 가지고 말하는 것은 흥미롭기는 하지만 어느 경우를 더 효과적이라고 말하지 못하게 한다. 1959년에 발제된 사형 제도에 대한 최초의 비교 연구를 한 범죄론에 대한 과학적 탐구의 선구자인 펜실베이니아 대학교의 Thorsten Sellin 교수는 미국 여러 주(州)들의 사형 제도의 변화를 비교 연구한 다음에, 이 연구는 자신을 "사형이 살인률을 줄이는데 분명한 효과를 나타내지 않는다는 필연적 결론으로" 이끌게 하였다고 했다.[90] 그리하여 그는 "법률적으로나 실제로, 사형제도의 실재는 살인률에 아무런 영향도 끼치지 않는다"고 말했다.[91] 그 이후로 그와 같이 비교 실험을 하면서 셀린 교수와 동일한 결론을 내린 학자들과 그런 논문이 많다. 예를 들어, 1982~2002년까지 텍사스 주에서는 239명의 사형수를 처형하였고, 캘리포니아 주에서는 10명을, 뉴욕에서는 한 명도 처형하지 않았는데, 각 주의 살인률은 별 차이 없이 모두 전국적 경향을 따르고 있다고 논의하는 이들이 있다.[92] 이런 주장을 하는 분들은 실증적 자료 외에 살인자들은 자신들이 잡히거나 형벌을 받을 것에 대하여 생각을 잘 하지 않는다는 점도 지적한다. 일시적인 분노에 사로 잡혀 살인을 지지르거나 약물이나 알코올 중독 상태에서 살인하는 경우가 많다는 점도 지적한다.[93] 예를 들어서,

---

[90] Thorsten Sellin, *Capital Punishment* (Philadelphia: American Law Institute, 1959), 34: Every comparison he made led him to the "inevitable conclusion……that executions have no discernable effect on homicide rates."

[91] Sellin, *Capital Punishment*, 한인섭, "사형 제도의 문제와 개선 방향," 「형사 정책」 5 (1990): 30에서 재인용.

[92] Cf. Ted Goetzel, "Capital Punishment and Homicide: Sociological Realities and Ecomnometric Illusion," *Skeptical Inquirer* (July 2004), accessed on August 11, 2005, available at http://www.csicop.org/si/2004-07/capital-punishment.html.

[93] Cf. "Against Capital Punishment," in *To Abolish Capital Punishment: A Plea to the Citizens of every Country* (Point Loma, California, 1914), *A Summary of Arguments Presented at a Meeting of the Men's International Theosophical League of Humanity*,

데이비드 앤더슨(David Anderson)은 실제 범죄자들 가운데서 76%와 가장 폭력적인 범죄자의 89%가 체포될 것을 생각하지 않거나 자신들이 저지른 범죄에 대해서 형벌 받아야 한다는 생각을 하지 않는다는 실증적 연구를 제시한 일이 있다.[94] 그렇기에 사형이 살인 예방에 별 효과를 내지 않는다는 것이다.[95] 그러나 또 그와는 다른 결론을 내린 학자들과 그런 논문도 많이 있다.

그러므로 1979년에 이 문제에 관한 통계를 바탕으로 전반적으로 연구 검토한 Stephen J. Knorr의 말대로 통계적인 연구와 검증들은 이 문제에 대한 대립 견해들 가운데서 "그 어느 쪽에 대해서도 결정적인 만족을 주지 못하고 있다"는 것[96] 아마 모든 경우에 적용되어야 할 것이다.[97]

March 31, 1914, reprinted in Sunrise magazine, (April/May 1998), available at: http://www.theosophy-nw.org/theosnw/issues/pu-vscap.htm: "Murders are nearly always committed in sudden fits of passion or temporary insanity, when no consideration of reason or self-interest can appeal to the doer." 또한 미국고등학교에서 이 문제를 가르치기 위한 교과 과정에 나온 다음 논의를 보라: "살인을 저지르는 사람들은 (1) 잡히리라고 생각하지 않고 범죄하며, (2) 사형과 무기형을 생각할 정도가 못되며, (3) 대개 분노와 격정에 사로잡혀서 죄를 범하므로 모든 것을 다 따져 볼 상황이 되지 않으므로, (4) 또한 심각한 약물 중독이나 알코올 중독 상태에서 죄를 범하게 되는 율이 많으므로(former Texas Attorney General Jim Mattox) 사형 제도의 존치가 살인률을 저지할 수 있으리라고 생각하기 힘들다"(Death Penalty Curricula for High School, 1 Nov 2001, Michigan State University Comm Tech Lab and Death Penalty Information Center, available at: http://death penaltyinfo.msu.edu.

[94] David A. Anderson, "The Deterrence Hypothesis and Picking Pockets at the Pickpocket's Hanging" (March, 2000), *Social Science Research Network*, accessed on August 13, 2005, available at: http://papers.ssrn.com/sol3/papers.cfm?abstract_id= 214831.

[95] 사형 존치론을 주장하는 사람들 가운데서도 사형이 살인에 대한 일반적 예방력(a general deterrence)을 가지지 못한다고 생각하는 분들도 있다. Cf. Charles W. Colson, "Capital Punishment: A Personal Statement," *Prison Fellowship*, available at: http://www.pfm.org/Content/ContentGroups/Prison_Fellowship/Publications/Capital_Punishment/Capital_Punishment__A_Personal_Statement.htm.

[96] Stephen J. Knorr, "Deterrence and the Death Penalty: A Temporal Cross-sectional

최근에 이렇게 다른 연구 결과가 나타난 이유는 학자들이 사형의 범죄 억제력에 대한 연구를 할 때 사용하는 방법론의 차이 때문에 일어난다고 지적하는 논문이 발표되었다.[98] 사회학적 비교 연구 방법을 사용하는 학자들은 사형이 범죄 억제력에 별로 유의미한 영향력을 미치지 못한다는 결론에 이른데[99] 반해서 경제학적 모델을 사용한 연구를 하는 이들은 그 모델에 부여하는 요인들에 따라 어떤 이는 사형이 살인률을 효과적으로 억제한다고

Approach," *Journal of Criminal Law and Criminology* 70 (1979): 253, cited in Davis, 205.

[97] Cf. 1980년 미국 주교단의 성명서: "While it is certain that capital punishment prevents the individual from committing further crimes, it is far from certain that it actually prevents others from doing so." (Available at: http://www.osjspm. org/cst/cappun.htm). 또한 Dulles, "Catholicism and Capital Punishment": "Sociological evidence on the deterrent effect of the death penalty as currently practiced is ambiguous, conflicting, and far from probative." "It is an effective but rarely, if ever, a necessary means of defending society against the criminal. Whether it serves to deter others from similar crimes is a disputed question, difficult to settle."

[98] Ted Goetzel, "Capital Punishment and Homicide: Sociological Realities and Ecomnometric Illusion," *Skeptical Inquirer* (July 2004), accessed on August 10, 2005, available at: http://www.csicop.org/si/2004-07/capital-punishment.html

[99] 이런 학자들과 그 논문으로 테드 괴첼은 다음을 언급한다: William Bailey and Ruth Peterson, "Murder, Capital Punishment, and Deterrence: A Review of the Literature," in Hugo Bedau, ed., *The Death Penalty In America: Current Controversies* (New York: Oxford University Press, 1997); Franklin Zimringa and Gordon Hawkins, *Capital Punishment and the American Agenda* (Cambridge: Cambridge University Press, 1986). 그는 또한 사형을 폐지한 14개국을 연구하고 그들 국가의 살인률의 별 변화가 없다고 논의한 연구로 Dane Archer and Rosemary Gartner, "Homicide and the Death Penalty: A Cross-national Test of a Deterrence Hypothesis," in Archer and Gartner, *Violence and Crime in Cross-National Perspective* (New Haven: Yale University Press, 1984)를 언급하기도 한다. 또한 이와 같이 사형 폐지가 살인률에 별 영향을 미치지 않는다는 논의로는 다음도 보라: Michael Radelet and Ronald Akers, "Deterrence and the Death Penalty: The View of Experts," accessed on August 11, 2005, available at: http://sun.soci.niu.edu /; 그리고 Ford Fessenden, "Deadly Statistics: A Survey of Crime and Punishment," *The New York Times*, September 22, 2000, accessed on August 11 2005, available at: www.nytimes.com.

결론을 내리는가 하면,[100] 그렇지 않다는 결론에 이른 이들도 있다고 보고하고 있다. 그러므로 학자들이 사용하는 방법에 따라 서로 다른 결론이 나온다는 것이다. 사회 과학적 논의에서 흔히 발생하는 방법 사용과 해석의 문제가 여기서도 나타난다. 어떤 이들은 이런 연구가 사회과학적 논의의 수준에 미치지 못한다고 주장하기도 한다.[101] 또한 어떤 이들은 폐지론자들의 논의가 문제가 있다고 주장하기도 한다.[102]

또한 사형의 범죄 예방력을 강조하는 학자들은 이것이 충분히 나타나지 않는 것과 또한 사형 폐지론자들이 사형의 살인 예방률이 적다고 주장하게 되는 이유는 사형이 일관성 있게 시행되지 않기 때문이라는 점도 강하게 지적한다.[103] 사형이 일관성 있게 시행되고, 확정 판결이 난 다음에는 문제가 없는 한 조속히 시행된다면 사형 제도는 아주 분명하게 살인 예방 효과를

---

100 테드 괴첼이 언급하는 이에 해당하는 학자들의 논문은 다음과 같다: James A. Yunker, "Is the Death Penalty a Deterrent to Homicide? Some Time Series Evidence," *Journal of Behavioral Economics*, 5 (1976): 45–81; Dale Cloninger, "Deterrence and the Death Penalty: A Cross–sectional Analysis," *Journal of Behavioral Economics* 6 (1977): 87–107.

101 J. Fagan, "Public Policy Choices on Deterrence and the Death Penalty: A Critical Review of New Evidence," testimony before the Joint Committee on the Judiciary of the Massachusetts Legislature on House Bill 3934, July 14, 2005). Cf. http://www.deathpenaltyinfo.org/MassTestimonyFagan.pdf.

102 Morgan O. Reynolds, "Does Punishment Deter?" NCPA Policy Backgrounder 148 (August 17, 1998), available at: http://www.ncpa.org/bg/bg148/bg148a.html: "These early studies found no deterrent effect, but they were very crude in technique. They simply separated states into those that had the death penalty on the books and those that did not, without accounting for the chances that it would be imposed. See Gordon Tullock, "Does Punishment Deter Crime?" *The Public Interest* 36 (Summer 1974): 103–11.

103 http://www.wesleylowe.com/cp.html. 또한 Robert W. Lee, "Deserving to Die," *The New American*, vol. 6. no. 17 (August 13, 1990), accessed on August 13, 2005, available at: http://www.thenewamerican.com/focus/cap_punishment/vo06no17_deserve.htm도 보라.

나타낸다는 것이다.104 그러므로 이를 분명히 하려면 미국 같은 나라의
형법 제도를 개혁해야만 한다는 것이다. 따라서 사형의 범죄 예방력에 대한
사회과학적, 경제학적 연구는 상당히 상대적인 것이다.

(4) 어떤 것이 더 많은 비용이 드는가 하는 것을 따지는 논의는 더 상대적이
다. 미국과 우리나라의 경우에는 상당한 차이가 있을 수 있기 때문이다.
그래서 우리나라의 사형 폐지론 쪽에는 이 비용에 근거한 논의가 별로 많이
등장하지 않는다. 그것은 아마도 우리나라에서는 종신형을 시행하는 경우가
비용이 더 들기 때문일 것이다. 이에 대한 실증적 연구가 제시된 것은 아직
보지 못하였다.

그러나 일반적으로 사형 제도를 유지하는 경우가 종신형으로 대치하는
경우보다 비용이 더 든다고 논의되는 미국의 논의도 복잡하기는 마찬가지이
다. 뉴욕에서 1982년에 나온 한 연구를 보면 일반적으로 사형에 해당하는
살인 사건의 경우에 재판 과정과 상소(trial and the first stage of appeals)
에 든 비용은 한 건당 180만 달러가 든다는 주장이 나왔다.105 그리하여
사형하는 것이 그를 100년 동안 금고하는 것보다 비용이 더 든다는 것이다.

---

104 Lee, "Deserving to Die," accessed on August 13, 2005, available at: http://
www.thenewamerican.com/focus/cap_punishment/vo06no17_deserve.htm. 조속히 시행
되어야 효과가 있다는 또 다른 논의로 Joanna Shepherd, "Murders of Passion, Execution
Delays, and the Deterrence of Capital Punishment," Clemson University, August 2003,
cited in Michael Nevin, Jr., "The Death Penalty: Draconian or Dividend?" Chron Watch,
May 01, 2004, accessed on August 13, 2005, available at: http://www.chronwatch.
com/content/contentDisplay.asp?aid=7167를 보라.

105 R. M. Bohm, "American Death Penalty Attitudes: A Critical Examination of
Recent Evidence," *Criminal Justice and Behavior* 14 (1987): 380-396, cited in Jennifer
C. Honeyman and James R. P. Ogloff, "Capital Punishment: Arguments for Life and
Death," *Canadian Journal of Behavioural Science*, 28 (1 January, 1996), available at:
http://www.cpa.ca/ogloff.htm.

그런가 하면 어떤 연구는 대개 10년 이상 소요되는 상고 기간을 생각하면 사형이 한 건당 220만 달러가 든다고 논의하기도 한다.[106] 「마이애미 헤럴드」 (the *Miami Herald*)는 또 다른 연구 결과를 제시하면서 플로리다 주가 18명을 처형하는데 5,720만 달러(1인당 317만 달러)드는데 비해서 한 사형수를 40년 동안 재소시키는 비용은 515,964달러(1년에 12,899달러)만 들 뿐이라고 했다.[107] 또 근자의 메사추세츠 주 국회 청문회에서 페이간(J. Fagan) 교수는 사형을 시행하는 데는 250만 달러에서 500만 달러가 들므로 살인자를 평생 구금하는 100만 달러보다 2.5~5배 더 든다고 주장하였다.[108]

그러나 사형 폐지론자들은 대개 종신형에 드는 비용을 아주 적게 계산하고 사형에 해당하는 비용을 과장하는 버릇이 있다고 지적한다. 예를 들면, 미국 법무부에 따르면, 한 수형자를 일 년 수감하는 비용이 2만 달러 정도 들므로 40년이면 백만 달러 이상이든다고 하며, 또 다른 자료는 일 년에 2만 5천불로 계산하는 경우도 있다고 한다.[109] 더구나 사형 판결의 경우에 돈이 더 드는 것은 사실 사형 폐지론자들이 재판 과정을 끌기 때문이라는 논의도 있다.[110] 사형 판결의 경우에는 사형 판결에서 모든 상소 과정을

[106] R. Johnson, *Death Work: A Study of the Modern Execution Process* (CA: Brooks/Cole, 1990).

[107] Cited in Robert W. Lee, "Deserving to Die," *The New American*, vol. 6, no. 17 (August 13, 1990), available at: http://www.thenewamerican.com/focus/cap_punishment/vo06no17_deserve.htm.

[108] J. Fagan, "Public Policy Choices on Deterrence and the Death Penalty: A Critical Review of New Evidence," testimony before the Joint Committee on the Judiciary of the Massachusetts Legislature on House Bill 3934, July 14, 2005). Cf. http://www.deathpenaltyinfo.org/MassTestimonyFagan.pdf.

[109] Lee, "Deserving to Die," *The New American*, vol. 6. no. 17 (August 13, 1990), available at: http://www.thenewamerican.com/focus/cap_punishment/vo06no17_deserve.htm.

[110] Gary D. Beatty, "The Next Time Someone Says That the Death Penalty Costs

거쳐 처형되기까지 대개 10년이 걸린다고 한다.[111] 그러므로 미국 경우에
복잡한 사형 심리에 드는 비용이 종신형과 비슷한 경비가 들거나 조금 더
드는 것으로 보인다. 그러므로 비용에 관한 논의도 상대적인 것일 뿐이다.
더구나 이와 같이 심각한 문제를 비용을 가지고 논의하는 것 자체도 문제가
아닐 수 없다.

(5) 사형은 교화의 기회를 박탈하고, 교화된 결과로 궁극적 사회적 봉사의
기회를 박탈한다는 논의도[112] 사실 상대적이다. 어떤 살인자들은 종신형을
살면서 더 나은 삶으로 교화되기도 하지만 어떤 이들은 교도소 내에서 다른
수감자들이나 교도관들을 또 죽이는 일도 있다. 그렇다면 이와 같은 결과론
적 논의도 상대적인 것이다. 예를 들어서, 서울대학교 법과대학의 한인섭
교수는 "(예외는 있지만 대부분의 사람) 옥중에 있으면서 주위의 온정과
배려 속에 인간의 선한 얼굴이 되살아난다."고 주장한다.[113]

그러나 1973년에 일리노이 주에서 총으로 여성 운전자를 살인한 헨리
브리스본 2세(Henry Brisbon, Jr.)는 1,000~3,000년 언도를 받고 수형
생활을 하는 중에 다른 재소자를 살인하였다고 한다.[114] 또한 케네스 맥더프
(Kenneth McDuff)는 1966년에 범한 두 건의 살인 사건에서 가까스로 사형

More than a Life in Prison Show Them This Article" (2001), *The Federalist Society*,
available at: http://www.fed-soc.org/Publications/practicegroupnewsletters/crimi
nallaw/cl010303.htm.

111 "Death Penalty," *New Batch*, available at: http://www.newsbatch.com/death
penalty.htm.

112 Cf. 사형에 대한 1980년 미국 주교단 성명서, available at: http://www.osjspm.
org/cst/ cappun.htm.

113 한인섭, "사형제도에 대한 단상", available at: http://org.catholic.or.kr/chrc/
durius/deathpenalty1.htm.

114 Franf Carrinton, *Crime and Punishment* (Washington, D.C.: Heritage
Foundation, 1983), 34에 인용된 정보를 Davis, 206에서 재인용.

을 면했다. 1972년에 미국 대법원이 사형을 보류하여 텍사스 감옥에 재소되
었으나 재소자들이 너무 많이 늘어나는 탓에 1989년 가석방되어 지내던
중 유괴 강간 살인 사건에 연루되어 코렌 리드(Collen Reed) 외 8명의 여인들
을 살해했다는 것이다.[115] 또한 1965년에 로버트 리 매시(Robert Lee
Massie)는 캘리포니아 주에서 강도짓을 하다가 밀드레드 바이스(Mildred
Weiss)를 살해하여 사형을 언도받고 수형 생활을 하다가 1972년에 모든
사형을 종신형으로 전환한 캘리포니아 주의 양형 제도 변경에 따라 1978년
에 가석방되었다. 그는 1979년 1월 3일에 샌프란시스코 술집 주인인 보리스
나우모프(Boris Naumoff)를 죽이고 또 다시 강도짓을 하다가 다른 가게
점원도 죽였다는 것이다.[116]

물론 이런 이들은 예외적인 경우라고 한 교수 같은 분들은 주장할 것이다.
그러나 미국 사법부 통계청에 따르면, 살인 수형자 52,000명 가운데 800명
이 이미 전에 사람을 죽인 살인범이었다고 한다.[117] 그러므로 어떤 것이
더 유익한 것인가 하는 것은 사람과 상황에 따라 다르다 하겠다.

(6) 이 문제를 논하는 그리스도인들 사이에서 또 하나의 문제가 논의되고
있다. 그것은 살인범 등을 사형을 시키고 나면 그가 진정으로 회개하고

---

[115] Paul G. Cassell, "We're Not Executing the Innocent," *Wall Street Journal*,
June 16, 2000 Editorial, "The Federalist Society for Law and Public Policy Studies,"
available at: http://www.fed-soc.org/Publications/practicegroupnewsletters/PG%20
Links /casselldeathpenalty.htm.

[116] "Robert Lee Massie," Death Penalty Focus of California, accessed on August
13, 2005, available at: http://www.deathpenalty.org/facts/cases/Robert_Lee_Massie.
shtml

[117] Cassell, "We're Not Executing the Innocent," available at: http://www.
fed-soc.org/Publications/practicegroupnewsletters/PG%20Links/casselldeathpenalt
y.htm.

개과천선하며 복음을 믿고 하나님 백성이 될 수 있는 기회를 사전에 우리가 차단하는 것이 되는 것이 아닌가 하는 우려이다. 그러나 이런 생각은 각자가 자연스러운 삶을 마칠 때까지 자신의 구원을 위해 결단할 수 있는 기회가 있다고 가정하는 듯하다. 그러나 성경은 우리의 삶이란 항상 불분명하므로 우리의 여가 시간이라야 그 결단을 할 수 있을 것처럼 하지 말라는 경고로 가득 차 있지 않은가? 더구나 어떤 이들은 자신이 범한 심각한 죄 앞에서 자신이 마땅히 죽어야 함을 생각할 때, 그것은 구원의 기회를 사전에 차단하는 것이 아니라, 사형의 확실성이 그로 하여금 영원한 삶의 문제를 심각하게 생각하게 하지 않겠느냐는 생각을 하기도 한다. 예를 들어, 스탠리 알리센은 "하나님께서는 살인자로 하여금 자신의 죽음과 심판이 직면해 있음에 놀라서 회개하게 하려고 사형 제도를 제정하셨다"라고 주장하기도 한다.[118] 사람은 "한 번 죽는 것이니"라고 하는 것을 사형을 통해 더 강하게 상기하여 그 엄중한 사실 앞에서 자신의 영원을 생각하게 할 수도 있다는 것이다.[119] 그러나 이것도 이미 성경 가운데서 고의로 살인한 사람은 죽음에 처하도록 하셨다는 하나님의 뜻을 알기에 할 수 있는 말이다. 그러므로 이런 논의도 상대적인 논점일 뿐이다.

그런가 하면 또 어떤 이는 (7) 사형보다 가석방 없는 종신형이 범죄자의 인권을 더 무시하는 것이 된다고 주장한다. 다시 말해 사형이 가석방 없는 무기형보다 더 인간적일 수 있다는 논의도 있다. 예를 들어, 어떤 살인자들은

---

[118] Stenley A. Allisen, "The Bible and the Death Penalty," *Moody Monthly* (June 1972), 102, cited in Davis, 207.

[119] 같은 점을 지적하는 Dulles, "Catholicism and Capital Punishment," accessed on August 13, 2005, available at: http://www.firstthings.com/ftissues/ft0104/ articles/ dulles.htm도 보라.

자신을 가석방 없는 종신형에 처하느니 차라리 자신을 죽여 달라고 요청하기도 한다. 이런 여러 측면을 염두에 두면서 한인섭 교수는 사형 폐지론을 주장하면서도 그것은 가석방 없는 종신형으로 대체하면 안 된다는 것이다.[120] 그렇게 하면 희망을 빼앗는 것이 되므로 소위 교도나 개선의 여지가 없어진다고 한다. 그러므로 이와 같은 논의는 결정적인 논의라고 할 수 없는 상황과 사람에 따른 상대적 논의가 될 뿐이다. 이런 주장 중의 어느 하나를 절대적으로 옳다고 단언하기 어렵다. 이는 논점에 따라 이럴 수도 있고 저럴 수도 있는 그야말로 논의를 위한 논점이 될 뿐이다.

더구나 (8) 희생자가 된 사람들의 인권을 중시할 것인가 범죄자들의 인권도 존중해야 하는가 하는 것도 이 문제에 대한 우리의 논의의 궁극적 논점이 될 수가 없다. 그리스도인들에게 있어서 사형 존치론과 사형 폐지론은 희생자의 인권 중시냐 범행자들의 인권 존중이냐 하는 논의에 의해 좌우되는 것이 아니다. 기독교적 관점은 이 세상의 모든 사람들의 인권을 존중하며, 모든 이들이 타락한 이후에도 하나님의 형상임을 분명히 한다. 그러므로 그 누구의 인권을 존중하느냐에 따라서 우리의 입장이 갈려서는 안 된다. 기독교회의 입장은 항상 성경에 나타난 하나님의 뜻은 과연 무엇이냐 하는 것에 의해서 결정되어야 한다. 그리고 하나님의 의도에 따라 형벌 제도의 성격과 궁극적 목적이 무엇인지가 논의될 수는 있다. 그러나 하나님께서 형벌하시는 것과 인간 사회에서의 제한된 형태로 형벌하는 것의 차이도 또 나누어 생각해야 한다. 사람들이 행하는 형벌 제도의 성질과 그 목적을

---

120 한인섭, "가석방 없는 무기형의 도입을 찬성할 수 없다", available at http://jus.snu. ac.kr/~ishan/bbs/view.php?id=sub1&page=1&sn1=&divpage=1&category=4&sn=off& ss=on&sc=on&select_arrange=headnum&desc=asc&no=419.

포함해서 나머지 문제와 고려점들은 우리 사회의 성경에 따라 이렇게 이야기 될 수도 있고, 저렇게 논의될 수도 있는 것이기 때문이다.

성경의 가르침을 살펴 볼 때 우리는 법과 형벌 제도를 보는 **기독교적 관점은 그런 일이 벌어진 상황을 중심으로 생각하기 보다는 그런 일이 있지 아니하도록 하는 예방적 관점에서 모든 것이 언급되고 있다는 것이다.** 예를 들어, 성경과 하나님의 뜻은 이미 살인이 벌어진 상황 가운데서 우리는 어떻게 해야 하느냐의 관점에서 사형제도 문제에 접근하는 것이 아니다. 그런 식으로 다가가는 접근은 항상 상대적일 수밖에 없고 그런 식으로 생각해서는 어떤 결정을 내리기가 매우 어렵기 때문이다. 하나님께서 살인자들은 반드시 죽여야 한다는 명령을 주셨을 때에는 우리 인간의 입장에서는 아직 살인이 발생하지 않은 상황 가운데서 그 명령을 신중하게 취급해야 하는 것이다. 그러므로 하나님은 사람을 하나님의 형상으로 창조하셨고, 타락 이후에도 비록 손상되기는 했어도 여전히 하나님의 형상인 까닭에 그 사람이 손상시키는 것은 하나님의 형상인 것이므로 이런 범죄에 대해서는 반드시 피를 흘리라고, 즉 사형을 하라고 하셨다는 관점에서 이 문제를 보아야 한다. 그것은 사람이 너무 귀하기 때문이다.

사형 재판의 오심과 사형 오용 가능성의 문제

어떤 범죄에 대하여 하나님께서 분명히 사형을 의도하고 계시다는 것을 분명히 하는 그리스도인들에게 있어서도 혹시 사형 폐지론의 **유일한 근거로**

생각될 수 있는 것은 사형 제도의 **오용과 오심 가능성**이다.

(1) 부패한 정권은 상당히 많이 무고한 이들을 사형에 처한 일이 역사 가운데 많았다. 우리나라 역사에 있어서도 정치적 목적으로 어떤 사람들을 사형시킨 예가 많다. 이것이 부패한 정권에 의한 사형제도 오용(誤用)의 대표적인 예이다. 아마 우리나라에서의 사형 폐지 주장은 이런 오용의 경험에 근거한 사형 제도에 대한 강한 반감에서 나타나는 점도 있을 것으로 생각된다.

(2) 또한 이와 같은 오용은 아니라도 재판 결과로 어떤 이들을 사형에 해당하다고 보아 사형시킨 이후에 진범이 잡힌 예들이 있다. 이러한 오심(誤審)의 경우이다. 최근 조사 연구에서 Hugo Adam Bedau 교수와 Michael Radelet 교수는 미국에서 1900~1986년 사이에 사형으로 언도된 사람들 가운데서 350명이 오심의 경우이고, 그 중에 24명은 그들이 범하지 않은 죄로 인하여 사형되었다고 주장하는 논문을 발표하였다.[121] 그런가 하면 1973~2001년 6월 1일까지는 사형 선고를 받고 사형수 동(death row)에 있던 사람들 가운데서 적어도 88명이 무죄 증거에 의해 풀려났고, 650명이 사형에 처해졌으며, 2004년 2월까지는 113명의 사형수가 무죄로 풀려났다고 한다.[122] 예를 들어, 웹스터 대학교(Webster University)의 조사 저널리즘(investigative journalism) 과목을 수강하던 학생들이 검사가 증인에게

---

[121] M. L. Radelet & H. A. Bedau, "Fallibility and Finality: Type II Errors and Capital Punishment," in K. C. Haas & J. A. Inciardi (Eds.), *Challenging Capital Punishment: Legal and Social Science Approaches* (Newbury Park, CA: Sage, 1988), 91–112, cited in Honeyman and Ogloff, "Capital Punishment: Arguments for Life and Death"(1996), available at: http://www.cpa.ca/ogloff.htm.

[122] "Death Penalty," available at: http://www.policyalmanac.org/crime/death penalty.shtml.

거짓 증언을 하게 하므로 중요한 재판 증거를 감추는 등 검사 측의 잘못된
행위를 발견해서 루이지애나 사형수 수감동에 있던 리처드 클레이(Richard
Clay)로 하여금 다시 재판을 받게 한 일이 있다.[123] 또한 〈미국 사형 정보
센터〉의 소장인 디에터(Richard C. Dieter)는 2004년 8월 4일까지 사형수
가 풀려난 사례에 대한 통계를 다음과 같이 제시하고 있다.[124]

1973~1980년	16명	1981~1988년	19명
1989~1996년	22명	1997~2004년	49명

(3) 이와는 성격은 좀 다르지만, 미국 사회 같은 다인종 사회에서는 인종
차별로 인한 사형이 구형되고 실행되는 경우가 있다는 사례들도 우리의
관심을 끌 수 있다. 미국에서 사형 폐지론을 주장하는 이들 중에 상당수는

---

[123] "A Question of Innocence" (December 9 , 2003), Death Penalty, ACLU, accessed on August 13, 2005, available at: http://www.aclu.org/DeathPenalty/Death Penalty. cfm?ID=9316&c=65. 다른 사례들에 대해서도 같은 홈페이지 자료를 보라.

그러나 이와 같은 주장에 대한 반박 논의로 Ramesh Ponnuru, "Not So Innocent: The death penalty: an argument continued," *National Review Online*, October 1, 2002, accessed on August 13, 2005, available at: http://www.nationalreview.com/ ponnuru/ponnuru100102.asp; Thomas R. Eddlem, "Ten Anti-Death Penalty Fallacies," *The New American*, 18/11 (June 3, 2002), accessed on August 11, 2005, available at: http://www.thenewamerican.com/tna/2002/06-03-2002/vo18no11 _fallacies.htm; 또 한 Michael Nevin, Jr., "The Death Penalty: Draconian or Dividend?" *Chron Watch*, May 01, 2004, accessed on August 13, 2005, available at: http://www.chronwatch. com/content/contentDisplay.asp?aid=7167; 또한 http:// deathpenaltyinfo.msu.edu/c /about/arguments/argument3b.htm 등을 보라.

[124] Richard C. Dieter, *Innocence and the Crisis in the American Death Penalty, A Death Penalty Information Center Report* (Washington, DC: Death Penalty Information Center, 2004), available at: http://www.deathpenaltyinfo.org/article.php?scid=45& id=1149.

사형 구형과 언도와 집행이 이처럼 인종 차별적이고 자의적인 방식으로 이루어진 예들을 많이 언급한다. 1980년에 나온 〈사형에 대한 미국 주교단 성명서〉에서는 미국 인구 중 11%가 흑인인데, 사형수동(death row) 수감자의 47%가 흑인이라는 통계를 제시하기도 했다.[125] 또한 1999년에는 미국 전체 인구 중에 아프리카 미국인들은 13%에 불과한지만, 사형수동에 있는 사람들 가운데 43%이고, 그 해에 실제로 처형된 사람들의 1/3이 넘는다고 한다.[126] 또한 2001년의 통계에 의하면 사형수동에 있는 3,500명 가운데서 42.5%가 아프리카계 미국인, 8.4%가 라틴 아메리카계 미국인, 46.5%가 백인이었다고 한다.[127] 2003년의 통계에 따르면, 미국 인구 전체 중 백인이 81%, 흑인이 13%, 기타가 7%인데, 교도소에 수감된 죄수의 비율은 백인이 54%, 흑인이 44%, 기타 2%이고, 사형 선고를 받은 사람 가운데 백인이 56%, 흑인이 42%, 기타 2%이었다.[128]

또한 사실 실제 범인은 백인인데도 주변의 흑인들이 용의자로 오랫동안 의심을 받고, 심지어 억울하게 누명을 쓰는 경우도 많다. 대개는 흑인들이 일반적 용의자(usual suspect)로 여겨지는 경향도 있다는 것이다. 또한 미국 사회에서 백인을 살해한 사람이 사형을 당할 경우에 백인이 아닌 사람

[125] http://www.osjspm.org/cst/cappun.htm.

[126] "Death Penalty," Almanac of Policy Issues, accessed on August 13, 2005, available at: http://www.policyalmanac.org/crime/death_penalty.shtml. 이에 반박하며 사형 존치론을 주장하는 사람들은 실제론 아프로-아메리칸들이 살인을 더 범하며, 그들이 백인보다는 흑인을 더 많이 살인하므로 여기서는 인종 문제가 적용되지 않는다고 논의한다. 위 홈페이지를 보라.

[127] John Perazzo, "The Myth of Racism in American Capital Cases, Or The UN's Ignorance on the Death Penalty?" (13 August 2001), available at: http://web.telia.com/~u15509119/perazzo.htm.

[128] "Death Penalty," New Batch, available at: http://www.newsbatch.com/dp-racetype.html.

을 살인한 경우보다 사형당할 확률이 더 높다는 논의도 있다.[129] 구체적인 예를 들자면, 만일 당신이 미국 오클라호마 주에서 백인을 죽인 흑인일 경우에는 백인을 죽인 백인의 경우보다 10.1% 사형당할 확률이 높으며,[130] 같은 상황이 노스캐롤라이나에서 이루어졌다면 6%나 더 높으며,[131] 미시시피에서라면 20.8%,[132] 버지니아에서라면 6.9%,[133] 알칸사스 주에서라면 10.5%가 더 높다는 통계도 나와 있다.[134]

　그렇게 되는 이유 가운데 하나로 경제적인 문제가 있을 수 있다. 티나 로젠버그(Tina Rosenberg)에 따르면, 미국에서 변호사가 일반적으로 살인 혐의자의 사건 변호를 수임했을 때 수임료가 5만 달러인데, 필라델피아

　[129] William J. Bowers, Glenn L. Pierce and John F. McDevitt, *Legal Homicide* (Evanston: Northwestern University Press, 1983), cited in Davis, 205. 이 점에 대한 좀 더 강한 논의로 Jack Greenberg, "Against the American System of Capital Punishment," *Harvard Law Review* 99 (1986): 1670ff., available at: http://www.pbs.org/wgbh/ pages/frontline/angel/procon/greenbergarticle.html을 보라. 그는 결국 "우리가 사형 옹호론자들이 그러리라고 주장할 정도로 충분히 계속해서 사형수들을 사형에 처하지 않는 한, 그 누구도 사형시키지 않을 또 하나의 이유가 있게 되는 것이다"라고 결론을 내려 현재 미국의 제도로는 사형을 폐지해야 하지만, 결국 사형 존치론이 궁극적으로 틀렸다고 논증하지 못한다. 그의 논의는 현존하는 미국의 사법 제도상 사형 제도는 불공평하다는 것에 대한 좋은 논의인 것이다.

　[130] Samuel R. Gross and Robert Mauro, *Death and Discrimination, Racial Disparities in Capital Sentencing* (Evanston: Northeastern University Press, 1989), 235. Table a.1, cited in Phil Porter, "The Economics of Capital Punishment"(1999), available at http://www.mindspring.com/~phporter/econ.html.

　[131] Ibid., 237. Table a.7.

　[132] Ibid., 239. Table a.13.

　[133] Ibid., 241. Table a.19.

　[134] Ibid., 243. Table a.25.

　이와 같은 통계 배후의 또 다른 측면을 생각할 수도 있다. 존 페라조는 백인을 죽인 경우에 사형률이 더 높은 것은 흑인에 대한 흑인의 범죄는 대개 가족이나 친구 사이의 범죄이고 흉악 범죄는 7%인데 비해서 백인에 대한 흑인 범죄의 67%가 무장 강도와 같은 좀 더 심각한 성격을 지닌 것이 더 많기 때문이라는 점을 지적하고 있다. Cf. John Perazzo, "The Myth of Racism in American Capital Cases, Or The UN's Ignorance on the Death Penalty?"(13 August 2001), available at: http://web.telia.com/~u15509119/ perazzo.htm.

주에서는 가난하여 변호사를 선임할 수 없는 이들에게는 법원이 선임하는
변호사가 받는 수임료는 착수비로 1,700달러, 법원에서는 날마다 하루에
400달러를 받으므로 대개 한 사건 당 3,519 달러를 받게 된다고 보고하였
다.[135] 그러니 예외적인 경우를 제외하고 일반적으로 공들인 유력한 변호
(competent legal representation)를 받기가 어렵지 않겠느냐는 것이다.
그러므로 현 제도에서 가난한 정신 지체자들이나 교육을 많이 받지 못한
자들이나 소수 인종에 속한 자들은 차별을 받기가 쉽고, 따라서 사형 제도를
허용하는 것이 죄를 범하는 것이 된다고 한다.[136]

특히 인종차별 정책을 폐지하기 이전에 남아공에서는 이와 같이 가난하고
억압받는 흑인들이 사형을 받게 되는 사례가 훨씬 더 많았다고 한다. 그리하
여 사형 폐지론자들은 인종주의로 물든 사회에서는 사형 제도가 정말 공정하
고 인종을 문제 삼지 않는 방식으로 시행되기가 어렵다고 주장한다. 이에
반해서 실제로 흑인들이 살인을 포함해서 사형이 해당할만한 범죄를 더
많이 하기 때문이라는 논의를 하면서 맞서는 이들도 있다.[137] 2004년에
나온 코넬 대학교 한 연구는 1977~1999년의 통계를 사용해서 말하기를
전국에서 흑인 살인률이 51.5%였는데, 사형을 언도 받고 사형수동에 재소된

135 Tina Rosenberg, "The Deadliest D.A.," New York Times Magazine (July 16,
1995), reprinted in Hugo Adam Bedau (Ed.), *The Death Penalty in America: Current
Controversies* (New York: Oxford University Press, 1997), 331, cited in Elizabeth A.
Linehan, "Executing the Innocent," accessed on August 12, 2005, available at:
http://www.bu.edu/wcp/Papers/Huma/HumaLine.htm.

136 "Capital Punishment," Sunrise magazine, October/November 2000, accessed
on August 13, 2005, available at: http://www.theosophy-nw.org/theosnw/issues/
pu-capit.htm. 또한 http://deathpenaltyinfo.msu.edu/c/about/arguments/argument
4a.htm도 보라.

137 그런 주장의 대표적인 예로 Walter Berns, *For Capital Punishment* (New York:
Basic Books, 1979), 186, cited in Davis, 205.

흑인은 41.3%라는 점도 지적하고 있다.[138] 존 페라조(John Perrazo)는 좀 더 구체적인 예를 들면서 지난 40년 동안 미국의 살인의 54%를 흑인들이 차지했다고 한다.[139] 그러니 그들의 사형률이 높을 수밖에 없다는 것이다. 실제 사형률을 따지면 오히려 백인이 사형당한 비율이 더 많다는 논의도 있다. 존 페라조(John Perazzo)는 미국 법무부 통계청의 통계를 인용하면서 살인과 부주의한 과실치사로 체포당한 백인 중 1.6%가 사형 언도를 받았으나 흑인 중에서는 1.2%만이 사형 언도를 받았다고 지적하며, 1977~1996년 사이에 사형수동에 있는 백인 중 7.2%가 처형된데 비해서, 흑인은 5.9%만 처형되었다는 점도 지적한다.[140] 토마스 에들렘(Thomas Eddlem)은 미국 법무부 통계청의 통계를 사용해서 미국에서 다시 사형이 실시된 1976~1999년 사이에 흑인들의 살인률이 51.5%이고 백인의 살인률은 46.5%인데, 1976년 이후로 2000년까지 1,990명의 백인, 1,535명의 흑인, 다른 인종이 68명이 살인을 했다고 한다. 2000년에는 사형된 85명 중 49명이 백인이었다고 한다.[141] 2000년 9월 12일에 나온 미 연방정부의 자료에 따르면, 연방 검사들이 1995년에서 2000년 7월까지 사형으로 기소한 973명 중에서 17%가 백인

---

[138] Blume, Eisenberg and Wells, "Explaining Death Row's Population and Racial Composition," *Journal of Empirical Legal Studies* (March 2004), cited in Nevin, "The Death Penalty: Draconian or Dividend?" available at: http://www.chronwatch.com/content/contentDisplay.asp?aid=7167.

[139] John Perazzo, "The Myth of Racism in American Capital Cases, Or The UN's Ignorance on the Death Penalty?"(13 August 2001), available at: http://web.telia.com/~u15509119/perazzo.htm.

[140] Perazzo, "The Myth of Racism in American Capital Cases, Or The UN's Ignorance on the Death Penalty?," available at: http://web.telia.com/~u15509119/perazzo. htm.

[141] Eddlem, "Ten Anti-Death Penalty Fallacies," *The New American* 18/11 (June 3, 2002), available at: http://www.thenewamerican.com/tna/2002/06-03-2002/vol18 no11_fallacies.htm.

들이고(166), 42%가 흑인이며(408), 26%가 라틴 아메리카계(350)인데,
그 중에서 실제로 사형에 언도된 비율은 흑인이 79%, 라틴 아메리카계가
56%, 백인이 81%라고 보고하였다. 더구나 검찰 총장이 실제로 사형을 승인
한 경우는 흑인의 경우에는 17%(408명 중 71명), 라틴아메리카계의 경우는
9%(350명중 32 명)인데 비해 백인의 경우에는 27%(166명중 44명)이었다고
보고한다.[142] 마이클 네빈은 2002년에 미국 13주에서 사형된 71명중 53명은
백인이고, 18명은 흑인이라고 지적한다.[143] 그리고 2003년에 미국에서 사
형에 처해진 사람들은 모두 65명인데(텍사스 주 24명, 오클라호마 주 14명,
앨라배마, 플로리다. 그리고 조지아, 오하이오에서 각각 3명씩, 인디아나,
미주리, 버지니아 주에서 각각 2명, 알칸사스 주 1명, 연방 제도 1명), 그
중 백인이 41명, 흑인이 20명, 라틴 아메리카계가 33명, 미국 원주민이
1명이었다고 한다.[144]

이 모두를 종합해 보면, 1976년 이후로 2005년 7월 1일까지 미국에서
972명이 사형에 처해졌다. 그들을 인종에 따라서 분류해 보면 백인이 563명
(57%), 흑인이 327명(34%), 라틴 아메리카계가 61명(0.6%), 미국 원주민이
14명(0.1%), 아시아인이 8명(0.1%)이라고 한다. 또한 2005년 4월 1일자로
옥중에서 사형 집행을 기다리고 있는 사람은 3,452명이라고 한다. 그들을

[142] Roger Clegg, "The Color of Death: Does the Death Penalty Discrimionate?"
National Review Online, June 11, 2001, available at: http://www.nationalreview.com/
contributors/clegg061101.shtml.

[143] Michael Nevin, Jr., "The Death Penalty: Draconian or Dividend?" Chron Watch,
May 01, 2004, available at: http://www.chronwatch.com/content/contentDisplay.
asp?aid=7167.

[144] Bureau of Justice Statistics, "Capital Punishment Statistics," assessed on August
11, 2005, available at http://www.ojp.usdoj.gov/bjs/cp.htm

인종별로 분류해 보면 백인이 1,572명(45.5%), 흑인이 1,440명(41.7%), 라틴 아메리카계가 359명(10.4%), 아시아계가 40명(1.2%), 미국 원주민이 40명(1.2%), 그 이외가 17명(0.5%)이라고 한다.[145] 그래서 실제로 사형에 처해지는 것을 보면 백인들의 사형률이 더 높고 흑인들이 더 잘 대우받는 측면도 있다고 논의를 하는 사람들도 있다.[146] 그러나 이런 것도 사실은 상대적 논의일 뿐이다.

오용과 오심의 많은 사례 앞에서 우리들은 차라리 사형 제도를 없애 버리면 이런 오용과 오심의 사례를 방지할 수 있지 않을까 하는 생각을 하기 쉽다. 우리 주변과 역사 가운데서 너무나도 많은 오용과 오심의 경우들은 우리를 이런 생각으로 이끌어 가기 쉽다. 사형 제도를 강하게 변호했던 존 스튜어트 밀(John Stuart Mill, 1806~73)도 바로 이런 오심에 근거한 반론이 사형 제도에 대한 가장 심각한 것이라고 하였다.[147] 사실 많은 사람들이 사형제도 폐지론을 주장하는 매우 중요한 궁극적 이유가 바로 이런 오용과 오심의 사례들 때문이다.[148] 특히 비민주적인 정권에서나 정당성 없는 정권 유지자들은 자신들의 정권을 유지하기 위해서 수많은 사람들을 처형하

---

[145] http://www.clarkprosecutor.org/html/death/dpusa.htm.

[146] Ernest van den Haag, "The Ultimate Punishment: A Defense," accessed on August 11, 2005, available at: http://www.pbs.org/wgbh/pages/frontline/angel/procon/haagarticle.html

[147] John Start Mill, "Speech in Favor of Capital Punishment" (Speech given before Parliament on April 21, 1868 in opposition to a bill banning capital punishment that had been proposed by Mr. Gilpin), accessed on August 13, 2005, available at: http://ethics.sandiego.edu/Mill.html.

[148] Cf. 〈사형에 대한 1980년 미국 주교단 성명서〉, available at: http://www.osjspm.org/cst/cappun.htm; 또한 Elizabeth A. Linehan, "Executing the Innocent," accessed on August 12, 2005, available at: http://www.bu.edu/ wcp/Papers/Huma/Huma Line.htm을 보라.

고 위협하는 수단으로 사형 제도를 이용했고, 또 지금도 이용하기 때문이다. 이런 오용의 많은 경우들 앞에서 투쟁하는 한 방편으로 사형 폐지론의 결론과 노력으로 치닫는 일이 많다. 이런 오용 사례들을 생각하게 되면 사형 폐지론의 의도가 힘을 얻을 수 있다.

그러나 이와 같은 것은 마치 구더기 무서워서 장 못 담구는 것과 같다 하겠다. 우리는 사형을 제대로 시행할 수 있기 전까지는 사형을 시행하지 말아야 한다는 논리를 펼 수가 없다. 오히려 우리는 오히려 사형 제도를 제정하신 하나님의 의도를 깊이 있게 생각하면서 사형 제도가 오용되거나 사형에 오심 가능성이 크게 작용하지 않도록 **재판 과정과 판결에 매우 신중하려는 노력을 해야 한다.**[149] 미국 텍사스 주 같은 데서는 배심원들에게 다음과 같은 세 가지 기준을 충족시킬 때만 용의자가 사형에 해당한 범죄를 했다고 판단하도록 권고하고 있다고 한다: (1) 용의자가 희생자를 죽일 의도가 있는 경우, (2) 용의자가 후에도 다른 폭력적 범죄를 저지를 가능성이 있다고 판단되는 경우, (3) 용의자가 희생자가 제기한 문제에 대하여 합리적인 반응으로 죄를 범한 경우가 아니라고 판단되는 경우.[150] 그러므로 미국에서 사형 존치론을 주장하는 사람들은 사형수들 가운데서 무죄로 방면된 사람들이 사실 법률의 기술적 문제 같은 것에 의해 풀려나거나 뚜렷한 증거에 의해 자신의 혐의를 벗게 되는 것은 상소를 하고 엄격한 원칙을 준수하게

---

[149] Cf. Mill, "Speech in Favor of Capital Punishment," available at: http://ethics. sandiego.edu/Mill.html; Anderson, "Capital Punishment," available at: http://www. leaderu.com/orgs/probe/docs/cap-pun.html.

[150] Texas Criminal Procedure Code Annotated, Section 37.07II(b), 1994, cited in Jennifer C. Honeyman and James R. P. Ogloff, "Capital Punishment: Arguments for Life and Death," *Canadian Journal of Behavioural Science* 28 (1 January, 1996), available at: http://www.cpa.ca/ogloff.htm.

함으로써 견제와 균형이 작용한 결과라고 강조한다.151 사실은 사형 폐지론
자들이 주장하는 것처럼 심각하게 무죄한 자들이 처형되는 것은 거의 없다는
것이다. 또한 라메쉬 포루루는 사형 폐지론자들의 주장에 답하면서 "죄인으
로 확증되기 전까지는 무죄"라는 원리를 강조하는 그들의 논의에 따르면
어떤 이가 실제로 죄를 범했는가 하는 것은 완전히 무시되는 것이라고 지적
하고 있다. 그와 같이 하는 것은 상식에도 어긋날 뿐만 아니라, "실제적
무죄"(factual innocence)와 "단순히 법적인 증거 불충분"(mere legal
insufficiency)을 구분하지 못하는 실수를 범하는 것이라고 지적한다.152

컬럼비아 대학교 법대의 제임스 리브만(James S. Liebman) 교수 등이
그들의 논문에서 미국 사형 판결에 68%의 오심률이 있다고 말하는 것에
대하여153 플로리다 주 정부의 레그 브라운(Reg Brown)은 이 연구에서는
오심이라는 용어를 하급 재판부에 재심하도록 한 경우까지 다 포함하여
이 용어를 모호하게 사용한 것이지, 플로리다 주에서 재판 결과 최종적으로
사형 확정된 64명 중에서 무죄 선언을 받은 예는 없다고 주장하였다.154

---

151 Ramesh Ponnuru, "Not So Innocent: The death penalty: an argument continued,"
National Review Online, October 1, 2002, available at: http://www.nationalreview.
com/ponnuru/ponnuru100102.asp: "[It] shows that the system works. It does, in fact,
prevent people from being wrongfully executed." 또한 "Death Penalty," available at:
http://www.policyalmanac.org/crime/death_penalty.shtml; 그리고 http://deathpenal
tyinfo.msu.edu/c/ about/arguments/argument3b.htm도 보라.

152 Ponnuru, "Not So Innocent: The death penalty: an argument continued," National
Review Online, October 1, 2002, available at: http://www.nationalreview.com/ponnu
ru/ponnuru100102.asp.

153 James S. Liebman, Jeffrey Fagan and Valerie West, "Capital Attrition: Error
Rates in Capital Cases, 1973-1995," *Texas Law Review* 78 (2000): 1839ff. 또한
http://ccjr.policy.net/cjedfund/jpreport/; ACLU Death Penalty Campaign Statement도
보라.

154 Cited in Eddlem, "Ten Anti-Death Penalty Fallacies," *The New American* 18/11
(June 3, 2002), available at: http://www.thenewamerican.com/tna /2002/06-03-2002/

유타 대학교의 법학 교수인 폴 카셀(Paul G. Cassell)도 이는 같은 법정 안에서 재고하도록 한 경우까지 다 포함한 심각한 문제가 있는 주장이고, "사실 사형이 다시 시행된 후 23년을 검토해 보면 그 연구의 저자들은 (다른 연구자들처럼) 실제로 무죄한 사람이 처형된 경우를 단 한 건도 찾을 수 없었다. 그러므로 가장 중요한 오류율, 즉 '잘못된 처형률'은 0%이다"라고 강하게 주장한다.[155] 마이클 네빈은 미국의 사형은 이 세상 그 어느 나라보다도 더 엄밀하게 시행되고 있는 범죄에 대한 정의 시행 과정이라고 주장한다.[156]

그런가 하면 카셀 교수는 진정한 실수(real mistake)는 실제 살인범에게 사형을 집행하지 않아 나중에 가석방된 살인범이 다시 여러 명을 살인한 경우라고 주장한다. 그런가하면 포드햄(Fordham) 대학교의 법학과 공공정책 교수인 어니스트 반 덴 하그(Ernest van den Haag) 교수는 오심의 경우라고 주장하는 자료들에는 상당히 의심스러운 자료가 많음을 지적하지

---

vol8no11_fallacies.htm.

155 Paul G. Cassell, "We're Not Executing the Innocent," *Wall Street Journal*, June 16, 2000 Editorial, *The Federalist Society for Law and Public Policy Studies*, available at: http://www.fed-soc.org/Publications/practicegroupnewsletters/PG%20Links /casselldeathpenalty.htm: "Indeed, missing from the media coverage was the most critical statistic: After reviewing 23 years of capital sentences, the study's authors (like other researchers) were unable to find a single case in which an innocent person was executed. Thus, the most important error rate -- the rate of mistaken executions -- is zero." 같은 논의로 Eddlem, "Ten Anti-Death Penalty Fallacies," available at: http://www.thenewamerican.com/tna/2002/06-03-2002/vol8no11_ fallacies.htm; 그리고 Michael Nevin, Jr., "The Death Penalty: Draconian or Dividend?" *Chron Watch*, May 01, 2004, available at: http://www.chronwatch. com/content/contentDisplay. asp?aid=716을 보라.

156 Nevin, "The Death Penalty: Draconian or Dividend?": "The death penalty in America is undoubtedly one of the most accurately administered criminal justice procedures in the world."

만, 그럼에도 오랜 세월 집행하다보면 시행상, 심지어 사형의 경우에도 혹은 잘못된 판단의 가능성은 있다고 말한다. 그러나 사형 폐지론자들이 말하는 인종 차별이나 자의성에 대한 논의는 실제로 범죄한 사람들에 대한 대우와 관련하여 발생한 문제이지 무죄한 자들에 대한 경우가 아니라고 주장한다.[157]

물론 이와 같이 엄밀한 제도를 갖춘 미국 사회에서조차 인종 차별로 인해 흑인이나 유색인에게 사형이 더 선고되고 시행될 가능성은 있을 수 있다. 그런 경우에도 그것이 사형 제도를 없애는 근거가 될 수는 없다. 우리는 오히려 그 뿌리 깊은 인종차별주의를 없애려고 노력해야 한다. 1980년 사형에 대한 미국 주교단 성명서에서 잘 밝힌 바와 같이, "사형제도의 폐지가 인종 차별을 없애지는 못한다. 이는 여러 방도를 통해서만 해결할 수 있는 악이기 때문이다."[158] 사형 제도에 문제가 있다면 그것은 이 제도를 없애는 근거가 아니라, 이 제도를 좀 더 바르고 정의롭게 시행하도록 개혁해야 하는 근거가 될 것이다. 인간에 의한 오용과 오심 때문에 하나님께서 의도하신 제도를 우리가 없애려고 하는 것은 하나님은 인간이 이 제도를 오용하고 오심할 것을 전혀 예상하지도 못하시고서 우리에게 그런 지침을 주셨다고 하나님을 비난하는 것이 될 것이다. 우리는 오히려 하나님의 의도를 높이 사면서 하나님의 의도가 잘못된 정권이나 세력자들에 의해서 다시

157 Ernest van den Haag, "The Ultimate Punishment: A Defense," assessed on August 11, 2005, available at: http://www.pbs.org/wgbh/pages/frontline/angel/procon/haagarticle.html.

158 〈사형에 대한 1980년 미국 주교단 성명서〉, available at: http://www.osjspm.org/cst/cappun.htm: "Abolition of the death penalty will not eliminate racism and its effects, an evil which we are called to combat in many different ways."

오용되거나, 인간의 오심 가능성이 작용할 수 없도록 재판 과정을 엄밀히 하고 궁극적 판단에서 신중하도록 하는 일에 더욱 힘써야 할 것이다.

마치는 말

그러면 이 모든 고찰에 비추어 우리는 어떤 결론을 내려야 할 것인가? 다음과 같은 몇 가지 명제로 결론을 대신하고자 한다.

첫째로, 사람들의 이런 저런 논의로 사형 제도를 폐지하거나 존치하려는 생각은 인본주의적 발상이다. 물론 상대적으로 어떤 것이 우리 사회에서 더 유용한지를 논의할 수 있는 가능성은 있다. 그러나 그것은 상대적 논의일 뿐, 오직 그런 생각과 논의에만 근거하여 우리의 입장을 결정하려고 하는 것은 인본주의적인 생각이 아닐 수 없다.

둘째로, 따라서 사형 제도에 대한 기독교적 관점은 오직 성경에서 하나님께서 이 문제에 대하여 어떤 의도를 나타내 보이셨는지를 중심으로 논의해야 하고, 이렇게 성경의 지침을 중심으로 하여 다른 모든 점들을 고려해야 한다. 그러므로 "한 공동체는 생명과 죽음에 대한 하나님의 독특한 권한을 존중하는 한, 또 그로부터 나오는 인간 생명의 불가침해성(inviolability)을 존중하는 한에서만 사형 집행의 정당성을 얻게 된다. 여기서는 민족적이든, 인종적이든 이데올로기적 근거든 이 한계를 침해하는 것은 모두 여기서 정죄되어야 한다"라고 말하는 클라우스 베스터만(Claus Westermann)의 말은 정당한 것이다.[159]

---

[159] C. Westermann, *Genesis* 1 (1974), trans. J. J. Scullion (London: SPCK, 1984), 469.

셋째로, 성경에서는 구약이든 신약이든 의도적으로 살인한 것과 같은 특정한 범죄에 대해서도 사형하도록 명하고 있다. 그러므로 오래 전에 칼빈이 말한 바와 같이, "죄책 있는 자들의 피를 흘리는 것이 잘못된 것이라고 생각하는 사람들은 하나님께 반박하는 것이다."[160]

넷째로, 우리는 고의적 살인과 같은 것에 해당하는 것이[161] 과연 어떤 것인지 깊이 있게 생각해서 사형에 해당하는 죄의 범주를 명확히 정하여 우리의 사회 속에서도 **그런 죄에 대하여는 계속 사형을 시행하도록** 하는 법률을 유지하고, 오직 그런 죄들에 대해서만 사형을 시행하도록 개정하게끔 해야 한다. 그런 죄에 해당하는 범죄들은 아마도 다음과 같은 것일 것이다. (이는 논란의 대상이 될 수 있으므로 모든 법 제정자들과 시민의 대표들이 과연 이것이 고의적인 살인 등에 해당하는지를 면밀히 조사하여 가감 수정할 수 있다.) 자신의 목적이나 유익을 위해서 개인이나 다수의 사람들을 고의로 죽이는 일을 행한 사람(살인, 강도 살인, 강간 살인, 유괴 살인, 존속살인, 고의적 방화치사), 그런 일을 하도록 실질적으로 교사한 사람, 자신의 목적이나 유익을 위해 비행기 납치를 하여 사람을 죽게 한 사람, 자신의 목적이나 유익을 위해서 자동차나 선박을 납치하여 사람을 죽게 한 사람, 상습적인 강간범, 그 결과 가정을 파괴시킨 사람 등이 이에 속할 것이다.

그러나 정치적 이해관계로 대립적인 위치에 있는 사람들을 사형에 처하게 한다든지, 상대적으로 덜 심각한 죄에 대하여 사형을 시행한다든지 하는 일들은 없어져야 한다. 다시 말해, 우리는 명확히 사형에 해당하는 죄를

---

160 Calvin, *Romans*, 283: "Those, therefore, who consider that it is wrong to shed blood of the guilty are contending against God."

161 이 점에서는 한인섭 교수의 1990의 주장과 비슷하다. Cf. 한인섭, "사형 제도의 문제와 개선 방향,"「형사 정책」 5 (1990): 42.

명문화하고 그런 죄에 대해서만 사형을 구형하고 시행하게 해야 한다.

다섯째로, 그러나 과연 그 사람이 고의로 살인 등을 하였는지 충분히 입증할 만한 증거에 따라 삼심 재판 제도를 엄밀히 거치도록 하고 오직 그런 경우에만 사형을 시행하도록 해야 한다. "절차상 적법성"의 중요성을 강조하는 것이다. 따라서 **실질적인 삼심 제도를 거치지 않는 경우**나, 비상조치에 의한 사형이나 그밖에 오심과 오용이 가능한 경우가 없도록 온 국가가 신경을 써야 한다. 사형제도가 오용과 오심 가능성이 끼어들지 않도록 해야 한다. 따라서 모든 것이 부인하지 못할만한 증거에 따라 분명히 사람을 고의로 죽였다는 것이 입증된 경우에만 사형을 언도하고 시행하도록 해야 한다. 조금이라도 의심할만한 정황이 있을 때에는 사형을 언도하거나 시행하면 안 된다. 이에 대하여 구체적으로 예를 들자면, "대법원에서 사형 판결을 내리기 위해서는 적어도 전원 재판부에서 대법관 중 2/3 이상의 찬성을 요건으로 하는 것이 타당하다"는 한인섭 교수의 주장에 동의하는 바이다.162

여섯째로, 하나님 나라의 극치 상태에서는 인간의 모든 죄가 없으므로 우리는 그 때에 사형 제도의 폐지를 목격하게 될 것이다. 그리스도의 재림은 인간의 모든 죄에 대한 최후의 심판으로 사형 제도도 종식시키시는 것이다. 그 때까지 우리는 사형 제도가 각 나라에서 오용되지 않고 하나님이 의도하신 대로 제대로 쓰일 수 있도록 최선의 노력을 다해야 할 것이다.

---

162 한인섭, "사형 제도의 문제와 개선 방향," 「형사 정책」 5 (1990): 44.

6. 강호순 사건

2009년 2월 3일 검찰로 송치된 강호순의 연쇄 살인 사건을 바라보면서 한국 사회는 여러 가지 생각을 하고 여러 이야기를 하였다. 이와 같은 흉악범의 얼굴을 공개하는 것이 좋은지 아닌지에 대한 논의들로부터, 사이코패스(psychopath, 반사회적 인격 장애)와 이에 대한 테스트(PCL-R)에 대한 논의들, 이 사건의 배경이 되는 경기 서남부 지역의 보호를 어떻게 해야 하는 생각, 이 사건을 보면서 사형제를 과연 어떻게 해야 하느냐 하는 생각과 말들이 우리 주변에서 많이 오갔다. 이에 대하여 그리스도인들은 과연 어떤 생각과 태도를 가져야 할 것인가?

진정한 인간 생명 존중의 길로 나아가야

그리스도인들은 사건의 본질, 문제의 본질로 나아가야 한다. 대개 어떤 사건이 나타나면 많은 사람들은 그 사건과 관련된 지엽적이고 주변적인 것을 중심으로 생각과 말을 하는 경우들이 많이 있다. 물론 모든 사건은 단순하지 않아서 그와 관련된 모든 것을 다 살피는 것이 매우 중요하다. 각 분야의 전문가들이 모든 사건에 대하여 자신의 전문적 분야와 관련된 깊이 있는 생각을 하며 이 사회를 좀 더 나은 사회로 만들기 위해 자신이 할 일이 무엇인지 생각하고 논의할 수 있어야 한다. 물론 그것은 각 분야의 전문가들이 마땅히 해야 할 일이고, 그 모든 것은 축적되어 이와 같은 사건이 재발되지 않도록 하는 일에 유용하게 사용되어져야 할 것이다. 그러나 이 사건 전체와 관련해서 우리는 가장 중요한 문제의 본질이 무엇인지 생각해야만 한다. 그렇게 하지 않으면 여러 블랙 코미디에서와 같이 사회 전체가 문제의 본질은 뒤로 하고 사소한 일들을 가지고 왈가왈부하는 모습을 드러내기 십상이다. 이런 범인들은 어떤 성격의 사람이고 평소에 그가 어떠했으면 그로부터 우리는 어떤 생각을 해야 한다는 등 다양한 논의가 문제의 본질을 떠나 사람의 입에 회자될 수 있다.

그렇다면 이 사건의 본질적인 문제는 과연 무엇인가? 그것은 첫째로, 우리 사회에 생명 경시 풍조가 만연해 있다는 것이다. 이 사건만이 아니라, 용산 참사에서도 그러하고, 수많은 자살 사건들에서도 그러하며 우리 사회 일반에서 나타나고 있는 생명 경시 풍조는 그야말로 심각하다. 일반적으로 물으면 다 생명을 존중한다고 하고, 이와 같은 사건에 직면해서 많은 사람들이 "사람이 어떻게 그렇게 끔찍한 일을 여러 차례 저질렀나?"는 식의 강한 힐난의 말도 하지만 실은 많은 사람들의 마음속에 생명에 대한 존중이 없는 것이 문제의 핵심이다. 그러므로 우리들은, 특히 그리스도인들은 이런 사건 앞에서 그 장본인 강호순이라는 한 개인만 바라보아서는 안 된다. 물론 이 일을 수사하고 이에 대한 모든 것을 찾아서 증거를 제시하여 혐의를 사실대로 확정하고 그에 따른 구형을 하는 수사팀의 사람들은 이 개인의 구체적인 문제에 집중해야 한다.

그러나 우리 일반인들이 이런 사건에서 강호순이라는 개인에게만 집중하고 그 안에 있는 우리를 보지 못하게 되면, 우리는 사실 문제의 본질을 보지 못하고, 주변의 사소한 것들만을 쑤시면서 소란을 떨지, 문제의 본질을 보고 그것을 해결하는 길로 나아갈 수 없다는 것이다. 우리는 이와 같은 사건에서 우리 안에 뿌리 깊은 죄악의 본성을 볼 수 있어야 한다. 최근 우리 사회에서 일어나고 있는 용산 참사나, 여러 자살 사건들에서와 같이 생명을 존중하지 않는 풍조를 보이는 우리의 현실을 직시해야 한다. 이런 사건 앞에서 우리는 살인자가 아니고 그만 (강호순) 흉악한 자라고 생각하여 큰소리치는 것은 모든 것의 겉만 보고 모든 것을 판단하려는 바리새주의적 태도의 하나가 아닐 수 없다.

이번에 강호순이 여러 차례에 걸쳐 참으로 흉악한 범행을 저지른 것이 사실이다. 검찰이 그것을 소상하게 밝힐 것이고, 또한 앞으로 법원은 그에 합당한 판결을 해야 할 것이다. 그러나 그렇게 하여 강호순만을 죄인이라고 치부하고 넘어 간다면 우리는 또 문제의 본질을 비껴가면서 문제의 가장 심각한 증상을 드러낸 한 개인을 우리 문제의 주범으로 몰아 버리고 우리들은 그런 문제와 관련이 없는 듯이, 우리는 깨끗한 듯이 하고서 지나가는 것이 된다. 우리는 이 사건에서 우리 문제의 본질을 보아야 한다. 개인적으로는 우리 안에 있는 심각한 죄악성을 깊이 있게 보아야 하고, 사회적으로는 우리 사회에 인간 생명 경시 풍조가 만연해 가는 문제를 심각하게 바라보아야 한다.

이 사건의 강호순만이 그런 것이 아니라 우리는 자신의 목적을 위해서 그 어떤 일도 다 하려고 하는 심각한 문제를 드러내는 중에, 심지어 우리의 문제가 해결된다면 뱃속의 아기들조차도 마치 인간의 생명이 아닌 것처럼 죽이되 7명 정도가 아니라 일 년에 150만 명 이상을 죽이는데도 그것에 대하여 아무 문제도 느끼지 못하는 사람들임을 자각해야 한다. 현실성이 없음에도 불구하고 앞으로 가능성이 있을 수도 있다는 생각 때문에 인간 배아를 수없이 파괴하면서도 배아 줄기세포 연구를 할 수 있다고 하며 그런 것이 잘 이루어지기를 원하는 사람들이 우리 가운데 얼마나 많으며, 도대체 이런 것은 인간 생명을 손상하는 것과는 전혀 상관없는 문제인 양 생각하는 일이 얼마나 많은가? OECD 국가 중에서 자살률이 가장 높아 2007년에는 하루에 약 33명꼴로 자살하는, 그리하여 10만 명당 24.8명이 자살하여 그 자살률이 미국의 두 배가 넘는 우리 사회가 과연 생명을 경시하지 않는 사회라고 할 수 있겠는가?

이 사건 앞에서 우리 사회와 우리 안에 현존하는 생명을 경시하는 것과 도대체 인간 생명이 무엇인지를 깊이 있게 생각하지 않는 풍조를 일소하는 일에 앞장서 진정한 인간 생명 존중 운동으로 나아가야만 한다. 이 일에 있어서 원칙적으로 가장 잘 준비되어 있는 이들이 그리스도인들이다. 원칙상 그리스도인들은 생명의 근원이 하나님께 있으며, 그 하나님은 항상 살리는 생명 운동을 하시는 분이시며, 사람이 하나님과 바른 관계를 맺을 때에만 진정한 생명을 회복한다는 것을 알고 있기 때문이다. 하나님과 생명 관계를 지니지 않은 사람들은 결국 생명 문제의 본질을 왜곡한다. 그러므로 그리스

도인들이 앞장서서 우리 사회의 진정한 생명 존중 운동을 일으켜야 할 것이
다. 강호순 사건 앞에서 우리 사회에 만연한 생명 경시 풍조를 안타까운
마음으로 지적하면서 우리 모두 진정한 생명에로 나아가는 일에 힘써야
할 것이다.

생명 존중의 길과 사형제도 문제

강호순 사건과 관련해서 우리들은 이 문제의 본질이 우리 사회에 만연한
인간 생면 경시의 문제라는 것을 생각했다. 그만이 아니라 우리 안에 진정으
로 인간 생명 존중의 태도가 있는지 깊이 있게 생각해야 한다고 했다. 이번에
는 이 문제와 관련하여 사형제 문제를 어떻게 연관하여 생각해야 할지 논의
해 보겠다.

현황 | 지난 1997년 12월 30일에 흉악범 23명이 사형 집행된 뒤 지금까지
만 11년 동안 사형 집행이 되지 않아 국제사면위원회(International
Amnesty)가 우리나라를 실질적 사형 폐지국으로 분류하고 있고, 따라서
현재 사형이 선고되었으나 형 집행이 이루어지지 않은 사형수 58명이 있는
우리나라에서는 과연 사형제를 어떻게 해야 하는가? 강호순 사건과 관련하
여 많은 분들이 이 문제를 다시 생각하고 있다. 이 문제에 대해서도 우리들은
원칙을 중심으로 하는 생각을 하지 않을 수 없다.

대립하는 두 의견 | 일반적으로 사람들은 사형제를 폐지하는 것이 인간을

존중하는 것이라고 생각하며 그리 주장하기도 하고, 또 어떤 분들은 사형제를 존치하는 것이 인간 생명을 존중하는 것이라고 말한다.

그런데 이 대립하는 두 의견이 인간을 존중하기 위하여 각기 의견을 내는 것이라는 점에 주목하는 것이 중요하다. 이 두 의견 중의 어느 하나는 인간 생명을 존중하지 않는 것이라고 하는 것은 공정한 것이 아니다. 일반적으로 사형 폐지론을 주장하는 분들은 사형에 해당하는 흉악한 범죄를 저지른 사람도 인간이니 그의 인권과 생명을 끝까지 존중해야 한다는 입장에서, 또한 오판시의 구제 불능성과 정치적 오용의 문제점을 언급하면서 사형폐지론을 주장하며, 그렇게 사형제도가 없는 상황이 사회 속에 흉악 범죄를 더 줄이는 것이 되므로 사형 폐지 주장이 인간 생명 보호에 더 기여하는 것이라고 주장한다. 그런가 하면 또한 사형제 존치를 주장하는 분들은 사람의 생명이 고귀하므로 고의로 사람의 생명을 앗아가는 것과 그에 해당하는 흉악한 범죄를 저지른 범죄에 대하여 사형을 선언함으로써 인간 존중의 태도를 드러내야 하며, 또한 그렇게 사형제도가 존치되어 있을 때 사회에 흉악 범죄가 줄어들 수 있으므로 사형 존치론이 인간 생명 존중에 더 기여하는 것이 된다고 주장한다. 그러므로 이 두 가지 주장은 입장은 다르지만 이 둘이 다 인간 생명 존중을 위하여 각각의 주장을 펴는 것임을 잊어서는 안 된다. 때때로 이 논의를 하다가 우리 마음속에 반대 주장을 펴는 분들에 대한 반감과 미움의 마음이 나타나기도 하는데, 그것은 실은 가장 본질적 죄악이다. 이 논의도 궁극적으로 인간 생명 존중의 태도를 가지고 논의하지 않으면 안 된다.

실증적 연구 | 사형제 존치와 폐지 중 어느 것이 사회 속의 흉악 범죄를

줄이는데 더 도움이 되는가 하는 것을 논제로 하면 이 문제를 궁극적으로 해결하는 길이 아니다. 많은 사람들이 이에 대한 실증적 연구(empirical research)를 하여 왔지만 지금까지는 우리들의 지혜가 부족하여 그 어느 쪽이 더 확실하다는 결론이 났다고 하기 어렵다. 각각의 입장을 가진 분들이 각기 자신에게 유용한 연구 결과를 언급하고 있기 때문이다. 그러므로 지금의 연구 수준으로는 실증적 연구를 통해서 어느 쪽이 사회 속의 흉악 범죄를 줄이는 데 더 기여하는 것이라고 단언할 수 없다. 근본적으로 이는 이 문제 해결 방법을 현상적으로, 또 실용적으로 찾아보려는 태도라는 것을 말하지 않을 수 없다. 이와 같은 심각한 문제는 현상적이고 실증적 방식으로 해결해서는 안 되는 것인데도 불구하고 이런 식의 현상적이고 실용적인 생각이 우리 주변에 늘어 가고 있다는 것이 더 심각한 문제이다.

국민감정 | 어느 시점의 국민감정을 가지고 이 문제에 대한 입장을 말하는 것도 부적절한 것이다. 그렇게 되면 이와 같이 온 국민이 흉악 범죄에 대해 관심이 높을 때는 사형 존치에 대한 입장에 더 많은 의견이 나타날 것이다. 필자 자신이 성경과 기독교의 전통적 입장에 비추어 사형 존치론을 주장하므로 현재의 상황은 나와 같은 주장을 하는 분들에게 유리한 것이지만, 사실 어느 시점의 국민감정을 가지고 문제를 결정하려고 하는 것도 옳은 것이 아니라고 지적하지 않을 수 없다. 이렇게 되면 어느 시점에 국민감정이 사형 폐지를 원하게 되면 그것이 옳다고 해야 한다는 것이 되기 때문이다. 대다수의 국민이 동성애자도 보호해야 한다고 생각해서 그것이 동성애를 보호해야 한다는 주장이 옳다는 것을 말해 주는 것은 아니기 때문이다.

옳고 그름의 문제는 다수결과 감정으로 처리할 수 있는 것이 아니다.

성경의 의도ㅣ 그렇다면 우리는 어떻게 해야 하는가? 이 문제 대해서도 우리는 성경의 전체적인 뜻에 따라 말할 수밖에 없다. 다른 모든 것을 생각한 후에라도 오직 성경만아 하나님의 뜻을 종국적으로 말해 줄 수 있기 때문이다(*sola Scriptura*). 성경은 구약에서도 인간이 하나님의 형상으로 지어졌으므로 인간의 생명에 손상을 입힌 사람은 그의 피를 흘리도록(즉, 그의 생명을 빼앗도록) 하라는 말씀을 선언하고 있다(창 9:6; 출 21:12, 14, 23; 22:3; 신 19:11~13, 21; 21:22). 신약 시대에도 이 원칙의 변함은 없다(롬 1:32). 그러므로 성경이 말하는 공의의 원칙은 고의로 인간 생명을 해한 죄와 그에 해당하는 죄에 대해서는 사형이 선언되어야 한다는 것이다.[1] 물론 우리는 원수 갚으려는 마음이나 원한에 가득 차서 이런 주장을 해서는 안 된다. 개인적으로든 가족적으로든 우리에게 해를 끼친 자들을 다 용서하라고 주께서 명하셨다. 그러므로 우리는 원수까지 사랑하라고 하신 주님의 말씀에 따라 우리가 당한 모든 악에 대해서도 기꺼이 용서할 수 있어야 한다.

그러나 공적인 기관에서는 공의의 원리에 따라 선언을 해야 할 것이다. 국가와 같은 공적 기관에서는 사형 제도를 존치하는 것이 하나님의 일반적 원칙에 따르는 것이다. 이 세상은 하나님의 말씀을 존중하지 않으므로 이에 대해 늘 다른 생각을 하겠지만 적어도 성경을 존중하는 그리스도인들은 이 사회 속에서 사형 제도를 주신 하나님의 의도를 선언해야 한다. 그리고

---

1 이 점에 대한 좀 더 구체적 논의는 이 책의 전장을 참조하라.

우리들이 손상을 입음에도 불구하고 악행한 자들까지 용서하며 끌어안고 회개케 하기 위해 힘을 다하되, 필요한 경우 대통령의 사면을 청원하는 방식으로까지 나아가야 할 것이다. 우리 사회 속에서 사형제도가 존치되도록 하며, 최소한 사법(死法)으로라도 있어서 하나님의 공의 원칙을 선언하도록 하는 일에 힘을 써야 할 것이다.

진정한 생명 존중의 길과 이웃 사랑

강호순 사건 앞에서 그리스도인들이 해야 할 최종의 생각은 우리가 이 모든 이웃들에 대하여 진정 이웃이 되지 못했다는 것을 자각하는 것이다. 우리 사회 속에서 심각한 사건들이 발생할 때마다 우리는 그 사건의 피해자 된 사람들에 대해서, 그리고 가해자에 대해서 예수님께서 요구하시는 이웃 역할을 하지 못했다는 것을 절감하며 우리의 책임을 통감하고 앞으로 우리가 힘써야 할 일이 무엇인지를 깊이 생각해야 한다.

선한 사마리아인 비유에 나타난 여러 대조 중의 하나는 "누가 이웃입니까?"라고 물으면서 우리가 사랑해야 할 대상, 우리가 신경 써야 할 대상, 우리가 책임져야 할 대상을 축소하려는 인간들의 음모에 대조하여 예수님께서는 "누가 강도 만난 자의 이웃이 되었느냐"고 질문하시는 것이다. 누가 이웃이냐를 묻는 우리에게 "내가 만나는 이들에게 어떻게 이웃이 될 것인가"로 관심을 돌이키게 하시는 것이 예수님의 의도이다. 우리가 여전히 계속해서 "누가 우리의 이웃입니까"를 묻고서 우리의 이웃을 말씀해 주시면 우리가

그를 사랑하여 율법에 의도하신 바를 다 이루었다고 생각함으로써 우리의
사랑을 축소하려고 한다면 선한 사마리아인 비유를 제대로 읽고 배운 사람이
아닌 것이다. 우리는 모든 정황 가운데서 우리의 도움을 필요로 하는 이들에
게 진정 이웃이 되어야만 한다. 버스 정류장에서 버스를 기다리던 이들에게
진정한 이웃이 되지 못하고 우리만의 길을 재촉한 우리, 그리하여 나쁜
마음을 가진 사람의 희생자가 되도록 방치한 우리, 치안이 잘 정비되지
않은 지역을 그대로 방치한 우리, 자기들만의 유익을 위해 자기주장을 하기
위해 과격한 방법을 사용할 수밖에 없도록 모든 상황을 방치한 우리, 하루에
도 33명 정도가 스스로 목숨을 끊으려고 할 때에 그들을 보듬고 잡아 주지
못한 우리를 보고, 우리는 우리의 이웃되지 못함을 발견해야 한다.

　물론 이렇게 말하면 우리가 이 세상의 모든 문제를 해결할 수 없으며
그것은 그것을 감당할 사람들이 자기 책임을 다 하지 못했기 때문이라고
우리의 책임을 떠넘기기 쉽다. 적어도 우리는 우리와 관련 있는 영역에서
그래도 사랑을 실천하려고 애쓰면서 나름의 노력을 해 왔다고 자기 위로와
자기변명을 하기 쉽다. 그것이 사실일 수도 있다. 적어도 우리는 다른 이들보
다는 특히 어려움이 처한 사람들을 잘 대해 주려고 애썼을 수 있다. 그러나
그것이 과연 사실일까? 믿는다고 하는 이들의 자살 빈도나 다른 문제에
대한 태도를 보면서 우리가 다른 이들보다 조금 더 잘 했다고 말하려는
바의 자신감은 많이 줄어들 수밖에 없다. 우리의 모습을 정직히 바라보려고
해야 한다. 우리는 사실 믿지 않는 이들보다 더 나은 모습을 보이지 못한
것에 대하여 깊이 있는 회개를 해야 한다.

　혹시 우리가 조금 잘 했다고 할지라도 스스로 잘 살아 온 것을 자지고

자기 위안과 변명을 삼는 순간, 우리가 잘 한 것조차도 다 박탈되는 것이다. 혹시 조금 잘한 것이 있다고 해도 그것을 생각하거나, 더구나 그것을 나팔 불지 않도록 하자. 우리는 어떤 상황에서도 마땅히 하여야 할 일을 하는 무익한 종일뿐이다. 더구나 현실의 우리는 마땅히 하여야 할 일을 잘 하지도 못하는 그야말로 무익한 종보다 더 악하고 게으른 종이다.

그러나 우리가 악하고 게으른 종이라고 해도, 지금도 자기의 유익을 위해서 하나님의 이름을 찾고 우리의 편리를 위해 사는 일에 익숙한 사람들이라고 해도 지금 여기서 성경의 가르침과 신문 지상에 나타나는 우리의 죄악에 대한 보도 앞에서 우리의 문제를 정확히 바라보며, 하나님과 사람들 앞에서 우리가 그런 문제 있는 존재들이라고 인정하고 회개하며, 잘못되었음을 인정한 터 위에서 이제부터라도 성경이 가르치는 대로 나아가기를 성령님을 의존하여 힘쓴다면 우리에게는 또 한 번의 기회가 주어지는 것이다. 여기 기독교의 본질의 한 측면이 있다. 하나님께서는 그리스도의 십자가에 근거하여 우리에게 또 다시 기회를 주시는 것이다.

이것은 강호순에게도 마찬가지이다. 우리는 강호순을 미워하고 그만을 공공의 적으로 몰아가려 하지 않아야 한다. 오히려 우리는 그에게도 이웃이 되어야 한다. 그가 필요로 하는 것은 현장 검증 때에 그에게 던져진 돌이나, 그를 반사회적인 인격 장애자인 사이코패스라는 낙인을 찍는 것이 아니라, 그도 진정으로 회개하므로 하나님 앞에 바로 설 수 있도록 돕는 것이다. 이와 더불어 사실 비참하게 가족을 잃은 분들도 우리의 사랑과 끌어안음과 이웃됨의 대상이 되어야 한다.

우리는 처음 만나는 그 사람도 이웃으로 알고 그 분들을 사랑하는 사람이 되어야 한다. 그것이 진정한 그리스도인으로 생각하며 사는 방식이다. 우리가 그런 모습을 보이지 못하면 그것도 하나님 앞에서 잘못한 것으로 알고 성령님을 의존하므로 진정한 이웃 사랑의 길로 나아가야 한다. 우리 개개인과 교회 공동체가 그런 모습을 보이지 않을 때 이 세상은 계속해서 교회를 향해 비판하는 소리를 계속할 것이다. 우리의 힘을 확장하는 모습을 보이고, 우리의 세를 자랑하는 태도를 나타내면서도 사랑을 보이지 않는다면 언제가 이 사회는 그야말로 교회에 대해서 절망할 수도 있다. 그 때가 되면 이 세상이 교회를 비판하는 일도 하지 않을 것이다. 교회를 비판하는 소리가 있다는 것은 그래도 교회에 대한 기대가 조금이라도 있다는 반증일 수 있다. 우리는 그런 비판의 말에 저항하기보다는 기꺼이 그 소리를 들으면서 묵묵하게 우리가 마땅히 해야 하는 사랑 실천의 길을 걸어가야 한다. 다음 같은 기도로 이 글을 마치고자 한다:

주님 우리의 연약함을 도우소서, 우리의 사랑 없음, 우리의 믿음 없음, 우리의 소망 없음을 책하시고, 그러나 우리들에게 힘을 주셔서 우리의 믿음과 소망과 사랑을 더 하소서. 우리 개개인과 한국 교회가 진정 이 사회 속에서 사랑과 생명 운동의 중심 역할을 할 수 있게 하옵소서. 우리 주 예수 그리스도의 이름으로 기도합니다.

질의와 답변

범인의 얼굴 공개 문제를 중심으로 이 문제를 바라보는 것은 문제의 핵심을 잊고서 지엽적인 문제로 나아 갈 위험이 있다. 따라서 얼굴 공개 문제를 다룰 때도 이 문제의 본질을 잊지 않고 논의해야 한다.

질의 1. 흉악범 강호순의 얼굴 공개 및 신상공개로 논란이 있었습니다. 이에 대하여 교수님께서는 어떻게 생각하십니까? 혹시 이에 대한 성경적 근거가 있다면 어떤 것이 있습니까?

답변_ 성경에서는 이런 문제를 말하지 않습니다. 위에서 말씀드렸듯이 이 문제는 본질적 문제가 아닙니다. 본질적으로 얼굴 공개는 이렇게 해도 좋고, 저렇게 해도 좋은 문제, 즉 아디아포라(adiaphora)의 문제입니다.

먼저 우리가 왜 얼굴 공개를 생각하는지를 깊이 생각해야 합니다. 복수심에 가득 차거나 호기심에서 범인의 얼굴을 공개해야 하겠다고 생각하는 것은 잘못된 것입니다. 단지 앞으로 사람들이 이런 범죄를 저지르는 것을 좀 더 저지하기 위한 동기에서 얼굴 공개를 한다는 것은 가능할 것입니다. 이 경우 얼굴 공개가 앞으로 이런 형태의 범죄를 막는 데 과연 도움이 되는가 하는 것은 실증적 연구를 해 보아야 한다는 또 다른 문제라는 점이 있다는 것을 잊으면 안 됩니다. 우리는 단지 선험적으로 이런 범죄자의 얼굴을 공개하면 다시 이들이 이와 같은 범죄를 범하는 것을 좀 저지할 수 있지 않을까 하는 소박한 생각으로 얼굴 공개를 생각해 볼 수는 있겠습니다. 그러나 이는 단지 선험적인 생각이고, 실질적으로 그렇게 하는 것이 과연 범죄 예방 효과가 있는지는 또 다시 검토해야 할 문제입니다.

얼굴을 공개하기를 요구하는 우리의 마음이 원한이나 분노의 표출이어서는 안 된다는 것을 다시 한 번 더 강조해야 하겠습니다.

질의 2. 범죄자를 처벌하는 수단으로 해 얼굴 공개라는 인권 침해까지 이르렀습니다. 처벌의 수단으로 얼굴 공개가 옳은 것인가?

답변_ 일반적으로 어떤 범죄에 대한 피의자가 검거된 경우라도 그가 재판 과정을 거쳐서 죄책이 있다고 판결받기까지는 무죄하다고 생각하는 것이 옳은 태도입니다. 재판의 중요성이 여기 있습니다. 검찰측은 증가를 분명히 제시하여 의심의 여지가 없이 본인이 죄를 범했는지 입증해야 합니다. 그것이 재판과 관계된 모든 이들을 설득시켜 의심의 여지없이 피의자가 범인이라고 확정된 경우에만 그에게 벌이 주어질 수 있습니다.

그러므로 재판에 의해 피의자가 범인이라는 것이 확정되기 전까지는 무죄한 자로 간주한다는 것을 잘 생각해 보면, 재판에 의해 의심의 여지없이 피의자가 범인이라는 사실이 분명히 밝혀진 후라야 얼굴을 공개하는 것이 원칙이기는 합니다.

이 경우에 강호순이 자백한 범행과 기타 범행을 했다고 여겨지지만, 혹시 비슷한 사건에서 어떤 이가 범인으로 지목되어 얼굴 공개 등 모든 것을 한 후에 재판 결과 그가 범인이라고 입증되지 않거나, 범인이 아니라고 드러난다면 그가 이미 받은 모든 상처를 되돌리기는 어렵습니다. 그러므로 어떤 경우라도 항상 원칙을 따라 생각하는 것이 제일 중요합니다.

질의 3. 얼굴 공개는 인권침해를 기반으로 한 처벌입니다. 처벌이라는 것은 인권침해를 불가피하게 수반하는 것이라고 생각합니다. 그런데 왜 유독 얼굴 공개가 인권을 침해한다는 비판을 받고 있을까요?

답변_ 위의 대답 속에서 시사되었지만, 엄밀히 말하면 피의자에 대한 모든 정보는 재판 확정 전까지는 비밀에 붙여져야 한다고 저 자신은 생각합니다. 그가 범인이 아닌 경우 어떻게 보상할 길이 없기 때문입니다.

질의 4. 실제로 성경에서 범죄자에 대한 처벌을 어떻게 하고 있습니까? 범죄자의 인권에 대해 나오는 구절, 하나님의 말씀이 있습니까? 혹 처벌로 인한 인권침해에 대한 내용이 나오는 성경구절이 있습니까? 혹 인권을 침해하지 않으면서 처벌했던 예가 성경에 있습니까?

답변_ 성경에서는 항상 죄에 대한 처벌을 분명히 합니다. 어느 구절을 들어서만 말하는 것이 이상하게 생각될 정도로 성경은 죄에 대해서는 항상 공식적 처벌을 분명히 합니다. 그러나 성경의 가르침 전체를 생각하면서 우리가 위에서 언급한 원리가 도출되었던 것입니다.

질의 5. 성경에는 처벌에 대한 상반된 내용의 말씀이 나타납니다. 눈은 눈으로, 이는 이로, 손은 손으로 발은 발로, 데운 것은 데움으로, 상하게 한 것은 상함으로 때린 것은 때림으로 갚을지니라(출 21:24~25)는 말씀을 두고 흉악범의 얼굴 공개쯤이야 응당한 처벌이라는 의견도 많습니다. 반면 일흔 번씩 일곱 번이라도 용서하라는 것이 주님의 뜻입니다. 이렇게 상반된 내용, 어떻게 해석해야 합니까? 이 뜻에 따르게 되면 어떻게 생각해야 합니까?

답변_ 성경의 가르침이 서로 상반된다고 하면 안 됩니다. 성경은 일관성 있게 하나님의 거룩한 뜻을 말해 줍니다.

첫째로, 개인은 항상 용서하는 마음을 가져야 합니다. 손양원 목사님의 예를 우리는 항상 기억하고 그를 본받아 가려고 해야 합니다.

둘째로, 그러나 그것이 재판관도 죄인을 용서해야 하고, 용서에 근거하여 판결해야 한다는 것을 의미하는 것은 아닙니다. 법정은 항상 공식적인 공의에 따라 판단해야 합니다. 국가에서 범죄자를 처벌하려 하지 않거나 뇌물에 근거해서 잘못 판결하거나 하는 것은 자기의 책임을 다하지 않는 것이 됩니다.

셋째로, 그리고 이와 관련된, 특히 피해자 된 그리스도인들은 마음속 깊은 곳으로부터 용서하고 그를 위한 노력을 하여 사면 요청을 하여 가는 것이 좋은 것입니다.

질의 6. 그렇다면 강호순 같은 범죄자를 실제로 어떻게 대해야 합니까? 기독교인으로서 우리는 그들의 인권을 어디까지 존중해주어야 합니까?

답변_ 앞서도 말했듯이 판결받기 전까지는 누구나 무죄한 것으로 여겨져야 합니다. 의심의 여지없이 죄를 범한 것으로 재판 결과 확정되었을 때에만 사람은 그에 합당한 벌을 받아야 합니다.

그러나 공적으로도 이 사람만이 나쁜 사람이라고 생각해서는 안 되고, 우리 안에 있는 죄악성이 어떻게 나타나는지를 확인할 수 있는 경우라고 생각하면서 그도 회개할 수 있도록 최선의 노력을 다해야 합니다. 그도 회개하고 죽어야 하지 않겠습니까?

그러므로 우리는 모든 관련된 자들을 불쌍히 여기는 마음이 있어야 합니다. 수많은 피해자들의 여러 가족들을 어떻게 도울 수 있을지도 생각하고 그들을 도우려고 해야 합니다.

앞으로 그와 같은 피해자가 될 사람들을 불쌍히 여기면서 이와 같은 범죄가 다시 범해지지 않도록 다방면의 노력도 기울여야 합니다. 그리고 강호순 같은 이가 진정으로 회개하도록 하기 위한 노력도 해야 합니다. 그 어떤 범죄자도 개인적, 공적 미움과 원한의 대상이 되게 해서는 안 됩니다.

질의 7. 마지막으로, 그리스도인이 이 사건을 어떻게 바라보는 것이 하나님의 시각으로 바라보는 것인지 알려주세요.

답변_ 본질을 잊지 않도록 해주시기 바랍니다. 항상 하나님의 근원적인 뜻이 성경에서 종국적으로 발견될 수 있다는 사실을 잊지 않아야 합니다. 따라서 성경에 순종해 가려는 태도를 가져야 합니다. 오늘날 우리 사회는 물론이거니와 교회에서도 성경을 존중하는 태도가 점차 사라지는 것이 가장 큰 문제입니다. 성경을 사랑하는 마음으로 존귀하게 여기며 공부하고 바르게 해석하고 우리 상황에 적용하려고 해 주십시오.

4부
정치 · 사회

"한국 정치의 발전과 정치 문화의 변혁은
교회의 교회다운 존재됨의
부차적이고 산물적인 기능이라고 할 수 있다."

7. 정치 문화

　한국 정치 문화의 수준은 어느 정도인가? 누구나 다 짐작할 수 있겠지만 그 대답은 부정적일 것이다. 한국 정치 문화가 바람직한 방향으로 나아가야 하는 이 큰 과제와 관련하여 이 글에서는 한국교회가 과연 어떤 역할을 감당해야 하며 또한 과연 어떤 일을 하지 말아야 하는지를 살펴보려고 한다. 결론 부분에서 다시 논하겠지만, 한국 정치 문화 발전을 위한 한국 교회의 역할은 교회의 교회됨의 **부차적이며, 산물적인 것이라는 것을 처음부터 분명히 하는 것이 좋을 것**이다. 왜냐하면 성경의 가르침에 비추어 볼 때 교회는 기본적으로 이세상의 정치 문화의 발전을 위한 기관이라고 하기 어렵기 때문이다. 단지 교회가 성경이 말하는 교회다운 역할을 제대로 감당하다보면, 그 과정 가운데서 **부가적으로 (일종의 열매로서)** 이 땅의 정치 문화 발전에도 큰 기여를 하게 되는 것이다. 그러므로 한국 정치의 발전과 정치 문화의 변혁과 같은 것은 교회의 교회다운 존재됨의 **부차적이고 산물적인 (열매적인) 기능**이라고 할 수 있다.

　교회는 근본적으로는 이 세상의 정치 발전을 위해서 존재하는 것도 아니

고, 한 민족이나 한 국가만을 위해 존재하는 것도 아니다. 교회는 오히려
성경이 말하는 우주적인 하나님 나라를 잘 드러내는 교회됨을 위해 존재한
다. 교회는 하나님을 위해, 이 땅 가운데서 하나님 나라를 드러내는 일을
위해 존재한다. 그러나 그 교회의 본질적 사명에 충실하다보면 그 부산물로
그 교회가 속해 있는 사회의 정치 발전에도 기여할 수가 있다. 다시 말하지만,
우리는 정치 문화 발전이나 정치적 일을 교회의 본래적이며 본질적인 일로
오해하거나, 그런 식으로 교회를(즉, 성도들을) 오도하지 않도록 해야 할
것이다.

효과적인 논의를 위해서 먼저 "정치 문화", "정치 발전" 등 이 글에서
사용하고 있는 기본적인 용어들부터 정리하고자 한다.

정치 문화

문화 일반의 하위문화(subculture) 중의 하나로 여겨지는 "정치 문
화"(political culture)라는 말을[1] 정의하는 것은 어렵고 따라서 그 정의가

---

1 이 말은 이미 오래 전에 레닌이 사용한 바 있고, 영어로는 1930년대 중반에 시드니
웹과 베아트리스 웹이 처음 사용하였다고 한다(Sidney Webb and Beatrice Webb, *Soviet
Communism: A New Civilization*, 3rd edition [London, 1944], 736-39). 이에 대해서
Archie Brown, "Introduction," *Political Culture & Political Change in Communist States*,
eds. Archie Brown & Jack Gray, 2nd edition (New York: Holmes & Meier Publishers,
INC., 1979), 2, 20, n. 5를 보라. 더 넓은 의미의 정치 문화 개념의 사용은 1956년에 스탠포드
대학교의 정치학교수인 Gabriel A. Almond가 자신의 논문에서(cf. Gabriel A. Almond,
"Comparative Political Systems," *Journal of Politics*, vol. 18, n. 3 (August 1956): 391-409)
처음 제시했다고 한다(Brown, 3).

이런 넓은 의미의 정치 문화 개념을 제시한 초기 책들로 다음 같은 책들을 들 수 있다:

매우 다양하지만, 정치 문화를 다루는 중요한 책에서 카바나(D. Kavanagh)
는 일단 "정치 체제(political system)가 기능을 발휘하는 감정적, 태도적
환경"이라고 간단히 정의한다.[2] 또한 (탈코트 파슨즈의 생각을[3] 원용하면서)
카바나는 이를 좀 더 확대하면서 정치 문화를 "정치 대상에 대한 시민들의
정향의 전반적 분포"라고 정의하기도 한다.[4] 알몬드와 포웰은 정치 문화를
"어떤 주어진 시기의 한 국가의 현존하는 정치에 대한 일단의 태도들, 신념
들, 그리고 감정들"이라고 규정한다.[5] 이런 정치 문화는 "그 국가의 역사와
그 나라에서 계속되는 사회, 경제, 정치 활동의 과정들에 의해 형성된다"고
한다. 그리고 이런 정치 문화는 "개인들의 정치적 활동, 그들의 정치적
요구의 내용, 그리고 법에 대한 반응들에 영향을 미친다"고 한다.[6] 그러므로
정치 문화는 한 사회의 시민들이 그들의 전통적 문화와 현존하는 정치 체제
와의 관계 속에서 정치 의식적으로 과연 어떤 정황 속에 있는지를 밝히는

Gabriel A. Almond and Sidney Verba, *The Civic Culture* (Princeton: Princeton University
Press, 1963); Lucian W. Pye and Sidney Verba, eds., *Political Culture and Political
Development* (Princeton: Princeton University Press, 1965) (알몬드와 포웰 등은 여기
실린 글들이 정치 문화에 대한 좋은 안내가 된다고 소개한다); Lucian W. Pye, "Culture
and Political Science: Problems in the Evaluation of the Concept of Political Culture,"
in Louis Schneider and Charles M. Bonjean, eds., *The Idea of Culture in the Social
Sciences* (Cambridge: Cambridge University Press, 1973), 65-76.
    [2] Dennis Kavanagh, *Political Culture* (London: London School of Economics and
Political Science, 1972), 정세구 역, 『정치 발전과 정치 문화』, 교육신서 81 (서울: 배영사,
1980), 93.
    [3] Cf. Talcott Parsons and Edward Shils, eds., *Toward a General Theory of Action*
(New York: Harper & Row, 1962), 55ff.
    [4] Kavanagh, 94.
    [5] Gabriel A. Almond and G. Bingham Powell, Jr., *Comparative Politics: A
Developmental Approach*, 2nd Edition (Boston: Little, Brown, 1978), 25: "Political culture
is the set of attitudes, beliefs, and feelings about politics current in a nation at a
given time." (이 책의 2장이 political culture를 다루고 있다, 25-51 참조).
    [6] Almong & Powell, 25.

개념이라고 할 수 있다.

알몬드(Almond)와 베르바(Verba)는 정치 대상에 대한 태도의 인지, 정의, 평가적 차원의 연구를 하면서 정치 문화를 참여적(participant) 정치문화, 신민적(subject) 정치 문화, 그리고 교구적(parochial) 정치 문화로분류한 바 있다.[7] 정치 정향이 모든 대상에 대해 적극적인 참여적 정치문화는 영국, 미국, 스칸디나비아의 국가들의 정치체계가 드러내는 정치문화이다. 물론 이 경우에도 실제로 시민들이 정치 체계에 영향을 미칠수 있는 사람들은 국민의 4분의 1뿐이라고 한다.[8] 그러나 흥미롭게도 실제로는 4분의 1만이 영향을 미치는 상황 속에 있는 영국의 인구 중 4분의 3이자신들이 정치 체제에 영향을 미칠 수 있다고 생각한다고 한다. 이런 참여적정치 문화에서 그 4분의 1의 엘리트는 대중의 선호에 민감하다고 한다.[9]1963년도와 1967년도에 나온 자료에 의하면 옳지 않은 법에 대해서 자신들이 영향을 미쳐 무엇인가 할 수 있다고 반응한 사람들이 미국의 경우에는67%, 영국의 경우에는 62%, 네덜란드의 경우에는 46%, 서독은 38%, 멕시코의 경우에는 38%, 이탈리아의 경우는 28%, 터키의 경우는 26%, 베네주엘라의 경우는 20%였다고 한다.[10] 이런 조사 연구에 의하면 미국, 영국, 네덜란드 등이 참여적인 정치 문화를 가진 것으로 이해된다.

이에 비해서 시민들이 국가 정치 체제의 한 부분이 되었고 그 국가 정치

---

[7] Gabriel A. Almond and Sidney Verba, *The Civic Culture* (Princeton: Princeton University Press, 1963), 17ff.

[8] Kavangh, 95, 98. 여기서 그는 Harve Mossawir, "The Significance of an Election" (M. A. thesis, University of Manchester, 1965)를 원용하여 논의하고 있는 것이다.

[9] Kavanagh, 99.

[10] 이 자료는 Almond and Powell, *Comparative Politics: A Developmental Approach*, 2nd Edition, 36의 표를 활용한 것이다. 그 표 밑에 언급된 출처들을 보라.

체제가 자신들에게 상당한 영향을 미치는 것을 의식하기는 하나 정치 체제에 대하여 피동적이고 복종적인 관계에 있고 자신들이 정치 체제에 거의 영향을 미치지 못하고 영향을 받기만 한다고 생각할 때 그 정치 문화를 신민적(臣民的) 정치 문화라고 하였고, 동유럽의 국가들과 신생 국가들을 이에 포함시켜 분류하였다. 이런 정치 문화 속에 있는 시민들은 자신들이 국가로부터 받는 대우에 대해서 이런 저런 적극적이거나 소극적인 기대를 가지고 있고, 자신들 나름의 선호도 있으나 그것이 실제 정치 과정에서 별로 힘을 발휘하지 못하는 것을 안다. 따라서 그들은 정치 참여에 있어서는 수동적인 정향을 보인다. 80년대 이전의 한국의 정치 문화도 이와 같이 분류되었다. 이런 신민적 정치 문화에서는 엘리트들이 기선을 잡아 결정을 내리는 성향이 강하다고 한다.[11]

이에 비해 개인이 국가 정치 체제와 거의 연관을 맺을 수 없고 그것에 대해 희미한 지각과 약간의 지식만을 가지고 있어서 "마을 문제의 결정에 있어서는 적극적이나 특히 국가 정치에 대한 그들의 가능한 정치적 영향력을 거의 지각하지 못하고 그에 대한 의무감을 갖지 않을" 때의 정치 문화를 교구적(敎區的) 정치 문화라 하는데,[12] 더 전통적인 사회들과 정의적인 사회들이 이에 속한다고 하였다.

정치 문화는 보다 큰 범주인 그 사회 전체의 문화와 매우 유기적인 관계를 가지고 있다는 것은 매우 당연한 말이다. 그러므로 정치 문화는 그 사회 전반의 문화적 구조적 요인에 따라 상당히 결정되는 것으로 여긴다. 정치 체제의 특성과 실행에 있어서 문화적 구조적 요인이 중요하다고 강조되는

---

11 Kavanagh, 99.
12 이 설명에 대해서 Almond and Powell, *Comparative Politics*, 35를 보라.

것이다. 예를 들어서, 독일이 민주적 제도를 잘 운영하지 못하는 이유를 독일인들의 권위적 가족 구조의 비민주적 결과라고 결론내린 조사 연구도 있다.[13] 따라서 우리나라의 전통적 문화가 우리나라의 정치 문화에 미치는 영향을 탐구하는 것이나, 20세기의 변화된 우리의 문화가 우리나라의 정치 문화에 어떤 영향을 미치는지를 실증적으로 연구하는 것은 매우 흥미로운 연구가 될 것이다.

정치 발전

"정치 발전"(political development)이라는 말은 어떤 면에서는 "정치 문화"라는 말보다 더 규정하기 어려운 개념이다. 정치 발전이라고 할 때 그 "발전"을 어떻게 규정할 것인가 하는 것이 항상 문제가 되기 때문이다. 그래서 정치 발전을 다루는 책에서 다루는 "정치 변화에 대한 논의는 애매모호함과 이론적으로 어려움이 따른다"고 솔직히 밝힌다.[14] 어떤 이들은 정치 발전을 변화 일반과 동일시하여 모든 종류의 정치적 변화를 정치 발전으로 보기도 한다. 이는 다음에 다루려고 하는 정치 근대화 개념의 서구 중심성에 대한 비판적 의식에서 나온 것이기는 하지만, 과연 모든 종류의 정치적

---

13 Sidney Verba, "Germany: The Remaking of a Political Culture," in Lucian W. Pye and Sidney Verba, *Political Culture and Political Development* (Princeton: Princeton University Press, 1965), 131–32.

14 C. H. Dodd, *Political Development* (London: London School of Economics and Political Science, 1972), 정세구 역, 『정치 발전과 정치 문화』, 교육신서 81 (서울: 배영사, 1980), 19.

변화를 정치 발전이라고 할 수 있는가 하는 근본적 문제를 야기시킨다.

이런 입장을 취하지 않는 이들 가운데 다수는 정치 발전을 정치적 근대화와 같은 것으로 본다. 이런 견해를 처음으로 드러낸 대표적인 정치학자인 루시안 파이(Lucian Pye)는 "정치 근대화"에는 다음과 같은 일이 포함되어 있다고 한다: (1) 정치에 참여하고 정부 요직을 맡기 위하여 경쟁하는 기회를 평등하게 보장하는 데 따른 일반적 태도, (2) 정책을 세우고 수행해 나가는 정치 체제의 역량, (3) 전체적 통합을 해치지 않는 수준에서의 정치 기능의 분화와 전문화, (4) 정치 과정의 속화(俗化), 즉 종교적 목적과 영향으로부터의 정치의 분리.[15] 그러므로 정치 발전을 정치 근대화로 보는 견해는 르네상스 이후로 서구 사회에서 나타난 근대화의 일면으로서 정치 영역의 근대화를 모델로 삼고서 제시하는 것이다.

이렇게 정치 근대화로 이해된 정치 발전은 한편으로는 문화적 근대화와 함께 오는 "참여 의식의 성장"으로 이해되며,[16] 또 한편으로는 "정치 체제의 효율성의 증가"와 이를 위한 정치 체제의 "분화와 전문화의 성장"으로 이해된다.[17] 대개 "발달된 정치 체제는 환경을 보다 효과적으로 변화시킬 수 있는 정책들을 수용할 가능성을 지닌다"고들 본다.[18] 대개 산업화 및 도시화와 함께 고찰되는 근대화 과정에서는 도시 지역으로 주거지 이동, 공업 기술직으로의 직업 전환, 취학의 증가(교육에 대한 투자), 여성의 해방이 일어나면서 그와 더불어 시민 의식의 성장이 나타나게 되었다.[19] 이 외에

---

[15] Lucian W. Pye, *Aspects of Political Development* (Boston: Little, Brown, 1966), 45-48, cited in Dodd, 17.

[16] Kavanagh, 140.

[17] Almond & Powell, *Comparative Politics*, 104f.

[18] Ibid., 20f.

대중 매체의 광범위한 표출 현상도 시민 의식의 성장에 기여한다고 언급된
다. 이에 동의하면서 립셋(S. M. Lipset)은 대중매체, 도시화, 교육 등
산업화의 지표가 높은 국가들이 민주적 정치 체제가 안정되어 있으나, 그
지표가 낮은 국가들에서는 항상 불안정한 민주 정치 체제를 나타내고 있다는
것이다.[20]

이런 관찰에 근거해서 립셋과 커트라이트(P. Cutright) 등은 경제 발전과
민주 발전의 직선적인 상관관계를 주장한다. 커트라이트는 정치 발전은
교육, 노동력 분배, 대중전달 체제(the communications system), 도시화,
경제 발전과 같은 요소들에 의존한다고 주장했다.[21]

그러나 일정한 경제 발전에 따라 민주화의 정도가 뒤따른다는 카트라이트
의 경제적 결정주의 주장에 반박하면서 노이바우어(Neubauer)는 민주 발전
에 대한 정교한 지표를 제시하고서는 그 수준을 "넘어설 경우에는 경제적
발전과 민주적인 발전 정도 사이에 그 어떤 유의미한 관계도 없다"고 했다.[22]
오히려 문화적 요소를 강조하면서 그는 독일과 프랑스의 예외적인 것과
러시아가 경제 발전을 갖추었으면서도 민주적 발전을 가지지 못한 이유를
잘 설명하고 있다.

그런가 하면 정치 발전을 근대화라는 서구 중심의 특정한 모델의 성취라

19 Cf. Karl Deutsch, "Social Mobilisation and Political Development," *American Political Science Review* LV (1961), cited in Kavanagh, 141.

20 S. M. Lipset, "Some Social Requisites of Democracy," *American Political Science Review* LIII (1959), cited in Kavanagh, 142.

21 P. Cutright, "National Political Development: Measurement and Analysis," XXVIII (1963), 255, cited in Kavanagh, 192, n. 95.

22 Deane Neubauer, "Some Conditions of Democracy," *American Political Science Review* LXI (1967), cited in Kavanagh, 142.

는 측면에서 벗어나 다소 중립적으로 "특수한 정치 조건, 즉 점증하는 사회 문제들을 해결하는 제도적 틀을 만들어 가는 과정"으로 보려는 시도도 있다.[23]

정치 문화를 변화시키는 동인들로 카바나는 대중 매체, 이데올로기, 정치적 동원(political mobilization), 정당, 외적 영향들, 일차 집단들을 들고 있다.[24] 이에 비해 도드는 군주적이거나 혁명적인 정치 지도자, 정당, 군부, 노동자, 관료층, 지식층의 역할을 들고 있다.[25] 이들 요인들이 정치 발전을 이루는 데 있어 중요한 역할을 하고, 궁극적으로 정치 문화의 변혁에 상당한 기여를 하게 된다는 것이다.

한국 정치 문화와 정치 문화 발전의 과제들

21세기 초의 한국 정치 문화는 (알몬드와 베르바의 분류를 원용해서 말하자면) 아마도 '신민적(臣民的) 정치 문화에서 참여적 정치 문화로 이행해 가는 과정 중'에 있다고 할 수 있을 것이다. 1980년대에만 해도 한국은 정치 참여 문제에 있어서 신민적(subjective) 수준에 머물러 있다고 판단되었다.[26] 그러나 지난 20년 동안의 정치적 과정을 통해 시민들의 정치 참여

[23] Alfred Diament, "Political Development: Approaches to Theory and Strategy," in J. D. Montgomery and W. J. Siffin, eds., *Approaches to Development* (New York: MnGraw-Hill, 1966), 16, cited in Dodd, 19.

[24] Kavanagh, 143-48.

[25] Dodd, 64-79.

[26] 1982년의 이홍구 교수와 배성동 교수의 분석을 소개하는 서울대학교 정세구 교수의 강연 참조.

의식은 참으로 많이 성장하였다. 각 당의 경선 과정에서 소위 "국민 경선"을 강조하는 것이나, 여론 조사를 반영하는 일에 매우 민감하며 그에 유의하는 것이 이를 잘 드러내어 보여 준다. 그러므로 21세기 초 한국의 정치 **참여 의식**과 관련해서 이미 우리는 참여적 정치 문화를 가지고 있다고 말할 수 있다. 그러나 근래의 정치적 과정을 경험하면서 한국인들은 과연 자신들이 정치 체제에 영향을 미칠 수 있다고 생각하는 것이 실제로 얼마나 많이 성장하였는지는 의문이다. 불의한 법에 대하여 자신들이 참여하여 고칠 수 있다고 하는 조사 연구에서 과연 어느 정도가 나올까가 의심스럽기 때문이다. 이런 경우 정치적 기대는 높은 반면에 자신들의 정치적 효능감은 떨어진다고 평가할 수 있다. 이렇게 된 데에는 지난 몇 년 간 한국 정치를 짊어진 사람들의 잘못된 정치 행위가 부정적으로 작용한 것이 매우 크리라고 판단된다. 민주화의 열망에 반하여 한국민들이 정치 체제로부터 소외되어 있다고 스스로 판단하는 생각이 증폭되었다는 사실은 매우 반어적 상황이 아닐 수 없다. 따라서 앞으로의 선거에서는 모든 한국 사람들이 정신을 차려서 바른 정치적 참여 행위를 해야 할 것이다. 이런 의식 있는 정치적 참여 행위의 과정과 그 결과가 우리의 정치 문화를 드러내고 또한 정치 문화를 형성하게 될 것이다.

대개 "정치 발전"이라고 하면 (1) 정부 권력의 확대와 집중화, (2) 기능의 분화와 전문화, (3) 민중의 정치 체제에 대한 일체감, (4) 민중들의 점증하는 정치 참여 등을 중심으로[27] 이해하는 것이 일반적이다. 일단 편의를 위해 정치적 참여와 통합의 수준, 정치 구조 분화의 전문화 수준, 민중의 정치

---

[27] Dodd, 28.

체제와의 일체감 수준을 측정하여 정치 발전을 규정하는 체제 기능적 접근과
문제 해결 과정을 정치 발전으로 보는 접근들을 수용하여 말하자면 다음과
같은 것들이 21세기 초의 한국 정치 발전의 과제라고 할 수 있을 것이다:
(1) 국민들의 정치적 참여와 통합의 문제, (2) 정치 구조의 분화(structural
differentiation)와 전문화(specialization)를 포함한 정치 과정의 합리화
문제, (3) 정치 체제의 가동력과 효율성 문제, (4) 경제 발전과 경제적 생산성
향상의 문제, (5) 질병 통제를 비롯한 국민의 건강 문제, 부의 재분배를
포함한 복지 문제, (6) 정의 실현의 문제, (7) 한국의 독특한 정황에서 나온
남북통일 문제, (8) 국내외적 안전 보장의 문제.[28]

　이러한 과제들을 효과적으로 해결할 수 있는 제도적 장치를 만들어 갈
때 한국 정치는 발전해 갈 것이다. 이 중에서 정치 참여의 확대와 정부
권력의 균형 문제는 가장 어려운 일이 아닐 수 없다. 많은 이들은 이상적으로
이해하여 이 문제를 무시하는 경향도 보이지만, 다드 등이 솔직히 인정하듯
이 "참여의 도가 커지면 커질수록 정부의 권력은 점점 더 제한"되고, "참여
하는 사람들은 흔히 정부의 행위에 지나친 통제를 가하려고 하기" 때문에
국민의 참여 증대와 정부의 권력은 서로 "갈등"을 빚을 수밖에 없다.[29] 이런
갈등에도 불구하고 합리적이고도 효과적으로 그 균형을 이루어 갈 수 있어야
바람직한 방향으로 정치가 전개되어 간다고 할 수 있다. 대개 정치학자들은
"미국과 그 밖의 다른 유럽의 큰 국가를 포함한 서구의 정치 전통에 속해
있는 국가들은 정부 권력의 성장과 점증하는 참여 사이의 타협을 이루어

---

[28] 이상의 과제는 정치학에서 일반적으로 언급하는 것들을 참조하여(cf. Almond and Powell, *Comparative Politics*, 21), 필자 나름으로 제시해 본 것이다.
[29] Dodd, 36f.

놓았다. (그리하여) 권력은 제한된 기간 동안 정부에게 주어졌다"고 판단한다.[30]

이런 입장에서 보면 21세기 초 한국의 정치적 상황은 국민들의 정치 참여 의지는 상당히 높으나 국민들이 정치 체제와의 일치감은 상당히 떨어지고(소위 "참여 정부"의 시기에 이런 일치감이 가장 떨어져 있다는 것은 매우 반어적 상황이 아닌가? 그리고 이와 같이 참여 의지가 높으나 국민의 정치 체제와의 일체감이 떨어지는 것이 오래 지속되면 일종의 정치 체제에 대한 냉소가 늘어나 결국 정치 체제의 효율성을 떨어뜨리는 매우 심각한 결과를 가져오게 될 것이다), 정치 과정의 합리화 수준도 상당히 떨어지며, 특히 정치 체제의 효율화 문제도 심각할 정도가 될 것이다. 현재 모든 국민들이 의식하는 대로 경제 발전과 부의 증대 문제는 여러 국내적 정황이나 특히 국외적 정황 때문에 이 시기의 가장 심각한 화두의 하나로 제시될 것이다. 복지의 확대가 지속적인 관심이 되고 있으나 이를 어떻게 더 확대할 것인가 하는 문제를 중심으로 견해들이 서로 나뉘어져 있어서 이 문제를 다루며 해결하는 것이 향후 100여년의 논의와 정치적 과제로 드러나리라 전망된다. 여기에 남북통일 문제를 어떻게 해결해야 하는가 하는 한국의 독특한 문제까지 우리가 해결해야 할 정치적 문제로 삼지 않을 수 없다.

한국 사회 전반뿐 아니라 특히 정치계에서 보이는 지방색의 문제가 아직도 매우 심각한 문제로 항존하고 있으며, 정치인들 간의 관계가 합리적인 관계보다는 유교적 (조직적?) 상하 관계에 근거하여 형성되어 있고, 아직도 곳곳에서 발생하는 지연과 학연 등의 관계를 바탕으로 모든 것을 판단하며,

[30] Dodd, 37.

이런 것과 연관하여 자신들의 구체적이고 현실적인 문제를 해결하려고 하는 부정과 부패와 더불어 금권 선거에 적극적으로 또는 암묵적으로 동조하는 문제 등이 현존한다. 그러므로 지방색, 비인격적 관계성, 혈연, 학연, 지연, 뇌물과 관련한 정치적 부정부패, 금권 선거 문제 등을 극복해야 한국 정치 문화가 발전할 수 있다. 여기서 언급된 문제들은 아마 한국 사회의 독특한 문제들이라고도 할 수 있다. 이러한 문제를 극복해야만 한국 정치 문화가 바람직한 방향으로 발전하게 된다.

장기적 관점에서 보자면 국민들의 바람직한 참여를 유지하고 증대시키면서 그 참여를 효과적인 정치 체제의 변화와 효율성 증대와 어떻게 연관시킬 것인가 하는 것이 매우 중요한 정치 발전의 과제가 될 것이다. 이를 위해서 바른 판단에 근거한 보편적 지지를 얻을 수 있는 정당들의 드러남, 국민들의 바람직한 판단을 도울 수 있는 정치 교육의 확대 등이 중요한 일이라고 판단된다. 우리나라의 정당들이 이합집산을 하며 그 연속성이 사실상 없는 것은 정당들이 태생적 한계를 지니고 있기 때문이다. 이를 극복하고 앞으로 100년, 200년 후에 한국 사회 속에서 진정한 정당 정치의 모습을 드러내도록 하려면 정치가들은 정당을 이용하려고 하지 말고 바른 정당의 테두리 안에서 활동하는 법을 배워야 한다. 이렇게 되도록 국민들은 정치 참여 과정을 통해서 도와야 한다.

한국의 현실 정치에서 한나라당은 과거 독재자들이 세운 정당(공화당, 민정당)과 연관하여 세워진 정당이라는 태생적 한계가 있으나, 민주 세력이 정권 창출을 위해 이용한 3당 합당으로 이루어진 하나의 거대 정당의 존재를 근본적으로 부인할 수 없는 현실에서는 한나라당 자체가 태생적 한계를 극복하고 진정한 민주 정당으로서 변화된 모습을 보여 주어야 할 것이다. 민주당은 60년대부터 계속된 민주세력의 계승자로서의 역할을 부각하여 현재 여러 가지 이유로 정치 중심부에서 소외되고 있는 상황을 극복해야 할 것이다. 그와 함께 노동자와 연계하며 이 사회에 소외된 이들과의 연대를 강조하고 복지 확대를 주장하면서 그 목소리를 굳혀 가고 있는 민주노동당이 계속해서 독특한 성격을 드러내는 것이 필요하다. 새롭게 나타난 민주신당은 현실적으로 가장 많은 국회의원들로 구성된 정당이나 (이제까지 거의 모든 정치인들이 그리하였듯이 자신들의 정치적 목적을 위해) 이합집산하는 우리나라 정치인들의 모습을 가장 최근에 보여준 것으로 국민들이 앞으로 이를 어떻게 판단하고 평가하느냐에 따라 그 존재가 계속될지는 결정될 것이다. 이와 같이 계속 되면 후에 필요하면 또 다른 정당이 나타나게 될 것이다.

이런 점에서 우리나라 국민들은 상당히 현실적이고 현상 유지(status quo) 위주의 판단들을 하여 왔다는 성향을 드러내고 있다. (즉, 새로운 정당이 세워져도 그 문제와는 관련 없이 당적을 바꾸어 나온 기존에 정치하던 그 사람들을 선출하고 지지하는 형태의 정치적 선택을 하여 왔다는 말이다. 그런 것이 정치인들의 이합집산을 가능하게 하는 토양을 제공해 준 것이다. 이 모든 것은 한국민들이 상당히 높은 정치 참여 의지를 드러내면서도, 정치인들이 계속해서 주요 인물 중심의 정당을 만들고 선거 중심의 정당을 급조하여 만들어 내도 정치하던 이들이 계속해서 정치해 갈 수 있는, 그리고 그 배후에는 강력한 지방색에 근거한 판단이 작용하여 정당이나 정책과 상관없이 모두 자기 지역의 정치인들에게 투표하는 한국 정치의 후진성을 드러내는 요인들이 된다.

따라서 각 정당은 모두 진정한 민주 정당으로 변모해 가면서 그 독특한 목소리를 내야하고, 국민들은 (지방색에 근거한 판단과 결단을 극복하고) 각 정당의 민주적인 정당으로의 변화 과정과 그 정당의 성격과 정책 내용을 바탕으로 정당들에 대한 계속적인 평가에 따른 정치 참여를 해 나가야 할 것이다. 앞으로 이 일을 과연 어떻게 하느냐에 따라서 한국 정치가 계속해서 비슷한 문제를 야기할 것인지, 아니면 과연 정치 발전을 이루어 낼 것인지가 결정될 것이다.

한국 정치 문화 발전을 위한 한국 교회의 역할

교회는 기본적으로 교회를 세우시고 통치하시는 삼위일체 하나님께서 의식하시고 세우신 그 목적과 성격에서 보자면 이 세상의 정치 발전을 위한 기관이 아니다. 교회는 이 땅의 정치 문화를 변혁하기 위해 세워진 공동체가 아니다. 그러나 교회가 성경이 말하는 교회됨에 충실할 때 흥미롭게도 **정치 문화 발전을 위해 교회가 직접적으로는 의도하지 않은 간접적 기여를 할 수 있다.** 정치 발전과 정치 문화의 변혁은 교회의 신약성경적 교회됨의 **간접적 산물의 하나**이다. 이를 바꾸어 말한다면, 한국 교회가 신약성경이 말하는 교회됨에 충실하지 않을 때 우리는 간접적으로 한국 정치 문화의 발전에 장애가 될 수도 있다. 20세기 초의 한국 교회가 교회됨에 충실할 때 그것을 교회가 직접적으로 의도한 것은 아니지만[31] 한국 교회는 한국의

독립과 시민 의식의 향상에 기여하며 국민들로 바른 시민이 되도록 준비하게
하였던 것을 기억한다. 그러나 20세기 중반부터 한국 교회가 교회됨에 충실
하지 못하고, 일부 기독교인인 정치인들이 비기독교적인 방식으로 더 나아
가 이 세상 사람들이 볼 때에도 옳지 않은 방법으로 정치적 행보(삼선 개헌의
시도 등)를 하고, 대다수의 그리스도인들이 그에 둔감하자 (즉, 교회가 그
성원들을 하나님 나라 백성답게 살도록 하는 일을 제대로 감당하지 못하자)
결국 이 땅의 정치 발전에도 기여하지 못하고 정치 발전에 대하여 사실상의
장애가 되었던 것을 기억한다. 그 이후 나타난 제 3공화국에서 5공화국에
이르는 시기에도 상당수의 교회들이 참된 교회됨에 충실하지 못하고, 겉으
로는 국가와 교회의 분리를 말하면서도 어떤 의미에서도 정당성을 가지지
못하는 정권들에 직간접적으로 협조하는 태도를 보이자 한국 교회의 교회답
지 못함이 간접적으로 이 땅의 정치 발전에 큰 장애 요인이 되었다.

그러나 교회가 신약성경이 말하는 교회됨에 충실 할 때, 교회의 구성원들
인 그리스도인들은 천국 복음을 온전히 인격화한 사람이요, 그 천국 복음을
사회화하는 사람들로 나타나게 될 것이다. 그런 그리스도인들은 하나님
나라의 가치에 따라 이 세상의 모든 삶의 영역에서 적극적으로 하나님의
뜻을 구현하기 위해 사는 사람들이다. 그런 그리스도인들은 삶의 다른 문제
에 대해서도 그리하듯이,[32] 정치 문제에 대해서도 하나님 나라적 관점에서
접근하고 정치 영역에도 하나님 나라의 입장에서 적극적으로 참여하지 않을

---

[31] 물론 그 때 이 땅의 독립이나 국민의 시민적 의식의 변혁을 목적으로 교회에 참여
하며 **활동한 개인들이 상당히 있을 수 있다.** 그러나 그것이 교회의 궁극적 목적이었다고 하기도
어렵고, 그것이 목적이 되면 결국 교회는 진정한 교회됨을 상실하게 되는 것이다.

[32] 이 점에 대한 논의로 이승구, 『기독교 세계관이란 무엇인가?』, 개정판 (서울: SFC,
2009)과 이에 인용된 글들을 보라.

수 없다.[33] 그런 그리스도인의 정치적 참여를 이 시대의 가장 의식적인 기독교 정치학자의 한 사람인 폴 마샬은 다음과 같이 잘 요약하고 있다.

> 우리는 자기가 속한 계급의 이익을 대변하거나, 단순히 동류 집단의 의견을 반영하는 정치 참여를 해서도 안 된다. 우리는 복음의 증인으로서, 예수 그리스도의 정치적 제자(political followers)로서 정치 활동을 해야 한다. 최소한 하나님이 바라시는 이상적인 정치 질서를 배우려고 조금이나마 노력하는 사람으로서 정치 활동을 해야 한다……우리의 정치는 우리의 믿음을 증언하는 것이며 믿음으로부터 흘러나와야 하며, 믿음으로 버티는 것이다.[34]

그러므로 그리스도인들은 정치 문제 일반이나 아주 구체적인 정치 현안들에 대해서도 하나님의 뜻에 가장 가까운 판단을 하려고 애쓰며, 그런 판단에 근거해서 기도하게 된다. 이를 위해 교회는 그리스도인들의 신국적 판단 원리를 가르치는 귀한 일을 감당하게 된다. 교회는 이렇게 하나님 나라의 가치와 원리를 가르치며, 이 정치 영역에도 하나님 나라의 원리를 적용하도록 돕는 일을 한다. 따라서 그리스도인은 모든 것을 그리스도 안에서 하나가 되게 하여 온 세상을 통일하시는 하나님의 뜻에 가장 가까운 방향으로 모든 문제를 생각하며 판단하도록 가르침을 받고 실제로 그리해야만 한다. 이와 같이 그리스도인들은 하나님 나라의 보편적 가치를 중심으로 모든 것을 판단해 가야 한다.

그 과정 가운데서 그리스도인은 한국 정치의 구체적인 문제와 관련해서도

---

33 하나님 나라의 관점에서 정치 문제를 돌아 본 논의들로 다음을 보라: Paul Marshall, *Just Politics: A Christian Framework for Getting Behind the Issues* (Toronto: Institute for Christian Studies, 1997), 진웅희 옮김, 『정의로운 정치』 (서울: IVP, 1997); 이승구, 『기독교 세계관으로 바라보는 21세기 한국 사회와 교회』 (서울: SFC, 2005), 8장, 10장.

34 Marshall, 29.

가장 하나님의 뜻에 **가까운 것을** 중심으로 판단하고 그렇게 선택하게 될
것이다. 그렇게 보편적 가치를 중심으로 정치적 판단을 하여 나가는 그리스
도인들은 원칙적으로 이 세상에서 정치적 판단에서도 혈연이나 학연이나
지연이나 금전적인 유혹에 따라 판단해서는 안 된다. 그러므로 교회가 그
역할을 제대로 감당하게 되면, 마치 2~3세기의 그리스도인들이 가장 충실
한 시민들이라고 당시의 변증가들이 변증한 것과 같이, 참으로 온전하고
건전한 정치적 참여자들로 나타나게 될 것이다. 이런 의미에서 모든 정치적
문제에 대해서 가장 건전한 판단을 하고, 선거에 임해서는 오직 후보들이
제시하는 정책을 합리적으로 판단하고, 후보들이 그 정책을 수행할 수 있는
능력이 있는지를 살피고, 그 후보들의 도덕성을 판단하고, 그 후보들의
정치적 행보의 문제점 여부를 판단하는 성숙한 시민들로 나타나게 될 것이
다.

그러나 우리의 현실은 그렇지 못하여 이 땅의 많은 소위 그리스도인들도
실제적 정치 문제에 있어서는 이 세상의 사람들처럼 혈연과 지연에 따라서
판단하며, 심지어 온갖 금권 정치의 대상이 되기도 하는 안타까운 현실을
직면하게 된다. 이것은 우리가 진정한 그리스도인이 아니거나 적어도 정치
영역에서는 아직 그리스도인다움을 잘 드러내지 못하는 매우 연약한 그리스
도인들임을 드러내는 것이다. 결국 이는 우리 교회들이 신약성경이 말하는
교회됨에 충실하지 못함을 드러내는 것이다.

그런 차원에서 교회는 간접적인 의미의 정치 사회화에 중요한 한 역할을
하며, 개인들의 정치적 관점들에 매우 큰 영향력을 미칠 수 있을 것이다.[35]

35 사회적 집단(societal group)의 하나로서의 종교적 집단의 정치적 관점 형성의 중요성에
대한 논의로 Richard E. Dawson, Kenneth Prewitt, & Karen S. Dawson, *Political*

그리스도인들이 신실하면 신실할수록 교회의 정치 사회화적 영향이 강화될
것이므로, 교회는 하나님 나라적 가치를 가르쳐서 그 가치에 가까운 정치적
판단을 하도록 하기 때문이다. 물론 교회가 **자의식적으로** 정치 사회화의
중요한 주체(agent) 역할을 하려고 해서는 **안 된다.** 그것은 교회를 정치
기구화하는 것이기 때문이다. 그러나 **결과적으로** (특히 신실한 신자들에게
대해서는) 교회가 그 성원들의 정치적 관점의 형성에 중요한 역할을 하게
된다. 이와는 반대로 교회가 교회됨에 충실하지 아니하면 교회는 잘못된
의미의 정치적 의식을 그 성원들에게 행사하는 악영향을 미치는 정치 사회화
에 기여한다는 것도 잊어서는 안 된다.

  이런 점에서 교회는 신약성경이 말하는 교회다운 모습을 지향해 가는
큰 사명을 지니고 있는데, 성경이 말하는 교회다움을 이루어 가는 과정의
산물로서 한국 정치 발전에 기여하는 간접적인 열매를 낼 수가 있다. 역으로,
교회가 교회다움을 이루어 가지 못할 때, 교회는 이 땅의 정치 발전에 장애가
되고, 이 땅의 잘못된 정치 문화를 확산시키는 기구가 될 수도 있다. 이
두 가지 길 모두에서 교회는 그 어떤 것을 그 자신의 직접적인 목표로 하는
것은 아니다. 물론 이 세상에는 교회가 이 땅의 정치 발전을 목표로 해서
활동해야 한다고 생각하며 그것을 위하여 존재해야 한다고 요구하는 이들과
그들의 목소리가 있기도 한다.[36] 그러나 이는 교회의 교회됨을 다른 것으로

Socialization, Second Edition (Boston and Toronto: Little, Brown, 1977), 175, 176,
177; Almond and Powell, *Comparative Politics*, 92 등을 보라.
  36 이런 목소리를 적극적 의미의 정치 신학의 목소리라고 할 수 있다. 그 대표적인 예로
메츠(J. B. Metz)(*Theology of the World*, E. T. [London: Burns & Oates, 1969)])나 몰트만의
정치 신학(*The Church in the Power of the Spirit* [New York: Harper & Row, 1977],
15-18(the Political Church)과 남미의 해방신학, 그와 연관성이 있는 우리나라의 민중신학
등을 참조하여 보라.

바꾸는 교회의 정치적 환원을 시도하는 것이라고 하지 않을 수 없다.

다시 강조하여 말하자면, 교회는 이 땅의 정치 발전을 목표로 하여 세워진 기관이 아니다. 교회는 이 땅의 정치 문화의 변혁을 위한 기관도 아니다. 그러나 교회가 성경이 말하는 교회됨에 충실할 때, 교회는 그 성원들이 잘못된 정치적 판단을 하거나 그에 근거한 활동을 하지 않게 하는 역할을 하게 된다. 그러므로 교회가 교회다울 때 교회는 이 땅의 정치 발전에 기여하며 이 땅의 정치 문화를 보다 바람직한 방향으로 변혁시키는 데 기여하는, **교회가 직접적으로 의도하지 않은 부산물도** 내는 것이다. 이와 같은 의미에서 한국의 정치 발전과 한국 정치 문화의 바람직한 방향으로의 변혁은 한국 교회가 내놓아야 할 성경의 충실한 교회됨의 부산물이 될 것이다.

선거와 한국 교회

이제 이런 교회의 간접적 영향을 대선이나 총선 등의 선거 과정과 관련해서 좀 더 구체적으로 언급해 보기로 하자. 먼저 이와 같이 중요한 상황 가운데서 교회가 하지 말아야 할 일들을 언급하고, 그 후에 교회가 해야 할 일들을 구체적으로 언급해 보겠다.

교회가 하지 말아야 할 일들

기본적으로 교회는 특정한 정당이나 특정 후보를 지지하는 일을 해서는 안 된다. 그런 일은 정치적인 일로서 이 세상의 다른 기관들이 할 수 있는

것이고, 그리스도인 개개인이 교회에서 가르침 받은 성경적이고 기독교적인
원리에 따라서 스스로 판단해서 그에 따라 행동해 가야만 하는 일이다.
개개인 그리스도인들이 특정한 후보를 지지하고 그를 지원하는 일을 할
수 있고, 또 해야 할 것이다. 그러나 교회가 (개교회, 교단, 교회 연합체
등이) 그런 일을 해서는 안 된다. 만일에 교회가 특정 정당이나 특정 후보를
지지하게 되면 혹시 그 교회 공동체 안에 있을 수 있는 다른 정당이나 다른
후보들에 대한 지지자들과의 반목과 분열을 조장할 수 있고, 또한 교회
밖에 있는 다른 정당과 다른 후보자들을 지지하는 사람들로 하여금 교회와
결별하게 하는 결과를 가져오게 할 수 있기 때문이다.

더 나아가서, 교회는 이 시대의 특정한 사회적이고 정치적인 의제
(agenda)가 교회의 성격을 규정하도록 해서는 안 된다. 하나의 사회적 정치
적 의제에 따라 교회가 이리저리 밀려다니지 말아야 한다. 또한 교회 성원들
이나 이 세상에게 마치 교회가 이 세상이 제시한 의제에 따라 밀려다니는
것과 같은 그런 인상도 주지 말아야만 한다. 구체적인 예를 들어 말하자면,
교회는 FTA나 남북통일 같은 문제 해결을 위해 이 세상에 있는 것이 아니다.

교회는 궁극적으로 하나님 나라의 공동체이므로 하나님 나라를 위해
있는 기관이고 하나님 나라를 이 세상에 드러내고 많은 이들을 하나님 나라
안으로 이끌어 들여 하나님 나라 백성으로 살게 해야 하는 선교적 사명을
지닌 공동체이다. 그러나 교회가 이 하나님 나라를 위한 본질적 임무를
잊고서 이 세상의 정치를 위한 기구인 것처럼 눈에 보이는 목적을 위해서
특정 정당과 특정 후보를 지지하게 되면 그 일로 인해 교회의 분열을 보일
수 있고 다른 이들이 교회 공동체 안에 들어와 사는 일을 방해하게 할 수도

있다. 교회는 교회의 본질적 사명을 상실케 하는 방식으로는 정치에 관여할 수 없다.

과거 기독교회의 역사 가운데 간접적으로라도 교회가 정치적 의제의 희생이 된 예는 많다. 이를 염두에 두면서 어느 시대나 장소의 교회이든지 교회가 당대의 정치적 의제의 희생물이 되거나 그에 휩쓸리지 않도록 노력해야 할 것이다. 이와 같이 당대의 정치적 의제에 휩쓸려서 교회가 분열된 가장 대표적인 예로는 미국 남북전쟁 당시에 흑인의 해방을 지지하던 북부 지역의 교회들(북장로교회, 북감리 교회 등)과 이를 반대하던 남부 지역의 교회들(남장로교회, 남감리교회 등)의 분열을 들 수 있다. 양측 모두 하나님의 뜻에 비추어 상대방이 주장하는 어떤 일은 있을 수 없는 일이라는 주장을 강하게 세웠던 역사를 우리는 잘 기억한다. 그 역사적 정황 가운데서 과연 어떻게 하는 것이 옳은 것이었는지를 그 역사 밖에 있는 사람들이 말하기 어려운 점이 있다. 그러나 이와 같은 아주 구체적인 정치적 문제로 인해 교회가 한시적으로 외형적으로 분열된 대표적인 예로 이 상황은 기억하자고 말하는 것이다.

우리가 특정 문제에서 서로 의견이 다를 수 있다는 것은 우리 주 예수 그리스도의 재림 때까지는 "없을 수는 없는" 상황이지만, 그것이 우리를 분열시키는 원인이 되도록 해서는 안 된다.

교회가 해야 할 일들

교회가 해야 할 일은 먼저 기본적으로 그리스도인들의 하나님 나라적 가치관에 근거한 정치적 의식을 갖도록 하는 것이다. 그리스도인들에게 신국적 정치 의식이 형성되어야 하는 데 그 일을 감당할 수 있는 기관이 바로 교회인 것이다.

둘째로, 교회는 이런 신국적 정치 의식을 지닌 그리스도인들이 (1) 순전히 후보들이 제시하는 정책 제안에 대한 분석, (2) 후보들의 정책 수행 능력에 대한 판단, (3) 후보들의 도덕성, (4) 후보들이 걸어 온 정치적 행보의 합리성과 도덕성에 근거하여 후보들을 판단하고, 그런 건전한 판단에 따라 기도하며 정치적 참여를 할 수 있도록 해야 한다.

셋째로, 교회는 이런 그리스도인들의 성숙한 정치적 참여와 하나님의 일반 은총 가운데서 일반 국민들도 (1) 순전히 후보들이 제시하는 정책 제안에 대한 분석, (2) 후보들의 정책 수행 능력에 대한 판단, (3) 후보들의 도덕성, (4) 후보들이 걸어 온 정치적 행보의 합리성과 도덕성에 근거하여 후보들을 판단하고, 그런 건전한 판단에 근거하여 일반 은총 가운데서 "비교적 하나님의 뜻에 가까운 것"을 선택할 수 있도록 열심히 기도하는 일을 해야 한다.

넷째로, 교회는 그 성원들로 하여금 우리 주변에 나타날 수 있는 다양한 불법과 선거 과정의 죄악들을 감시하도록 하는 일에 직접, 간접으로 열심을 내야 할 것이다. 안타깝게도 전에는 그리스도인들도 불법 선거 운동을 하거나 금권 선거 운동을 하는 일도 많았다. 그리스도인들이 이런 불법에 관여하지 않아야 한다. 더 나아가서 우리는 다른 이들이 이런 불법으로 나아가는 일을 하지 못하게끔, 이 세상 한가운데서 그리스도인의 존재 자체로서 양심 역할을 해야 한다. 이 역할을 제대로 감당하기 위해서라도 교회는 특정 후보에 대한 지지를 선언하거나 특정 후보를 위한 선거 운동을 하거나 교회가 그런 선거 운동의 장이 되지 않게 해야만 한다.

오해 극복을 위한 말과 결론

　이와 같은 구체적인 제안을 마무리하면서 다시 한 번 더 **교회는 기본적으로 정치 기관이 아니라는 것을 강조해야** 할 것이다. 다시 말하지만, 교회는 한국 정치 발전을 위한 기관이 아니다. 바꿔 말하자면 교회의 본질적 사명을 제쳐 두고 사회 속에서 "교회를 기능적으로 접근"(a functional approach to the church)하여 교회의 역할을 정치적으로 환원하면 안 된다. 우리는 마치 교회가 이런 정치적 목적을 위한 기구 같은 인상을 주는 활동을 해서는 안 될 것이다. 교회는 한국 정치 발전을 위한 기관도 아니요, 남북통일을 위한 기관도 아니요, 이 민족을 발전시키고 인류 공영과 세계 평화에 이바지하도록 형성된 기관도 아니다. 도대체 하나님께서 교회를 그런 목적을 위해 이 세상에 세우신 것이 아니시다. 교회는 하나님 나라를 이 땅에 증시하시 위해 그리스도께서 피 흘려 세우신 것으로, 교회는 모든 민족과 모든 문화를 초월하는 하나님 나라의 공동체이다. 교회는 근본적으로 이 땅에서 하나님 나라를 드러내는 활동을 해야 한다. 이렇게 하나님 나라를 드러내는 일을 하면서 교회는 직접적으로 또한 간접적으로 하나님 나라의 가치를 온 세상에 드러내는 일을 하는 것이다. 그 과정 가운데서 교회는 이 세상에 간접적인 영향을 미치게 되고, 또 미칠 수밖에 없다.

　교회가 직접적으로 하나님 나라를 드러내는 일을 가리켜 복음의 인격화와

복음의 사회화라고 표현하고, 간접적으로 온 세상에 하나님 나라적 가치를
확산시켜 나가는 일을 "확산된 복음화"(복음화의 파생적 산물)이라고 표현
해 본 일이 있었다.[37] 이와 연관시켜 말하자면 교회는 정치 발전을 위한
기구가 아니지만, 진정 하나님 나라에 충실하고 하나님 나라적 가치에 충실
할 때 교회는 천국 복음을 인격화하고, 천국 복음을 사회화하는 과정에서
교회의 본래적 사명에 충실하다 보면 이 세상의 정치 발전에 기여하는 **간접
적 영향을** 미치게 될 것이다.

신약성경적 교회됨에 충실한 교회는 **그 교회됨의 부산물로** 이 세상의
진정한 민주화, 인간화, 복지화, 남북 통일, 문화 발전 등에 기여하게 된다.
그러므로 제대로 된 교회는 그 부산물로 한국 정치 발전에도 기여하는 결과
를 낼 수밖에 없다. **우리는 한국 정치 발전을 위해 사역하는 것은 아니지만,
교회의 교회됨에 충실하다 보면 간접적으로, 파생적으로 한국 정치 발전에
큰 기여를 할 수 있을 것이다.** 그 기여 중의 대표적인 것이 과거부터 우리
한국 정치 문화의 가장 커다란 문제인 지방색을 극복하게 하는 것이다.
이 문제야말로 교회가 그 본질적인 사명인 교회의 교회됨을 제대로 수행할
때에만 간접적으로 이 땅의 정치 문화의 변혁에도 모범과 주장으로 한국
정치 문화의 지방색 극복의 과제에 기여할 수가 있다. 교회가 그리스도의
십자가에 의해 하나 되었음을 실현할 때(교회가 그 본래적 교회됨에 충실할
때), 교회는 그 성원들의 정치적 참여에서 지방색을 극복한 참여를 하고,
그런 모범을 한국민들 전체에 드러냄으로 지연 등의 문제를 초월하여 정치적
참여를 하게 하는 데 기여할 수 있을 것이다.

---

[37] Cf. 이승구, "복음화와 사회 참여", 『개혁신학에의 한 탐구』 (서울: 웨스트민스터 출판부,
1995, 개정판, 2004), 83-88.

역으로 말하면, 현실 교회가 신약성경이 말하는 교회와 같은 교회가 되지 못할 때 우리는 **그 부산물**로 한국 정치 발전에도 장애가 될 것이고, 한국의 '문제 있는 정치 문화'를 고착시켜 바람직한 정치 문화 변혁에 전혀 기여를 하지 못할 뿐 아니라 도리어 그 일에 방해하는 존재가 될 것이다. 여기에 우리의 선택이 있다. "이것이냐 저것이냐? 이렇게 할 것인가, 저렇게 할 것인가?"

부디 바라기는 우리 한국 교회가 신약성경이 말하는 교회의 모습을 잘 드러냄으로써 **간접적으로** 이 세상의 정치 문화를 발전시키는 데도 기여할 수 있기 원한다. 한국 정치 문화의 발전은 한국 교회의 본질적인 사역은 아니지만, 교회가 성경이 말하는 교회의 모습에 충실하다 보면 이런 파생적 이고 기능적인 기여도 할 수 있기 때문이다.

8. 이주자

일반적으로 '이주자'(immigrant)라고 하면 다른 사람들이 이미 이루어 놓은 다른 이들의 사회 속에 들어가 살고 있는 외부에서 온 사람, 이방 땅에 있는 임시 우거자(a temporary resident in a foreign place)를 지칭하는 말로 생각된다. 이주자는 어떤 특정한 사회에서 이방인이요, 낯선 사람이요, 우리와는 다른 사람이요, 심지어 우리에게 불편한 존재요, 우리와 대립하는 존재로까지 여겨지기도 한다. 그것이 '이주자'라는 말의 일반적인 의미이다. 이주자라는 말의 사전적 의미와 이 용어의 일상적 용법은 모두 그런 이해를 드러내고 있다. 구약성경도 피상적으로 보면 이주자를 다른 사람들의 땅에 들어와 사는 이방인으로 여기는 것 같이 보인다. 그러므로 이 세상에서 '이주자'는 일반적으로는 객체 또는 대상으로서 이해되고 있다고 할 수 있다. 이를 표현하기 위해서 지금부터 나는 '객체로서의 이주자'라는 용어를 만들어 사용하려고 한다. 그런데 이러한 이주자 문제를 다룸에서 나는 성경, 특히 신약성경이 이주자에 대한 이런 **일반적 이해를 뒤집는 작업**을 하고 있다는 것을 드러내려고 한다.

신약성경에서는, 그리고 그 빛에서 보면 성경 전반에서는, '객체로서의 이주자' 개념과 대조되는 소위 **'주체로서의 이주자' 개념**이 전면에 나타나고 있다. 따라서 이주자에 대한 우리의 성경적이고 신학적 이해는 '주체로서의 이주자' 개념을 주도적인 개념으로 삼고 논의를 전개해야만 한다. 이것이 나의 기본적 논지이다. 우리의 생각이 과연 '주체로서의 이주자' 개념을 중심으로 하는가 여부에 따라서 이주자에 대한 우리의 사유가 성경적, 신학적으로 정당한가 아닌가 하는 것이 결정된다고 할 수 있다. 물론 '주체로서의 이주자' 개념이 '객체(대상)로서의 이주자' 개념을 전혀 배제하는 것은 아니다. 그러나 필자가 보기에 성경은 근본적으로 '주체로서의 이주자' 개념에 근거하여 '객체로서의 이주자'를 보도록 하며, 그런 '객체로서의 이주자'는 중요한 타인(others)으로서 우리의 정체성을 규정하는 역할을 한다. 이것이 나의 논의의 두 번째 논지가 된다. 그리고 이 '주체로서의 이주자'와 '객체로서의 이주자'는 이 땅 가운데서 항상 더불어 살도록 되어 있으므로, 이 글의 마지막 부분에서는 그들이 더불어 살아가는 방식에 대한 몇 가지 제안을 해 보려고 한다.

이와 같이 논의될 성경적, 신학적 이주자 이해는 우리의 평상적인 이주자 이해에 충격을 주어 이주자 개념을 새롭게 하고, 우리로 하여금 성경이 말하는 '주체로서의 이주자'로서의 역할을 잘 감당하게 한다는 뜻에서, 신학적 사유 과정의 아주 좋은 예를 제공하게 될 것이다. 왜냐하면 가장 좋은 신학적 사유의 과정은 우리의 평상적 이해를 성경이 제시하는 개념에 따라 뒤집어엎고, 이런 변화된 이해에 근거하여 우리로 하여금 성경적 개념에 부합한 활동을 하도록 인도하기 때문이다. 그러므로 이 논의를 다 마친

후에, 물론 논의의 과정에서도, 우리에게는 이와 같이 성경적으로 제시된 개념을 따르려고 하는가, 아니면 우리에게 익숙한 기존의 이해를 중심으로 생각하고 그런 식으로 살려고 하는가의 선택의 문제가 큰 과제로 남는다고 할 수 있다. 이 논의를 통해서 '이주자'에 대한 우리의 개념이 변화하고, 이에 근거한 활동을 할 수 있었으면 한다. 이는 앞으로 더 발전시켜야 할 이주자 신학(immigrant theology)의 가장 기본적인 성경적 토대를 마련하려는 기초 작업이기도 하다.

주체로서의 이주자

주체로서의 이주자

여기서 가장 중심적인 개념으로 제시한 '주체로서의 이주자' 개념은 과연 어떤 것인가? 이는 기본적으로 삼위일체 하나님을 믿고 이 땅에 살며, 이 땅에서 하나님의 백성으로 사는 사람들이 "거류민과 나그네"(παροίκους καὶ παρεπιδήμους)로[1] 지칭된다(벧전 2:11. 참조. 벧전 1:1, 1:17)는 점에서 착안한 개념이다. "그리스도인의 삶은 이 지상 가운데 잠시 거주하는 것"이요,[2] 이 땅은 그들의 고향(homeland)이 아니라 그들이 그 안에 잠시 머무는

---

[1] 희랍 문헌에서 πάροικος는 우거하는 이방인들(resident aliens, 즉 비시민)의 법적인 지위에 관심을 집중하고 있는데 비해서 παρεπίδημος는 그렇지 않다는 논의가 있으나(J. H. Elliott, *A Home for the Homeless* [Philadelphia: Fortress, 1981], 24-37), 바울은 이 두 용어를 상호 교호적으로 사용하여 다른 나라 사람들의 땅에 사는 거주자들을 지칭하는데 사용하고 있고, 이런 점에서 70인경의 용례와 일치한다는 논의로 J. Ramsey Michaels, *I Peter*, Word Biblical Commentary 49 (Waco, Texas: Word Books, 1988), 7을 보라.

[2] Edwin A. Blum, "1 Peter," in *The Expositor's Bible Commentary*, Frank E. Gaebelein,

낯선 이방 땅이므로3 신약성경은 우리 그리스도인들을 이 땅의 나그네,
즉 이 땅의 이주자라고 하는 것이다. 그리스도인들은 이 땅에 영원히 거주하
지 않는 '순례자들'(pilgrims)이요,4 '이주자'(migrants)라는 사실을 지시
하면서5 성경 곳곳에서 그리스도인을 향해 나그네들(παρεπίδημοι)이라는
말이 사용된다.

신약성경의 이런 용례 때문에 속사도들은 편지의 서문에서 교회를 지칭할
때 이와 비슷한 용어를 쓰는 일이 일반화되어 있었다.6 이렇게 하여 '우거하
는' 또는 '나그네로 사는'이라는 말은 교회의 표지 같은 것이 되었고, 결국
παροικία라는 말이 교구(parish or diocese)를 뜻하게 되었다.7 이는 그저
성경의 용어를 따라 쓰는 것이기만 하는 것이 아니라, 성경의 나그네 사상을
잘 받아들여 사용한 용례로 보아야 할 것이다. 사실 이런 용어의 사용은
우리가 정착민으로 이 땅에 살고 있는데 다른 이들이 우리 가운데 와서

---

ed., vol. 12 (Grand Rapids: Zondervan, 1981), 224. 그리스도인들이 "이 땅에 사는 우거자"
(temporary residents on earth)임에 대한 논의로 거의 모든 주석을 보라.

3 Cf. Philip E. Hughes, *A Commentary on the Epistle to the Hebrews* (Grand
Rapids: Eerdmans, 1977), 468, n. 30.

4 Blum, "1 Peter," in *The Expositor's Bible Commentary*, 219.

5 Hughes, *A Commentary on the Epistle to the Hebrews*, 468.

6 예를 들어서, 클레멘트 1서에서는 "로마에 우거하는(sojourns) 하나님의 교회가 고린도에
우거하는 하나님의 교회에게"라고 말하며, 폴리캅의 빌립보서에서는 "폴리캅과 그와 함께
있는 장로들이 빌립보에 우거하는 하나님의 교회에게"라고 쓰고 있고, 디오니시우스 서신들에서
는 "Gortyna에 우거하는 교회에게와 또한 크레테의 다른 교구들(παροικίαις)에게"라는 말로
나오고, "Amastris에 우거하는 교회에게"라는 말도 나온다. 이상의 예들은 Michaels, *I Peter*,
8에서 온 것이다.

7 Michaels, *I Peter*, 8. 또한 F. F. Bruce, *The Epistle to the Hebrews*, NICNT (Grand
Rapids: Eerdmans, 1964), 297, n. 82; Hughes, *A Commentary on the Epistle to the
Hebrews*, 468, n. 30도 보라. 그러므로 παροικία라는 말이 교구(parish or diocese)를 뜻하는
말이 된 것은 이 땅에 사는 그리스도인들을 영구히 나그네로 이해하는 것으로서 의미 있는
일이나, 후에 그저 교구에 사는 사람이라는 뜻으로 전화하여 그 본래적 의미를 상실한 것은
심히 안타까운 일이 아닐 수 없다.

살고 있다는 생각을 **근본적으로 뒤집는 용어 사용**이 아닐 수 없다. 그러나 성경은 진정한 그리스도인들을 이 땅에서 항상 거류민과 나그네라는 존재라고 하는 것이다.

그 근본적 이유는 결국 우리가 이 땅에 있으나 이 땅에 속하지 아니한 하나님 나라의 백성이 되었기 때문이다. 그러므로 이 문제에서도 예수 그리스도의 초림 사역으로 이 땅에 임하여 왔으나 아직 극치(consummation)에 이르지 않은 하나님 나라 개념을 정확히 이해하는 것이 가장 기본적인 일이다.[8]

이전에는 이 땅에 중심에 있는 정착민이라고 생각하던 사람들이었으나 이제는 예수 그리스도의 의도를 이해하고, 그리스도의 사역이 자신들의 죄 문제를 십자가의 구속으로 해결하시고 하나님 나라에로 이끌어 들이시기 위한 것이었다고 믿는다. 그리스도의 십자가 사역과 지상 사역 전체를 통해서 자신들이 이미 하나님 나라에 속하게 되었다는 것을 참으로 믿는 사람들은 이제 아주 자연스럽게 이 세상에 있으나 이 세상에 속하지 않은 사람들이라고 의식하며 말하는 것이다. 그들이 속한 하나님의 나라, 예수 그리스도의 나라가 이 세상에 있으나 이 세상에 속하지 않은 나라이기 때문이다(요 18:36 참조). 그러므로 진정한 그리스도인들은 이제 바울과 같이 성부 하나님께서 "우리를 흑암의 권세에서 건져 내사 그의 사랑의 아들의 나라로[즉, 하나님 나라로] 옮기셨다"(골 1:13)는 사실을 알고 그것을 천명한다. 그러므

---

8 성경이 말하는 하나님 나라에 대한 정확한 논의와 이에 대한 여러 학자들에 대한 정리로 이승구, "기독교 세계관의 기초로서의 하나님 나라 이해: 기독교 세계관의 신국적 토대", 『기독교 세계관이란 무엇인가?』, 개정 3판 (서울: SFC, 2008), 51-92(제3장)을 보라. 이 논문 안에 여러 학자들의 논의도 살펴보라.

로 참된 그리스도인들은 언제 어디서나 이 세상을 살고 있으나 이 세상에 속하지 않고, 오히려 예수 그리스도의 사역으로 말미암아 이 세상에 있으나 이 세상에 속하지 않은 하나님 나라에 속해 있는 것이다. 이와 같이 그리스도 인들은 "인종이나 출생이나 정황 때문에 이 땅에서 나그네인 것이 아니라 하나님의 선택이 그들을 이 땅의 나그네로 만드는 것이다."[9] 바로 이런 뜻에서 베드로전서에서는 그리스도인들을 지칭할 때 "흩어진 나그네" (παρεπιδήμοις διασπορᾶς), 곧 "택하심을 받은 자들"(ἐκλεκτοῖς)이라고 병 렬해서 언급하기도 한다(벧전 1:1, 2). 여기서 하나님에 의해서 선택 받은 이들이 이 땅에 흩어진 나그네들로 의식되고 있다는 것이 흥미롭다. '흩어진' (διασπορά)이라는 단어는 본래 흩어져 사는 유대인들을 지칭하는 말이었는 데, 이제는 그것이 영적으로 확산된 뜻으로 사용되어[10] 이방인을 포함한 그리스도인들이 온 세상에 흩어져 사는 것을 의식하면서 그리스도인에게로 전이되고 있다.[11]

---

9 Michaels, I Peter, 7: "The addressees [the Christians] are 'strangers' not by race, birth, or circumstances but because divine election has 'estranged' them."

10 이 점에 대한 좋은 지적으로 Wayne Grudem, 1 Peter, Tyndale New Testament Commentaries (Leicester: IVP, 1988), 48f.을 보라. 또한 유대인들에게 사용되는 이 용어의 용례들과 기독교적 전이에 대해서는 Michaels, I Peter, 8도 보라.

11 그러므로 베드로의 편지의 일차 독자들은 유대인들과 이방인들이 섞여 있는 공동체이고, 그들 모두에 대하여 '디아스포라'라는 말을 사용하고 있다는 점을 지적하기 위하여 위에 언급한 그루뎀과 미카엘스 외에 특히 David H. Wheaton, "1 Peter," The New Bible Commentary, D. Guthrie and J. A. Motyer (Grand Rapids: Eerdmans, 1970), 1239를 보라.

야고보서의 독자들에 대해서도 이렇게 폭 넓게 이해하는 것이 '디아스포라'라는 말 때문에 야고보서는 흩어진 유대인 그리스도인들에게 쓰인 편지라고 염두에 둔 것이라는 견해(G. E. Ladd, A Theology of the New Testament, revised edition [Grand Rapids: Eerdmans, 1993], 636; James Adamson, The Epistle of James, NICNT [Grand Rapids: Eerdmans, 1976], 51; Peter Davids, Commentary on James, NIGTC (Grand Rapids: Eerdmans, 1982], 64; Douglas Moo, "James," The Evangelical Commentary on the Bible [Grand Rapids: Baker, 1989], 1151, 1153; James M. Scott, "Jesus' Vision for the Restoration

그러므로 이와 같은 '주체로서의 이주자' 의식을 지닌 진정한 그리스도인들은 이 세상에 있는 어떤 것도 최종적 가치로 여기고 살지 않게 된다. 그리스도인들의 신국적이고 성경적 판단에 의하면, 그것들은 지나가는 것이며(고전 7:31. 참조. 요일 2:17), 잠깐 보이다가 없어지는 안개와 같은 것이다(약 4:14). 하나님 나라에 속한 것만이 영원하다. 그런 뜻에서 이처럼 하나님 나라 백성 역할을 하는 이들, 즉 "하나님의 뜻을 행하는 자는 영원히 거하느니라"고 하기도 한다(요일 2:17). 이 세상에서는 거류민과 나그네로 보이는 이 사람들이 하나님 나라의 관점에서는 더 이상 그 하나님 나라에 대해 외인들과 손님들(다른 곳에서 "거류민과 나그네들"이라고 번역된 ξένοι καὶ πάροικοι)이 아니고, 오히려 그 하나님 나라의 속한 사람들이므로 "성도들과 동일한 시민(성도들과 함께 하는 시민들, fellow-citizens of the saint, συμπολῖται τῶν ἁγίων)이요 (또한) 하나님의 권속(οἰκεῖοι τοῦ θεοῦ)"이라고 언급되기도 한다(엡 2:19).

다른 곳에서 우리는 거류민이요 나그네로 언급되었는데, 여기서 이제 더 이상 그런 존재가 아니라고 하는 이 말이 서로 모순된 것으로 보면 안 된다. 중요한 것은 관점이다. 이 세상과 관련하여 말할 때 그리스도인들은 이 세상에 있으나 이 세상에 속하지 않는 거류민과 나그네(ξένοι καὶ

---

of Israel as the Basis for a Biblical Theology of the New Testament," in Scott J. Hafemann, ed., *Biblical Theology: Retrospect & Prospect* [Downer Grove, Ill.: IVP, 2002], 141; 그리고 그가 언급하는 Donald J. Verseput와 Richard Bauckham을 보라) 보다 더 나을 것으로 보인다.

이런 폭넓은 이해로 Walter W. Wessel, "James," in *The Wycliffe Bible Commentary* (Chicago: The Moody Press, 1962), 1430; Ronald A. Ward, "James," *The New Bible Commentary*, 1222f.; Sophie Laws, *The Epistle of James* (1980; reprint, Peabody, MA: Hendrickson, 1987), 42, 48f.; 그리고 Kurt A. Richardson, *James*: The New American Commentary 36 (n. p.: Broadman, 1997), 54, 55, 56을 보라.

πάροικοι)이다. 그러나 하나님 나라의 관점에서 말할 때 그리스도인들은 더 이상 거류민과 나그네가 아니라 하나님 나라의 백성이요 그 시민이다. 그리고 그와 관련된 것만이 영원한 것으로 여겨진다. 그러므로 우리가 '주체로서의 이주자' 됨을 명확히 의식하고 사는 것만이 유일하게 의미 있는 것이다. 이것은 비유적인 의미에서 말하는 것이 아니라, 우리들의 개념을 근본적으로 바꾸는 성경적 사유를 따라 생각하는 것이다. 하나님 나라 백성은 결국 '주체로서의 이주자'로 이 세상을 사는 것이다. 이것이 그리스도인들의 주체로서의 이주자 됨에 대한 서술(indicative)이다.

더 나아가 예수 그리스도의 지상 명령을 생각할 때 진정한 그리스도인들 중에 많은 사람들은 실제로 모든 족속이 사는 다른 족속들의 땅으로 나가 살며 하나님 나라의 복음을 전파하도록 되었다는 것을 그리스도의 명령(imperative)에 순종하는 데서 오는 그리스도인에 대한 또 하나의 서술(indicative)로 말하지 않을 수 없다. 예수님께서 명령하신 지상 명령의 성취를 위해서 그리스도인들은 온 세상으로 나아가야 하므로, 따라서 그 중의 많은 사람들은 다른 사람들이 사는 땅에서 이주자들로서, 나그네로서 가서 그들에게 하나님 나라의 복음[天國 福音]을 전해야 하는 것이다. 여기서 매우 능동적인 '주체로서의 이주자' 개념이 나타난다. 하나님 나라 백성은 언제나 어디서나 이주자 의식을 가지고 있을 뿐만 아니라, 실질적인 이주자로 나아가는 일도 서슴지 않는다. 여기서 그의 영적 이주자 됨의 참된 실현의 한 측면을 보게 되는 것이다.

주체로서의 이주자들에게 주어진 명령

이와 같이 하나님 나라에 속한 영적 이주자들에게 그에 부합하는 여러 명령들(imperatives)이 주어지게 된다. 진정한 그리스도인들은 이 세상과 이 세상에 있는 것들을 사랑하지 않아야 한다(요일 2:15). 세상과 벗된 것은 하나님과 원수가 되기 때문이다(약 4:4). 이것은 이 세상에 있는 그 어떤 것이 전부인 것처럼 살지 말아야 한다는 뜻이다. 이는 또한 그리스도인들이 이 세상에서 하나님 백성으로서 성실하고 열심히 일하며 살되, 이 세상에 목매어 사는 사람이 아니라는 것이다. "따라서 그들은 자신들의 가치를 잠시만 있는 것들(transitory)에서 이끌어 내지 않는다."12

이를 위해 그들은 "영혼을 거슬러 싸우는 육체의 정욕(σαρκικῶν ἐπιθυμιῶν)을 제어"해야 한다(벧전 2:11). 육체의 정욕, 즉 부패한 인간성이 원하는 바는 항상 성령에 거스르는 방향으로 우리를 이끌기 때문이다. 하나님의 뜻에 반대되는 방식으로 우리를 이끌어 간다. 따라서 육체의 정욕이란 "하나님의 뜻에 반대되는 것들에 대한 욕망"을 뜻한다.13 그것은 결국 우리의 참된 생명(ψυχή)과14 거슬러 싸워 가는 것이다. 그러므로 우리는 지나가고 사라질 육체의 정욕(요일 2:17)과 항상15 대립하여 성령의 인도하심을 받아 가야 한다.

---

12 Blum, "1 Peter," in *The Expositor's Bible Commentary*, 232.

13 Cf. Grudem, *1 Peter*, 115. 그 대표적인 예들이 갈 5:19-21, 요일 2:16에 언급되어 있다고 할 수 있다.

14 이 맥락에서 '푸슈케'를 영혼으로 보지 않고 생명과 인격 전체로 보는 좋은 논의로 Blum, 232를 보라. 그는 여기서 "벧전 2:11의 '푸슈케'가 신약에서 가장 헬라화된 용례"라고 하는 E. Schweizer의 주장을(*TDNT*, 9:653) 인용하면서 잘 반박하고 있다. 슈바이처와 같이 여기사의 '푸슈케'를 영혼으로 보는 견해로는 Grudem, *1 Peter*, 115를 보라.

15 '멀리하라'(ἀπέχεσθαι)는 단어가 현재형으로 되어 있어서 계속적인 투쟁을 할 것을 요구한다는 지적으로 Grudem, *1 Peter*, 115를 보라.

그런 의미에서 우리는 우리의 "나그네로 있을 때를 두려움으로 지내라"
(벧전 1:17)는 명령도 받고 있다. 이는 그리스도인이 이 세상에서 사는 삶을
나그네로서의 삶으로 언급하며, 이 잠시 사는 기간을 "하나님에 대해 존경하
는 경외감을 가지고" 살라는 의미이다.[16] 이 때 "두려움으로"($\epsilon\nu$ $\phi\acuteo\beta\omega$)라는
말이 이 세상에서 끊임없이 공포를 가지고 살라는 것이 아니라는 것에 유의
할 필요가 있다.[17] 이는 하나님이 우리의 아버지시요, 또한 심판자이시기
때문에 그 아버지이신 심판자를 늘 의식하면서 책임 있는 백성으로 살라는
뜻이다.

이상에서 우리는 신약성경이 말하는 '주체로서의 이주자' 개념을 살피고,
그들이 어떤 명령 하에 있는지를 고찰하였다.

'주체로서의 이주자'에 대한 구약의 개념

그러나 엄밀히 생각해 보면 '주체로서의 이주자' 개념은 신약에서만 나타
나는 것은 아니다. 이미 구약에서부터 참된 하나님의 백성들은 스스로 '이주
자'라는 의식을 가지고 살았다. 기본적으로 아브라함과 이삭과 야곱은 가나
안 땅에서 나그네와 거류하는 자로 살았다. 구약의 성격과 부합하게 그들은
물리적으로도 가나안 땅에 이주하여 온 이주자로 살아 간 것이다. 갈대아
우르에서 떠난 아브라함의 부족은 이처럼 하나님께 인도하여 들이신 가나안
땅에서도 나그네로 살았다. 사라가 죽자 아브라함이 슬퍼하며 애통하다가

---

[16] Blum, "1 Peter," in *The Expositor's Bible Commentary*, 224: "in reverential awe of God."

[17] 그러나 현대 서구 사회에서 하나님을 너무 무시하므로 하나님의 무서운 징계와 훈련도 생각하면서 이 용어를 사용해야 한다는 논의로 Grudem, *1 Peter*, 81f.를 보라.

헷 족속에게로 가서 "나는 당신들 중에 **나그네요 거류하는 자이니**"(גֵּר־וְתוֹשָׁב)

라고 하면서[18] "당신들 중에서 내게 매장할 소유지를 주어 내가 나의 죽은

자를 내 앞에서 내어다가 장사하게 하소서"라고 말하는 것을 보게 된다(창

23:4). "게르-베토샤브"(גֵּר־וְתוֹשָׁב)라고 함께 표현한 것은 "우거하는 이방

인"(a resident alien)을 지칭하거나[19] "우거하는 이주자"(jut a resident

immigrant)라는 뜻이다.[20] 여기서 우리는 아브라함이 스스로 그런 나그네

라는 의식을 가지고 살았다는 것을 알 수 있다. '게르'(גֵּר)라는 말은 "나그

네"(sojourner)라는 좀 더 일반적인 말로서 이방 땅에 (영구적으로나 상당히

오래 살 목적을 가지고) 사는 외국인들을 지칭하는 말이다.[21] 후에 이스라엘

백성들이 애굽에 살 때를 지칭하면서도 그들은 이렇게 불렸다. 이에 비해서

우리말에서는 거류하는 자(resident)라고 번역된 '토샤브'(תוֹשָׁב)라는 말은

'게르'보다는 드물게 사용되는 말로서 어떤 점에서는 '게르'보다 법적 지위를

더 갖지 못하는 것으로 언급되는 경우도 있지만,[22] 일반적으로는 '게르'와

---

[18] 이를 70인경에서는 우리가 베드로전서에서 본 용어 그대로 πάροικος와 παρεπίδημος를
사용하여 표현한다. 후에 언급할 시 39:12(맛소라 사본으로는 39:13)에서도 역시 그러하다.
Cf. Michaels, *I Peter*, 7. 이를 고든 웬함은 "그는 단지 이주자였다"(He is just an immigrant)라
고 언급하기도 했다. Gordon Wenham, *Genesis 16–50*, Word Biblical Commentary 2 (Dallas,
Texas: Word Books, 1994), 126.

[19] 이런 번역으로 Victor P. Hamilton, *The Book of Genesis: Chapters 18–50*, NICOT
(Grand Rapids: Eerdmans, 1995), 128을 보라.

[20] 이런 번역으로 Wenham, 126을 보라.

[21] Cf. Wenham, 126.

[22] 그래서 '우거자'는 그 사회의 더 주변적인 존재로 여겨졌다고 보는 견해가 있다. 예를
들어, 할례 받은 '게르'(나그네, sojourner)는 유월절 의식에 참여할 수 있으나 '토샤브'(거류하는
자)는 유월절 의식에 참여할 수 없다는 뜻으로 출애굽기 12:19, 45–49을 해석하는 사람들이
있다(Wenham, 126f.). 그러나 이 구절을 할례 여부에 따라 유월절 의식에 참여할 수 있는
지로 보는 해석을 할 수 있기에 이를 절대화해서는 안 될 것이다. 기본적으로 '게르'와 '토샤브'는

함께 사용되어 그저 남의 땅에 거의 영구히 사는 이주자라는 뜻으로 사용된
다. '게르'는 이주자라는 지위에 좀 더 집중하는 것이라면, '토샤브'는 권리가
없는 자라는 측면, 즉 사회경제적 의존의 측면을 더하여 표현하는 것으로
보기도 한다.[23]

아브라함이 자신에 대해서 이와 같은 용어를 사용한 것은 그가 실제로
다른 곳에서 이주해 온 것이기 때문에 하는 말이기도 하지만 아브라함의
의식에는 더한 것도 있었다고 생각해야 할 것이다. (사실 신약성경이 우리를
나그네라고 할 때 아브라함 등을 그렇게 언급한 용례에 영향을 받은 것으로
생각하며, 이런 구약의 용례가 선구적이었다고 할 수 있다.) 아브라함이
그렇게 가나안 땅에서 나그네로 산 이유를 히브리서 기자는 그들이 "하나님
이 계획하시고 지으실 터가 있는 성(the city with foundations)을[24] 바랐음
이라"고 설명하고 있다(히 11:10). 이처럼 영감된 설명에서 우리는 구약을
볼 때 우리 스스로 말할 수 없었던 것을 보다 명확히 강하게 말할 수 있게
된다. 아브라함은 "[하나님의] 계획에 따라, 하나님의 작업으로(히 12:22;
13:14 참조) 지어질 초자연적인 성취, 즉 영구한 도성을 바란 것이다."[25]
여기서 히브리서 저자는 "하나님이 지으실 도성을 영적인 의미로 생각하고

같이 하나를 지칭하는 말로, 아브라함이 말한 바와 같이 '게르-베토샤브'로 보는 것이 좋을
것이다.

23 이런 점에 대한 지적으로 Hamilton, 128f.을 보라.

24 이 말은 "안정성이 있고 지속되는"(stable and lasting)으로 이해된다. Cf. Donald
A. Hagner, *Hebrews*, New International Biblical Commentary (Peabody: MA:
Hendrickson, 1990), 190. 브루스는 그 성은 "영속적 토대를 지닌 유일한 도시라고 말한다(F.
F. Bruce, *The Epistle to the Hebrews*, NICNT [Grand Rapids: Eerdmans, 1964], 297,
n. 85).

25 A. M. Stibbs, "Hebrews," *The New Bible Commentary*, 1211: "Rather he looked
for a supernatural fulfillment, an abiding city, built according to the design (note
RV mg. 'architect') and by the workings of God (cf. 12:22; 13:14)."

있다."26 즉, 그는 아브라함이 이 땅 가운데 도성(πόλις), 즉 자신의 나라를 건설할 것으로 생각하고 있지 않다는 것이다. 이 영적인 나라는 후에 하나님 자신의 놀라운 사역으로 성취된다. 그 도성(πόλις), 즉 그 나라의 "기획자와 건설자는 하나님 자신이시다."27 그것을 생각하면서 아브라함은 "성취의 때에 계시될 잘 수립된 하나님의 도성(the well-established city of God which was to be revealed in the time of fulfilment)에 그의 눈을 고정시킨 것이다."28 그러므로, 다시 말하지만, 아브라함 등이 이렇게 하나님께서 친히 경영하시고 지으실 그 영구한 성을 바랐으므로 그 성을 바라는 그들은 이 땅에서 "외국인과 나그네"(ξένοι καὶ παρεπίδημοί)로 살았다(히 11:13). 이 용어는 아브라함이 자신에게 적용한 창세기 23:4이나 야곱이 자신을 바로에게 소개할 때 사용한 말(창 47:9)에서 온 말이다. 그들은 자신들의 참된 지위를 알았으므로 이 땅에서는 어디서든지 이방인들(aliens)로 산 것이다.29

그들이 추구한 본향은 결국 "하나님이 그들의 하나님이라 일컬음 받으심을 부끄러워 아니하시고 그들을 위하여 … 예비하"신(히 11:16) 그리고 하나님께서 당신님의 계획에 따라서 친히 지으시는 한 성이다. 후에 히브리서 기자는 "우리가 여기에는 영구한 도성이 없으므로 장차 올 것을 찾나니"라고

---

26 Donald Guthrie, *Hebrews*, Tyndale New Testament Commentaries (Leicester: IVP, 1983), 232.

27 다른 분들도 이를 강조하지만 특히 다음을 보라: Hughes, *A Commentary on the Epistle to the Hebrews*, 469: "its designer and constructor is God himself."

28 F. F. Bruce, *The Epistle to the Hebrews*, NICNT (Grand Rapids: Eerdmans, 1964), 297.

29 Cf. Leon Morris, "Hebrews," in *The Expositor's Bible Commentary*, Frank E. Gaebelein, ed., vol. 12 (Grand Rapids: Zondervan, 1981), 121.

말한다(히 13:14). 따라서 그 도성은 하늘에 속한 것이라고 말하지만 하늘에 현재 있다는 뜻이기보다는 역사의 과정 가운데서 언젠가 오게 될 것으로 언급된다. 하나님께서 이 세상 역사 가운데서 친히 경영하시고 지으시는 하나님의 나라라는 것을 성경 전체의 뜻을 잘 이해하는 독자라면 다 인정할 수 있다: "하나님께서 준비하신 것은 세상의 사람들이 건설하는 도시와 도성에 비할 수 없는 가장 이상적인 도성이다."[30] 그러므로 "이것은 하나님의 백성을 기다리고 있는 종말론적 실재이다."[31] 그리고 궁극적으로 그것은 "의가 그 안에 거하는 구속되고 새로워진" 새 하늘과 새 땅이다(벧후 3:13).

해그너는 다른 곳에서 이 하나님께서 준비하시고 친히 지으시는 실재는 족장들에게는 약속된 것이요 기대되는 것이요 장차 나타날 것이어서 그들은 멀리서 보고 환영하였지만, 신약의 성도들에게는 그것이 "이미 현존하는 질서"이자, "교회가 이미 경험하는 질서이며(히 12:22), 그러나 동시에 그 온전함은 앞으로 또 올 것이다(계 21:2)"고 표현한 바 있다,[32] 이렇게 표현하므로 해그너는 이것이 그리스도 안에서 이미 이루어졌으며 그의 재림 때에 극치에 이를 하나님 나라임을 상당히 분명히 나타내고 있다.

과거 족장들은 장차 하나님께서 이 땅에서 친히 경영하고 세워 나가실 하나님 나라를 바라보면서 그 나라가 이루어지기를 바라며 그것을 믿었다. 그래서 그들에 대해서 "이 사람들은 다 믿음을 따라 죽었으며 약속을 [즉, 약속의 성취를] 받지 못하였으되 그것들을 멀리서 보고 환영하"였다고 하는 것이다(히 11:13). 그런 사람들이 이 땅에서는 외국인과 나그네라는 증거를

---

30 Bruce, *Hebrews*, 235.
31 Hagner, 191.
32 Hagner, 194.

받았다. 그러므로 구약 시대에도 참된 하나님 나라 백성들은 항상 하나님께서 친히 경영하시고 친히 지으실 터가 있는 성인 하나님 나라가 이루어질 것을 바라보며 그것의 성취를 멀리서 보며 환영하면서 기쁨으로 이 땅에서 이주자, 즉 나그네와 행인으로 살아 간 것이다.

흥미로운 것은 이것이 그 깊은 의미에서 아주 흥미롭게도 가나안 땅에서 정주하여 왕국을 누리고 살아가던 이스라엘 백성들에게도 적용되는 말이라는 점이다.[33] 가나안 땅을 정복하고 하나님이 주신 땅에서 안전히 살아가던 그들은 그저 살아가거나 자신들의 목적으로 이루기 위해서 산 것이 아니라 그들이 사는 독특한 성격에 유의하면서 하나님 나라를 드러내는 자신들의 사명에 충실해서 살아야 했기 때문이다. 이것이 그들이 가나안 땅에서도 하나님 나라 백성답게 사는 길이었다. 이런 것을 잘 파악한 다윗은 성전 건축을 준비하는 정황 속에서 하나님께 다음과 같이 고백하기도 하였다. "우리는 우리 조상들과 같이 주님 앞에서 이방 나그네(גרים)와 거류민들(ותושבים)이라 세상에 있는 날이 그림자 같아서 희망이 없나이다"(대상 29:15). 이런 통찰은 매우 중요한 것이라 하지 않을 수 없다.[34] 하나님이 약속으로 주신 가나안 땅에서 실제로 나그네와 거류민으로 살아가던 아브라함이나 이삭이나 야곱뿐이 아니라, 그 땅에 정착하여 사방 대적을 물리치고

---

[33] 후에 언급된 시 39:12과 관련하여 이 점을 잘 지적하는 F. Delitzsch, *Psalms*, Keil-Delitzsch Commentary on the Old Testament, vol. 5, trans. James Martin (1871; reprint. Grand Rapids: Eersmans, 1976), 31f.를 보라.

[34] 그러므로 15장의 언어를 보아 이는 이스라엘의 포수기나 포수기 이후의 상황에 대한 언급이라고 하는 것은(Roddy Braun, *I Chronicles*, Word Biblical Commentary 14 [Waco, Texas: Word Books, 1986], 285), 계시자로서의 다윗의 지위를 인정하지 않으며, 이스라엘의 독특한 인식을 잘 바라보지 않는 태도로 여겨진다. 그렇게 환원적으로 보지 않도록 유의해야 할 것이다.

이제 그 땅의 시민으로 살아가는 사람들도 하나님 앞에서는 다 나그네요
거류민이라는 점을 이 정복 사역에 앞장서서 일했던 다윗도 고백하고 있는
것이다.

그런 성격을 생각하면서 이스라엘의 역사를 보면 아브라함과 이삭과
야곱과 그 족속들이 이주자로 가나안 땅에 살던 때나 야곱의 자손들이 애굽
땅에서 잠시 거류하며 나그네로 살던 때나, 출애굽을 하여 광야 생활을
할 때나, 요단을 건너서 가나안 땅을 정복하고 그곳에서 살 때나, 하나님
앞에 불순종하고 바벨론에서 포로로 살 때나, 다시 가나안으로 귀환하여
살거나 디아스포라로 살거나 그 형식은 다르지만 근본적으로 이 땅에 이주자
와 나그네로 살아갔다는 사실이다. 물론 가나안 땅에 정착하여 사는 동안에
그들이 나그네와 행인으로 산 것은 성격이 조금 다르다. (이것은 마치 한국
땅에서 태어나서 자라난 우리가 이 땅에서 그리스도인으로 살 때 신약성경
이 말하는 나그네와 행인으로 사는 정신을 가지고 사는 것과 비슷할 것이다.)
그러므로 본질적으로 구약의 하나님 백성들도 이 땅에서 나그네와 행인으로
서의 정체성을 지니고 살아갔다고 할 수 있다.

그런데 시편에서는 우리가 이 세상에서 사는 것을 "주와 함께 있는 나그네
(גר)이며 … 떠도나이다(תושב)"라고 말한다(시 39:12). 이것을 하나님의
백성이 항상 가져야 하는 정상적인 의식으로 볼 것인가, 아니면 하나님
앞에서 잘못하여 고난 가운데 있는 모습을 표현한 것으로 볼 것인가에 따라
그 의미는 달라질 수 있다.

탄식시에 속하는 형태를 띤 시편 39편의 성격에 유의하면서 이 시편을
"삶에 대하여 이방인이 되고 하나님께 낯선 이가 된 사람"(A Stranger to

Life and an Alien with God)이라고 제목을 붙인 빌렘 밴게메렌은[35] 12절의
시인이 아직 여호와의 집에 이르지(시 23:6) 못하였고, 죄인으로서 어려움
을 당하고 있는 자신의 상황을 하나님으로부터 떠나 있는 이방인으로 그리는
것으로 본다. 그러나 그가 언약 공동체에 속해 있다는 것을 의심할 수는
없다고 하면서 이 상황에서 자신을 하나님 앞에서 나그네로 느끼고 있지만,
동시에 하나님의 임재와 하나님과의 교제의 축복을 간절히 바라는 이 시편
기자는 심판을 제거해 달라고 기도하며(13절), 고난이 마쳐지고 나면 주께서
그의 기쁨을 다시 새롭게 하실 것이라고 한다(13절). 이전 조상들은 이
땅에서 나그네(sojourners)로 지내며 약속의 성취를 갈망한 것에 비해서,
이 시편 기자는 하나님의 세상에서 "낯선 이"(a 'stranger' in God's world)라
는 것이다.[36] 이런 해석에 따르면 12절의 묘사는 인간들이 죄인으로서 어려
움 가운데 빠져 있을 때의 정황을 표현한 것으로 보아야 한다.

그러나 이 구절이 표현하고 있는 상황을 위에서 언급한 구약의 다른
구절들과 연관시킬 때 시편 기자가 12절에서 말하는 상황은 이 땅을 살아가
는 정신을 차린 하나님 백성이 정상적으로 품는 심정을 말하는 것이라고
해석할 수 있다. 어려움을 당하는 상황에서 기도하면서 하나님께서 자신의
음성에 귀를 기울이셔야 하는 이유를 다윗이 역대상 29:15에서 표현했던
동일한 말로 지금 시인이 아뢰고 있는 것이다.[37] (1) 동일한 말로 표현된
역대상 29:15의 표현에서 다윗은 자신이 죄를 범하여 하나님 앞에 나그네가
되었다는 의식을 품고서 표현하지 않을 뿐만 아니라, (2) 이 용어가 성경의

---

[35] Willem A. VanGemeren, "Psalms," *The Expositor's Bible Commentary*, 5 (Grand
Rapids: Zondervan, 1991), 312.

[36] VanGemeren, "Psalms," 317.

[37] 이 점을 지적하는 Delitzsch, *Psalms*, 31을 보라.

다른 곳에서 사용되었을 때 벤게메렌이 시사하듯이 "하나님으로부터 떠난 이방인 됨"이라는 부정적 의미로 사용된 예가 없다는 것을 생각할 때, 우리는 시편 39:12의 구절도 다른 곳의 의미와 비슷하게 해석해야 한다고 생각한다. 더구나 (3) 그는 하나님 앞에 있다고 느낀다. 그 **하나님 앞에서** 그는 자신이 이방인이요 거류민이라고 느끼는 것이다. (벤게메렌 등의 해석과 같이 하나님에 **대하여** 이방인으로 느끼는 것이 아니라, 하나님 **앞에서** 자신이 그저 잠시 있는 존재라는 그런 느낌을 가지는 것이다). (4) 더구나 이 세상 모든 곳이 하나님의 땅이라는 것을 생각할 때 인간은 하나님이 이 세상에 있도록 허락할 때만 이 세상에 거주하는 것이다. 이스라엘이 지금 정해진 곳에 거주하고 있지만, 이때에도 그것을 하나님의 선물로 받아 누리는 것이며, 각 개인은 잠시 동안 이 세상에서 사는 것이다.[38] 하나님 앞에서 모든 인간은 다 그런 태도를 지녀야 한다. 그는 하나님 앞에서 간절한 마음으로 기도한다. 그 과정에서 그는 하나님께서 기도를 들으시고 부르짖음에 귀를 기울이시고, 눈물을 흘릴 때에 잠잠하지 말아 달라고 한다.[39] 이런 기도 배후에 있는 시편 기자의 깨달음은 "삶의 의미는 땅과 그 안에서 일어나는 것과 관련되어 있을 수 없으니, 하나님을 고향으로 하는 그는 이 땅에서 그저 잠시 거하는 자(a transient sojourner)일 뿐이라는 인식"인 것이다.[40]

---

38 이 마지막 요점에 대한 강조로 Delitzsch, *Psalms*, 31f.를 보라.

39 이 구절에서 기도에 대한 다윗의 표현이 점강적으로 나타나는 것에 주목하면서 이것이 그저 장식적이거나 여러 번의 표현을 위한 것이 아니라 심중의 진실을 토로한 것이라는 지적으로 John Calvin, *Commentary on the Book of Psalms*, 2 trans. James Anderson, Calvin's Commentaries, vol. V (Edinburgh: Calvin Translation Society, 1846; reprint, Grand Rapids: Baker, 1993), 87. 이런 점에서 이 시인의 기도는 진정한 화개의 기도라는 지적으로 Peter C. Craigie, *Psalms 1-50*, Word Biblical Commentary 19 (Waco: Texas: Word Books, 1983), 310을 보라.

40 Craigie, *Psalms 1-50*, 310. 이를 벧전 2:11, 히 11:13과 연관시키면서 이것이 하나님

그러므로 12절처럼 말하는 시편 기자의 목적은 "만일에 하나님께서 당신님의 자비로 우리를 붙들어 주시지 않으신다면 우리가 얼마나 비참한 상태에 있는지를 하늘로부터 살펴보아 달라는 것이다."고 말하는 칼빈의 말에 우리는 기꺼이 동의할 수 있다.[41] (이 시를 어떻게 해석하느냐에 따라서 의미의 차이가 날 수는 있지만) 만일 이 구절이 주와 함께 하는 사람들의 정상적인 고백을 표하는 것으로 해석할 수 있다면 구약 시대에도 성숙한 신자는 자신들을 하나님의 땅에 거하는 나그네와 우거자로 이해하며 그런 의식을 품고 있다는 표현인 것이다. 이스라엘 땅에서 거주할 수는 없으나 땅을 소유할 수는 없었던 뿌리 없음을 잘 보여 주던 나그네와 거류민이란 단어에 표현된 "뿌리 없음(rootlessness)을 이제 다윗은 자신과 모든 사람의 조건에서 보고 있는 것이다."[42] 그러므로 참된 성도는 언제나 이 땅에서 나그네 의식, 이 글에서 사용하는 용어대로, '주체로서의 이주자 의식'을 품고 사는 것이다.

그런데 이런 나그네로서의 존재 방식은 명확히 성경적인 하나님 나라 개념과 관련시켜 이해해야 한다. 히브리서의 독특한 하늘과 땅의 구조에 대한 그림이 있음에도 불구하고, 히브리서에는 하늘에 있는 것이 이 지상 역사 가운데서 실현되었고, 또 실현되어 가고 있으며 장차 그 극치에 이르게 된다고 아주 분명히 말씀하고 있다.[43] 이런 까닭에 히브리서를 일반적 의미의 이원론으로 오해하는 일이 일어난다. 히브리서의 독특성에 대한 이해가

앞에 있는 또는 하나님 안에 있는 사람의 정상적인 태도라고 논의하는 그의 논의도 보라(311).

[41] Calvin, *Psalms*, 2nd volume, 87.

[42] Derek Kidner, *Psalms 1-72*, Tyndale Old Testament Commentaries (Leicester: IVP, 1973), 157.

[43] 이 구조에 잘 유의하는 좋은 글로 G. Vos, *The Teaching of the Epistle to the Hebrews* (Grand Rapids: Eerdmans, 1970)를 보라.

없고 히브리서를 잘못 오해하면 이 세상에서의 삶 자체를 하늘에 속한 사람이 잠시 이 세상에 머무는 것으로 이해하게 되는 일종의 철학화의 포로가 될 수 있다. 그렇게 되면 성경이 말하는 독특한 구조를 버리는 것이 된다는 점에서 우리는 매우 주의해야 한다. 이런 사고 구조에서는 사람들이 언제나 하늘이라는 본향을 그리워하고 그것을 추구해 가는 것으로 이해하게 된다.

그런 일반 철학적 이해의 대표적인 경우로 유대인 철학자라고 할 수 있는 필로(Philo)의 이해를 들 수 있다. 필로에 의하면 사람의 영혼은 본래 하늘에 속해 있던 것이므로 항상 본향으로서의 하늘로 돌아가려고 갈망하는 존재이기 때문에 사람은 이 땅에서 나그네라고 한다.[44] 또한 우리나라 사람들을 포함한 동양 사람들이 죽는 것을 하늘로 다시 돌아가는 것으로 이해하는 사상도 이와 비슷한 철학화이다. 성경이 이야기하는 하나님 백성의 나그네 됨은 이런 철학화에서 나온 것이 아니라, 하나님께서 이루시는 하나님 나라 성취 역사의 독특한 구조에서 나오는 것이므로 이를 아주 분명히 해야 한다.

때때로 주석가들이 히브리서에서 말하는 하나님께서 친히 이루시는 도성을 그저 일반적으로 하늘 도성이라고 언급하고 지나가면 이와 같은 오해가 있을 수 있으므로, 사람들이 오해할 수 있는 표현으로 히브리서와 기독교 사상을 표현하지 말고 역사적 구조를 지니고 있는 성경 가르침의 특성을

---

[44] Cf. Hugh Montefiore, *A Commentary on the Epistle to the Hebrews* (Harper & Row, 1964, reprint, Peabody, MA: Hendrickson, 1987), 196f. 여기서 그는 사람이 나그네라고 말하는 Philo, *de Conf. Ling.*, 77과 영혼선재설을 주장하는 Philo, *de Agri.*, 65를 인용하면서 필로 사상을 밝히고 있다. 필로가 말하는 나그네 됨에 대한 이해와 히브리서에 대한 이해의 차이를 언급하는 또 다른 글로 R. McL. Wilson, *Hebrews*, The New Century Bible Commentary (Grand Rapids: Eerdmans, 1987), 208, 그리고 그가 인용하고 있는 C. K. Barrett의 글을 보라. 그러나 이 저자들도 우리가 조금 뒤에 언급할 요점들을 좀 더 드러냈어야 할 것이다.

잘 드러내야 할 것이다. 지금 하나님이 거하시고 신자들이 죽은 후에 거기에 속하게 되는 하늘(heaven)과 극치에 이른 하나님 나라, 즉 '영광의 왕국'(*regnum gloriae*)을 서구 학자들이 잘 구별하지 않고 표현하는데 이는 여러 가지 오해를 낳게 할 수 있으므로[45] 우리는 이런 식의 표현을 삼가는 것이 좋다.

　사실 본래 사람을 창조하신 하나님께서 사람들이 이 땅에서 어떻게 살아가도록 하셨는지를 생각해 보면 더욱 분명한 그림이 그려질 수 있다. 사람을 창조하신 하나님께서는 사람들이 에덴의 낙원(동산)에만 있도록 의도하지 아니하시고, 당분간은 그곳에서 시작하지만 결국은 생육하고 번성하여 땅에 충만하게 하시려는 의도가 있었다고 생각할 수 있다. 점점 번성하는 사람들은 친숙한 곳으로부터 다른 곳으로 나아가 온 땅에 충만해져야 할 것으로 생각할 수 있다. 그렇다면 사람들은 다른 곳으로 나아가는 나그네와 행인으로 살아야 하는 것이다. 이와 같이 하나님께서는 본래부터 사람들이 이 이 땅에서 나그네와 이주자로서 살기를 의도하신 것이 분명하다. 에덴동산에서의 삶도 하나님께서 그들을 그 동산에 두셔서 살게 된 것이라는 점도 생각해야 한다.

　그러므로 사람은 성경 전체에서 '주체로서의 이주자'라는 의식을 가지고 살아야 한다고 말할 수 있다. 성경의 시각을 회복해가는 사람들은 이제 그저 낯선 사람들을 이주자라고 말할 것이 아니라 자신들 스스로 이주자라고

---

45 이런 점을 지적하면서 주의하여 표현하기를 요청하는 글로 Seung-Goo Lee, "Proposal for an Apostolic, Biblical, Eschatological Theology: From a Korean Context," in *Religion without Ulterior Motive*, ed. E. A. J. G. van der Borght (Leiden and Boston: E. J. Brill, 2006), 175f.을 보라.

생각하면서['주체로서의 이주자'], 이 땅에서 할 일을 위해 파견된 나그네로
서의 사명 의식을 가지고 살아야 했다. '주체로서의 이주자'로서 사람은
이 땅 가운데서 하나님이 원하시는 대로 땅과 그 안에 모든 것을 지배하는
일을 해야 했다.

　이와 같이 '주체로서의 이주자' 의식을 갖는 것이 이주자에 대한 성격적
사유를 하기 시작한 것이라고 말할 수 있다. 그러나 성경적 신학적 사유는
여기서 멈추지 않는다. 주체로서의 이주자 의식은 이 땅에 있는 다른 이들도
역시 같은 시각으로 보는 것이다. 그러므로 이제부터 '주체로서의 이주자'
의식을 가진 사람들은 이 땅에서 어떻게 다른 사람을 보아야 하는지에 대하
여 논의해 나가도록 하자.

대상(객체)으로서의 이주자

　다른 사람을 이주자로 볼 때 (즉 다른 사람들을 '객체로서의 이주자'로
보게 될 때) 우리는 항상 우리가 이주자였다는 것을 기억해야 한다. 구약의
경우에는 출애굽 한 이스라엘 백성들에게 후에 가나안 땅에 들어가 살면서
다음 같은 점을 유의하면서 살라고 명령하고 있다. "너는 이방 나그네(חוֹשָׁב)
를 압제하지 말며 그들을 학대하지 말라 너희도 애굽 땅에서 나그네(גֵרִים)였
음이라"(출 22:21). "너희는 나그네를 사랑하라 전에 너희도 애굽 땅에서
나그네 되었음이니라"(신 10:19). 이렇게 자신들의 백성으로부터 떨어져서
남의 땅에 사는 이주자들은 학대받기 쉬웠으므로 이스라엘 백성들은 자주

그들을 보호하도록 요구받고 있다(신 14:29).[46] 그렇게 하지 않으면 하나님께서 그들의 책임을 물으실 것이다. 하나님은 이렇게 도움 없는 자들의 보호자가 될 것이기 때문이다.[47] 물론 그렇게 해야 하는 더 나은 이유 중의 또 하나는 하나님께서 친히 "나그네(רֵג)를 사랑하사 그에게 식물과 의복을 주시는" 분이기 때문이기도 하다(신 10:18). 그러므로 가나안 땅에 살 때에라도 이스라엘 백성들은 자신들의 하나님의 어떠하심을 본받아서 그 땅에 온 이주민들과 나그네를 잘 받아 사랑해야 하는 것이다. 그 대표적인 예의 하나로 안식일에는 자신들만 쉬는 것이 아니라 "문 안에 머무는 객이라도 아무 일도 하지 말라"고 하는 것이다(출 20:10).

사실 이방 사람들을 사랑하고 잘 대접하는 것은 스쳐 지나가는 객들이라도 후히 대접하던 아브라함 등의 모범에서도 나타나고 있다. 이 점을 염두에 두면서 신약의 백성들에게도 "손님 대접하기를 잊지 말라"는 권면이 주어져 있다(히 13:2).

이를 좀 더 구체화하기 위해 우리는 '객체(대상)로서의 이주자들'을 더 세부적으로 나누어 생각해 보기로 하자.

우리 가운데 있는 외국인들

이전부터도 때때로 외국인들이 한국 땅에 와서 뿌리를 내리고 사는 일이 있었지만 (가장 유명한 예로 하멜 등을 생각해 보라. 또한 고려 때에 우리나라에 와 있던 원나라 사람들이나 조선 말기의 청나라 사람들을 생각해 보라),

---

[46] Wenham, 126.

[47] John Durham, *Exodus*, Word Biblical Commentary 3 (Waco, Texas: Word Books, 1987), 328.

이제는 여러 가지 이유로 더 많은 여러 종류의 이방인들이 한국 땅에 들어
와 살고 있다. 이 땅에서 나그네와 행인으로서의 의식을 가지고 사는 (그러므
로 영적인 이주자들, 영적인 나그네와 행인들이라고 할 수 있는) 그리스도인
들은 이런 물리적인 나그네(장단기 거류 외국인들?)와 행인들(여행객들?)
에 대하여 마치 이전 이스라엘 백성들이 받았던 명령과 같은 것을 실천하려
고 해야 한다. 그들은 우리의 대접의 대상이요 사랑의 대상이 된다. 예전
이스라엘 백성들이 자신들도 전에 이집트 땅에서 나그네와 낯선 사람들로
살았던 것을 생각하면서 그들을 진정으로 사랑하고 그들을 잘 대접해야
했듯이 우리들 가운데 있는 물리적인 나그네와 행인을 그들의 필요를 알아서
잘 대접하는 일에 최선을 다해야 한다.

혼인했거나 귀화한 사람들

우리나라 사람과 혼인하거나 우리나라로 귀화한 외국인들에 대해서는
그 어떤 차별도 하면 안 된다는 것은 아주 명백한 일이다.

다른 종교인들과 무종교인들

이주자 문제에 있어서 좀 낯선 주제이기는 하지만 '객체(대상)로서의
나그네와 행인'의 하나로 우리는 다른 종교를 지닌 사람들과 종교가 없는
사람들을 포함시켜 생각할 수 있다. 사실 그들은 우리 하나님께서 창조하시
고, 그리스도 안에서 새롭게 하여 새로운 피조계로 만드신 세상에서(고후
5:17) 그 세상을 바르게 이해하지 못하고 자신들이 그 세상의 주인이라고
생각하는 낯선 이들이다. 그들이야말로 하나님의 이 세상의 나그네이다.

우리는 다른 종교를 가진 이들과 무종교인들에 대하여 과거의 일부 교회에서 그리했듯이 박해하면 안 된다. 오히려 그들에게 우리 하나님의 사랑을 베풀어 그들을 감화시키려고 해야 한다. 사랑으로 감화시키는 것은 손 대접하라고 하신 하나님의 뜻을 온전히 이 세상에 실현하는 길이 아닐 수 없다.

'객체로서의 이주자'의 근본적 기여

'객체로서의 이주자'는 결국 우리들을 우리로서 인식시키고 우리들을 사람답게 하는 기여라고 할 수 있다. 레비나스(E. Levinas)의 철학적 사유에서 타자의 얼굴에서 자신과 결국 하나님을 발견하는 것을 이와 연관해서 생각해 볼 수 있다. 사실 레비나스처럼 깊이 있게 생각하지는 못한다고 해도 우리는 다른 이들이 우리들 가운데 있다는 것으로 인해서 많은 도움을 얻을 수 있다. 우리 주변에 우리와 다른 사람들이 있다는 것은 우리들로 하여금 우리가 과연 누구인지 명확히 자각하게 하는 데 도움을 준다. 그러므로 그들이 우리에게 있다는 것은 우리에게 도움이 되는 것이고, 우리에게 주어지는 은혜이다(일반 은총의 한 측면).

그러나 레비나스의 생각에서 한 가지 문제는 그가 하나님을 항상 타인의 얼굴에서만 찾으려고 한다는 것이다. 그리하여 이웃이 없으면 하나님을 발견할 수 없듯이, 또한 이웃을 사랑하는 것으로 하나님 사랑하는 것을 소진(消盡)할 수 있는 것으로 여기는 것에는 문제가 있다.[48] 레비나스처럼 극단적으로 나아가지 않으면서 우리들은 우리 주변의 다른 이들로 인해서 우리의 참된 모습을 찾아야 할 것이다. 그렇다면 '객체로서의 이주자' 는

---

[48] 이 점에 대한 지적과 레비나스에 대한 소개와 논의로 Seung-Goo Lee, *Kierkegaard on Becoming a Christian* (Zoetermeer: Meinema, 2006), 93-95.

우리들을 참된 사람으로 만드는 데 큰 기여를 하는 것이 된다.

더불어 사는 일의 의미

이제 우리에게 남은 일은 '주체로서의 이주자'인 그리스도인들과 우리가 위에서 생각한 다양한 '객체로서의 이주자들'이 서로 힘을 합하여 이 땅에서 더불어 살아가는 일이다. 이것은 그저 서로 다른 사람들이 같이 사는 것 정도의 이야기가 아니다. 이 두 종류의 이주민들이 더불어 사는 삶에는 적어도 '주체로서의 이주자' 의식을 가진 사람들에게는 다른 차원과 의미가 있는 것이다.

하나님 나라 정신의 실현

'주체로서의 이주자' 의식을 가진 사람들에게는 이 세상에서 사는 일 전부가 다 하나님 나라 백성으로 사는 의미를 지닌다. 어떤 일을 하든지 이들에게는 삶 전부가 하나님 나라 백성으로서의 삶이고, 모든 일이 하나님 나라를 이 땅 가운데 드러내기 위해 하는 것이다. 그러므로 '객체로서의 이주자'들과 더불어 사는 일도 그에게는 하나님 나라를 드러내기 위해 사는 것이다. 어떤 다른 일을 하지 않더라도 그저 사람답게 함께 사는 것이 예수 그리스도 안에서 이미 이 세상에 들어온 그 나라의 질서를 드러내는 일이다.

일차적으로 그들이 그렇게 생각하지 않고, 그 의미를 모를지라도 적어도 '주체로서의 이주자' 의식을 가진 사람은 그리스도 안에서 회복된 따뜻한

인간관계를 나누는 삶을 살아가야 한다. 깊이 사랑하는 사람으로 사는 것이 이 세상을 사는 자신의 이유와 목적이기도 하기 때문이다. 함께 살며 인간의 본래적 모습을 드러내며 나누고 깊이 사랑함으로써 하나님 나라가 과연 어떤 것인지를 드러내는 것이다. 이처럼 참으로 사랑하면서 더불어 사는 삶이야말로 하나님 나라를 잘 드러내는 것이요 하나님 나라의 일이기도 하다.

그렇게 더불어 사는 과정 가운데서 자연스럽게 그 하나님 나라에 대하여 말로 표현도 하고, 그리스도께서 이 나라를 가져 오셨으므로 그리스도와의 의식적인 인격적 관계로만 그 나라에 들어가며 또 그 나라의 백성이 될 수 있다고 소개도 하고 권면도 하는 일이 따라 나와야 한다. 이처럼 말로 하는 복음 전도라는 것은 평소에 삶 속에서 나타내 보이던 하나님 나라를 구체적으로 제시하고 그 하나님 나라의 기쁜 소식[福音]을 선언하여, 그 복음을 믿고 순종함으로써 그 나라 안으로 들어와 살도록 하게 하는 일이다. 이 말로 하는 복음 전도, 즉 하나님 나라의 기쁜 소식을 전하여 믿고 그 나라의 백성이 되게 하는 일은 하나님 나라를 이 땅 가운데 드러내는 일의 중요한 한 측면이다.

그러나 하나님 나라 백성으로서 그 나라 백성답게 함께 사는 일을 제대로 감당하지도 못하면 하나님 나라의 복음을 전하여 믿게 하는 일에 큰 지장을 줄 수 있다는 것을 명심해야 한다. 이와 같이 '주체로서의 이주자' 의식을 가진 진정한 그리스도인들은 행동이나 말로나 항상 하나님 나라를 위해 사는 것이고, 하나님 나라를 사는 것이다. 즉 하나님의 통치하심을 자신의 삶과 말로 이 세상 앞에 드러내는 것이다.

외국인들과 더불어 사는 일

우리와 함께 사는 외국인들을 사랑하는 일은 우리의 큰 사명이기도 하다. 아브라함이 낯선 이들에게 그야말로 융숭하게 손님 대접하려고 한 것을 보면서, 또한 이교적 생활 방식의 영향을 받고 사는 롯조차도 손님들을 돌아보는 일에 있어서 매우 열심이었음을 관찰하면서, 우리 사회 속에 들어와 살고 있는 이방인들, 즉 객체로서의 이주자들을 우리들에게 오신 손님으로 극진히 대접하려고 해야 한다. 그렇게 함으로써 그들에게 하나님 나라는 드러나게 된다. 그것이 사랑을 실천하는 것이며, 진정 인간답게 삶을 나누는 것이다. 그들의 모든 권리를 보호하는 것, 더 나아가서 그들이 더 연약한 위치에 있으므로 그들을 돕는 것이 우리가 해야 할 일이다.

구체적으로 어떻게 해야 하는가 하는 데에는 우리나라 사람들이 외국에서 살거나 여행할 때에 부당하게 취급받은 것에 대한 일반은총적 의식에서 도움을 받을 수 있다. 우리가 그런 형편에 처해 있을 때에 아주 자연스럽게 부당하고 옳지 않은 것으로 판단했다면 그것은 그 누구에게라도 불공평하고 옳지 않은 것이 되는 까닭이다. 재미 교포나 재일 교포나 재중 조선족들이나 러시아와 중앙아시아에 사는 고려인들이 해당 국가나 그 주류 시민들로부터 차별 받는 것에 대하여 그런 차별은 도무지 있어서는 안 될 일이라고 생각한다면 우리나라에 살고 있는 모든 외국인들도 차별되어서는 안 될 것이다. 이때 역지사지 하는 태도가 구체적인 문제 앞에서 과연 어떤 것을 지지해야 하는지 분명히 해 줄 것이다. 우리가 외국에서 그 어떤 종류의 차별받는 것도 용납할 수 없다는 그 동일한 원칙으로써 외국인들을 차별할 수 없다는 것이다. 그러므로 우리나라 사람들끼리 그 어떤 기준에 의해서도 차별하지 않아야 한다는 원칙을 동일하게 외국인들에게도 그대로 적용해야 할 것이다.

  그런데 예를 들어, 국민 소득이 현저하게 낮은 지역에서 온 외국인 이주 노동자들의 임금 수준을 어떻게 해야 하는가 하는 것이 심각한 논의거리가 될 수 있다. 현실적으로 낮은 노동 임금을 이용하려고 외국인 이주 노동자를 받는 것을 어떻게 해야 하느냐는 것이다. 경제학자들과 현실적으로 노동 문제를 다루는 이들 사이에는 입장 차이가 날 수 있다. 전체 국민 소득이 아주 작은 지역에서 온 외국인들에게는 상대적으로 작은 임금을 주고, 물가가 비싼 우리나라의 노동자에게는 더 많은 임금을 주는 것이 공평한 것인지, 아니면 국민 소득에 따라서 그에 부합하게 하는 것이 공평한 것인지 하는 윤리적 논의도 나올 수 있다. 그러나 일정한 기간이 지나고 나면 동일 노동에 대해서는 동일한 임금을 주어야 한다는 방향으로 진전해 갈 수밖에 없을 것이다. 그 일에 숙련되기까지는 일정한 임금의 차이가 있을 수 있으나 한국인 노동자와 동일한 생산성을 내는 경우에는 외국인이라고 해서 임금을 차별한다는 것은 불공정한 것이라고 하지 않을 수 없다. 그런 경우가 미국이나 캐나다나 호주나 일본 등지에서 한국인들에 대하여 발생할 경우 우리는 그런 상황이 옳지 않으며 부당하다고 하지 않겠는가? 우리나라 사람들도 다른 나라에서 그와 같이 임금 차별을 받으니 다른 나라 사람들도 여기서 그와 같이 취급받는 것이 당연하다고 하는 논의는 부정의를 확신하는 것밖에 되지 않는다. 그러나 과연 어느 기간 동안 임금 차별을 둘 것인지, 언제부터 동일 노동에 대한 동일 임금의 원칙을 적용해야 하는지, 그렇게 할 경우에 과연 경제적으로 지속 가능한 고용을 할 수 있겠는지 하는 등의 논의는 경제학자들과 함께 심각하게 논의해야 하는 복잡한 문제라고 여겨진다. 여기서는 단지 우리가 궁극적으로 나아가야 하는 방향만 지적하는 것으로 그치고자 한다.

또한 아마 가장 기본적인 차별 금지는 외국인에 대해서도 범죄자가 아닌 한 그 어떤 압제도 가하지 않는다는 것과 범죄자의 경우에도 인권을 존중하면서 형벌을 받게 해야 할 것이다.

오랫동안 단일 민족으로서 하나의 혈통을 중시하면서 살아 온 우리나라 사람들은 심지어 그리스도인들조차도 오랫동안 이 문제에 있어서 하나님의 뜻대로 생각하지 못한 죄가 있다. 더구나 하나님의 뜻에 따라 느끼거나 하나님의 뜻에 따라 살고 행동하지 않은 죄는 더 크고 많다고 할 수 있다. 이론적으로는 이방인들을 차별하지 않아야 한다고 생각하는데, 감정적으로나 실력과 능력 없음으로 인해 실천적으로는 저들을 배제하고 우리만의 사회를 유지하려고 한 적이 많다. 사실 처음부터 다민족 국가인 미국이나 근자에 다민족 국가를 지향해 가는 호주 같은 나라보다도 우리나라에서 외국인과 다른 인종들에 대한 편견과 차별이 더 심하다는 것을 부인하기 어렵다. 오랫동안 그리스도인들도 많은 편견과 차별을 가지고 대해 왔던 외국인들과 다른 인종에 속한 사람들에 대해서 한국 교회와 그리스도인들이 이제 과거에 했던 것에 대해서 참으로 회개하면서, 그 어떤 편견도 갖지 않도록 노력하고 그 어떤 차별도 하지 않으려는 노력을 기울일 필요가 있다.

그러나 그와 같은 변화가 일어나는 것은 단번에 이루어질 수 있는 일이 아니다. 따라서 우리는 오랫동안 노력하고 교육하면서 점차 그런 방향으로 틀고 나가야 한다. 이를 효과적으로 하는 방안의 하나는 기독교적인 의미의 반편견, 다문화 교육(multi-cultural education)을 제대로 시도하는 것이다.[49] 이 세상에서 흔히 언급되는 반편견, 다문화 교육의 문제점을 분명히 의식하면서 성격적이고 기독교적인 다문화 교육을 시도하여, 우리도 그렇게 노력하면서 적어도 다음 세대는 비성경적인 편견을 가지거나 그런 차별을 하지 않도록 하는 일에 힘을 다해야 한다.

혼인하거나 귀화한 자들

이 경우에 있어서 그들은 이미 법적으로는 우리나라 국민들과 동일한 보호 하에 있을 것이다. 그러나 우리나라 언어와 풍습 등에 낯설 뿐 아니라 우리의 감정 때문에 충분히 동등한 보호가 주어지지 않을 위험은 항상 존재한다. 이런 경우의 대상자는 다른 이들보다 더 연약한 약자에 속한다. 그러므로 우리는 늘 약자를 더 배려하는 기독교적 원칙에 근거해서 그들을 좀 더 보호하려고 노력해야 할 것이다. 성경에서 손님과 객을 사랑하고 잘 대접하라고 한 것은 오늘 우리 상황에서는 바로 이런 함의를 지닌 것으로 해석해야 할 것이다. 그러므로 우리나라 사람들과 혼인하거나 온전히 우리나라 사람으로 귀화한 사람들에 대해서는 (1) 법이 보호하는 대로 우리나라 사람과 똑 같이 취급하는 것은 물론 (2) 그들이 가지고 있는 어려움을 감안해서 좀 더 친절하게 대하는 일에 힘써야 할 것이다.

---

[49] 오늘날의 반편견, 다문화 교육의 문제점을 지적하면서 기독교적 검토와 제안을 하는 논문으로 이승구, "다문화 교육에 대한 기독교적 접근: 기독교적 다문화 교육의 가능성과 시도", 『21세기 개혁신학의 방향』 (서울: SFC, 2005), 513-45를 보라.

다른 종교를 가진 자들

기독교 외의 다른 종교를 가진 사람들이나 종교가 아예 없다고 하는 사람들을 우리와 더불어 사는 '객체로서의 이주자'로 본다면 우리는 그들에게 복음을 전하여 그들을 하나님 나라에로 이끌어 들이기까지 그들을 우리와 더불어 살아가는 사람들로 여기며 존중해야 한다. 다른 종교 가진 분들과 더불어 사는 사회는 결국 이 세상을 다원적 사회, 다종교적 사회로 있게끔 한다. 이런 모습으로서의 다원주의는 규범적 입장으로서의 종교 다원주의와는 상당히 다른 것이다. 현상으로서의 종교 다원적 상황 속에 살면서 우리는 다른 이들을 사랑하는 마음으로 그들을 근본적으로 변화시킬 목적을 가지고서 그들이 동의하고서 우리에게 나아 올 때까지 그들을 인정하며 받아주어야 한다.[50]

지금까지의 논의의 결론으로 우리는 과연 무엇을 말할 수 있을까? 많은 외국인들이 우리 사회 속에 함께 와 살고 있는 상황 속에서 하나님 나라 백성다운 태도를 분명히 나타내기 위해 우리는 근본적으로 '주체로서의 이주자' 의식을 더 분명히 해 가야 할 것이다. 그것을 분명히 할 때에만 우리는 다른 이주자들을 고려하고 그들에 대하여 사랑의 손길을 펼 수 있는 좋은 토대를 마련하게 될 것이다. '주체로서의 이주자' 의식이야말로 우리의 이주자 신학의 가장 근본적 토대라고 할 수 있다.

이런 접근은 주체 중심적 접근이어서 근대적이고, 포스트모던적 상황에 부합하지 않는 것이라고 할 사람들이 있을 수 있지만, 오히려 '주체로서의

---

50 불교도와 관련하여 이런 태도를 나타내는 일례에 대한 설명으로 이승구, 『한국교회가 나아 갈 길』 (서울: SFC, 2007), 182-88을 보라.

이주자' 개념은 현대의 주체 중심의 문제를 해결해 갈 수 있는 의식이라고 할 수 있다. 왜냐하면 '주체로서의 이주자 의식'은 결국 하나님 앞에서 자신에 대한 의식과 그 결과로 나타나는 다른 사람에 대한 의식을 포함하기 때문이다.

점점 많은 사람들이 이주자로 살아야 하고 또 그렇게 살게 되는 이 세상 속에서 사람들의 갈등과 문제를 최소화하고 그것을 근본적으로 해결하는 유일한 방법도 결국 성경의 통찰을 따라서 우리가 참된 '주체로서의 이주자 의식'을 가지고 우리 주변을 돌아보며 함께 사는 일을 심각하게 생각하고 그 일을 실천하는 방법뿐이라고 여겨진다. 다른 시도들은 더불어 사는 사람들을 우리 중심으로 통제하여 우리가 사는 사회에서 문제가 발생하지 않게 하는 관리식 방법으로 나타나게 될 뿐이다. 이런 관리적 방법은 결국 나-너의 이분법을 극도로 가지면서 나를 중심으로 생각하고 모든 문제를 보려는 것이다. 그러나 '주체로서의 이주자 의식'은 하나님과 하나님께서 해 나가시는 일에 근거하여 나를 규정하고, 이런 이주자가 다른 이주자와 기꺼이 함께 살라는 하나님의 명령에 순종하는 것이기에 이것만이 우리의 문제를 근본적으로 해결할 방법이 되는 것이다.

물론 하나님 앞에 철저히 서는 그 의미를 받아들이지 않은 사람들은 '주체로서의 이주자' 의식을 가질 수 없다. 그들과는 결국 이기적 이기주의 방식의 논의를 사용해서 일종의 공리주의적 입장에 근거하여 상호간의 마찰을 극소화하는 방법을 도모하는 수밖에 없을 것이다. 그러나 그것은 세계의 온갖 종류의 사람들이 섞여 사는 상황의 문제를 해결하는 소극적 미봉책에 불과할 뿐이다. 그러므로 궁극적으로는 하나님 앞에 서서 '주체로서의 이주자 의식'을 갖게 되는 것만이 우리의 문제를 해결하는 것이 된다. 문제는 참으로 진지하게 이런 의식을 가져야 한다는 것이다. 이는 피상적인 것도 아니고, 말만 그렇게 하는 것도 아니다. 그렇게 하는 한 우리는 진정으로 하나님 앞에 선 것도 아니고, 진정한 '주체로서의 이주자 의식'을 가진 것도 아닌 것이다. 부디 우리 모두 이런 의식에 충실해서 이 다문화적 사회 속에서 하나님 나라를 드러내는 운동에 헌신할 수 있기를 원한다.

5부
의료문제

"이 세상에서의 물리적 생명이 그치는 것은
성경과 기독교적 관점에서 볼 때
그의 생명의 상대적인 마지막에 이른 것으로 보아야 한다.
물리적 생명이 그쳤다고 해서
생명 자체가 없어지는 것이 아니기 때문이다."

9. 안락사?

인간 생명의 고귀성을 천명하는 우리는 인간 생명의 시작과 함께 그 인간 생명의 마지막이 과연 언제인가 하는 문제도 깊이 있게 생각하지 않을 수 없다. 인간 생명의 마지막과 마지막에 이르는 과정 속에 있는 사람들에 대하여 어떤 식의 태도를 갖는 것이 가장 성경적이고 기독교적인 것인지에 대하여 논의할 필요가 있다. 이를 위해 우리는 다음의 몇 가지 점을 살펴보려고 한다. 성경이 말하는 인간 생명의 끝은 과연 어떤 것인가? 물리적 죽음이라는 인간 생명의 상대적 마지막에 대하여 성경적이고 기독교적인 관점으로 가장 적절한 이해는 어떤 것인가? 뇌사란 무엇인가? 기독교적 관점에서 소위 "안락사"라는 것이 가능한 것인가? 소위 "존엄사" 논쟁과 관련하여 자연사를 존엄사로 규정한다고 할 때 이런 입장에서 구체적인 치료 방식은 어떠해야 하는가? 이런 상대적 마지막을 향해 가고 있는 사람들에 대한 우리의 치료와 처치의 태도는 과연 어떠해야 할 것인가? 이제 이러한 여러 가지 문제들에 대하여 생각해 보고자 한다.

인간 생명의 끝

인간 생명의 끝에 대한 생각은 인간 생명의 시작에 대한 논의보다[1] 더
어렵고, 서로 다른 입장에서 서로 다른 논의가 많이 나올 수 있는 문제이다.
먼저 기독교의 성경적, 신학적 의미에서의 기본적 토대를 제시하고, 이에
근거하여 우리가 생각하는 인간 생명의 끝 문제를 논해 보기로 하자.

성경과 성경을 따르는 신학에 따르면 하나님께서 창조하신 인간 생명은
이 세상에서 인간이 죽는다고 해서 끝에 이르는 것이 아니다. 이 세상에서
죽은 사람들도 하나님 앞에서는 살아 있고,[2] 자신들의 삶에 대한 책임을
져야 한다. 그러므로 십자가의 구속의 공로를 의지한 자들은 사후에도 그리
스도와 함께 하나님 면전에 있고,[3] 그리스도의 구속의 공로를 의지하지
않은 자들은 그 영혼이 지옥의 고통을 미리 받게 되어 있다. 이 기간을
중간기(intermediate period)라고 하고, 이런 상태를 중간기 상태 또는
중간 상태(intermediate state)라고 한다.[4] 이 중간기 상태에 있는 이들도

---

[1] 성경적 신학적 입장에서 인간 생명에 대한 논의로 성산생명윤리연구소 설립 1주년 기념
세미나로 발제한 "생명의 시작에 대한 신학적 논의"를 보라. 그 내용이 필자의 『인간 복제,
그 위험 도전』, 개정판 (서울: 예영, 2006)의 제1장과 2장을 구성한다(17–54).

[2] 하나님은 "죽은 자들의 하나님이 아니고 산 자들의 하나님"이라고 하신 말씀의 한 의미는
이런 의미로 해석될 수 있다.

[3] 이 점을 잘 드러내고 있는 George Eldon Ladd, *Last Things* (Grand Rapids: Eerdmans,
1978), 이승구 역, 『마지막에 될 일들』, 개정판 (서울: 이레서원, 2000); idem, *A Theology
of the New Testament* (Grand Rapids: Eerdmans, 1974), 553.

[4] Cf. Charles Hodge, *Systematic Theology* (Grand Rapids: Eerdmans, 1940), III:
713–30; W. G. T. Shedd, *Dogmatic Theology* (1889, Grand Rapids: Zondervan, n.d.),
II: 591–640; Louis Berkhof *Systematic Theology* (Grand Rapids: Eertdmans, 1941),
679–93; Anthony A. Hoekema, *The Bible and the Future* (Grand Rapids: Eerdmans,
1979).

결국 온 세상의 마지막을 기다리게 되는데, 일정한 시간이 흘러 예수님께서 이 세상에 다시 오실 때에 (예수님 당시의 사두개인들처럼 부활과 같은 것이 없다고 생각한 것과는 달리) **모든 사람이 다 같이 부활하여** 모든 사람이 다 그리스도의 심판대 앞에서 심판을 받게 된다. 이것을 일반 심판(general judgment) 또는 최후의 심판(the Last Judgment)이라고도 한다. 이 최후의 심판 때에 이 세상에서 예수님께서 십자가에서 이루신 구속의 공로를 의지한 자들은 그리스도의 공로로(오직 이 공로로만!) 공적으로 의롭다 함을 선언 받고서(이것이 신자들에 대한 최후 심판의 의미이다!), 그 부활한 몸을 가지고 영원히 "새 하늘과 새 땅"에서 살게 된다. 그러므로 참 신자의 최후 상태는 그저 영혼만으로 존재하는 하늘(heaven)이 있는 상태가 아니라, 몸과 영혼이 다 온전해진 상태 가운데서 적극적으로 하나님을 위한 사역을 감당하는 "새 하늘과 새 땅"에 있게 된다.[5] 이와는 반대로 십자가의 공로를 의지하지 않은 자들은 부활한 몸으로 정죄를 공개적으로 선언 받고 몸과 영혼이 모두 영원한 형벌을 받게 된다. 이는 영원한 형벌의 상태이고, 우리가 능히 상상할 수도 없는 가장 무시무시한 상태이다.[6]

이런 성경과 성경에 따르는 기독교적 이해에 의하면 하나님께서 창조하신 인간 생명의 끝은 사실상 없으며, **그것(인간 생명의 끝)에 가장 부합한 상태는 영원한 형벌의 상태**라고 할 수 있다. 영원히 그 존재가 사라지지 않고 영원히 영육간의 고통 가운데 있는 상태는 사실상 생명이신 하나님으로

---

5 이 점에 대한 좀 더 자세한 논의를 보려면 이승구, "예수 믿는 이는 죽으면 어떻게 되는가?", 『기독교 세계관으로 바라보는 21세기 한국 사회와 교회』 (서울: SFC, 2005), 95-103: 그리고 이승구, 『한국교회가 나아 갈 길』 (서울: SFC, 2007), 152-61을 보라.

6 Cf. William G. T. Shedd, *The Doctrine of Endless Punishment* (New York: Scribner, 1886).

부터 단절된 상태이므로 영원한 사망의 상태라고 할 수 있으며, 마지막을 항상 경험하는 상태라고도 할 수 있다. 이들이 최후 심판 이전에 그 영혼이 미리 고통 받고 있는 상태도 그에게는 하나님이 없는 상태요, 하나님으로부터 버림받은 상태요, 사실 희망이 없는 상태이다. 그 이전의 불신하는 인간은 스스로 자신의 삶을 영위하려고 애쓰는 상태이므로 물리적 생명은 그 안에 있으나 진정한 생명은 그 안에 있지 아니한 살아 있으나 죽은 자로 사는 것이다.

그러나 그런 상태의 인간 생명을 이 세상에서는 일반적으로 생명(βίος)이라고 하므로 그런 생명이 끝나는 것은 그가 물리적으로 죽게 되는 것을 뜻한다고 할 수 있다. 이 세상에서 영생(ζωή)을 누리는 신자들도 그의 물리적인 생명은 물리적 생명이 그치는 때에 끝난다고 말할 수 있다. 그러나 이때에도 그는 하나님 앞에 살아 있는 것이다. 따라서 이 세상에서의 물리적 생명이 그치는 것은 성경과 기독교적 관점에서 볼 때 그의 생명의 **상대적인 마지막**에 이른 것으로 보아야 한다. 물리적인 생명이 그쳐졌다고 해서 생명 자체가 없어지는 것이 아니기 때문이다. 물리적인 생명(physical life)을 넘어서는 성경적이고 기독교적인 영원한 생명에 대한 이해와 그와 연관된 사망에 대한 이해가 여기 있다.

물리적 죽음

성경적, 기독교적 생명 이해에 따르면 우리의 물리적 죽음(physical

death)이란 그저 몸이 죽는 것이다. 이것은 창조 때에 하나님께서 그것을 원하지 않으신 인간의 죄에 대한 결과로 인간에게 부가된 형벌일 따름이다. 죽음은 인간의 죄에 대한 직접적 결과이다. 그러나 기독교적 이해에 의하면 몸은 죽어도 살아 존재하는 것이 있으니 그것이 영혼이다. 그래서 우리 주님께서도 "몸은 죽어도 영혼(ψυχή)은 능히 죽이지 못하는 자들을 두려워하지 말"라고 말씀하셨다(마 10:28상). 이 구절은 사람이 참으로 영혼과 몸이라는 두 부분으로 구성되어 있음을 분명히 확인해 주고 있다.[7] 사람이 살아 있는 동안에는 몸과 영혼이 어떻게 연합하여 있는지 설명한다는 것이 매우 어렵다. 우리가 말할 수 있는 것은 사람은 단순한 물리적 유기체인 몸으로만 있는 것이 아니라, 그 몸 안에 우리가 알지 못하는 영혼이 같이 있다는 것뿐이다. 그런데 사람이 죽게 되면 그 몸과 영혼이 분리된다.[8] 그래서 몸이 더 이상 기능을 하지 못하게 되는 상태에 이르렀을 때에 우리는 영혼이 그 몸 안에 있지 않고 신자의 경우에는 그리스도와 함께 하나님 면전에 있게 된다고 말하는 것이다. 그러므로 우리의 물리적 죽음은 그저 몸의 죽음일 뿐이다. 이 문맥에서 말하는 것을 강조하자면 핍박자들은 우리 몸의 생명(bodily life)만을 그치게 할 수 있을 뿐이다.[9] 그렇게 되면 몸은 죽으나

---

[7] 이를 아주 분명히 표현하는 논의로 Craig L. Blomberg, *Matthew*, The New American Commentary 22 (Nashville, Tennessee, Broadman Press, 1992), 177("'Body' and 'soul' point to a fundamental dualism in human beings"); J. W. Cooper, *Body, Soul and Life Everlasting* (Grand Rapids: Eerdmans, 1989); 그리고 David L. Turner, *Matthew*, Baker Exegetical Commentary on the New Testament (Grand Rapids: Baker Academic, 2008), 279를 보라.

[8] 특히 이 점을 분명히 특정해서 언급하는 Blomberg, 178을 보라. 그는 눅 23:43; 고후 5:1-10; 빌 1:23-24을 같이 언급하고 있다.

[9] Leon Morris, *The Gospel According to Matthew* (Grand Rapids: Eerdmans, 1992), 262.

영혼은 살아 있게 된다. 영혼은 일단 창조된 후에는 지속성을 가지도록 하나님께서 의도하신 것이고, 그렇게 창조하신 것이다. 영혼은 그 자체의 능력으로 영원히 사는 것이 아니라 하나님의 창조 방식 때문에 영속성을 지닌다.

이렇게 죽음 이후에도 잔존하는 인간의 한 부분인 영혼은 신자들의 경우에는 하늘에서 하나님과 지속적으로 교제하는 기쁘고 즐거운 상태에 있게 된다. 그렇기에 바울은 "내게 사는 것이 그리스도니 죽는 것도 유익함이라"(Ἐμοὶ γὰρ τὸ ζῆν Χριστὸς καὶ τὸ ἀποθανεῖν κέρδος 빌 1: 21)고 말하고 있다. 그는 죽음 이후에도 주와 함께 함을 확신하였기에 "떠나서 그리스도와 함께 있"을(ὁ ἀναλῦσαι καὶ σὺν Χριστῷ εἶναι) 것도 확신 있게 말하며(빌 1:23) 원하는 것으로도 표현한다. 그렇기에 이런 사람에게는 죽음 자체도 유익한 것이고 복된 것으로 여겨지고 있다.

그런가하면 사는 동안에 하나님을 믿지 않는 사람들은 몸과 영혼 모두 지옥의 멸망의 자리로 들어가게 된다. 이때 예수님과 마태는 멸절(annihilation)이라는 뜻의 멸함을 뜻하는 것이 아니다.[10] 마태복음에서 지옥(γέεννα)은 최후의 심판에 따라 오는 불타오르는 형벌의 장소를 뜻한다.[11] 그러므로 여기서 예수님께서는, 레온 모리스가 잘 표현하였듯이, "우리가 **더 이상 존재하기를 그치게 된다는 뜻으로 말한 것이 아니고, 풍성하고 의미 있는**

---

10 이 점을 강조하는 다름 논의들을 보라. Morris, 263; Blomberg, 178.

11 Cf. 마 18:8; 25:41, 46. 또한 단 12:2도 보라. Turner, 279. 터너는 Joachim Jeremias ("hades," *TDNT,* I:147f.)나 William Hendrikson처럼 '게헨나'(γέεννα)와 중간기 상태의 고통을 장소를 뜻하는 '하데스'(ᾅδης)를 구별하여 말한다(Turner, 279). 그러나 이 둘을 너무 명백히 다른 것으로 언급할 필요는 없을 것이다. 중간기에는 영혼만이 고통을 당하고, 최후 심판 후에는 몸과 영혼이 모두 다 형벌을 받는다는 차이만 있을 뿐이다.

삶을 이루는 모든 것의 파멸을 뜻하는" 것이다.12 이것은 영원한 형벌의
상태를 뜻하는 말이다.13

그러므로 인간의 물리적 죽음은 몸과 영혼이 분리되는 것을 뜻한다. 이것
은 몸과 혼의 분리를 말한다는 점에서는 그리스적 개념과 비슷하나 실질적으
로는 전혀 다른 이해라고 할 수 있다.14 죽음을 몸과 영혼의 분리로 말하는
그리스적 개념은 물리적 죽음을 몸과 영혼의 분리로 이해한다는 점에서는
기독교적 개념과 비슷하나 기본적으로 몸 자체를 열등한 것으로 여기고,
영혼을 더 높고 고귀한 것으로 여기는 측면이 있다. 그러나 성경적 기독교는
몸과 영혼을 다 하나님께서 귀하게 창조하신 귀한 것으로 여긴다. 어느
하나를 더 높여서 영혼이 몸으로부터 분리되는 것은 해방으로 이해하거나
하는 정조(情操)가 성경적 기독교에는 없다. 이것이 그리스적 이해와 성경적
기독교적 이해의 근본적 차이점의 하나이다. (물론 초대 교회의 이단이었던
영지주의[靈知主義, Gnosticism]는 이런 그리스적 이해를 가지고 있었다.
바로 그 점이 영지주의가 성경적 가르침에서 벗어나 있다는 것을 말해 주는
매우 중요한 점이다. 영지주의뿐이 아니라 이런 영육 이원론을 말하는 기독

---

12 Morris, 263. 강조점은 필자가 덧붙인 것임.

13 Floyd Vivian Filson, *A Commentary on the Gospel According to St. Matthew* (Harper and Row, 1960, reprint, Hendrickson Publishers, 1987), 133("the hell of final, unalterable punishment … complete and final judgment"); Blomberg, 178; R. W. Yarbough, in C. Morgan and R. Peterson, eds., *Hell under Fire* (Grand Rapids: Zondervan, 2004), 67-90; and Turner, 279.

마 5:21-22의 세 가지 귀결절들은 모두 다 영원한 심판에 대한 표상적 표현들이라는 좋은 논의로 Blomberg, 107을 보라.

14 이를 생각하지 않고 몸과 영혼의 분리를 말하는 것은 그리스적인 것이라는 잘못된 주장의 대표적인 예로 Oscar Cullmann, *Immortality of the Soul or Resurrection of the Dead?* (New York: Macmillan, 1964); Francis W. Beare, *The Gospel According to Matthew* (Harper and Row, 1981; reprint, Peabody, Mass.: Hendrickson, 1987), 247f. 등을 보라.

교는 충분히 성경적이지 못한 기독교라고 할 수 있다.) 진정한 성경적 기독교는 영과 함께 몸도 귀하게 여긴다. 모두를 존귀하게 여기니 하나님께서 영과 몸의 창조주이시기 때문이다. 따라서 둘째로, 영지주의와는 달리 기독교는 몸의 부활을 강조하고 매우 중요하게 생각한다. 몸의 부활이 배제된 기독교는 그것이 어느 시대에 출현하였든지 결국 이 점에 있어서는 초대교회의 영지주의적 이단을 따르는 것이다. 그러므로 기독교에서 물리적 죽음을 영과 몸의 분리로 이해하는 것은 그리스적 사상을 따르거나 그리스적 사상의 영향으로 그렇게 이해하는 것이 아니다.

기본적으로 우리 주 되시는 예수님께서 인간의 물리적 죽음을 가리켜 몸만 죽이는 것이지 영을 죽일 수 있는 것은 아니라고 하셨다. 이 때 영이라고 번역된 말을 다른 맥락에서는 "생명"으로 번역할 수도 있으나 마태복음 10:28의 맥락에서는 그렇게 번역하기가 매우 어렵다. 그렇게 번역하면 말이 안 되기 때문이다. 그러므로 여기서는 "이 지상적 생명을 초월하며 죽음 이후에 잔존하게 되는 우리의 한 부분을" 지칭하는 것이다.[15] 그러므로 예수님에 의하면 인간은 물리적으로 죽을 때 몸과 영이 분리되는 것이다. 바울이 그렇게 생각한다는 것을 부인하는 사람은 거의 없으므로 이 점을 길게 논의할 필요는 없을 것이다.

구약에서도 죽음을 염두에 두면서 "흙은 여전히 땅으로 돌아가고 영은 그것을 주신 하나님께로 돌아가기 전에 기억하라"(전 12:7)고 하면서 우리가 죽어 땅에 묻혀도 잔존하는 것이 있음을 분명히 하고, 그것을 잔존하는 것을 "영"이라고 칭하고 있다. 구약에서도 물리적 죽음으로 모든 것이 끝이

---

15 Morris, 262, n. 62.

라고 하는 일은 없다.

그러므로 물리적 죽음은 영혼과 몸이 분리되는 일일 뿐이고, 물리적 죽음에서 영혼이 떠나가므로 그 이후로는 몸의 생명 작용이 그치게 된다. 여기에 인간의 독특한 모습이 있다. 영혼이 함께 있는 한 몸은 인간적인 생명 작용을 한다. 그러나 영혼이 떠나게 되면 인간에게서 그런 생명 작용은 더 이상 일어나지 않는다.

이로부터 우리가 인간 생명과 죽음에 대한 현대적 논의에 대하여 적용할 수 있는 중요한 관점 하나가 주어지게 된다. 1960년대 이전에는 환자의 호흡이 멈추고 피의 순환이 정지할지라도 그 상태가 지속적으로 유지되면 그것을 사망한 것으로 선언하는 것이 일반적이었다.[16] 그러나 20세기 중반 이후에 의학이 상당히 발전하면서 사람들은 도대체 인간의 물리적 생명의 끝이 어디인가를 묻게 되었다. 인공호흡 장치가 개발되자 자발적 호흡이 그칠 때면 인공호흡기를 부착하여 인공적으로 호흡을 할 수 있게 되어, 자발적 호흡을 못하고 혈액 순환이 그쳐도 그와 같은 상태가 지속되면 죽음이라고 말하는 것이 그리 쉽지만은 않아 보이게 되었다. 더구나 뇌파를 관찰하게 되면서부터는 전통적으로 받아들여지던 심폐사 이외의 뇌간을 포함한 뇌의 모든 기능이 비가역적으로 정지하는 뇌사를 인간의 물리적 생명의 끝으로 볼 수도 있지 않겠느냐는 논의가 일어나기 시작했다. 뇌파를

---

16 Stanley Joel Reiser, "The Dilemma of Euthanasia in Modern Medical History: The English and American Experience," in Stanley Joel Reiser, Arthur J. Dyck, and William J. Curran, eds., *Ethics in Medicine* (Cambridge, Mass.: MIT Press, 1977), 489를 인용하면서 이에 동의하는 John Jefferson Davis, *Evangelical Ethics: Issues Facing the Church Today* (Phillipsburg, New Jersey: Presbyterian and Reformed Publishing Co., 1985), 175를 보라.

감지하고 표현할 수 있는 의료 기술적 발전이 있기 전에는 도무지 생각할 수 없었던 새로운 문제가 의료 기술의 발전으로 제시된 것이다. 심장과 폐가 기능하는 데 뇌파가 잡혀지지 않고 표현해 낼 수 없다면 그것은 실질적으로 죽은 것으로 여겨도 되지 않느냐는 것이다. 1968년에 하버드 의대 뇌사 정의 위원회(Ad Hoc Committee to Examine the Definition of Brain Death)에서는 다음과 같은 기준을 충족시키는 경우들을 뇌사로 여길 수 있다고 규정한 바 있다. (1) 외적으로 주어지는 자극들과 내적 필요에 수용성도 없고 반응하지 않으며, (2) 자발적인 근육의 움직임도 없고 자발적인 호흡이 없으며, (3) 반사 반응들이(elicitable reflexes) 없을 때. 덧붙여서 뇌파가 잡히지 않는 것은 임상적인 판단에 "매우 큰 확언적 가치를 지닌다"고 하였다.[17] 더구나 이런 뇌사 상태에 빠지면 그로부터 최대한 2주 내에 심폐 기능의 정지가 온다는 것은 사람들로 하여금 이런 생각을 굳히게 하였다. 또한 장기를 기증하여 다른 이들을 위해 사용할 수 있게 하는 데에 뇌사된 사람들의 장기를 사용한다면 건강한 장기를 사용할 수 있으니 뇌사를 죽음의 기준으로 하면 결국 심폐사에 이를 환자들의 장기를 건강한 상태에서 적출하여 유용하게 사용할 수 있다는 생각에까지 이르렀다. 순전히 실용적인 입장에서만 생각하면 그런 사유를 하는 것은 전혀 문제가 없어 보인다.

그러나 인간 생명이 인간 생명인 한 우리들은 이 사망 문제 대하여 좀 더 규범적인 생각을 하지 않으면 안 될 것이다. 엄밀히 말하면 뇌사는 죽어가

---

[17] Alexander Morgan Capron and Leon R. Kaas, "A Stationary Definition of the Standards for Determining Human Death: An Appraisal and a Proposal," in Dennis J. Horan and David Mall, eds., *Death, Dying, and Euthanasia* (Frederick, Md.: University Publications of America, 1980), 42에서 재인용.

는 과정의 **끝이 아니고**, 죽어 가는 과정의 일부분이다. 현대 의학이 잘 밝혀 낸 바와 같이 뇌사에 이르면 최대한 2주내에 심폐사가 있게 된다. 그런 점에서 뇌사는 어떤 사람들에게 있어서는 **죽음에 이르는 과정의 하나**인 것이다. 어떤 이들은 뇌사 단계를 거쳐서 물리적 죽음에 이르고, 또 어떤 이들은 뇌사 단계를 거치지 않고 심폐사와 함께 뇌기능의 정지를 경험하게 되는 것이다.

이것을 우리가 위에서 언급한 기독교적 이해와 연관시켜 말한다면 다음과 같이 말할 수 있을 것이다. 영혼이 몸과 같이 있는 한(限) 인간의 몸은 생명 활동을 하게 된다. 따라서 소위 말하는 vitality를 check하는 것은 인간의 몸의 생명 활동을 점검하는 것이지만, 기독교적으로 보면 그 몸 안에 영혼이 있는지를 알아보는 것이라고도 할 수 있다. 전혀 vitality가 측정되지 않는 몸은 몸이 아니라 시체로 여겨진다. 이런 뜻에서 vitality가 전혀 감지되지 않을 때만 그것이 시체로 여겨져야 한다. 우리는 뇌사 상태에 빠진 사람들이라도 그들의 vitality가 측정되면 그 사람이 죽은 것이라고 할 수 없다. 뇌사 상태에 있는 사람에 대해서도 그 사람의 영혼이 그 사람 안에 있다고 해야만 한다. 따라서 물리적 죽음에 대한 신학적 이해는 결국 심폐사를 인간의 물리적 죽음으로 여겨야 한다는 것이다. 물론 성경이 기록되던 시대에는 뇌사라는 개념이 없었다. 그러나 성경이 말하는 인간의 물리적 생명의 의미를 현대 의학적 틀로 투영해 보면 우리는 기독교 신학적으로는 인간의 물리적 죽음을 뇌사에 적용할 수 없다고 단언할 수 있다.

이와 같이 인간의 물리적 죽음에 대한 신학적 이해는 인간 생명에 대한 매우 보수적인 이해라고 하지 않을 수 없다. 인간 생명의 시작을 "인간

정자와 인간 난자가 수정되는 순간부터"라는 보수적 이해도 그 수정란이 바로 세포 분열을 할 단계를 맞이하게 되고, 세포 분열과 같은 이런 생명 활동이 있다는 것은 그 안에 이미 영혼이 있음을 나타내 보여준다는 입장을 천명하는 것이다.[18] 이처럼 기독교적 생명 이해는 최후의 순간으로서 죽음도 인간의 물리적 생명의 끝으로 보는 것이다. 따라서 다시 한 번 더 강조하여 말하자면, 뇌사자는 아직 물리적으로 죽은 것으로 여겨서는 안 된다. 그러니 뇌의 기능 일부만이 정지된 사람은 뇌사 상태에 있는 것도 아니다. 더 나아가서 이런 뇌사자와는 다른 소위 말하는 식물인간 상태에 있는 사람은 전혀 죽은 것이 아님은 말할 나위도 없다. 거의 모든 의료계 인사들도 인정하듯이 지속적인 코마 상태(a state of comma)에 있는 소위 식물인간 상태의 사람은 뇌사 상태에 있는 것도 **아니고**, 더구나 물리적으로 죽은 것은 더 더욱 **아니다**. 그러므로 식물인간 상태에 있는 사람이나 뇌사 상태에 있는 사람들에 대해서도 다른 상태의 사람과 같이 존귀하게 여기되, 그들은 참으로 연약한 상태에 있는 사람들이므로 잘 보살피고 그들의 인권을 위해 노력하며 잘 돌보아야 할 것이다.

심폐사

위에서 밝힌 바와 같이 기독교적으로는 뇌사 상태가 아직 물리적으로

---

18 생명의 시작에 대한 이런 기독교적 입장에 대한 천명으로 이승구, 『인간 복제, 그 위험 도전』와 그 안에 언급된 여러 글들을 참조하라.

죽은 상태는 아니다. 그러므로 의학적으로나 법적으로도 뇌사를 인간 생명의 끝으로 규정하자는 시도가 있지 않도록 하는 데, 또한 그런 시도들이 성공하지 않도록 하는 데 최선의 노력을 해야 한다. 이를 아주 명백히 하면서도 또 한편으로 다음과 같은 상황은 허용할 수 있는 의료법적인 장치가 마련될 수 있게 하는 방안도 생각해 볼 만하다고 여겨서 여기서 제안해 보고자 한다.

우리는 임상적으로 뇌사에 빠진 사람들이 최대한 2주 안에 심폐사에 이른다는 것을 알게 되었다. 이런 사실을 잘 알고 있는 사람이 생전에 아주 명료한 방식으로 자발적이고도 자신의 의지의 근거해서 그리고 순전히 인도적인 동기에서 (즉 그 어떤 다른 동기, 특히 그로부터 금전적 유익을 얻으려는 동기나 가족들에게 금전적 피해를 적게 주려는 동기 없이) 만일에 자신이 뇌사 상태에 빠지게 된다면 그런 상태에서는 자신의 장기를 적출하여 필요한 사람들에게 이식해 주기를 원하는 내용의 글이나 녹음을 남겨 놓았을 경우에는 본인 자신의 의지를 존중하여 뇌사 상태에서도 장기 적출을 할 수 있도록 하는 방안은 허용되어야 하고 이를 위한 구체적인 방안이 마련되어야 한다고 본다. 이는 자신이 온전히 죽기(여기서 온전한 죽음은 심폐사에 이르는 것을 말함) 전에 자신을 희생하여 (이 경우 희생은 **순전히 자발적인 것**이고, 또 사실 최대한으로 말하여 2주 후에는 심폐사에 이를 것이므로 **최소한의 희생**이고, 희생이 아니라고도 할 수 있는 희생이다) 자신의 장기를 기증하겠다는 명백한 의사를 사전에 밝힌 것이므로 그 자신의 의사를 존중하여 장기를 적출할 수 있도록 허용할 수 있지 않겠느냐는 것이다.

의료계에서는 바로 그런 까닭에 뇌사를 죽음으로 규정해야만 할 것이라고 주장하는 이들도 많다. 그러나 그럴 경우 (1) 죽음은 생명 활동이 그친 상태, 즉 영혼이 떠난 상태로만 이해해야 한다는 근본적 원칙에 어긋나며, (2) 또한 뇌사를 죽음으로 규정하게 되면 자신이 원하지 않은 사람들의 인권을 침해하는 것이 되므로 뇌사를 죽음으로 규정해서는 안 될 것이다. 그러므로 단지 예외적인 조항으로 순전히 자발적으로 자기희생적 의도로 본인이 그 의사를 분명히 표시한 경우에만 뇌사 상태에 빠진 사람에게 장기 적출 시술을 할 수 있도록 허용하는 방안을 찾아야 할 것이다.

이를 위해 다음과 같은 예외 조항을 마련하는 방안을 제시해 보고자 한다. (1) 본인이 평소에 **순전히 인도적인 동기에서** 뇌사 상태에 빠지면 장기를 적출하여 장기 기증을 하도록 문서나 녹음 등에 의해서 자신의 자발적 의사를 아주 분명하게 표시한 경우에, (2) 2명 이상의 전문의가 그 사람이 뇌사에 이르렀다는 소견을 낸 경우에 한해서, (3) 외부 의료 기관의 1명 이상의 전문의의 소견을 청취하여 이와 일치하다고 판단할 때, (4) 병원 윤리 위원회의 2/3 이상의 가결에 의해서만 장기 적출 시술을 할 수 있도록 한다. 이는 토론을 위해 제안하는 한 의견이다.

안락사(euthanasia)의 불가능성

성경적 기독교적 관점은 생명에 관한 한 그 출발점에서는 순전히 수동적인 입장을 갖는다. 즉, 하나님께서 생명을 주실 때 생명이 있음을 말하고, 하나님이 생명이 더 이상 없다고 하는 때만 더 이상 물리적 생명이 없다고 하는 것이다. 이것은 우리가 이제부터는 인간 생명이라고 규정하거나 이제부터는 인간 생명이 아니라고 규정할 수 없다는 뜻이다. 이는 생명의 원천이 하나님이시기 때문이다. 그가 주시는 것이고 그가 취하여 가시는 것이다. 이에 대해서 인간은 순전히 수동적이다.

그러나 이렇게 주어진 생명을 보호하고 더 온전히 되도록 하는 일에 있어서는 우리가 매우 적극적이어야 한다. 바로 이것 때문에 우리는 정한 시간이 되기 이전에 인간의 생명을 부정하려고 하는 모든 입장을 거부하지 않을 수 없다. 하나님과 관련하여 수동적이기에 항상 하나님을 따라서 모든 것을 생각하고 하나님을 따라서 행하여야 한다. 그 결과 우리는 적극적인 생명 보호의 입장을 지니는 것이다. 그러므로 낙태 문제에서 대해서만 기독교가 생명 옹호론적 입장(pro-life position)을 취하는 것이 아니라, 거의 모든 문제에서 생명 옹호론적(pro-life)이니, 죽음에 대해서도 우리는 생명 옹호론적(pro-life)일 수밖에 없다. 따라서 성경적 입장에서 안락사 문제를 논의하는 이들은 안락사는 결코 허용될 수 없는 것임을 아주 분명히 해 왔다.[19] 더 나아가서 성경적 입장에서는 자비사(mercy killing)나 안락사 (euthanasia)라는 용어 자체가 사람들을 오도하는 것이라고 지속적으로 지적하여 왔다. 성경적 입장을 가진 사람들은 적극적 안락사를 모두 거부하였다(pace Joseph Fletcher).[20] 사실 이 세상에서는 결국 죽게 될 병을

---

[19] 이에 해당하는 대표적인 예로 Davis, 186-92; John S. Feinberg and Paul D. Feinberg, *Ethics for a Brave New World* (Wheaton, Ill.: Crossway Books, 1993), 99-126 등을 보라.

[20] 뒤에 논의될 플레처에 대한 논의를 참조하라. 또한 고대 유럽에서 결국 죽게 될 사람의 고통의 시간을 줄여 주기 위해서 마을 전체가 기도하는 중에 마을의 가장 원로에 해당하는 이가 예배당에 보관된 돌로 만들어진 소위 "거룩한 망치"(the Holy Hammer)를 사용하여 죽어 가는 환자의 머리를 쳐서 죽이는 일이 있었다는 전설적인 이야기를 언급하는 경우가

가진 경우나 그런 상황에서는 안락사를 허용적으로 본 플라톤과 같이 많은
이들이 이를 허용해 왔다.[21] 아마 고대 비기독교권 가운데 안락사를 적극적
으로 있을 수 없다고 본 사람은 의사조력 자살을 함의적으로 금한 히포크라
테스와[22] 피타고라스주의자들의 경우로 여겨진다.[23] 성경적 입장을 존중하
는 기독교의 영향으로 자살과 안락사에 대한 부정적 태도가 서구 사회에
확산되었다고 할 수 있다.[24] 성경적 입장은 자살과 안락사를 금지하는 것이
아주 분명하기 때문이다.

   이와 같은 성경적 기독교의 입장과는 달리 오늘날에는 안락사에 찬성하는
신학자들도 나타나고 있다. 상황 윤리를 제창한 조셉 플레처가 그 대표적인
예에 해당한다.[25] 처음에는 때로 안락사가 도덕적으로 허용될 때도 있다고
생각했던 플레처는 나중에는 때로 안락사가 도덕적으로 반드시 있어야 하는

있다(Jerry B. Wilson, *Death by Decision* [Philadephia: Westminster Press, 1975], 25).
그러나 이것이 기독교의 정통적 입장이라고 하기는 어렵고 이런 것은 현대 사회에서 많이
오용될 가능성이 있다고 여겨진다. 아주 조심스럽지만 이 사례를 오용하여 안락사를 정당화할
수 있는 가능성을 말하는 Kenneth L. Vaux, *Death Ethics* (Philadelphia: Trinity Press
International, 1992), 44f.를 보라.
   21 Plato, *Republic*, III: 405.
   22 히포크라테스 선서에 따른 의학에 대한 이해와 서구 의학이 이로부터 점차 벗어나간
과정에 대한 논의로 Nigel M. de S. Cameron, *The New Medicine* (Wheaton, Ill.: Crossway
Books, 1991)을 보라.
   23 이 점에 대한 언급으로 다음을 보라. Tedoro Dagi, "The Paradox of Euthanasia,"
Judaism 24 (Spring 1975): 157, cited in Feinberg and Feinberg, 101.
   24 기독교적 이해를 살펴 본 서구에서 안락사를 허용할 수 있는 것으로 본 사람들로
Thomas More, John Donn, Francis Bacon, Voltair 그리고 J. J. Rousseau 등을 들 수
있다. 이들에 대해서는 Feinberg and Feinberg, 420, n. 14; 그리고 Vaux, *Death Ethics*,
39를 보라. 파인버그 형제들은 이 점과 관련하여 D. Ch. Overduin, "Euthanasia," *Lutheran
Theological Journal* 14 (December 1980), 115–16을 언급하기도 한다.
   25 Joseph Fletcher, *Morals and Medicine* (Princeton: Princeton University Press,
1954), 191을 보라. 이와 비슷하게 안락사를 이해하고 논하는 논의로 Glanville Williams,
The Sanctity of Life and the Criminal Law (New York: Knopf, 1957)도 보라.

것이라는 생각으로 나아가기도 했다. 심지어 어떤 경우에는 본인이 원하지 않는 비자발적인 안락사(involuntary euthanasia)도 도덕적으로 옳다고 하기도 한다. "비가역적인 식물인간이 그가 자발적으로 기능하든지 인공적으로 도움을 받고 있든지를 막론하고 점차 상태가 나빠지면서 개인적 공적 경제적 자원을 계속 잡아먹고 있다면" 그런 경우에는 비자발적인 안락사도 도덕적으로 옳다고 하는 것이다.26 많은 비기독교인인 윤리학자들조차도 비자발적인 안락사에 대해서는 허용하지 말아야 한다고 주장하는 상황 속에서 이와 같은 플레처의 주장은 성경적 기독교적 입장을 벗어난 주장인 것은 아주 분명해 보인다. 전통적으로 이해된, 즉 생사를 주관하시는 그런 하나님은 이제 죽었다고 보는 플레처는27 우리가 이제 "지진이나 화산 활동 배후에 계시듯이, 시험관 아기 시술을 하는 시험관 배후에 계시는 모든 것들 배후의 창조적 원인(the creative principle)인" 신을 믿어야 한다고 주장하는 것이다.28 그러므로 플레처가 말하는 신은 성경이 말하는 하나님과는 다른 신이라고 여겨진다.29 그렇기에 그는 "목적이 수단을 정당화한다"고 주장하는 것이다.30 그에게 있어서 모든 것의 "최고선은 인간의 행복과 복지"이다. 따라서 "이 기준과 이상을 정당화시키는 그 어떤 목적들도 다 의롭고, 옳고, 선한 것이다. 이것이 인도주의적 의학이 관심을 가지는 전부이며, 사랑에

26 Joseph Fletcher, *Humanhood: Essays in Biomedical Ethics* (Buffalo, N. Y.: Prometheus Books, 1979), 155.

27 Fletcher, "Ethics and Euthanasia," in Horan and Mall, eds., *Death, Dying, and Euthanasia*, 296.

28 Fletcher, "Ethics and Euthanasia," 296.

29 이 점에 대한 좋은 논의, 즉 플레처에게서는 신 개념이 전통적 신 개념과 다르다는 논의로 Feinberg and Feinberg, 108을 보라.

30 Fletcher, "Ethics and Euthanasia," 300-301.

가득 찬 돌봄과 사회 정의의 개념들은 이 위에 세워지는 것이다"는 플레처의 말은[31] 그가 지향하고 있는 인도주의적 입장을 분명히 보여 주고 있다.

존엄사?

그렇다면 (물론 서구에서는 물론 우리나라 학계와 사회에서도 이전부터 심각하게 고려하고는 있었으나) 2008년 이후로 우리 사회의 큰 현안으로 다가온 소위 "존엄사"(dying with dignity)를 어떻게 볼 것인가? 한국 기독교 생명윤리협회 등 거의 모든 기독교 기관에서 거듭 지적하여 온 것처럼 우리 사회와 언론이 이 용어를 사용하는 방식에 상당한 문제가 있다. 이를 해결하기 위해 먼저 진정한 존엄사가 무엇인지 규정하는 것으로부터 시작하고자 한다.

성경적, 신학적 입장에서 **진정한 존엄사**는 그리스도 안에서 우리에게 이미 이 세상에서부터 주어지는 영생을 가지고, 영생을 누리면서 물리적 생명을 마치는 것이다. 바로 이런 의미에서 시편 기자는 "성도의 죽는 것을 여호와께서 귀중히 보시는도다"(시 116:15)라고 말하고 있다. 기독교적 관점에서는 진정한 영생을 누리는 자만이 하나님께서 귀중히 여기시는 존귀한 죽음, 존엄한 죽음을 맞아하는 것이다. 이것은 죽음 이후에도 하나님과의 교제가 계속되는 그런 죽음이요, 그 영혼이 살아서 하나님과 함께 하며 기쁨과 즐거움을 누리는 죽음인 것이다. 그리스도인들로서 우리는 이런

---

[31] Fletcher, "Ethics and Euthanasia," 301.

존엄한 죽음과 죽음 이후에도 계속되는 하나님과 함께 하는 삶을 살기 위해 애쓰고 그리스도의 재림 때에 주어지는 부활을 바라며 죽을 뿐 아니라, 다른 이들도 이런 존귀한 삶과 죽음에 동참하도록 애써야 한다. 복음 전도는 존귀한 삶과 존귀한 죽음, 그리고 영원히 계속되는 존귀한 교제에로 초대하는 것이다. 이것이 우리 모두에게는 최고의 사명이 될 수 있다. 이것이 바로 절대적으로 또는 엄격한 의미에서의 존엄한 죽음(death with dignity in *sensu strictu*)이라고 할 수 있다.

이런 엄격하고 절대적인 의미의 존엄사와는 달리 상대적으로 또는 넓은 의미에서 존엄한 죽음은 불신자라도 다 맞이하는 자연사이다. 물론 이것은 엄밀한 의미에서는 존엄한 죽음이 아니다. 죄에 대한 형벌로 죽은 것을 어떻게 존엄한 죽음이라고 할 수 있겠는가? 그러나 다른 형태의 죽음, 예를 들어 적극적인 안락사처럼 어느 누군가에 죽임을 당하는 것이나 자기 스스로 목숨을 끊어 죽는 것과는 달리 자연사가 상대적으로 존엄한 죽음이라는 것이다. 물론 이 자연사에는 나이 들어 죽는 것과 사고로 죽는 것, 병으로 죽은 것 등이 다 포함되는 것으로 보아야 한다. 나이 들어 죽는 것이든지, 병으로 죽은 것이든지, 사고로 죽은 것이든지 그 당시에 주어지는 일반적 의료 행위를 다 했음에도 불구하고 자연스럽게 물리적 죽음으로 나아가는 것을 우리는 상대적인 의미의 존엄한 죽음이라고 해야 한다. 의학이 아주 발달하기 전에는 다들 이렇게 생각했다고 할 수 있다.

의학의 발달로 오늘날 새롭게 등장한 문제는 인공적 방법으로 생명 연장 장치를 사용하여 생명 작용이 지속되게 하는 것이다. 이것은 매우 좋은 의학 발전이 우리에게 주는 또 하나의 과제라고 할 수 있다. 자발적 호흡이

불가능하거나 심장 박동을 할 수 없을 때 수술 과정이나 수술을 다 마친
후에 인공호흡기와 심장 박동 장치를 사용하면 환자가 회복되어 자발적
호흡이 가능할 때까지 폐의 기능을 인공적으로 돕는 일은 의학 발전이 우리
에게 가져다 준 커다란 혜택이 아닐 수 없다.

그런데 문제는 이런 생명 연장 장치를 언제까지, 어디까지 사용할 것인가
하는 것이다. 우리 시대에는 치료 차원을 넘어 지나치게 생명을 연장하는
일도 나타나고 있다. 놀라운 의학 장치들을 사용하는 것이 때로는 치료를
돕고 생명을 연장하는 것이 되지만, 어떤 경우에는 인공 기술의 발달이
죽어 가는 과정을 길게 늘이는 결과를 가져 올 수도 있다. 현대 의학은
"인격적이기보다는 그 성격상 상당히 기술적인 것이 되어 버렸다."는 말은
아주 적절한 표현이다.[32] 이런 문제 앞에서 우리는 어떻게 해야 하는가?
당대 의학 발전 단계에 있어서 평상적인(ordinary) 치료 수단으로 여겨지는
것을 사용하는 것은 도덕적으로 반드시 해야 할 일이지만, 비상한
(extra-ordinary) 방도들은 꼭 사용해야 한다고 할 수는 없을 것이다.[33]

일반적으로 현대적 의미에서 이런 이야기를 명확히 한 것으로 여겨지는
천주교 윤리학자 제럴드 켈리(Gerald Kelley)에 의하면 "일상적 (치료) 방도
란 그것을 사용함으로 유익하리라는 합리적 희망을 주며, 너무 큰 비용이

---

[32] 이는 이와 같은 표현으로 오늘날의 의학적 난제를 설명하는 Davis, *Evangelical Ethics*,
177을 참조하여 표현하였다.

[33] 이 입장에 있어서 우리는 천주교인들과 의견을 같이 한다. 이런 견해를 처음 잘 표현한
사람으로 천주교 윤리학자인 Gerald Kelley를 들 수 있고("The Duty to Preserve Life,"
Theological Studies 12 [1951]: 550) 비오 12세도 비슷한 견해를 표한 바 있다(Pius XII,
"The Prolongation of Life" (a 1958 address to an international congress of Roman Catholic
anesthesiologists) in Horan and Mall, eds., *Death, Dying and Euthanasia*, 284). (이상의
정보를 나는 Davis, 179f.에서 인용하고 있다).

들지 않고 고통이 크지 않으며 다른 불편함을 주지 않을 만큼의 의약품과 치료와 수술들 전체를 지칭하는 것"인데 비해서, "비상한 (치료) 수단들이란 과도한 고통이나 다른 불편함이 따름에도 불구하고 그것이 별로 유익의 희망이 보이지 않는 약들이나 치료나 수술을 지칭한다."[34] 물론 그 평상적인 방도라는 것도 의학의 발전에 따라 점점 기준이 변한다는 것을 우리는 깊이 유념해야 한다. 18세기에는 생명을 살리기 위해서 다리를 절단하는 것을 비상한 방도라고 여겼는데 마취술이 발전하지 않았던 그 당시의 의학으로는 다리 절단은 극치 고통스러운 것이었고 매우 위험한 것이었기 때문이다.[35] 오늘날에는 비가역적으로 콤마 상태에 있는 죽어 가는 환자들에게 인공적으로 양분과 물을 공급해야 하는가를 물으면서 그렇게 하지 않을 도덕적으로 가능한 비상한 방도가 있다고 조심스럽게 주장하는 이들도[36] 있다.[37] 그러나 이는 너무 지나치게 비상한 치료 방도를 생각하는 것이라고 하지 않을 수 없다. 어느 시대든지 일반적인 생명 연장 치료라고 여겨지는 방도가 있고 그런 것을 사용하는 것이 윤리적으로 정당하다고 할 수 있다. 오늘날에는 인공호흡기나 투석(kidney dialysis) 등은 일반화된 일상적 치료 행위라고 할 수 있을 것이다.

　　그러나 이를 강하고 효과적으로 주장하기 위해서는 사회적, 경제적 보호

[34] Gerald Kelley, "The Duty to Preserve Life," 550, cited in Davis, 179f.

[35] Alphonsus Liguori (-1789)의 말을 인용하면서 이를 언급하고 있는 Davis, 180을 보라.

[36] Cf. Charles J. McFadden, *Medical Ethics* (Philadelphia: F. A. Divis, 1967), 243-46; 그리고 Joanne Lynn and James F. Chidress," Must Patients Always Be Given Food and Water?" *Hastings Center Report* (October 1983): 17-21.

[37] 이런 견해에 반대하면서 인공적으로라도 영양분과 물은 계속 공급되어야 한다는 논의로 Daniel Callahan, "On Feeding the Dying," *Hastings Center Report* (October 1983): 22를 보라.

장치의 마련이 우선되어야 한다. 일정한 기간이 지난 후 (예를 들어 6개월 이후의) 생명 연장 장치의 사용과 그와 관련된 의료비용은 사회가 부담하도록 하는 방안이 마련되는 등의 제도적 방안이 정착되면 이후에 성경적 입장에서 강하게 주장하는 것이 효과를 발휘할 수 있을 것이다. 그렇지 않으면 우리의 강한 주장은 이 세상 사람들로부터 현실을 모르는 이상적인 생각이라는 비난의 대상이 될 뿐이다. 일단 사회적 보장이 국가에 의해서나 사회 보장 제도에 의해서나 마련되어야 한다. 그래서 경제적인 이유 때문에 생명 연장 창치를 제거하는 범법이 발생하지 않게 하는 것이다. 또한 이와 같은 포괄적인 사회 보장 장치가 마련되기 전에는 경제적으로 스스로 치료를 감당할 수 없는 자들의 생명 연장 장치의 사용을 자선 기관들이나 교회의 구제 기금을 사용하여 가능하게 해야 할 것이다. 이런 토대 위에서 우리는 당대의 의료적 치료가 허용 가능한 범위 내에서 **일반적인** 생명 연장 장치를 최대한 사용해야 한다고 주장할 수 있다.

단지 **말기 암환자의 경우나 일정한 고령을 지낸 경우에 본인이 순전히 자발적인 의사로** 사전에 본인에 대한 의미 없는 치료를 중단하여 주기를 **아주 명백하게 드러낸 경우에 한해서** 무의미한 치료를 중단하는 일이 허용될 수 있다고 본다. 이 경우에는 무의미한 치료를 계속하기보다는 환자가 **자연적인 죽음에 이르도록** 최선의 모든 노력을 기울여야 할 것이다. 이 논의에서 식물인간 상태에 있는 사람은 전혀 고려의 대상이 될 수 없다는 것을 아주 분명히 해야 한다. 그러므로 이 예외적인 경우도 말기 암 환자나 그에 해당하는 돌이킬 수 없을 정도로 죽음을 향해 치달아 가는 사람들이나 상당한 고령에 이르러 돌이킬 수 없을 정도로 죽음 앞에 놓인 자들에 대하여는 평소에 본인의 명백한 의사 표시에 따라 무의미한 치료를 중단하거나 사용하지 않는 일은 허용되어야 할 것이다.

이상의 논의를 좀 더 적실성 있는 것으로 만들기 위해 사회 속에서 일어난 구체적인 사건의 예를 들어 생각해 보기로 하자. 먼저 미국의 카렌 앤 퀴인란(Karen Ann Quinlan)의 사례다. 식물인간 상태인 딸을 위해 카렌의 아버지는 회복의 가망성이 없다는 판단아래 생명 유지 장치를 제거해 달라고 요청했었고, 1심 판결에서는 이 요구를 거부했으나 뉴저지 주 대법원에서는 하급심의 판결을 뒤집어 특정한 정황에서 치료를 거부할 수 있는 개인의 권리를 포함한 사생활 보호라는 근거를 들어 이 요구를 들어 주어야 한다고 판결했다.[38] 이 판결의 결과로 카렌에게서 인공호흡기를 제거했었는데 인공호흡기 제거 뒤에도 자발적 호흡을 하여 거의 10년을 더 살다가 1985년 6월 11일에야 자연적인 죽음에 이른 것이다.[39]

이와 상당히 유사한 사건이 근자에 우리나라에서도 일어난 것을 온 국민이 거의 다 알고 있다. 식물인간 상태에 빠진 김모(77세, 여)씨의 직계비속인 특별대리인이 인공호흡기를 제거하여 달라며 신촌 세브란스병원 운영자인 연세대학교를 상대로 낸 소송에서 대법원 전원 합의체는 2009년 5월 21일 인공호흡기 제거를 명한 원심을 그대로 인정하는 판결을 선고하였는데(찬성 9인, 반대 4인), 이 판결에 따라서 세브란스 병원에서 인공호흡기를 제거한 사건과 관련하여 몇 가지 점을 생각해 본다면 우리의 논점을 분명히 하는 데 도움이 될 것이다.[40]

---

38 Re Quinlan, 355 A2d 647 NJ 1976, cited in Davids, 177.
39 이 사례를 나는 Davis, 177으로부터 보고 언급한다.
40 이하 이 항목에서의 논의는 한국 기독교 생명윤리협회의 여러 분들이 함께 작성하여

첫째로, 2009년 5월말에 인공호흡기를 제거한 지 7개월 이상이 지난 후에야 김 할머니께서 소천(召天)하신 것에 대하여 감사한 마음을 갖게 된다. 이것은 어떤 상황을 어떤 이가 종국적으로 죽음에 접근하는 상황이라고 인간이 판단하기 어렵다는 것을 단적으로 보여 주는 대표적 사례가 된다. 서울 지방법원의 원심 판결은 문제가 된 김 할머니의 상태를 비가역적 사망 상태로 판정한 의학적 근거 위에서 이루어졌으나, 김 할머니는 그 이후로도 6개월 이상 생명이 유지되었고, 대법원 판결 당시에도, 최소한 4개월 이상 더 생명이 유지될 수 있을 것이라고 예상되었으며, 인공호흡기를 제거한 상태에서도 7개월 이상 생존해 계셨다. 이는 원심 판결의 의학적 근거가 잘못된 것임을 보여준다. 그럼에도 불구하고 고등법원과 대법원이 원심 판결을 수정하지 않고 그대로 확정했을 뿐만 아니라 세브란스 병원도 이 판결을 따랐다는 것은 매우 유감스러운 일이다. 이번 김 할머니 사건에서 아주 분명히 드러난 바와 같이, 식물인간 상태의 환자는 신체의 신진대사가 어느 정도 이루어지고 있고, 또한 그 안에 영혼이 실재하고 살아 있는 인간이다. 인공호흡기만 제거하면 짧은 시간 뒤에 사망하시리라고 생각했던 것이 사실 아님을 이제 온 국민이 잘 알게 되었다. 그러므로 인간은 기대수명이 얼마나 남아 있는가와 상관없이 마지막 순간까지 살아 있는 인간으로 존중되어야 한다.

둘째로, 이른바 '존엄사'라는 용어가 학문적으로나 사회적으로 개념이 아직 명확히 정립되어 있지 아니한 용어라는 점을 다시 한 번 더 지적해야

제시한 한국기독교생명윤리협회의 성명서와 의견 제시의 표현을 그대로 사용한 것이 많다. 특히 이 일에 같이 힘써 주신 한국기독교생명윤리협회의 조덕제 변호사님, 이상원 교수님들 여러분들께 감사드리면서 이하 표현 내용에서 이 분들의 표현이 나타나고 있음을 밝힌다.

한다. 의사의 극약 처방에 의한 안락사인 의사조력자살 제도를 '존엄사'라는 이름으로 시행하고 있는 것(미국 오리건 주의 Death with Dignity Act)만 보더라도 '존엄사'라는 용어가 근자에 문제 되고 있는 '무의미한 연명치료 중단'과는 전혀 다른 의미로 사용되고 있음을 알 수 있다. 안락사의 유형을 분류하는 견해(자의성 여부, 적극적 방법 여부, 직접적 방법 여부 등)에 따라서는, 소극적 안락사를 일반적으로 '존엄사(Dying with Dignity)' 또는 '존엄적 안락사(Euthanasia with Dignity)'라고도 표현하여 안락사와 '존엄사'를 명확히 구분하여 쓰지는 않는다. 그러므로 '존엄사'라는 용어는 안락사를 조장할 우려가 있을 뿐 아니라, 살인을 미화하는 등 역사적으로 잘못 사용된 적이 있는 '자비사(자비적 안락사)'라는 용어의 전철을 밟을 위험이 있다. 그러므로 학문적으로나 사회적으로 아직 개념도 정립되지 아니한 용어를 사용하여 국민 모두의 생명과 관련된 구속력을 가지는 법제도를 만든다든지 여론을 유도하는 것은 참으로 위험한 것이라고 여겨진다. 근래에 여러 기관에서 존엄사라는 말보다는 "말기 환자에 대한 연명 치료 선택에 대한 논의"라는 식으로 표현을 고쳐 쓰는 것은 매우 바람직한 상황으로 보인다. 부디 바라기는 언론 기관들이 이 용어를 계속 잘못 사용하여 많은 사람들을 오도하는 일이 없도록 힘써야 한다.

셋째로, 원고의 상태 및 의사 추정에 관하여 대법관 안대희, 대법관 양창수의 소수 의견에서 지적된 바와 같이, **본 사안에 있어서 "환자가 회복 불가능한 사망의 단계에 진입하였다고 단정하기 어렵다"**는 점과, "설령 원고가 회복 불가능한 사망의 단계에 이르렀다고 하더라도, **연명치료 중단을 구하는 원고의 '추정적 의사'가 있다고는 할 수 없다"**는 의견에 동의하면서 이 점을 다시 강조하고자 한다.

두 대법관의 소수 의견에서 지적된 대로 "환자가 회복 불가능한 사망의 단계에 이르렀는지는 사망을 직접 초래하는 연명치료 중단의 허용 여부를 가리는 중대한 요건이므로 그 판단에는 신중을 기하여야 하고, 실제로 그 판단을 함에 있어서는 환자를 계속적으로 진료하여 옴으로써 환자의 상태를 직접적으로 얻은 자료에 의하여 가장 잘 알고 있을 담당 주치의의 의견이 원칙적으로 존중되어야" 할 것이다. 그런데 "원고를 치료하여 온 피고의 담당 의사가 극히 적은 가능성이기는 하지만 원고의 의식 회복 가능성이 5% 미만으로라도 남아 있고 원고의 현재 상태를 기준으로 하더라도 그 기대 여명이 적어도 4개월 이상이라고 판단하고 있는 점 등에 비추어, 원고가 의식 회복 가능성이 없다거나 원고가 짧은 시간 내에 사망에 이를 것이 명백하다 할 수 있는지 의문이고, 원고가 회복 불가능한 사망의 단계에 있다고 쉽사리 단정할 수는 없는" 것이다.

이 점에 대하여는 대법관 이홍훈, 대법관 김능환의 반대 의견도 같은 입장을 표명하고 있다고 보이는데, 그들도 "이 사건에서 원고의 뇌가 비록 전반적으로 심한 위축을 보이고 뇌간 및 소뇌도 심한 손상으로 위축되어 있으나, 아직 뇌사 상태에는 이르지 아니한 지속적 식물인간 상태라는 점에 대하여는 담당 주치의와 감정의의 의견이 일치되어 있고", 이는 "다수 의견도 인정하는" 것이라고 지적하고 있다. "그리고 이 사건 소제기 당시 및 제1심 변론 종결 당시 원고의 기대 여명은 1년 내지 2년이라는 것이었고, 대법원 판결 상황에서도 적어도 4개월 이상이라는 것이므로, 원고를 가리켜 앞에서 본 바와 같은 의미에서의 이른바 돌이킬 수 없는 사망의 과정에 진입하였다고는 도저히 말할 수 없다"고 적시하고 있는데, 이러한 점들에 비추어 볼 때 다수파의 의견과 이에 따른 이번 판결이 환자 상태에 관하여 잘못된 판단을 한 것이 아주 분명하다.

환자 본인의 명백한 의사 표현 문건에 따른 본인 의사를 확인하지도 않고, **본인의 의사를 추정하여 인정한다는 것은 여러 정황 속에서 오용될 가능성이 많으므로 허용되어서는 안 될 것이다.** 그러므로 앞으로 이런 문제에 대한 법제화가 진행될 때에는 이번 대법원 판결이 구속력 있는 것으로 여겨지지 않기를 강력히 바란다.

넷째로, 그러므로 의학적 소생 가능성 여부, 치료 불가능성 내지 치료의 의학적 무의미성 여부, 사망의 임박성 여부 등 법률에서 정한 다른 요건들이 모두 충족되는 것을 전제로, 의학적으로 무의미한 치료를 거부(또는 중단 요구)하는 본인의 의사 표시는 **(1) 자발적이고, (2) 진지하며, (3) 명시적이고 (대표적인 예, 서면에 의한 표시), (4) 경제적 부담이나 자살 등 다른 동기에서 비롯되지 아니한 것이 명백한 경우이어야 하며, 그 의사 표시 요건을 법률로써 엄격하게 규정하여야 할 것이다.** 그리고 위 네 가지 요건 중 어느 하나에라도 걸리는 "의심스러운 경우에는 생명의 이익을 따라서"라는 원리에 따라, 연명 치료를 실시하도록 하는 법률 규정을 명문화함이 마땅하다. 이에 대하여 이의가 있는 환자 등은 구체적인 사안에 따라 부득이 국가 사법의 일반원칙에 따라 사법적 전문 판단기관인 법원을 통하여 개별적으로 해결하여야 할 것이다.

그러나 최소한으로 말한다고 해도 적어도 다음과 같이 해야 한다고 여겨진다. (1) 어떤 환자가 명확히 회복 불가능한 시점에 이르렀다는 결정을 매우 신중히 하기 위하여 당분간은 **말기 암 환자의 경우만으로 한정해서 법제화하는 것을 허락하되,** 이런 경우에도 (2) 명확히 회복 불가능한 시점에 이르렀다는 당 기관 의사 2명 이상의 소견과 다른 병원 의사 2명 이상의 소견에 근거한 각 의료기관윤리위원회의 결정에 따라서만 무의미한 연명치료 중단을 결정할 수 있도록 해야 한다는 안을 제안하고자 한다.

이상의 의견을 정리하면서 마지막으로 다음과 같은 점들을 다시 명확히 밝히고자한다.

1. (1) 의사의 진료가 더 이상 효과가 없음이 분명할 때(즉, 비가역적인 사망 상태에서), 불필요한 의술에 의지하지 않고 질환이나 노화로 인한 고통이 있더라도 삶을 포기하지 않고, 자연적으로 수명이 종결되는 시간을 맞이하기로 본인 스스로 명확한 의지를 가지고 결단하는 무의미한 진료의 중단과 (2) 본인의 의사를 명확히 확정할 수 없는 상황에서 식물인간 상태에 처한 환자로부터 연명치료라는 의미 있는 치료를 인위적으로 중단시켜서 사망에 이르게 하는 행위는 명확히 구별되어야 한다.

2. 물론 식물인간 상태의 환자들을 돌보아야 하는 가족들의 정신적이고 경제적인 고통은 충분히 이해되어야 한다. 그러나 이 고통은 환자들의 생명을 손쉽게 종결시키는 근시안적이고 반생명적인 방법이 아닌 보완된 의료보험제도와 호스피스 제도의 확충과 같은 근원적이고 친생명적인 방법으로 해결되어야 한다.

3. 앞으로 이와 같이 환자의 의사를 추정하여 생명 연명 장치를 제거하지 않도록 하는 일에 모든 분들이 적극적으로 신경 써 주시기를 간곡히 요청한

다. 이와 동시에 명확히 비가역적인 사망 상태에서는 더 이상 불필요한 연명 조치를 하지 말아 달라는 **본인의 의사를 서면 등에 의해 명확히 밝힌 경우에는 불필요한 연명 장치를 사용하지 말고 호스피스 사역을 통해 도움을 얻으면서 자연스러운 죽음을 맞이할 수 있도록 하는 일**에 모든 이들이 더 힘써야 한다.

적극적인 호스피스 사역의 요청

이제 남은 것은 우리가 규정한 상대적 의미의 존엄사인 자연사를 향해 가는 분들을 어떻게 적극적으로 도울 것인가 하는 문제다. 이를 위해 적극적인 호스피스 사역이 요청된다고 여겨진다.

고통이 최소화될 수 있도록 돕는 것이 가장 소극적으로 할 수 있는 일이다. 일단 이런 과정으로 나아가기로 했으면 가장 소극적 의미의 치료만을 하면서 고통을 줄이는 일에 힘써야 한다.

둘째는 마음으로 죽음을 잘 맞이할 수 있도록 돕는 것이다. 인생을 정리하고 다른 분들과 잘 이별할 수 있도록 돕는 일이 필요하다.

마지막으로, 우리가 말한 **엄밀한 의미의 존엄사, 즉 영생을 얻고 영생 안에서 물리적 죽음을 경험하도록 하는 일**에 힘쓰는 것이 우리의 궁극적인 일로 보인다. 그리고 사실 위에서 두 번째로 언급했던 것은 이 궁극적 사역을 통해서만 가장 효과적으로 이루어 질 수 있다. 이 세 번째 사역이 없는데 두 번째 일을 이루려고 하는 것은 사실은 거짓된 위로와 거짓 약을 주는 것이고 환자에 대하여 우리의 책임을 다하지 않고 방기하는 것이 될 것이다.

이미 믿음을 가지고 있는 이들은 다가오는 육체적 죽음에 믿음을 적용하고 믿음을 주장하도록 하는 일이 필수적이다. 신앙을 가지고 있다고 하면서도 엘리자베스 퀴블러-로스 등이 말한 바 있는 일반적으로 사람들이 겪는 죽음의 단계를 그대로 거친다는 것은 일상적으로 많이 있는 일이고, 상담적으로 수용할 수도 있기는 하나 가장 이상적인 것은 아니기 때문이다. 본인이 믿음으로 지금 누리고 있는 영생을 감사하면서, 물리적 죽음도 주님과 함께 기쁨으로 받아들일 수 있도록 하고, 죽음 이후에 있을 주님과의 교제를 갈망하며, 재림 때에 주께서 몸도 다시 일으켜 주시리라는 것을 믿고 기쁨으로 죽음을 향해 나아가게 해야 한다.

진정한 신앙인들에게는 이 과정이 좋은 활동의 기간이 될 수도 있다. 죽음을 향해 나아가면서 그 동안 보고 싶었던 분들을 하나하나 오시도록 하고 진정한 유언을 할 수 있을 것이다. 예수님을 믿는 분들에게는 형식적으로만 믿어서는 안 되고 진정으로 주님을 믿고 사랑하며 평생 주님을 따르는 사람들이 되어 달리고 부탁하면서 믿음의 선한 싸움을 마치고 후에 하늘에서 영적으로 만나 볼 것과 주의 재림 때에 같이 부활할 몸으로 만나 악수하고 얼싸 안고 그 기쁨을 누리며 영원토록 주께서 부탁하신 귀한 일을 감당하라고 부탁할 수 있을 것이다. 이런 일이 일어나는 호스피스 병동은 이미 믿는 이들의 신앙을 매우 견고하게 하는 좋은 교육과 상호 섬김의 장이 될 수 있을 것이다.

그런가하면 믿지 않는 이들을 하나하나 불러서 자신 안에 있는 소망의 이유를 두려움과 떨림으로 설명하면서 한국 특유의 부탁을 할 수 있을 것이다. 죽어 가면서 부탁하는 말로 예수님의 공로를 의지하여 죽음 이후에도 함께 만날 것을 청유하는 환자는 더 이상 힘없는 사람이 아니라 전도의 용사요 그리스도의 증인 역할을 하는 것이다. 이런 일이 일어나는 호스피스 병동은 확신이 전달되고 물리적으로 죽어 가는 자가 영적으로 죽은 자를 살리는 영적 부활의 병동이 될 것이다. 여기서 기독교 신앙의 역설의 또 한 측면이 나타나게 된다. 세상적 관점에서는 지금 죽어 가는 자를 불쌍히 여기는 그 사람이 오히려 하나님의 관점에서 그 실상을 볼 때 불쌍히 여김을 받고, 진정 위로를 받고 살 길을 제시받게 되는 것이다. 죽어 가는 자가 죽은 자들을 살리는 놀라운 사역의 현장이 되는 것이다.

　지금 예수님을 믿지 않는 이들에게는 자신처럼 동일한 과정 속에 있는 다른 신자의 모습이 자신의 삶과 죽음을 되돌아보게 할 수 있는 좋은 기회를 제공해 줄 수도 있다. 또한 이런 분들을 돕는 다양한 손길이 그 사람으로 하여금 이 세상을 끝으로 최종적 종말을 맞이하지 않게 하는 기회로 제공될 것이다. 의사 선생님과 간호사 선생님의 손길이 그런 영생을 전달하면서 그 영생의 확신 가운데서 환자의 영과 몸을 보살피는 손길이 되어야 한다. 호스피스 병동을 돕는 목회자들이나 심방하는 목회자들의 손길과 기도와 그 분위기가 진정 사랑으로 감싸 안으면서 십자가의 공로에 의지하게 하는 손길이 되어야 한다. 특히 호스피스 사역을 하는 자원 봉사자들의 마음과 태도로 인해 그 사랑이 전달되어 죽음이 끝이 아니라는 사랑의 손길이 되게 해야 한다.

이를 위해 실천적 제안을 몇 가지 요청하고자 한다.

1. 샘물 호스피스를 비롯한 기독교적 호스피스 사역에 대한 좀 더 적극적인 도움이 필요하다는 것이다. 앞으로 현재 샘물 호스피스 같은 기관이 더 많이 세워질 수 있도록 많은 교회들이 시설과 인적 자원을 위해 많은 투자를 해야 할 것이다.

2. 각 교회에서 호스피스 사역을 위한 자원 봉사 운동이 더 많이 일어나야 한다. 단순히 헌금하는 것 이상으로 우리의 시간과 몸과 손과 발을 드리는 일이 필요하다. 특히 부유한 성도들이 시간을 내어서 호스피스 교육을 받고, 자신의 시간과 몸을 드리도록 해야 할 것이다.

3. 기독교적 관점에서 생명 문제를 바라보고, 따라서 죽음의 문제를 살피려는 노력과 그런 활동에 우리의 관심과 시간을 드려야 할 것이다.

4. 내게 물리적 죽음이 다가 올 때에 여기서 제시한 존귀한 죽음을 맞이할 수 있도록 그리스도 안에서 이미 주어진 영생을 누리며 사는 일에 힘써야 할 것이다. 우리에게 다가 오는 물리적 죽음은 우리의 신앙 여부를 드러내기 위한 시금석이 될 수도 있고, 그 신앙을 더 굳게 하기 위한 연단 과정이 될 수도 있다.

10. 생명관

생명을 어떤 관점에서 접근하느냐 하는 것은 매우 중요한 문제이다. 이 글에서 나는 생명을 종말의 관점에서 접근해 보려고 한다. 그러므로 이 글은 많은 그리스도인들조차도 상당히 오해하고 있는 두 주제, 즉 '생명'이라는 주제와 '종말'이라는 주제를 상호 연관시키는 작업이다. 이 글에서 나는 다음 네 가지 논제를 분명히 드러내고자 한다: (1) 창조의 빛에서 볼 때 인간의 생명은 처음부터 (긍정적 의미의) **종말 지향적**으로 창조되었다. (2) 그런데 인간은 스스로의 잘못으로 그 '참되고도 긍정적인 종말'을 얻을 수 있는 기회를 상실하고, 부정적 의미 종말에 직면하여 **부정적 종말**을 향해 가는 존재(*Sein-zum-Tode*)가 되었다. (3) 그러나 하나님의 놀라우신 은혜로 주어진 은혜 언약과 그 시행으로 말미암아 구속된 인간들은 결국 예수 그리스도 안에서 다시 참되고 긍정적인 종말에 직면하게 되었고, 더구나 신약 성도들은 그런 종말(eschaton)에 이미 참여하게 되었다. 그러나 (4) 이 종말의 극치는 미래의 문제로 남아 있다가 종국적으로 예수 그리스도의 재림에서야 우리는 극치의 생명에 참여하게 될 것이다. 인간의 생명을 이와 같이 종말론적으로 이해하는 것은 **성경에 충실한 기독교적 생명관의 가장 온전한 이해**가 될 것이다. 그러면서 동시에 이는 생명과 종말에 대한 우리들의 부족한 이해들을 극복할 수 있는 방향을 제시하는 것이 될 수 있을 것이다. 이 네 가지 논제들을 하나하나 생각해 보기로 하자.

종말 지향적으로 창조된 인간의 생명

피조물에 관한 한, 생명은 스스로 가지는 것이 아니고 창조로 주어진 것이다. 창조로 말미암아 우리에게 생명이 주어졌다는 생명의 소여성(所與性, givenness) 자체도 중요하고, 이것을 의식하는 것도 중요하다. 피조물에 관한 한 생명의 피조성을 의식하는 것만큼 중요한 일은 없다.[1] 그러나 의식하든지 아니하든지 도대체 그 어떤 피조된 존재도 자신의 생명을 스스로 생성해 낸 존재는 하나도 없다. 그들에 대해 하나님은 생명의 근원으로, 생명의 원천으로 계신다.

그 하나님은 자신의 생명과 삶을 그 어떤 다른 존재로부터 얻지 않으신다. 이런 의미에서 그리스도인들은 하나님은 기원이 없으시다(*agenesia*)는 말을 사용해 왔다.[2] 또한 바로 이런 의미에서 옛적부터 하나님을 스스로 존재하

---

1 아주 추상적으로 말하면 생명의 피조성과 의존성을 의식하며 표현하는 것이 바른 자세이고, 생명의 피조성과 의존성을 의식하지 않고 마치 그런 것이 아닌 양 하는 것을 죄라고 할 수 있다. 그러므로 생명의 의존성을 인정하느냐 아니냐의 문제는 매우 중요한(crucial and critical) 문제이다.

2 이 점에 대한 가장 좋은 설명의 하나로 Herman Bavinck, *The Doctrine of God* (Grand Rapids: Eerdmans, 1951, paperback edition, Grand Rapids: Baker, 1977), 306=이승구 역, 『개혁주의 신론』 (서울: CLC, 1988), 448f.: "모든 피조물과 구별되어 '아게네토스' (즉,

시는 존재, 자기 자신이 자신의 원인이 되시는(*causa sui*) 존재라는 표현도
사용하여 왔다. 물론 과거에 이런 말들이 오용되는 경우들도 있었지만,[3]
(이런 용어들이 성경의 가르침을 존중하는 방식으로 사용된다면) 이는 하나
님에 관해 옳은 표현으로 여겨질 수 있다. 성경에 충실한 바른 신학자들은
항상 이 점을 분명히 한다: "모든 것에 있어서 하나님은 자기 원인적이시다."[4]
따라서 하나님에게 있어서 생명은 하나님 자신으로부터 나오는 것이다.

이를 전제로 하면서 요한복음에서는 하나님이시며, 동시에 성부와 구별
되는 로고스이신 성자를 언급하면서 "그 안에 생명이 있었으니"라고 말하고
있다(요 1:4). 또한 모리스가 잘 표현하고 있는 바와 같이, "로고스 안에
생명에 있기 때문에 이 세상에 생명이 있을 수 있는 것이다."[5] 그런 의미에서
로고스이신 성자는 "생명"으로 자주 언급되고 있다(요 11:25, 14:6). 그런데
성자는 늘 성부와 성령과 함께 계시며 항상 함께 사역하신다.[6] 또한 요한복음

시작을 가지지 않음, 피조되지 않음)가 삼위 모두에게 적용되어, 이 삼위 모두가 피조물적인
방식으로 존재케 된 것이 아니고, 이 삼위 모두가 시간 내에서 시작을 가지지 않는다는 것이
표현된 것이다. '아게네시아'(*agenesia*)는 삼위 모두에게 공통된 하나님의 존재의 속성이다."

[3] 아리스토텔레스나 중세 신학의 신론에서 이런 용어의 오용(誤用)의 예를 생각해 보라.

[4] Bavinck, *The Doctrine of God*, 144=『개혁주의 신론』, 209. 비슷하게 하나님의 자기
원임임을 잘 강조하는 Louis Berkhof, *Systematic Theology* (Grand Rapids: Eerdmans,
1941), 58; Cornelius Van Til, *An Introduction to Systematic Theology* (Phillipsburg,
New Jersey: Prebyterian and Reformed Pub. Co., 2007), 이승구, 강웅산 역, 『조직신학
서론』 (서울: 크리스챤, 2009), 444도 보라.

[5] Leon Morris, *The Gospel According to John*, NICNT (Grand Rapids: Eerdmans,
1971), 82f. 모리스는 여기서 요한은 생명 일반과 특히 요한이 관심하는 영적 생명 모두가
의도된 것임을 잘 언급한다(83). 비슷한 표현으로 J. H. Bernard, *The Gospel According
to St. John*, ICC (Edinburgh: T. & T. Clark,1928), 4f.도 보라.

[6] 교부들의 유명한 표현인 *opera trinitatis ad extra sunt indivisa*의 의미를 여기서
생각해 보는 것이 좋을 것이다. 또한 삼위일체 전부를 생각하지 않으면서 성부와 성자의 동역을
언급하는 Morris, *The Gospel According to John*, 80도 보라: "The relation of the first
two Persons of the Trinity is the work of creation is of interest. There is a careful
differentiation of the parts played by the Father and the Son in I Cor. 8:6. *Creation*

에서는 "아버지께서 자기 속에 생명이 있음 같이 아들에게도 생명을 주어 그 속에 있게 하셨고"(요 5:26)라고 말하기도 한다. 그러므로 성부나 성자가 "자존하는 생명(the self-existing life)을 가지고 계시며"[7] 다른 존재들의 생명을 창조하신 것임을 분명히 하는 것이다. 따라서 이 세상에 생명이 있다면 그것은 모두 다 삼위일체 하나님으로부터 기원하는 것일 수밖에 없다. 이런 의미에서 이 부분에서의 요한의 가르침은 창세기 1장의 가르침을 요약하고 있는 것이라는 관찰은[8] 옳은 것이다. 다시 말하지만, 하나님은 생명의 근원이시고 생명의 원천이시다. 시편에서도 "생명의 원천이 주께 있사오니"(시 36:9)라는 고백은 매우 자연스러운 것으로 나타나고 있다. 역시 로고스를 언급하면서 요한복음은 "만물이[9] 그로 말미암아 지은 바 되었으니 지은 것이 하나도 그가 없이는 된 것이 없느니라"고 말한다(요 1:3). 그러므로 "그 어떤 것도 성자의 활동 범위 밖에 있는 것은 없다."[10] 이런 의미에서 요한계시록에서 성자를 "하나님의 창조의 근본"(ἡ ἀρχὴ τῆς κτίσεως τοῦ θεοῦ, the beginning of God's creation, 계 3:14)이시라고

---

was not the solitary act of either. Both were at work (and for that matter, still are; cf. 5:17, 19). The Father created, but He did is "through" the Word"(emphasis is given).

7 이 점을 강조하는 F. F. Bruce, *The Gospel of John* (Hants: Pickering & Inglis, 1983), 33; 그리고 D. A. Carson, *The Gospel According to John* (Leicester: IVP and Grand Rapids: Eerdmans, 1991), 118을 보라.

8 이런 관찰의 예로 Bruce, *The Gospel of John*, 32를 보라.

9 모리스는 여기서 요한이 τὰ πάντα나 ὁ κόσμος라는 용어를 사용하지 않고 πάντα는 말을 쓴 것이 전체로서의 우주보다는 개별적 피조물 하나하나를 다 언급하기 위한 것을 지칭하기 위한 것일 수도 있다는 흥미로운 지적을 한다(Morris, *The Gospel According to John*, 79, n. 20). 이는 아마도 πάντα라는 말을 피조계 전체(the whole creation)로 일반화하여 언급하는 C. H. Dodd (*The Interpretation of the Fourth Gospel* [Cambridge: Cambridge University Press, 1953])에 견해에 대한 비판적 논의로 여겨진다(Cf. Morris, 80, n. 21).

10 Morris, *The Gospel According to John*, 80: "Nothing is outside of the range of His activity."

말하는 것은11 매우 자연스럽다. 창조의 근본이라는 것은 성자께서 창조하신

분이시고, 지금도 피조계를 통제하며 지배하고 있는 분이심을 잘 표현하는

말이다.12 이런 뜻을 잘 드러내면서 칼빈은 "우리에게 생명을 주시는 분은

하나님이시다. 그러나 그는 영원하신 말씀을 통해서 그리하는 것이다"라고

말한다.13

따라서 인간의 생명도 하나님의 창조로 있게 된 것이다: "하나님이 자기

형상, 곧 하나님의 형상대로 사람을 창조하시되 남자와 여자를 창조하시고"

---

11 이 구절에서 "아멘"이라는 말은 잠언 8:30의 "아몬"(אָמוֹן, master workman)의 변형일
수도 있다는 브루스(Bruce, *The Gospel of John*, 32)와 카슨(Carson, *The Gospel According
to John*, 118)의 언급은 흥미롭다. 비슷한 언급을 하는 L. H. Silberman, "Farewell to ὁ
ἀμήν: A Note on Rev. 3:14," *JBL* 82 (1963): 213-15도 보라.

    그러나 그런 추론보다는 이를 한편으로는 이사야 65:16의 진리의 하나님(아멘의 하나님)과
연관시키고 또 한편으로는 "충성된(즉, 신실한) 증인"이신 그리스도(계 1:5)와 연관시켜 보는
것이 더 자연스러워 보인다[이런 연관 지음으로는 Robert H. Mounce, *The Book of Revelation*,
NICNT (Grand Rapids: Eerdmans, 1977), 124; Leon Morris, *Revelation*, revised edition,
Tyndale New Testament Commentaries, 20 (Leicester: IVP, 1987), 81; Philip E. Hughes,
The Book of the Revelation (Grand Rapids: Eerdmans, 1991), 64; G. K. Beale, "The
Old Testament Background of Rev. 3:14," New Testament Studies 42 (1996): 133-52;
그리고 David E. Aune, *Revelation 1-5*, Word Biblical Commentary 52A [Dallas, Texas:
Word, 1997], 255를 보라. 그런데 Aune은 마지막에 Sibermann의 견해를 비판 없이 인용하여
소개하고 있기도 한다. Mounce도 각주 33에서 Silberman의 견해를 언급하고 이를 따르는
P. Trudinger의 논문도 언급하나 본문에서는 이를 언급하고 있지 않으므로 이 견해를 따르지는
않는 것으로 보인다).

    12 그래서 "근본"으로 번역된 말(ἡ ἀρχή)을 "통치자"(ruler)로 번역하는 예도 있을 정도이다
[NIV, Robert W. Wall, *Revelation* (Peabody, Mass.: Hendrickson, 1991), 86). 그러나
근원이라는 말을 수동태적 명사로 보기보다는 능동적 명사로 보아 그를 하나님의 창조의 역동적
주체(the dynamic agent of God's creation)로 보아(Hughes, *Revelation*, 64) 이를 기본적으로
는 원천과 기원(source and origin)으로 보고[G. E. Ladd, *A Commentary on the Revelation*
(Grand Rapids: Eerdmans, 1972), 65] 따라서 이 구절은 골 1:15, 요 1:3, 고전 8:6 등과
연관시켜 보고, 그 후에 부차적으로 권위자와 통치자로 보는 것이 좋을 것이다.

    13 John Calvin, *The Gospel according to St. John, Part 1 (1-10)*, trans. T. H.
L. Parker, Calvin's Commentaries 4 (Edinburgh: Oliver and Boyd, 1961; reprint, Grand
Rapids: Eerdmans, 1974), 11: "It is God, therefore, who gives us life; but He does
do by the eternal Word."

(창 1:27). 이렇게 피조된 인간의 생명도 파생적 생명이고 의존적인 생명이다.[14] 그러므로 사람은 그 창조적 기원을 생각하면서도 하나님을 의존하며 하나님의 의도를 따라 가는 일이 필요한 것이다.

그런데 하나님께서는 사람이 처음에 지음 받은 그 상태로 그냥 계속해서 지속적으로 존재하도록 의도하면서 인간을 창조하신 것이 아니다. 바빙크는 이 점을 다음과 같이 잘 설명하고 있다: "하나님께서 동물들과 비교할 때 인간을 아주 높은 위치로 창조하셨음에도 불구하고 사람은 아직 그가 갈 수 있는 최고의 위치에 이른 것이 아니다…. 그는 오염될 수 없고 죽을 수 없는 영생을 아직 소유하지 못하였고 그 존재와 지속성이 조건을 성취하는 것에 의존하는 예비적 불멸성만을 받았을 뿐이다."[15] 인간이 처음 창조 받은 상태를 이전 신학에서 "원래의 상태"(original state)라고 불러 왔다.[16] 이런 상태의 인간을 "원상의 인간"(原狀人間)이라고 부르기도 한다. 하나님은 인간들에게 당신님의 뜻을 알리시고 그들의 철저한 순종을 조건으로 최초의 인간들과 그들의 자손들을 모두 "더 높은 상태"(the higher state)에로 이끌어 가시기를 원하셨다.[17] 고전적 개혁 신학에서는 이 내용을 "행위

---

14 이 점을 가장 명확히 의식하면서 강조하는 Cornelius Van Til의 여러 글들을 보라. 특히 이승구, 『코넬리우스 반틸: 개혁파 변증학의 선구자』(서울: 살림, 2007)의 논의를 보라. 또한 이승구, 『기독교 세계관이란 무엇인가?』, 개정 3판 (서울: SFC, 2009), 128–33도 보라.

15 Herman Bavinck, *Our Reasonable Faith: A Survey of Christian Doctrine*, trans. Henry Zylstra (Grand Rapids: Eerdmans, 1956), paperback edition, Grand Rapids: Baker, 1977), 220.

16 Berkhof, *Systematic Theology*, 211. Turretin은 이를 "(처음) 제정된 상태"(the instituted state, institutio)라는 용어를 써서 설명한다[Francis Turretin, *Institutes of Elenctic Theology*, trans. Gregor Musgrave Giger, volume 1 (Phillipsburg, NJ: P & R, 1992), 569]. 그러므로 투레틴은 인간의 상태를 처음 본성이 제정된 상태(instituto), 죄로 파괴된 상태(the destitute [destituto] of sin), 은혜로 회복된 상태(the restored [restituto] of grace), 그리고 영광으로 예정된 상태(the appointed [praestituto] of glory)의 사중 상태로 나누어 설명하는 것이다(569).

언약"(the covenant of works)이라고 지칭하며 설명해 왔다.[18] 때로는 이를
"자연 언약"(the covenant of nature)이라고 말하기도 한다.[19] 머레이는
행위언약이라는 용어를 "아담적 경륜"으로 부르기를 제안하면서 기본적
개념에는 동의하고 있다.[20] 벌코프는 이에 대한 여러 명칭을 일일이 검토한
후에, 자연 언약이라는 말은 처음에는 가장 많이 사용되었으나 이것이 하나

---

[17] 이 점에 대한 아주 명확한 진술로 Geerhardus Vos, *Biblical Theology* (Grand Rapids: Eerdmans, 1948, 10th Printing, 1977), 28, 또한 32, 37–51도 보라; 또한 이를 시사하는 J. Gresham Machen, *The Christian View of Man* (1937, London: The Banner of Truth Trust, 1965), 149–61을 보라. 또한 좀더 구체적으로 이승구, 『인간복제, 그 위험한 도전』, 개정판 (서울: 예영, 2006), 21f.도 보라.

[18] Cf. 웨스트민스터 신앙고백서, 제7장, 2항; Turretin, 575–78; Herman Bavinck, *Reformed Dogmatics*, vol. 2; Charles Hodge, *Systematic Theology*, vol. 2 (Grand Rapids: Eerdmans, 1940), 117–22; Robert L. Dabney, *Lectures in Systematic Theology* (1878; Grand Rapids: Zondervan, 1972), 302–305; William G. T. Shadd, *Dogmatic Theology*, vol. 2 (1888; Grand Rapids: Zondervan, n.d.), 152ff.; Geerhardus Vos, "The Doctrine of the Covenant in Reformed Theology," in *Redemptive History and Biblical Interpretation*, ed. Richard B. Gaffin, Kr. (Phillipsburg, NJ: P & R, 1980), 242–67; Berkhof, *Systematic Theology*, 211–18; Meredith Kline, *By Oath Consigned* (Grand Rapids: Eerdmans, 1968), 27–29, 32, 37; O. Palmer Robertson, *The Christ of the Covenants* (Grand Rapids: Baker, 1980), 55–57, 67–87; Robert L. Reymond, *A New Systematic Theology of the Christian Faith* (Nashville, Tennessee: Thomas Nelson Publishers, 1998), 505. 주석가들 가운데서 이를 명확히 "행위언약"(the covenant of works)으로 언급하며 자세히 언급하고 있는 Harold G. Stigers, *A Commentary on Genesis* (Grand Rapids: Zondervan, 1976), 70f.도 보라. 고전적 개혁신학자들 가운데서 행위언약이라는 말을 사용한 이들로는 J. H. Heidegger, Hermannus Witsius, Raphaelis Eglin, Johannes Cocceius 등을 들 수 있다 (이에 대한 문헌적 근거는 Heinrich Heppe, *Reformed Dogmatics*, Trans. G. T. Thomson [1950; reprinted Grand Rapids: Baker,1978], 13장을 보라).

[19] 그 대표적인 예로 Turretin, 574–78을 보라. 그러나 그는 자연 언약이라는 말을 많이 쓰지만 행위언약이라는 말을 사용하지 않는 것은 아니고 혼용하고 있다고 말할 수 있다(특히 575). 즉, 투레틴은 자연 언약이라는 말로써 행위 언약을 지칭하는 것이다. 웨스트민스터 소요리문답 제12문도 보라. Raphaelis Eglin, Matthaeus Martinius 등도 자연 언약이라는 말을 쓰면서 행위 언약과 혼용하고 있다. Cf. Heppe, 13장.

[20] John Murray, "The Adamic Administration," *Collected Writings of John Murray*, vol. 2 (Edinburgh: Banner of Truth Trust, 1877), 49. 역시 용어는 고치기를 원하나 그 기본적 개념에 찬동하는 Hoekema, *Created in God's Image*, 제7장을 보라.

님과 사람 사이의 자연적 관계를 전달하는 것 같은 인상을 주어서 점차 사용되지 않게 되었고, 생명 언약과 에덴 언약이라는 말은 은혜 언약에 대해서도 사용될 수 있다는 점에서 구체적이지 않음으로 그보다는 그 의미를 가장 잘 드러낼 수 있는 행위언약이라는 용어가 더 선호할 만하다고 하면서 이 용어를 사용하고 있다.[21]

카일 예이츠는 인간들이 행위 언약 하에 있는 상황을 다음과 같이 묘사한다: "사람을 더 온전한 도덕적 영적 발달에로 이끌어 가기 위해서 하나님께서는 그의 행동을 규제할 수 있는 구체적 명령과 구체적 금령을 주신 것이다. 또한 하나님께서는 그에게 선택할 수 있는 능력을 주시고 신적 애호 가운데서 성장할 수 있는 특권을 그 앞에 두신 것이다."[22] 그러므로 이 더 높은 상태는 결국 우리가 지향하고 나아가야 하는 상태이고, 하나님의 창조의 목적이 온전히 이루어진 상태이다. 이런 의미에서 인간들은 처음부터 **종말 지향적**으로 창조된 존재라고 할 수 있다.[23] 이 때 종말이란 **참되고 온전하며 긍정적인 의미의 종말**이다. 인간의 창조 목적이 온전히 이루어지는 의미의 종말(eschaton)인 것이다. 그러므로 인간의 생명은 처음부터 이런 적극적이고 긍정적 의미에서 종말 지향적이었다고 할 수 있다.

인간이 가야 할 방향을 지시하는 성례전적인 나무가 에덴동산에 있었으니 그것이 "생명나무"였다. 생명나무의 실과는 문자적으로 실재하는 나무의 실과이면서 동시에 인간이 이렇게 하나님으로부터 그에게 순종하여 얻은

---

21 Berkhof, *Systematic Theology*, 211.

22 Kyle M. Yales, "Genesis," in *Wycliffe Bible Commentary* (Chicago: Moody Press, 1962), 5.

23 이런 생각은 구약의 종말론적 정향을 잘 논의해 준 Anthony A. Hoekema, *The Bible and the Future* (Grand Rapids: Eerdmans, 1979), 3-12, 특히 4에서 영향 받은 바 크다.

온전한 생명의 누림을 향유하는 성례전적인 표로 먹게 되어 있었다.[24] 프란시스 투레틴이 잘 표현하고 있는 바와 같이, "이것은 아담이 첫 상태에서 견인하였더라면 그에게 부여되었을 불멸성의 성례요 상징이었다."[25] 투레틴이 인용하고 있는 어거스틴의 말은 매우 의미심장하다: "아담은 다른 나무들로부터는 자양분을 공급 받았으나 이 나무에서는 성례를 제공받았다."[26] 즉, 생명나무가 우리에게 진정한 생명을 주는 **물리적인 힘을** 가진 것은 아니라는 말이다.[27] 이런 뜻에서 "생명은 하나님의 선물이다. 그러나 그것은 순종의 규제에 묶여 있는 것이었다."는 케네스 매튜즈의 말은 옳다.[28] 이런 의미에서 만일에 사람이 하나님을 신뢰하고 하나님을 순종했더라면

---

[24] 이런 이해를 시사하는 다음 논의들을 참조하여 보라. Calvin, *Commentaries on the First Book of Moses*, trans. John King (Edinburgh: Calvin Translation Society, reprinted, Grand Rapids: Baker, 1993), 116f.; Vos, *Biblical Theology*, 28; Turretin, 1: 580–82; Berkhof, *Systematic Theology*, 217; C. K. Keil and F. Delitzsch, *The Pentateuch*, trans. James Martin, Commentary on the Old Testament 1 (Grand Rapids: Eerdmans, 1976), 85; Derek Kidner, *Genesis: An Introduction & Commentary*, Tyndale Old Testament Commentaries (Leicester, IVP, 1967), 62; and Meredith G. Kline, "Genesis," in *The New Bible Commentary*, third edition (Leicester: IVP, 1970), 84.

[25] Turretin, 1: 581: "It was a sacrament and symbol of the immortality which would have been bestowed upon Adam if he had persevered in his first state."

[26] Augustine, *The Literal Meaning of Genesis 8:4*, cited in Turretin, 1: 581.

[27] 이를 아주 명확히 말하는 Keil, *The Pentateuch*, 85를 보라: "Even in the case of the tree of life, the power is not to be sought in the physical character of the fruit. No earthly fruit possesses the power to give immortality to the life which it helps to sustain."

[28] Kenneth A. Mathews, *Genesis 1–4:26: An Exegetical and Theological Exposition of Holy Scripture, NIV Text*, The New American Commentary, vol. 1A (Broadman & Holman Publishers, 1996), 256: "Life is a divine gift, but it is tied to the stipulation of obedience." 그러나 매튜즈는 우리가 여기서 제시한 더 높은 상태의 생명에로 나아감에 대해서 온전한 이해를 가지고 있지는 않다. 그는 단지 하나님의 생기 불어 넣으심으로 주어진 인간의 생명이 생명나무 열매를 먹음으로 그 생명이 지속적이게 된다고 논의할 뿐이다(211f.). 그는 자신이 인용하고 있는 칼빈의 이해를(Calvin, Comm. *Genesis*, 127, in Matthews, 212) 좀 더 깊이 숙고했었어야 한다고 여겨진다.

하나님께서 "선"을 사람들에게 주셨으리라는 것이 창세기 1, 2장의 중심
주제라는 세일하머의 말에도[29] 기꺼이 동의할 수 있다. 그러므로 생명나무
는 결국 인간이 가야 했던 방향을 시사하는 나무였다. 에덴동산에서 인간들
이 아직 이 생명나무의 실과를 먹지 않았던 것 같다는 추론적 논의로 보스
(Vos)의 다음 같은 말을 생각해 보라: "그 나무의 열매를 현재 맛보면서
그 결과를 앞당겨 맛본다는 것은 그 성례전적 성격과 맞지 않는다. 사람이
지고한 생명의 얻음을 확신하게 된 후에야, 그 나무는 최고의 생명을 전달하는
성례의 수단으로 정당히 쓰이게 될 것이다."[30]

그리고 이 나무가 "동산 중앙에" 있었던 것과 같이 이는, 선과 악을 알게
하는 나무가 하나님의 지시를 보여 준다는 의미에서 그런 것처럼, 인간
생명의 중심이라고도 할 수 있다.[31] 물론 이 나무 자체가 생명을 주는 것이
아니고 이 나무를 창설하신 분이 생명의 원천임을 보여 주는 것이다.[32]
그런 의미에서 "[창세기 2장] 9절이 생명나무가 아니라 그 나무를 심은
분을 강조하고 있다는 사실은 생명은 나무로부터가 아니라 하나님으로부터
온다는 것을 강조한다"는[33] 해밀턴의 말은 매우 옳은 것이다.

[29] John H. Sailhamer, "Genesis," in *The Expositor's Bible Commentary*, ed. Frank E. Gaebelein, vol. 2 (Grand Rapids: Zondervan, 1990), 51.
[30] Vos, *Biblical Theology*, 28. 비슷한 시사들로 다음을 보라: Victor P. Hamilton, *The Book of Genesis: Chapters 1-17*, New International Commentary on the Old Testament (Grand Rapids: Eerdmans, 1990), 209; and Gordon J. Wenham, *Genesis 1-15*, Word Biblical Commentary 1 (Waco, Texas: Word Books, 1987), 85.
[31] 생명나무와 근원적으로는 하나님이 중심이심에 대한 좋은 논의로 Bill T. Arnold, *Encountering the Book of Genesis* (Grand Rapids: Baker, 1998), 34를 보라.
[32] 이 점에 대한 좋은 논의로 Mathews, *Genesis 1-4:26*, 202, 203를 보라. 그러나 후에 3:22에 대한 논의에서는 마치 생명나무 실과 자체가 오래 사는 삶을 줄 수 있을 것 같은 논의를(212, 256) 하고 있어 안타깝다. 웬함도 그런 식의 물리적 논의를 하고 있다(Wenham, *Genesis 1-15*, 62, 85). 아주 이상하게도 클라인도 그런 시사를 주고 있기도 하다(Kline, "Genesis," 85).

타락하여 부정적 종말에 직면하게 된 인간

그런데 최초의 인간들은 하나님의 의도를 온전히 따르지 못하고 하나님의 의도에 반하는 상황에 처하게 되었다. 하나님께서 의도하신 대로 하나님의 뜻대로 온 세상을 다스리면서(창 1:28) 이 세상을 창조의 궁극적 지향점에 이르지 못하고, 오히려 하나님의 의도에 반하여 하나님께서 먹지 말라고 하신 선과 악을 알게 하는 나무의 실과를 따 먹음으로(창 3:6) 하나님의 의도를 곡해(曲解)하는 사탄의 의도에 따라 나아가고, 하나님의 온전하신 뜻을 따라 살기보다는 오히려 자신들이 자신들의 삶의 지도자가 되기를 원하였다. 최초의 여인의 죄를 다음과 같이 묘사하고 있는 키드너의 말이 흥미롭다: "…[여인은] 창조주보다는 피조물의 말을 듣고, 가르침 받은 것에 반해서 자신의 인상을 따랐고, 자기-만족을 자신의 목적으로 만든 것이다."[34] 여기서 중요한 것은 사람이 하나님의 말씀을 신뢰하기로 결정하느냐의 여부이다.[35] 이를 거부하는 것은 결국 하나님의 법과 하나님의 성품과 하나님 자신을 저버리는 것이 된다. 이와 같이 인간은 스스로 자신의 법을 만들고 그에 따라 살기를 추구한 것이다. 이렇게 하나님의 법(theonomy)을 버려버리고 스스로가 스스로에게 법을 부여하는 자율적인(autonomous) 존재이

[33] Hamilton, *The Book of Genesis: Chapters 1–17*, 163.

[34] Kidner, 68. 또한 Arnold, 35를 보라. Sailhamer도 이 기사에서 여인은 자신이 자신의 선이 무엇인가에 대해 하나님의 지위를 스스로 취하고 있다고 지적하고 있다(Sailhamer, "Genesis," 51). 세일하머는 이제까지는 하나님이 보시기에 좋았더라는 표현만이 계속 나오고 있는데, 이제는 "여인이 보고 좋은 줄로 알더라"는 표현이 나오고 있다는 기사의 흐름을 잘 지적하고 있다. 이런 이해에서 세일하머는 이곳에서 유혹은 하나님의 준비를 개의하지 않고 스스로 선과 지혜를 찾아보려는 것에 있다고 말한다.

[35] Matthews, 211.

기를 선언한 인간들은36 매우 아이러니(ironical)하게도 스스로가 해방된
존재가 아니라 오히려 죄에 사로 잡혀 살아가는 아주 답답한 상황에 처하게
된 것이다.37 하나님께서 불순종하면 "정녕 죽으리라"고 선언하신 대로(창
2:17) 인간들은 다중적 사망에 직면하게 된 것이다.38

첫째로, 타락한 인간들은 하나님과의 관계가 단절되는 영적 사망
(spiritual death) 상태에 이르게 되었다. 하나님에 대해서 무관심하고 하나
님의 의도에 대해 때로는 적대적이며 하나님을 대적하기도 하는 상태에
이른 것이다. 하나님께서 창조하셨으며 그 하나님께서 계속해서 유지시키시
면서 통치해 가시는 이 세상에서 살면서도 하나님을 모른 체하며 하나님을
무시하며 살고 하나님께 저항하고 대적해 가는 상태에 처한 것이다. 이와
같이 이들은 이 세상에서 "하나님도 없는 자들이"(ἄθεοι) 된 것이다(엡 2:12).

---

36 타락 사건의 의미를 이와 같이 이해하는 것은 매우 고전적인 것이다. C. Van Til의
글들과 Hamilton, *The Book of Genesis: Chapters 1–17*, 166 등을 보라.

37 "그러나 인간의 생명줄은 영적인 것, 즉 하나님의 말씀과 신앙의 반응이며(신 8:3;
합 2:4), 그것을 어기는 것이 죽음이다"(Kidner, 68: "But man's lifeline is spiritual, namely
God's word and the response of faith (Dt. 8:3; Hab. 2:4); to break it is death.").

38 이런 다중적 사망의 온전한 의미는 신구약 전체를 잘 살펴보아야 나타날 수 있다.
이런 점에서 "'먹는 날에는 정녕 죽으리라'는 경고의 온전한 의미는 신약성경의 마지막 페이지들
에서 천천히 드러날 것이다"고 말하는 키드너의 말은(Kidner, 64) 매우 옳은 것이다.

필자가 여기서 제시한 의미와 유사한 사망의 다중적 의미에 대한 논의로 다음을 보라:
Berkhof, *Systematic Theology*, 259–61; and Francis Nigel Lee, *The Origin and Destiny
of Man* (n.p.; Presbyterian and Reformed Publishing Co., 1977), 58–66; 이와 같이 구체적으
로 분류하여 제시하지는 않으나 Anthony A. Hoekema, *Created in God's Image* (Grand
Rapids: Eerdmans, 1986), 제8장에서 이를 시사하기는 한다.

성경 전체의 의미를 살피면서 이런 다중적 사망을 생각하지 못하는 사람들은 아주 이상한
해석을 내어 놓기도 한다. 그 대표적인 예의 하나로 여기서 인간에게 부가 된 법은 인간이
나무 열매를 통해 얻어 보려고 하던 젊음을 되찾는 것을 거부한 것이라는 N. H. Sarna, *Genesis*,
JPST (Philadelphia: Jewish Publication Society, 1989), 21의 해석이다. 이런 해석은 결국
창세기 본문과 길가메쉬 서사시(*ANET*, 96)를 너무 깊이 연관시켜 읽어 보려고 하는 데서
발생하는 것이다.

이는 단순히 하나님의 존재를 부인한다는 뜻이 아니고, "하나님에 대한
실제적 지식이 없이" 이 세상을 해석하고 이 세상 속에서 산다는 것을 말하는
것이다.39 그런 의미에서 잘못된 신 관념을 가지고 수많은 신들을(a
pantheon of gods) 경배하는 그들은 "참 하나님이 없이" 이 세상에 있는
것이다.40 그들은 "천지의 창조주이신 한 분이시요 참되고 살아 계신 하나님
과 관계를 가지고 있지 않기" 때문이다.41 이들의 문제는 결국 참 하나님을
모르고 참 하나님을 믿지 않은 것이다.42 아보트가 잘 지적하고 있듯이
"그들의 의식에 관한 한 그들은 하나님이 없는 것이다."43

둘째로, 그리하여 이들은 이 세상에서의 삶이 그야말로 비참한 삶을 살게
되었다. 그야말로 천천히 죽어 가는 삶을 살게 된 것이다. "이 세상에서
소망이 없는 자들이" 된 것이다(엡 2:12). 이는 단순히 이방인들은 메시야에
의한 구원의 기대나 메시야 시대에 대한 기대가 없다는 말이나44 불신자들이

---

39 Francis Foulkes, *Ephesians*, Tyndale New Testament Commentaries, revised
edition (Leicester: IVP, 1989), 88; Ralph P. Martin, *Ephesians, Colossians, and Philemon*,
Interpretation (Louisville: John Knox Press, 1991), 33 ("lack a true knowledge of God");
그리고 이런 방향을 시사하는 T. K. Abbott, *The Epistle to the Ephesians and to the
Colossians*, ICC (Edinburgh: T & T. Clark, 1897), 59도 보라.
40 Andrew T. Lincoln, *Ephesians*, Word Biblical Commentary 42 (Dallas, Texas:
Word Books, 1990), 138.
41 이와 같이 분명히 표현한 예로 Charles H. Talbert, *Ephesians and Colossians*,
Paideia Commentaries on the New Testament (Grand Rapids: Baker Academic, 2007),
78을 보라.
42 이 점을 잘 드러내어 시사하는 A. Skevington Wood, "Ephesians," in *The Expositor's
Bible Commentary*, 11 (Grand Rapids: Zondervan, 1978), 39를 보라.
43 Abbott, 59. 그러나 하나님은 그들을 저버리지 아니하시고 당신님에 대한 증언을
계속하심에 대해서도 아보트는 잘 언급하고 있다.
44 이 소망이 없다는 말을 이렇게 좁게만 보는 대표적인 해석으로 Harold W. Hoehner,
"Ephesians," in *The Bible Knowledge Commentary, New Testament* (n.p.: Victor Books,
1983), 625를 보라.

죽은 후에 소망이 없다는 말만이[45] 아닌 것이다. 또한 이것은 이 세상에 그리스도와 상관없는 이들이 그들의 소망이라고 하는 것을 가지지 않았다는 것이 아니고 그들이 세상에서 소망이라고 여기는 바가 참 소망이 아니라는 평가를 담고 있는 표현이다.[46] 이 세상에서 하나님이 없는 사람은 소망도 없는 사람들이라는 것이 성경에서는 이와 같이 명확히 천명되고 있다.

그리하여 여자들은 "수고하고 자식을 낳게" 되었고(창 3:16), 창조 때의 상호 도움의 관계로부터 남편이 여인들 다스리는 종속 관계에 놓이게 되었다(창 3:16).[47] 세일하머가 잘 지적하는 바와 같이 "그녀의 삶의 가장 큰 축복의 순간에, 즉 혼인과 아이 낳음에서 여인은 자신이 하나님을 반역한 것의

---

[45] 이와 같이 살전 4:13의 의미로 사후 소망이 없다는 식의 해석으로 C. Leslie Mitton, *Ephesians*, The New Century Bible Commentary (London: Marshall, Morgan & Scott, 1973; Grand Rapids: Eerdmans, 1989), 103; 그리고 Talbert, *Ephesians and Colossians*, 78을 보라. 좀더 넓은 시사를 하면서도 결국 현세 이상의 소망이 없다는 해석을 하는 Foulkes, 88도 보라. 또한 사후 소망을 말하지 않지만 살후 4:13을 언급하면서 해석하는 예로 Wood, "Ephesians," 39도 보라.

[46] 이 "평가"에 대한 강조로 Lincoln, 138; 그리고 Abbott, 59를 보라.

[47] 창세기 4:7의 의미와 관련하여 아주 명확히 여인이 남자를 지배해보려고 하고, 결국은 남자의 지배를 받게 된다는 이해를 제시하는 Kline, "Genesis," 85; Susan T. Foh, "What Is the Woman's Desire," *Westminster Theological Journal* 37 (1975): 376–83; Hamilton, *The Book of Genesis: Chapters 1–17*, 201f., 그리고 그에게 동의하는 Paul House, *Old Testament Theology* (Downers Grove, Ill: IVP, 1998), 제2장, 장세훈 역, 115도 보라. Sailhamer, "Genesis," 58에서도 이런 해석이 더 나은 것이라고 하고 있다. 아주 명확하지는 않으나 이 구절을 관계성의 파괴로 이해하는 Kidner, *Genesis*, 71도 보라.
  그러나 웬함은 수잔 포의 해석의 논리적 단순성을 언급하면서 이런 해석이 매력적이지는 않지만 "원함"이라는 단어가 드물게 나타나기 때문에 확실성을 가지고 어떤 견해를 말하기 어렵다고 한다(Wenham, *Genesis*, 1–15, 82). 그는 성적인 열망 쪽에 좀더 강조점을 두는 듯하다(81), 후크마도 성적인 교제에 대한 열망으로 이해한다(Hoekema, *Created in God's Image*, 한역, 230). Gerhard von Rad [*Genesis: A Commentary*, trans. John H. Marks, revised by John Bowden (London: SCM Press, 1972), 93]와 스티거스(Stigers, *A Commentary on Genesis*, 80], 그리고 알더스[G. A. Aalders, *Genesis*, trans. William Heynen, 2 vols. (Grand Rapids: Zondervan, 1981), 1:109f.]조차도 이를 심리적 갈망으로 보는 듯하다.

고통스러운 결과를 가장 분명하게 느끼게 된 것이다."48 이런 종속 관계가
실질적으로 얼마나 많은 이들의 사람을 그야말로 죽은 자들의 삶(dead man
walking)이 되게 하였는지는 일일이 나열할 필요도 없다. 이는 창조에서
부여된 것이 아니고 인간의 타락으로 그에게 부여된 형벌적 상황의 하나이
다. 또한 남자들도 "종신토록 수고하여야 (땅의) 소산을 먹게" 되어 "얼굴에
땀이 흘러야 식물을 먹게" 된 것이다(창 3:17, 19). 이와 같이 이 세상에서
살지만 고통스럽고 고난에 가득 찬 삶을 살게 된 것이다.

셋째로, 그리하다가 급기야는 인간의 몸과 영혼이 분리되는 상황에 이르
게 된다. 최초의 사람들에게 하나님께서는 "흙으로 돌아가리니 그 속에서
네가 취함을 입었음이니라. 너는 흙이니 흙으로 돌아 갈 것이니라"고 선언하
셨다(창 3:19). 그 이후로 새로운 생명의 탄생 소식과 함께 죽음의 소식이
인간의 삶의 과정을 묘사하는 일상의 것이 되었다(창세기 5장 참조). 때로는
인간이 다른 인간을 죽이는 일도 많았고(창 4:8, 5:23 참조), 그렇게 죽임을
당하지 않은 이들도 다 죽어갔다. 그리하여 이 세상에서는 "인간은 죽는다"
는 명제가 가장 보편적 명제들 가운데 하나로 여겨질 정도이다. 이렇게
타락한 모든 사람이 죽으므로 죽음을 "그 열조에게로 돌아간다"고 표현하기
도 하고(창 15:15; 25:8, 17; 35:29), 그 "혼이 떠난다"고 표현하기도 하며(창
35:18) 또 때로는 "영이 떠난다"고 표현하기도 한다(시 31:5//눅 23:46//행
7:59).49 이와 같이 인간의 죽음은 영혼과 몸의 분리로 이해되는 것이다.

---

48 Sailhamer, "Genesis," 56.
49 이 점을 잘 드러내면서 삼분설적 이해를 비판하는 좋은 글로 John Murray,
"Trichotomy," in *Collected Writings of John Murray: 2: Systematic Theology* (Edinburgh:
Banner of Truth Trust, 1977), 23-33. 또한 인간의 구성 요소 중 영혼을 soul과 spirit로
표현하는 것에 한 좋은 논의로 18-21을 보라. 또한 Berkhof, 192-95; J. W. Cooper, *Body,*

그러므로 사람을 죽이는 것은 몸을 죽이는 것이지 영을 죽일 수는 없다는 것이 성경의 가르침이다. 영은 죽은 후에도 항상 살아 있기 때문이다.

예수님께서는 이렇게 말씀하신다: "몸은 죽여도 영혼은 능히 죽이지 못하는 자들을 두려워하지 말고 오직 몸과 영혼을 능히 지옥에 멸하시는 자를 두려워하라"(마 10:28). 인간들은 몸을 죽일 수는 있지만, 즉 "몸의 생명을 그치게 할 수는 있지만"[50] 그 이상은 할 수 없기 때문이다. 그러므로 여기서 영혼으로 번역된 "퓨쉬케"(ψυχή)는 다른 곳에서는 그런 의미로 사용될 수도 있는 "생명"(life or earthly life)을 뜻하는 것이 아니고, "이 지상적 생명을 이후에 또한 죽음 이후에도 존재하는 우리의 한 부분"으로서의[51] 영혼을 뜻하는 것임이 매우 분명하다.[52] 몸과 영혼을 멸하게 한다는 것은 "그 존재를 그치게 한다는 것이 아니라, 풍성하고 의미 있는 생명을 만드는 모든 것의 파멸"을 뜻하는 것이다.[53] 마태복음에서 "게헨나"는 최후의 심판 이후에

Soul, and Life Everlasting (Grand Rapids: Eerdmans, 1989)도 보라.

[50] Leon Morris, The Gospel According to Matthew (Grand Rapids: Eerdmans, 1992), 262.

[51] 이런 이해를 명확히 표현하는 Morris, The Gospel According to Matthew, 262, n. 62를 보라.

[52] 그러므로 이 "퓨쉬케"를 단순히 인간의 "참된 자아"(true self)로만 표현하는 것에 대해서 불안한 마음이 들기도 한다. 이런 표현이 영혼을 지칭하는 것으로 이해될 수도 있지만[아마도 Robert H. Mounce, Matthew, Good News Commentary (San Francisco: Harper & Row, 1985), 95], 영혼의 독자적 존재를 개의치 않는 방향으로 나아갈 수 있는 근거가 될 수도 있기 때문이다[아마도 David Hill, The Gospel of Matthew, The New Century Bible Commentary (London: Marshall, Morgan & Scott, 1972), 193].

사후의 영혼의 존재를 전적으로 부인하는 식의 주해로는 Francis W. Beare, The Gospel According to Matthew (San Francisco: Harper & Row, 1981), 247f.을 보라. 이를 통해서 우리는 이 세상에는 예수님의 의도를 전혀 드러내지 않는 주석도 있다는 것을 보게 된다.

[53] 이 표현은 Morris, The Gospel According to Matthew, 263에서 온 것이다. 이와 같이 여기서의 파멸이 멸절을 뜻하지 않으며, 이는 "영원한 형벌"을 뜻하는 것이라는 명확한 진술로 Craig L. Blomberg, Matthew, The New American Commentary, 22 (Nashville, Tennessee: Broadman Press, 1992), 178; 그리고 David L. Turner, Matthew, Baker

있게 되는 형벌의 장소를 뜻하는 것이다.54

그러므로 몸과 영혼이 분리되는 물리적 죽음은 인간의 죽음의 최종적
양상이 아니고, 그 이후에 "영원한 형벌"(eternal punishment)이 있게 되는
데, 이를 "영원한 죽음"이라고 할 수 있고 물리적 죽음 이후의 또 다시 오는
죽음이라는 뜻에서 "제2의 사망"이라고 하기도 한다(계 20:6).55 이 "제2의
사망"이라는 말은 "영생의 종말론적 축복에 참여하지 못하는 이들의 운명을
표현하는 미화법"이다.56 이 영원한 형벌의 상태는 영원히 지속되는 것이다
(계 14:11 참조). 이는 "불못에서의 영원한 죽음"(eternal death in the

Exegetical Commentary on the New Testament (Grand Rapids: Baker, 2008), 279를
보라.

54 일반적인 이해이지만 이를 특정하는 Turner, *Matthew*, 279를 보라. 또한 지옥이
"전인의 형벌의 장소"(a place of torment for the whole person)라는 것을 특별히 언급하는
D. A. Carson, "Matthew," in *The Expositor's Bible Commentary*, 8 (Grand Rapids:
Zondervan, 1984), 255도 보라.

55 제2의 죽음을 영원한 형벌과 고통으로 이해하는 가장 분명한 표현은 William
Hendriksen, *More than Conquerors* (Grand Rapids: Baker, 1940, 1967), 193; 그리고
Robert H. Mounce, *The Book of Revelation*, NICNT (Grand Rapids: Eerdmans, 1977),
360을 보라.

역시 제2의 사망과 관련하여 "영원한 고통"을 말하는 David E. Aune, *Revelation 17–22*,
Word Biblical Commentary 52c (Nashville: Thomas Nelson Publishers, 1998), 1093도
보라. 그러나 그는 이것이 이집트의 지하 세계 신화론이 유대-기독교 전통에 영향을 미친
것이라고 논의하고 있다(1093). Aune의 이런 이해에 동의할 수 없음을 밝히며 Aune의 1091-93
의 이집트 신화론적 해석적 논의에 대한 학문적 반론이 필요할 것이다.

그런가 하면 Philip E. Hughes는 이 제2의 사망을 계 20:14과 연관시키면서도 안타깝게도
자신의 생각에 일치하게 제2의 사망을 "하나님의 완고한 원수들에게 시행되는 최후 심판의
완전한 파멸, 전적인 죽음"이라고 자신의 해석을 제시한다[*The Book of the Revelation:
A Commentary* (Grand Rapids: Eerdmans, 1990), 215]. 이는 탈굼에 나타난 제2의 사망에
대한 이해, 즉 "부활에서 배제됨"과 맥을 같이 할 수 있다. 탈굼에서의 이해를 제시한 Alan
F. Johnson, "Revelation," *The Expositor's Bible Commentary* (Grand Rapids: Zondervan,
1981), 585를 보라.

56 Robert W. Wall, *Revelation*, New International Biblical Commentary (Peabody,
Mass.: Hendrickson Publishers, 1991), 239.

lake of fire)이다(계 20:14 참조).[57] 성경은 이 상태에서 악한 자들이 계속해서 존재하게 될 것이고 형벌 가운데서 영원히 존재하게 될 것임을 분명히 가르친다.[58] 이 영원한 형벌의 상태에서 인간의 죄가 과연 얼마나 괴악한 것인지 잘 드러나게 된다. 우리의 모든 죄는 이렇게 영원한 형벌을 받아야 할 정도로 심각한 죄라는 말이다.

"이미" 그러나 "아직 아니"

이러한 상황 속에 있는 인간의 문제를 종국적으로 해결하기 위하여 하나님께서 주신 약속의[59] 최종적 성취로서 예수 그리스도께서 이 세상에 임하여 세상 죄를 없애는 일을 하셨다. 예수 그리스도의 사역이 있는 그 곳에 하나님

---

[57] George E. Ladd, *A Commentary on the Revelation of John* (Grand Rapids: Eerdmans, 1972), 268; 그리고 Mounce, 360.

[58] Berkhof, 735. 그는 마 24:5; 25:30, 46, 눅 16:19-31 등을 언급하고 있다. 영원한 형벌에 대한 또 다른 논의로 Hoekema, *The Bible and the Future*, 265-73; Willian Crockett, ed., *Four Views on Hell* (Grand Rapids: Zondervan, 1996), 11-28, 43-81; Robert A. Peterson, *Hell on Fire: The Case for Eternal Punishment* (Phillipsburg, NJ: P & R, 1995), 특히 183-202를 보라. 모리스도 마태복음 10:28에서 예수님께서 "지옥"을 말씀하신 것과 관련하여 우리가 여기서 "멸절"을 생각할 수 없다는 것을 말한다(Morris, *The Gospel According to Matthew*, 263).

[59] 특히 첫 구속적 특별계시로서의 '원복음'(*protoevangelion*)에 대한 좋은 설명으로 Vos, *Biblical Theology*, 43-44; Berkhof, 293f.; Francis Lee, 70f.; Paul R. House, *Old Testament Theology* (Downers Grove, IL.: IVP, 1998), 장세훈 역, 『구약신학』 (서울: CLC, 2001), 114f.도 보라. 또한 창세기 3:15을 원복음으로 언급하지 않으나 이는 하나의 커다란 프로그램을 도입시키는 프로그램적인 논의(programmatic and foundational discourses)라고 하면서, 이 구절은 누가 여인의 씨인지를 답하지 않고 질문만을 제공하며 창세기의 나머지 부분이 그 대답을 제공한다는 흥미로운 본문 분석을 제시하는 세일하머의 흥미로운 논의도 보라. Cf. Sailhamer, "Genesis," 55f.

나라가 이미 임하여 와서 종말이 우리에게 임하여 온 것이다.[60] 그러나 그 하나님 나라와 종말은 예수님 당시의 사람들이 생각하던 세상 끝이 아니었다. (마 24:3 이하의 말씀과 행 1:6~8에 나타난 예수님의 제자들과 예수님의 이해의 차이를 주목하여 보라). 따라서 예수 그리스도로 말미암아 우리에게 임하여 온 종말은 하나님 나라가 "이미" 임하여 왔으나 그 극치는 "아직 아니" 이르러 이 세상에 소위 **"'이미'와 '아직 아니'(already but not yet)의 구조"**를 가져오게 한 것이다.

이와 관련하여 중요한 것은, 첫째로, 예수 그리스도로 말미암아 하나님 나라와 종말이 이미 임하여 왔음을 분명히 인정하는 것이다. 서구 교회와 신학계도 때로 그러하거니와 특히 한국 교회에서는 이를 천명해 온 지 40여 년이 되어 가도 아직도 그리스도 안에서 하나님 나라와 종말이 이미 임하여 왔으며, 그러나 재림 때에 그 극치가 오리라는 것을 인정하는 일에 있어서 명확하지 않거나 기꺼워하지 않는 일이 많이 있다. 이것은 매우 안타까운 일이 아닐 수 없다.[61] 무엇보다 하나님 나라와 종말을 도입해 오신 예수님께 대해 매우 죄송한 일이요, 또한 지난 40년간 이를 잘 가르쳐 주신 귀한 목사님들과 선생님들에게도[62] 죄송한 일이 아닐 수 없다. 특히 엄밀히 말할 때 이는, 많은 한국 교회원들의 생각에 반(反)하여, 그들이 그렇게 사랑한다고 고백하는 예수님의 가르침과 사역을 무시하는 것이 되므로 매우 심각한

---

60 이 점에 대한 좀더 포괄적 논의로 이승구, "기독교 세계관의 신국적 토대: 하나님 나라",『기독교 세계관이란 무엇인가』, 재개정판 (서울: SFC, 2008), 제3장과 그곳에 인용된 여러 문헌들을 보라.

61 이 점에 대한 이전의 지적으로 이승구, "종말 신학의 프롤레고메나",『개혁신학탐구』(서울: 하나, 1999), 15-16.

62 그 대표적인 예로 다음을 보라: 박윤선,『성경주석 사도행전』, 12판(서울: 영음사, 1981), 65; 그리고 박형용,『신약성경신학』(수원: 합동신학대학원출판부, 2005), 167-288.

문제라고 하지 않을 수 없다. 예수님으로 말미암아 종말이 임하여 왔음으로 이제 온 세상이 새로워진 것이다. 물론 이는 영적으로 이루어진 일이어서 **물리적으로는** 이전 세상과 같은 세상이 우리 눈에 보인다. 아직도 부패가 피조물들을 지배하고 있고 그래서 피조물들의 신음이 계속된다(롬 8:22).

그러나 **영적으로는** 이미 새로운 세계 질서가 도입되어서 "만물이 새롭게" 된 것이다. 이 영적 시각을 가진 사람들은 바울과 함께 "이전 것은 지나갔으니 보라 새 것이 되었도다"(고후 5:17)라고 외칠 수 있다. 우리들이 이 말씀의 진정한 의미를 잘 파악하지 못하는 것은 이 구절을 그리스도 안에 있는 개인에게만 적용하는 개인주의적 성경 해석에 매우 익숙한 데서 잘 드러난다. 고린도후서 5:15, 17의 문맥에 잘 유의하지 않음으로 그 본문이 제시하는 그리스도 안에 있는 만물의 새로운 피조물 됨을 잘 드러내지 못하는 예들이 많이 있다.[63] 그들은 일반적인 해석을 따르면서 "누구든지 그리스도 안에 있으면, 그들은 새로운 피조물"이라고 논의한다. 이런 해석에 의하면 그리스도 안에 있는 개인의 새로움이 강조된다. 이런 해석을 하는 분들 가운데 그래도 "하나님의 새로운 창조 행위"를 강조하는 이들은 어느 정도 문맥의 특성을 생각하려고 하는 것이다.[64] 그러나 이전에도 여러 번 지적한 바와

---

[63] Alfred Plummer, *The Second Epistle of St. Paul to the Corinthians*, ICC (Edinburgh: T. & T. Clark, 1915), 179; Murray J. Harris, "2 Corinthians," in *The Expositor's Bible Commentary*, 10 (Grand Rapids: Zondervan, 1976), 353; David K. Lowery, "2 Corinthians," in *The Bible Knowledge Commentary, New Testament* (n.p.: Victor Books, 1983), 568; Paul Barnett, *The Second Epistle to the Corinthians*, NICNT, new edition (Grand Rapids: Eerdmans, 1997), 296; G. K. Beale, "The New Testament and New Creation," in Scott J. Hafemann, ed., *Biblical Theology: Retrospect & Prospect* (Downers Grove, Ill.: IVP, 2002). 163; 또한 Dumbrell, "Genesis 2:1–17: A Foreshadowing of the New Creation," in Hafemann, ed., *Biblical Theology*, 65을 보라. 이와 같이 뛰어난 주해가들이 이 구절에 대한 해석에서는 이처럼 단순한 해석을 따라 주해하고 있다는 것은 놀랍고 의아스러운 일이 아닐 수 없다.

같이,65 이 본문의 진정한 의도는 그리스도 안에서 이미 사물의 새로운
질서가 도입되어, 즉 새로운 피조계가 드러나 있다는 것을 아주 분명히
하고, 그 후에라야 이 새로운 사물의 질서와 관련하는 개인도 그 새로운
피조계에 속한 일원이라는 뜻에서 새로운 피조물이라고 할 수 있다고 해석해
야 이 본문의 의미가 제대로 드러나는 것이다. 바울은 "피조물"(κτίσις)이라
는 말을 개인에게 적용하여 말한 적이 없고 항상 새로운 피조계 개념으로
사용하고 있다. 또한 이 구문에서 "그리스도 안에"(ἐν Χριστῷ)라는 말이
"누구든지"(τις)를 지배하는 것이 아니라 "새로운 피조계"(καινὴ κτίσις)를
지배한다는 랄프 마틴의 말에66 좀더 주의를 기울여야 한다. 그러므로 (고후
5:15, 17절의 문맥을 잘 드러내면서) 이것은 구속사적이고 신약-종말론적
인 의미에서 피조계 전체가 그리스도 안에서 새로워졌다는 것을 뜻한다는
잘 드러낸 해석들을 숙고해 보는 것이 좋을 것이다.67 이 구절은 "(갈라디아
서 6:14, 15의 의미와는 달리) 그리스도의 오심으로 도래하게 된 새로운
종말론적인 상황과 관련된" 것이다.68 그러므로 적어도 콜린 크루쉐가 말하
듯이 "그리스도 안에 있는 사람은 새로운 피조계의 한 부분이 된다"라고

---

64 대표적인 예로 Harris, "2 Corinthians," 353을 보라. 대개 이후에 말하는 최소한도의
해석을 하는 분들이라고 필자가 분류한 분들이 이런 용어를 많이 사용한다.
65 그 대표적인 예로 이승구, 『21세기 개혁신학의 방향』(서울: SFC, 2005)을 보라.
66 Ralph P. Martin, *2 Corinthians*, Word Biblical Commentary 40 (Waco, Texas:
Word Books, 1986), 152.
67 그런 바른 해석의 대표적인 예로 Geerhardus Vos, *The Pauline Eschatology* (1930,
Reprinted, Grand Rapids: Mich.: Zondervan, 1979), 한역, 『바울의 종말론』(서울: 엠마오,
1989), 78-82; Herman Ridderbos, *Paul: An Outline of His Theology*, trans. John Richard
De Witt (Grand Rapids, Mich.: Eerdmans, 1975), 45; 또한 위에서 언급한 Martin, *2
Corinthians*, 152, 그리고 David E. Garland, 2 Corinthian, *The New American Commentary*,
29 A (Nashville, Tennessee: Broadman and Holman Publishers, 1999), 286f. 등을 보라.
68 Martin, *2 Corinthians*, 152.

말해야 하며, 새로운 피조계에의 참여를 함의하는[69] 식으로라도 생각할
수 있어야 할 것이다.

그러므로 이 새로운 세계 질서에 참여하고 있는 그리스도인들은 종말
생명을 이미 누리고 있는 것이다. 예수 그리스도의 부활에서 그 의미가
분명히 드러나는 부활 생명에 참여한 성도들은 지금 여기서 부활 생명으로
나타난 종말론적 생명에 참여하고 있는 것이다.

극치의 종말 생명

지금 그리스도인들이 누리고 있는 종말 생명은 그 온전한 모습이 아직은
다 드러나지 아니하였다. 우리는 지금 소위 "'아직 아니'의 시기"(the period
of 'not yet')에 살고 있다.[70] 그러나 그리스도께서 나타나시게 되면 그와
같은 모습으로 우리도 변하게 될 것인데(요일 3:2; 빌 3:21; 고전 15:52~54

---

[69] Colin Kruse, *2 Corinthians*, Tyndale New Testament Commentaries (Leicester:
IVP, 1987, reprint, 1999), 125: "When a person is in Christ he os she has become
already part of the new creation······*This participation in the new creation*···" (emphasis
is given). 휴스도 "종말론적 대우주에 속하는 중생한 소우주"와 같은 식으로 이해하고 표현한다
(Philip E. Hughes, *The Second Epistle to the Corinthians*, NICNT [Grand Rapids:
Eerdmans, 1962], 201f.). 이와 같이 명확하지는 않으나 C. K. Barrett도 새 피조계에 "참
여"(participation)함에 대한 논의를 한다[C. K. Barrett, *A Commentary on the Second
Epistle to the Corinthians* (Harper & Row, 1973; Peabody, Mass.: Hendrickson, 1987),
174]. 이런 의미에서 그는 그리스도께서 역사의 분수령이라는 말도 한다(287). Barnett의
말과 같이 "인간론적이고 인격적이고 주관적인 해석은 [우주론적이고 종말론적 해석]에 따라
나타나는" 것이기 때문이다(Barnett, 296, n. 43).

[70] 이는 이제 일반화된 어귀이나 여기서는 특히 I Howard Marshall, *The Epistle of
John*, NICNT (Grand Rapids: Eerdmans, 1978), 172에서 인용하고 있는 것이다.

),71 이는 모든 점에서 그리스도와 우리가 같아진다는 것이 아니라72 피조물의 한계 내에서 그와 같아질 수 있는 한계 내에서 그와 같아진다는 뜻이다. 그 때에는 로마서 8:29에 언급된 하나님의 의가 온전히 실현되는 것이다. 그리고 그 때에는 우리가 그리스도 안에서 얻은 종말 생명의 의미가 온전히 드러나게 된다. 그러므로 극치의 종말 생명의 드러남은 그리스도의 재림으로 우리에게 주어지는 것이다. 인간 스스로가 그 온전한 생명을 온전히

---

71 이 때 재림하시는 주님을 뵈옴으로써 우리도 그와 같이 변하게 되는지, 즉 변화가 주님을 뵈옴의 결과인지[Zane C. Hidges, "1 John," in *The Bible Knowledge Commentary, New Testament* (n.p.: Victor Books, 1983), 893; Daniel L. Aikin, *1, 2, 3 John*, The New American Commentary, 38 (Nashville, Tennessee: Broadman & Holman Publishers, 2001), 137; 주를 뵙는 것에 조건이 있다는 생각을 명백히 부인하는 Marshall, *The Epistle of John*, N173, n. 30; 그리고 아주 명확하지는 않으나 이런 방향을 시사하는 John Stott, *The Letters of John*, Revised edition, Tyndale New Testament Commentaries (Leicester: IVP, 1988), 124], 아니면 재림하시는 주님을 있는 그대로 볼 수 있도록 하기 위해 우리가 그와 같이 변하게 되는지는 (즉, 변화가 주님 뵈옴의 조건인지는) 본문이 명확히 말하지 아니하므로 이를 가지고 심각한 논쟁을 할 이유는 없어 보인다. 오히려 이 두 사상 사이의 갈등이 없다고 보는 것이 더 좋을 것이다(이런 입장을 잘 표현하는 Smalley, *1, 2, 3 John*, 147을 보라).

"나타나심"(φάνερωθη)에 주어가 명확히 주어져 있지 않기에 여기서 단순히 하나님을 뵈옵고 그와 같아짐을 언급하는 Kenneth Grayston [*The Johannine Epistles*, The New Century Bible Commentary (London: Marshall, Morgan & Scott, 1984), 102-104]의 해석은 2절의 그를 하나님으로 해석하면서 요한 서신에서의 그리스도의 독특한 위치를 잘 생각하지 않고 직접적 맥락에 비추어 해석할 때 이 어귀에서 나타나는 분이 그리스도라는 점을 고려하지 않은 설명으로 판단된다. 이와 비슷하게 이 구절에서 나타나시는 분이 성부라는 해석으로 B. F. Westcott, *Epistles of John* (New York: Macmillan, 1905), 98; 그리고 F. F. Bruce, *Epistles of John* (Grand Rapids: Eerdmans, 1970), 85-87도 보라. 이에 반하여 문맥상 여기서 나타나시는 분은 그리스도시라고 보는 것이 개연성이 더 높다는 것을 지적하는 Marshall, *The Epistle of John*, 172, n. 29; Glenn W. Baker, "I John," in *The Expositor's Bible Commentary*, 12 (Grand Rapids: Zondervan, 1981), 330; Stephen S. Smalley, *1, 2, 3 John*, Word Biblical Commentary, 51 (Waco, Texas: Word Books, 1984), 145f., 147 [그러나 그는 마지막에는 이는 하나님과 같아짐을 함의한다는 것도 지적한다(147)]; 그리고 Akin, 136을 보라.

72 이 점을 강조하는 Smalley, *1, 2, 3 John*, 146을 보라: "The phrase ὅμοιοι αὐτῷ("like him") implies spiritual unity, but not complete identity, with Jesus…"

드러내게 하지 않는다는 점에 우리의 관심을 기울여야 한다. 물론 이 땅에서 우리는 우리가 이미 그에 참여하고 있는 종말 생명의 의미에 충실토록 하나님 나라의 백성답게 살아가야 하고 부지런히 노력하여 성화를 이루어 가야 한다. 그러나 이 일도 우리의 노력으로써만 되는 것이 아니고 성령님께서 주도하여 이루어지는 것이고, 더구나 종말 생명이 극치에 이르게 되는 것은 오직 그리스도의 재림으로만 이루어 질 수 있는 것이다. 그러므로 우리들은 종말 생명에 대해서도 그러하거니와 종말 생명의 극치에 이름에 대해서도 그저 하나님께 감사할 것뿐이다.

극치에 이른 종말 생명은 영혼과 몸의 온전한 상태에서 누리게 되는 생명이다. 현재 우리가 누리고 있는 종말 생명도 몸과 영혼으로 누리지만 지금은 몸과 영혼 모두에 있어서 죄악의 작용이 여전히 있는 불완전한 모습을 드러내고 있는 것이다. 물론 종말 생명 자체의 문제 때문이 아니고 우리가 온전히 성령님께 순종하지 않음으로 인해 일어나는 것이다. 그러나 그리스도 재림 이후의 종말 생명은 몸과 영혼 모두에 있어서 온전함을 가지고 있는 종말 생명이다. 그런 점에서 이는 사후에 우리가 영혼으로서만 누리는 종말 생명과도 다른 더 온전한 의미의 종말 생명이라고 할 수 있다.[73] 그리스도인의 사후 상태는 영혼만 하나님과 함께 하며 그 온전한 의미를 지니고 있는 데 비해서, 재림 이후의 종말 생명은 몸과 영혼이 모두 그 온전함을 누리는 것이기 때문이다.

그러나 극치의 종말 생명은 그저 개인의 몸과 영혼의 온전함으로만 생각하는 것은 또 다시 개인주의적 이해라는 문제에 빠져 들어갈 수 있다. 그러므로

---

[73] 이 점을 구별하여 자세히 논의한 논의의 예로 이승구, 『사도신경』, 재개정판 (서울: SFC, 2009), 395-406을 보라. 여기서 좀더 자세한 설명을 보라.

이 온전한 개인들이 피조계 전체의 우주적 변화로 말미암은 만물의 새롭게 됨 이후의 상황을 같이 누리는 것으로 이해되어야 한다. 그러므로 극치의 종말 생명은 피조계 전체가 참여하는 상황이다. 이 온전한 상황에서도 삼위일체 하나님은 모든 피조계의 생명의 원천으로 계신다. 이 극치의 종말 생명에서 천사들은 영원히 하나님과 구원받은 사람들을 섬기는 영들로 존재한다. 구속 받은 모든 사람들은 이 종말 생명을 누리면서 그들의 창조 목적을 온전히 구현하는 존재로 나타난다. 이때야말로 하나님께서 인간을 하나님의 형상으로 창조하신 그 근본적 목적에 부합하는 인간의 모습이 드러나게 될 것이다. 이 상태에서 인간 이외의 모든 피조계는 하나님의 대리 통치자로 이 세상을 옳게 통치하는 사람들의 지배 아래 있게 될 것이다. 그 때에야말로 피조물들이 지금까지 고대하는 "하나님의 자녀들의 영광의 자유에 이르는 것"이 나타나게 된다(롬 8:21). 피조물 전체가 "부패의 노예됨으로부터 해방되어" 하나님의 자녀들의 영광스러운 자유에 "함께 동참하기를" 지금 고대하고 있는데,[74] 그것이 비로소 성취되는 것이다.

이 극치에 이르는 과정에 대해서 성경에서는 이 세상의 어려움과 고난이 지속되어 가다가 특히 성도들에게 어려움이 집중되는 핍박의 시기가 올 것임을 말하고, 이와 함께 배교가 있을 것임을 말한다. 그러므로 진실한 성도들은 이런 환란과 어려움을 벗어나게 된다고 생각하고 가르치는 세대주의적 가르침은 성경의 가르침에서 벗어난 이상한 생각을 만들어 낸 것이 된다. 예수님께서는 이 대환란을 언급하시면서[75] "그 날들을 감하지 아니할

---

[74] Everett F. Harrison, "Romans," *The Expositor's Bible Commentary*, 10 (Grand Rapids: Zondervan, 1976), 94.

[75] 이것이 70년에 이루어진 사건을 이야기하는 것이 아니라는 논의로 D. A. Hagner, *Matthew 14–28*, Word Biblical Commentary 33b (Dallas, Texas: Word Publishers, 1995),

것이면 모든 육체가 구원을 얻지 못할 것이나 그러나 택하신 자들을 위하여
그 날들을 감하시리라"(마 24:22)고 말씀하셨다. 그러므로 신실한 성도는
믿음과 기도와 성령님을 의지함으로 어려움을 잘 견뎌 나가야 한다.[76]

배도의 문제는 좀더 심각한 문제이다. 외적인 핍박 때문에 오는 배도도
어려운 것이기는 하나 이는 인내하면서 성경과 성령님께 의존함으로 극복할
수 있는 것이다. 그런데 문제는 교묘한 배도 행위이다. 외적으로는 기독교회
안에 있어서 그리스도를 믿는 것 같아 보이면서도 실질적으로는 참된 도리로
부터 벗어나 있으며 성경이 가르치는 바른 가르침과 바른 실천을 향해 나아
가지 않도록 하는 교묘한 형태의 배도는 자신들이 배도의 물결에 휩쓸려
들어가 있다는 것은 인식하지 못하게 하는 것이기에 가장 심각한 형태의
배도가 된다.[77] 이는 진정한 의미의 종말 생명에 충실하지 않은 것이다.

아마도 이런 모든 형태의 배도를 주관하게 될 최후의 적그리스도가 나타
나면 거의 모든 이들이 이런 세력의 지배하에 들어가고 참된 성도들은 거의
살 수 없는 상황에 이르게 된다. 이 때 "주 예수께서 그 입의 기운으로

702f.; Turner, *Matthew*, 578을 보라. "예루살렘의 멸망이 최종적 대환란의 모형이 된다"고
하는 좋은 논의로 Mounce, *Matthew*, 232.

그런가 하면 대환란 기간을 주후 70년 이후로 모든 신약 시대를 포괄하는 것으로 보는
해석으로는 Blomberg, *Matthew*, 359f.를 보라. 그는 Carson, "Matthew," 502f.에서 이와
비슷한 시사를 발견하고 있다. 그러나 이보다는 이 기간을 환란 기간으로 여기고, 후에 대환란기
가 있다고 보는 해석이 더 나을 것이다. 앞서 언급한 마운스 등의 해석과 Hoekema, *The
Bible and the Future*, 제12장(특히 한역, 210)이 그런 방향을 향해 가고 있다고 할 수 있다.

[76] 자신이 이전에 가졌던 세대주의적 휴거 이해를 비판하면서 이와 같은 해석이 옳다는
것을 잘 제시하고 있는 George E. Ladd, *The Last Things* (Grand Rapids: Eerdmans,
1978), 이승구 옮김, 개정역, 『개혁주의 종말론 강의』 (서울: 이레서원, 2000), 특히 80-82를
보라.

[77] 오늘날 교회 안에 스며든 교묘한 세속화에 대한 비판으로 Hoekema, 『개혁주의 종말론』,
215; 그리고 이승구, 『한국 교회가 나아 갈 길』 (서울: SFC, 2007), 29-30을 보라.

저를 죽이시리니 강림하여 나타나심으로 저를 폐하시리라"(살후 2:8).[78]
예수 그리스도의 재림에 의해서만 적그리스도적 세력이 망하게 될 것임을
이 구절은 분명히 해 준다. 요한계시록에서도 이를 묵시문학적 표현으로
이렇게 표현해 준다: "하늘에서 불이 내려와 저희를 소멸하고 또 저희를
미혹하는 마귀가 불과 유황 못에 던지우니 거기는 그 짐승과 거짓 선지자도
있어 세세토록 밤낮 괴로움을 받으리라"(계 20:9, 10).

예수님께서 재림하여 오셔서 이루실 "새 하늘과 새 땅"이야 말로 종말
생명의 극치를 보여주는 상태이다. 그 상태는 의가 거하는 상태이고(벧후
3:13), 온 세상에 대한 하나님의 모든 의도가 다 이루어진 상태이다.

영생

이와 같이 이해한 종말 생명을 정리할 수 있는 좋은 개념이 하나 있는데,
그것은 종말에 이르게 되는 하나님 나라를 대신하여 요한복음에서 사용하고
있는 "영생"이라는 개념이다.[79] 이 "영생" 개념은 한국에서 비교적 정확하게
사용하고 있으므로 이 "영생" 개념을 사용하여 종말 생명을 정리하는 것은
상당히 명확한 이해를 위한 좋은 논의가 될 것이다.

우리들은 본래 영생을 위해 창조되었었다. 창조 때에 우리에게 주어진

---

78 이 구절을 앞서 말한 그 날들을 감하시는 것과 연관시켜 해석하는 Homer A. Kent,
Jr., "Matthew," in *The Wycliffe Bible Commentary* (Chicago: Moody Press, 1962),
973을 보라.

79 이 점에 대한 좋은 논의로 Vos, *Biblical Theology*, 372를 보라.

생명은 우리들이 하나님의 뜻을 파악하여 더 높은 상태로 진전해 갈 수 있도록 주어진 생명이다. 하나님께서는 우리들의 진정한 의미의 생명, 즉 영생을 얻도록 하기 위해 모든 필요한 조건을 마련해 주시고 최초의 사람은 아담의 온전한 순종을 통해 그리로 나아가도록 하셨었다.

그러나 인간이 자신들의 죄악과 부패로 이를 상실하여 그들은 그야말로 부정적 의미의 종말에 직면하게 되었고, 하나님께서 그들의 부패한 상태에 그냥 내어 버려두셨으면 인간은 하나님과 관련 없이 이 세상을 한동안 살면서 죄악만 범하다가 죽고 급기야 영원한 종말에 처하게 되었을 것이다.

그러나 하나님께서는 인간들을 불쌍히 여기셔서 구속에 대한 약속을 내려주시고 계속해서 여러 언약으로 그 약속을 갱신해 주시고, 급기야 예수 그리스도께서 그 약속을 성취하기 위해 이 세상에 오셔서 우리의 죄에 대한 형벌을 대신 받으시고, 우리들을 위한 의를 이루시어 그의 온전하신 의를 우리에게 전가시켜 주심으로 우리들이 영원한 생명을 얻을 수 있도록 하셨다. 이 세상에서 이 예수 그리스도의 구속 사건이 자신들을 위해 일어난 것으로 믿는 사람들, 오직 그들은 이 세상에서도 이미 이 영원한 생명에 참여하게 된다. 그리하여 우리는 다음과 같이 말씀하시는 예수님의 말씀에 충심으로 동의하게 된다: "내가 진실로 진실로 너희에게 이르노니 내 말을 듣고 또 나 보내신 이를 믿는 자는 영생을 얻었고 심판에 이르지 아니하나니 사망에서 생명으로 옮겼느니라"(요 5:24). 그러므로 그리스도와 관련하는 것만이 진정한 의미의 생명과 관련하는 것이 된다. 그는 지금 여기서 영생을 가지고 있는 것이다. "내 아버지의 뜻은 아들을 보고 믿는 자마다 영생을 얻는 이것이라"(요 6:40) 또는 "믿는 자는 영생을 가졌나니"(요 6:47)라고 말씀하신 예수님의 뜻이 바로 이것이다. 그래서 예수님께서는 자신의 "생명의 떡"이라고 말씀하신 것이다(요 6:35, 48, 51). 그러므로 이 땅에서 예수님을 통하여 하나님과 바른 관계 속에서 사는 이들이 영생을 누리고 사는 것이다. 바로 이런 의미에서 요한은 "영생은 곧 유일하신 하나님과 그의 보내신 자 예수 그리스도를 아는 것이니이다"(요 17:3)는 말을 전하고 있다.[80]

이렇게 지금 영생, 즉 이미 우리에게 임한 종말 생명을 누리고 있는 사람들은 이 세상에서 영생에 부합한 사람답게 살게 된다. 즉, (1) 그들은 예수님의 말씀에 거하여 그의 제자가 되고 진리를 알게 되며(요 8:31, 32, 요 14:24), 그의 음성을 듣고 따라 감으로(요 10:4, 16, 27) 진리를 실천하게 된다. 그의 말에 거한다는 것은 그 안에 거한다는 것과 같은 뜻이고(요 15:4), 이는 그의 사랑 안에 거한다는 것과도 같은 뜻이다(요 15:9). 또한 (2) 그들은 예수님께서 그들을 사랑한 것 같이 "서로 사랑"해야 한다(요 13:34; 요 15:12, 17). 서로 사랑함은 하나님께로 난 것을 보여 주는 증거의 하나이다(요일 3:10~11 14~16, 23). 또한 (3) 그들은 이 세상에서 여러 어려움 가운데 있으나(요 16:33) 그리스도와 하나님을 의존하면서 담대하게 살면서 기도하며 사는 것이다(요 14:13~14; 16:23~24). (4) 이들은 모두 "다 하나가 되어"

---

80 신앙 고백처럼 들리는 이 말씀을 예수님의 말씀 안에 있는 "괄호"[parenthesis, George R. Beasley-Murray, *John*, Word Biblical Commentary, 36 (Waco, Texas: Word Books, 1987), 296]나 복음서 기자의 "각주"라고 보는 견해도[C. K. Barrett, *The Gospel According to St. John*, 2nd edition (London, SPCK, 1978), 503] 있을 수 있는 견해라고 할 수 있다. 이것이 자연스러운 흐름 외적인 것으로 여기지 않는다면 말이다. 본문의 자연스러운 흐름을 강조하는 D. A. Carson, *The Gospel According to John* (Leicester: IVP and Grand Rapids: Eetdmans, 1991), 556을 보라. 더 나아가 예수님께서 친히 이렇게 말씀하셨음을 부인할 필요가 없으며 "예수님께서 좀 독특한 형태의 기도를 사용하셨다"는 것을 잘 논의하는 Leon Morris, *Expository Reflections on the Gospel of John* (Grand Rapids: Baker, 1988), 570을 보라.

(요 17:11, 21; 요 10:16) 하나님의 말씀으로 거룩함을 이루어(요 17:17)
이 세상에 예수 그리스도의 오신 의미를 드러내는 일을 하는 것이다. 이들을
위해 성령님이 보내어져서 진리를 가르치시고 진리로 인도하실 것이다(요
14~16장). 이를 생각하면서 예수님께서는 오순절 이전의 사람들에게 "나를
믿는 자는 성경에 이름과 같이 그 배에서 생수의 강이 흘러나리라"고 말씀하
신 바 있다(요 7:38).

이렇게 주어진 성령님의 인도하심을 받아가던 이들은 마지막에 생명의
부활을 얻게 될 것이다(요 5:29). 그들을 향해 예수님께서는 "마지막 날에
내가 이를 다시 살리리라"(요 6:40, 44, 54)고 하셨다. 여기에 가장 온전한
의미의 영생, 즉 영생의 극치가 있게 된다.

생명을 종말의 관점에서 접근하는 것과 관련해서 강조해야 할 몇 가지
요점을 몇 가지 명제의 형태로 정리하고자 한다.

1. 생명의 원천은 살아계신 삼위일체 하나님이시다.

2. 사람은 본래부터 종말(즉, 더 높은 상태의 생명)을 향해 창조되었다.
이와 같이 인간의 생명은 근원적으로 종말 지향적 생명이다.

3. 예수 그리스도 안에서 종말이 이미 임하여 와서 예수 그리스도를 믿는
신약의 성도들은 지금 여기서 "이미" 종말 생명을 누리고 있다.

4. 그러나 그 종말 생명이 모두 다 임하여 온 것은 아니기에 **"아직 아니"의
측면**을 생각하면서 종말 생명에 참여한 사람다운 삶을 살아야 한다.

5. 종말 생명의 극치는 예수 그리스도의 재림 때에라야 나타나게 된다.

6부

사회 속의 교회

"우리는 그 동안 그리스도인과 교회이려고 노력했었으나
온전한 의미에서는 진정한 그리스도인과
교회가 아니었다는 것을 솔직하게 인정해야만 한다."

11. 두 신학

　　한국기독교총연합회(이하 한기총)의 신학과 한국기독교교회협의회(이하 KNCC) 신학의 공통점과 차이를 논한다는 것은 어떤 면에서 매우 어려운 작업이다. 기본적으로 이 두 기관은 신학 기관이라기보다는 그야말로 **교회운동**의 성격을 지니고 있어서, 그 신학을 명확히 규정하기가 어렵기 때문이다. 특히 한기총의 경우에는 사실상 서로 다른 신학적 입장을 지닌 다양한 교단들이(현재 62개 교단 21개 단체) 같이 하고 있기 때문에 그들이 단일한 신학을 가지고 있다고 하기란 매우 어렵다. 1989년 12월에 발표된 한기총의 설립 취지문에서도 "신구약 성경으로 신앙고백을 같이 하는 한국의 기독교 여러 교단과 연합 단체, 그리고 건전한 교계 지도자들의 협력기관으로서 각 교단 나름대로의 정체성을 유지하면서 시대적 사명을 충실히 감당하고자 본 연합체를 구성하는 것이다."라는 말로써[1] 한기총의 신학적 정체성을 전혀 표현하지 않았다고 할 수 있을 정도로 **매우 모호하게만 표현하고** 있다.

---

[1] "한기총 설립 취지문"과 "한기총 정관 제1장 3조", 다음 사이트에서 접속 가능: http://www.cck.or.kr/, 2007년 6월 29일 접속.

이것은 상당히 의도적인 것이었다고 여겨진다. 또한 대한예수교장로회 통합 측과 기독교대한하나님의성회는 한기총과 KNCC 두 기관에 다 속하고 있어서 그 차이를 명확히 하기도 어려운 점이 있다. 한기총의 이런 의도적인 모호성은 최근까지도 계속되었다. 최근의 한기총 신학위원회 주최로 개최한 한기총의 신학적 정체성에 대한 논문 발표회가 이런 의미에서 한기총의 신학을 함께 논의하여 그 신학적 입장을 분명히 해 보려는 (이제까지의 모습과는 다른) 의도적인 시도의 하나였다고 할 수 있겠다.[2]

이 글에서는 기본적으로는 한기총에 속한 여러 교단들이 모두 공통적으로 추구하는 신학 방향을 중심으로 논의하지 않을 수 없다. 논란의 여지가 있을 수 있으나, 한기총 내의 여러 교회들이 공통적으로 지향하는 바를 일단 "복음주의" 신학으로 생각하고 이를 논의해 보고자 한다.[3] 그러므로 개혁파(reformed tradition, 장로교회), 알미니안(Arminian tradition,

---

[2] 2007년 8월 9일자로 한기총 신학연구위원회 주최로 열린 "한기총의 신학적 입장은 무엇인가?"라는 제목의 세미나를 참조하라. 다음 기사를 참고하여 보라: http://www.cbs.co.kr/chnocut/show.asp?idx=587570.

[3] 그러나 이 점도 강하게 주장하기 어려운 것은 한국신학대학교의 전 교수였던 김경재 교수께서도 "20세기 세계신학계가 이룬 학문적 결실물인 건전한 성경의 역사 비평적 연구(the historical-methodological criticism)를 수용하면서 동시에 복음주의적 신앙을 증언할 수 있음을 한국 목회현장에 설득해야" 한다고 말하고 있기 때문이다(김경재, "한국 교회와 신학의 회고와 전망". 2007년 5월 18일에 열린 한국기독교학회 발제문, 강조점은 필자의 것임), 2007년 7월 31일 접속. 이는 다음 사이트에서 접속 가능하다: http://soombat.org/wwwb/Crazy WWWBoard.cgi?db=article&mode=read&num=141&page=1&ftype=6&fval=&back depth=1. 그러므로 김경재 교수도 복음주의적 신앙을 말하는 것이며, 칼 바르트도 자신의 신학적 입장을 복음주의 신학이라고 하면서 미국에서의 신학 강연을 하고 그 내용을 책으로 출판했다(*Evangelical Theology, An Introduction*, trans. Glover Foley [New York: Holt, Rinehart & Winston, 1963]). 또한 버나드 램은 바르트주의를 따라가는 입장이 복음주의가 나아가야 하는 길이라고 주장하는 책을 쓴 바 있다(Bernard Ramm, *After Fundamentalism: The Future of Evangelical Theology* [San Francisco: Harper & Row, 1983]). 복음주의라는 말로 각자가 자신의 의미대로 사용하고 있는 것이다. 그러나 이 글에서는 일반적으로 "복음주의"라고 할 때의 의미로 복음주의라는 말을 사용할 것이다.

감리교회), 재세례파 전통(Anabaptist tradition)과 침례교회 전통, 성결
전통(holiness tradition 성결 교회), 오순절 교회(Pentecostal tradition)
등을 다양하게 포괄하고 있는 "복음주의"를 한기총의 신학으로 보고서 일단
이 논의를 시작하고자 한다. 그러나 복음주의가 과연 어떻게 규정되어야
하는지도 복잡한 문제가 아닐 수 없다.[4] 일반적으로 (소위 자유주의 신학과
대립하여) 십자가에서 일어나 구속을 중시하는 십자가 중심주의, 개개인의
회개와 믿음을 강조하는 변개 중심주의, (소위 자유주의 신학과 신정통주의
신학과 대립하여) 성경 중심주의, (소위 근본주의 신학과 대립하여) 성경의
가르침에 근거한 사회적 문화적 참여 등을 복음주의의 특성으로 생각한다.[5]
이 글에서도 이런 입장의 복음주의를 중심으로 논의하고자한다.

   KNCC도 역사적 입장에서 보면 얼마 전까지만 해도 민중신학이나 그와
비슷한 신학적 입장을 중심으로 그 신학적 입장을 정리할 수도 있겠으나
근래에는 그 가입 교단들 가운데 기독교대한하나님의성회도 포함되어 있어
서 단순히 민중신학 등으로 그 신학을 규정하기가 어려워졌고, 또한 민중
신학의 입장을 주장하던 분들도 시대적 상황이 변화된 상황 가운데서 새로운
변혁을 시도하고 있기에 KNCC의 신학이 무엇이라고 규정하기도 어려워졌

---

   4 "복음주의"라는 용어의 모호성에 대한 필자의 이전 지적에 대해서는 이승구, "복음주의와
성경", 『개혁신학탐구』 (서울: 하나, 1999), 41-51, 특히 41-44와 거기에 인용된 논의들을
보라.
   5 사실 복음주의의 의미를 분명히 하는 것과 또한 한기총과 복음주의의 관계를 명확히
하는 것이 매우 중요한 논의가 될 것이다. 일단 이 글에서는 이런 의미의 복음주의를 한기총이
전제하는 것으로 보고 논의를 진행하도록 하겠다. 이것이 그리 사실과 멀지 않은 것은 2007년
8월 9일에 열린 한기총의 신학적 입장에 대한 세미나에서도 로잔 언약을 상당히 근본적인
신학적 토대로 여기면서 논의가 모아졌기에 로잔 언약이 표명하는 복음주의가 한기총이 모두
전제하는 신학적 입장이라는 암묵리의 동의가 있다고 여겨지기 때문이다. 그러나 앞으로 이것이
과연 한기총의 신학적 입장인지에 대한 포괄적 논의는 좀 더 필요하다고 여겨진다.

다고 여겨진다.

그러므로 일단 여기서는 2,000년대 이후로 양 기관이 제시하고 있는 문서들과 근래의 논의들을 중심으로 그 기관들이 드러내는 신학적 입장을 생각해보고자 한다. 우선 양 기관이 제시하는 신학의 공통점을 먼저 언급하고, 그 후에 차이점을 생각해 보는 것이 좋을 것이다.

공통점

일단 두 기관은 (1) "그리스도의 교회가 하나"라고 인정하지만 현실적으로는 한국 교회가 나뉘어져 있다는 인식에서 양 기관은 의견을 같이한다.[6] 그 두 기관 모두 "우리 주 예수 그리스도 안에서 일치를 지향"한다는 데에 동의한다.[7] (그러나 이 때 양 기관의 관련자들이 이 용어에 부여하는 의미가 서로 상당히 다르다는 데서 심각한 문제가 발생한다. 같은 용어를 사용한다고 같은 것으로 보는 상식적 통속화에 빠지지 않으면서 어떻게 하면 그들이 말하는 의미를 잘 드러낼 수 있는가 하는 것이 언제나 어려운 문제이다. 그런 차이에 대한 탐구가 이 글의 둘째 절을 형성하게 된다. 그러므로 그와

---

6 한국 그리스도교 일치회의 교단장 간담회 참석자, "한국 그리스도교 일치를 위한 한국 그리스도교 일치회의"(2002년 12월 16일), 제1항. 2007년 6월 27일 접속, 다음 사이트에서 접속 가능. http://www.kncc.or.kr/board_view.asp?no=5&dbname=bbs_55&page=21&key=&st=off&sw=off&sc=off

7 앞의 글. 제4항 . 또한 "한국 기독교의 연합 사업"을 주요 사업의 하나로 제시하는 한기총 홈페이지를 보라. 또한 한국 교회의 연합과 화합을 중요한 요점의 하나로 제시하는 한기총 제18회 총회 선언문에서 발제하는 내용을 보라. 다음 사이트에서 접속 가능: http://www.cck.or.kr/, 2007년 6월 29일 접속.

같은 차이점에 대한 논의는 둘째 절로 미루고자 한다.) 일단 한기총과 KNCC 는 모두 기본적으로 **선언적으로는 한국 교회의 일치를 지향하는 것이다.** 한기총이나 KNCC나 모두 개교회주의나 성장주의, 그리고 교파주의에서 벗어나 하나가 되어야 한다고 주장한다. 예를 들어 2005년 KNCC 신년사를 보면 한국 교회는 "개교회주의와 성장주의에서 하루속히 벗어나 교회 일치와 연합 운동을 통한 사회적 참여와 책임을 다함으로써, 하나님의 정의와 평화가 이 땅에 실현되도록 노력해야 합니다"라고 주장한 바 있다.[8] 또한 2006년 부활절과 2007년 부활절에는 한기총과 KNCC가 같이 주관하는 연합새벽예배에 많은 이들의 관심들이 모아진 바 있고,[9] 2007년 2월 9일에는 한기총의 대표와 KNCC 총무가 KNCCF 사무실에서 만나 교회 연합과 일치 운동 증진을 위해 협력하기로 했었다.[10] 그와 같이 한기총과 KNCC는 한국 교회의 분열을 심각한 문제로 여기면서, 교회의 일치에 대해 상당한 관심을 표하고 있다.

일단 KNCC는 홈페이지 소개란에서 "한국 기독교교회 협의회는 (1) 그리스도 안에서 한 분이신 하나님을 주로 고백하는 신앙운동, (2) 선교를 위한

---

[8] "한국기독교협의회 2005년 신년 메시지". 2007년 6월 23일 접속. 다음 사이트에서 접속 가능: http://blog.naver.com/ldy3861?Redirect=Log&logNo=40009261684.

[9] "부활절 진보, 보수 연합예배". 「한겨레 신문」 2006년 4월 16일자. 2007년 6월 28일 접속, 다음 사이트에서 접속 가능: http://www.hani.co.kr/arti/culture/religion/ 116252. html. 다음 국민일보 기사도 보라: http://news.naver.com/news/read. php?mode=LSD& office_id=005&article_id=0000241942&section_id=103&menu_id=103. 2007년 연합 예배에 대해서는 김종락, "진보, 보수 개신교 부활절 연합예배", 「문화일보」, 2007년 4월 7일자. 2007년 7월 31일 접속. 다음 사이트에서 접속 가능: http://www.munhwa.com/news/view. html?no=2007040701030230030021.

[10] "한기총. KNCC: 교회 연합 위해 협력하자". 「연합뉴스」 2007년 2월 9일자. 다음 사이트에서 접속 가능: http://news.naver.com/news/read.php?mode=LSD&office_id= 001& article_id=0001544130&section_id=103&menu_id=103. 2007년 6월 26일 접속.

교회들 간의 유대와 연합운동, 그리고 (3) 사회에 대한 책임의식 및 정의로운 사회구현을 위한 공동증언의 사업을 전개한다"고 자신들을 소개하고 있다.[11] 이 어귀에 담긴 뜻을 깊이 생각하지 않는다면 한기총에 속하는 교회들이 이에 반대하거나 이를 거부하거나 하지 않을 것이라고 생각된다. (그러나 다시 말하지만 각각의 어귀에 담긴 의미, 각 어귀에 대한 해석이 다르다고 하는 것을 염두에 두지 않을 수 없다. 그런 차이를 생각하는 이들은 KNCC의 소개에 자신들을 연관시켜 생각하기를 어려워 할 것이다. 이 논의도 '신학적 차이점'을 다루는 곳에서 다루고자 한다.) 그러므로 한기총과 KNCC는 성경에 근거하여 그리스도 안에서 한 분 하나님을 주님으로 고백하며, 이 땅 가운데 그런 운동이 가득하게 하려고 한다는 **언어에서는 일치하고 있는 셈**이다.

이 외에도 (2) 두 기관은 전통 교회 안에서 일반적으로 사용해 온 용어를 같이 사용하는 점에서 일치한다고 할 수 있다. 두 기관은 모두 삼위일체, 하나님, 그리스도, 구원, 교회, 선교 등의 용어를 같이 사용한다. **그러나 문제는 이들 공동 언어를 과연 어떻게 이해하고 있느냐 하는 점에 있고, 바로 이런 다른 이해에서 각기 다른 생각들이 나타난다.**

(3) 인권에 대한 이해나 노력에서 한기총과 KNCC 모두 관심을 가지고 있다고 여겨진다. KNCC는 인권을 보호하는 노력을 지속적으로 하여 왔고, 근래에도 나름대로 소수자의 인권 등에 대한 노력에 앞장서고 있다. 그러나 한기총도 역시 인권을 존중하는 인식과 운동에 민감한 활동을 전개하고 있다. 배아와 태아의 인권을 존중하는 입장을 표명한 지난 몇 년 간의 한기총

---

11 "KNCC란?", http://www.kncc.or.kr/info1.asp?menuopen=1에서 접속 가능, 2007년 6월 26일 접속.

의 활동은 인간의 생명은 수정되는 순간부터이므로 그 상태로부터의 인간의 인권을 존중해야 한다는 인권 운동의 한 표현으로 볼 수 있다. 그러나 같은 **인권 운동의 방향에 있어서도 그들의 신학적 차이 때문에 차이가 나타나기도 한다.** (그러나 그 차이에 대한 논의는 역시 '신학적 차이점'에서 살펴보기로 한다).

또한 (4) 남과 북이 하나가 되어야 한다는 통일에 대한 기본적인 이해에서 일치하는 면이 있다. 한기총이나 KNCC 모두 남북의 통일을 간절히 원하며, 그런 입장을 여러 번 표현해 왔다. 남북통일 문제에 대한 KNCC의 논의는 매우 오래 되었다. 그러나 한기총도 남북통일을 위한 노력을 나름대로 하여 왔으니 2002년 5월호에 「선교타임즈」는 다음과 같은 기사를 쓸 정도였다.

> 한국기독교총연합회(대표회장 김기수목사/이하 한기총)은 56개 교단과 16개 기관 단체가 가입된 한국교회 연합기구로서 민족의 숙원과제인 **"평화통일"과 한국교회의 선교과제인 "북한복음화"를** 위해 분투의 노력을 다하고 있는 중이며 금년으로 창립 11주년을 맞이하게 되었다. 한기총 남북 교회협력위원회(위원장 최성구 목사)는 5개 전문사업본부로 조직되어 연합사업을 펼치고 있는데 북한 동포돕기선교본부, 북한교회재건운동본부, 통일선교정책연구원, 통일선교대학, 귀순동포정착지원본부 등이 24개 대북선교사업과 7개 통일사업 및 37개의 북한선교프로그램을 개발·실행하고 있다.[12]

또한 다음과 같은 다양한 통일 관련 산하 단체를 지닌 한기총이 통일에 관심이 없다고 말하기는 어려울 것이다: 북한동포선교본부, 북한교회재건

---

12 "한북한 선교의 지름길, 탈북자 선교, 한국기독교총연합회", 「선교타임즈」 2002년 5월호, 다음 사이트에서 접속 가능: http://bbs.kcm.co.kr/NetBBS/Bbs.dll/mission time2/ qry/zka/B2-mCI-o/qqo /PRMY/qqatt/^ 2007년 6월 25일 접속. 강조는 필자의 것임.

운동본부, 통일선교정책연구원, 통일선교대학, 휴스턴통일선교대학, LA
통일선교대학.[13]

그러나 역시 **신학적인 차이 때문에 구체적인 통일관과 통일 방식에 대한
이해에 있어서** 차이를 보게 된다. 그러므로 2006년에도 그랬던 것처럼,[14]
2007년에도 북한의 조선그리스도교 연맹과 KNCC는 '공동 기도문'을 작성
하는 데 합의한 바 있다.[15] 그러나 한기총은 이런 직접적인 교섭보다는
주로 북한 주민을 인권적 측면에서 돕는 것에 더 관심을 가져 왔었다. 그러나
2007년 6월 7일에 한기총 대표와 조선 그리스도교 연맹 위원장이 금강산에
서 만나 계속적인 교류를 다짐했다고 하니[16] 이런 일이 앞으로 어떻게 진전될
것인지는 더 두고 보아야 할 것이다.

그러므로 이 모든 점을 다 살펴 볼 때 사용하는 용어나 인권이나 통일
등의 문제에 있어서 비슷한 점이 있으면서도 한기총과 KNCC의 통일성을
저해하는 차이점은 역시 그들의 신학적 차이에서 나타난다고 할 수 있다.

---

13 그 자세한 조직에 대해서는 한기총 홈페이지를 참조하라. http://www.cck.or.kr/
14 "KNCC-조그련 부활절 공동기도문 합의", 「연합뉴스」 2006년 7월 25일자. 다음 사이트
에서 접속 가능: http://news.naver.com/news/read.php?mode=LSD&office_id=001&
article_id=0001367002&section_id=103&menu_id=103.
15 "KNCC-조그련 부활절 공동기도문 합의", 「연합뉴스」 2007년 3월 15일자. 다음 사이트
에서 접속 가능: http://news.naver.com/news/read.php?mode=LSD&office_id= 001&
article_id=0001575467&section_id=100&menu_id=100. 2007년 6월 28일 접속.
16 정성수, "한기총, 조선그리스교연맹 금강산서 첫 공식 만남가져," 「세계일보」 2007년
6월 11일자. 다음 사이트에서 접속 가능: http://www.segye.com/Service5/ShellView.
asp?TreeID=1052&PCode=0007&DataID=2007206102142000405. 2007년 7월 31일 접속.

신학적 차이점

(1) 가장 큰 차이는 KNCC는 회원 교단들의 교파적 신학과 정체성에 대하여 그렇게 신경을 쓰지 않고 상당한 관용을 가지고 서로 용납하는 운동을 벌이는 데 비해서, 한기총에서는 (앞서 지적인 창립 선언문이나 정관의 표현에서 나타나듯이) 어떤 교파적 특이성과 신학의 독특성에 대하여는 상당한 관용을 보이고 서로 존중하는 입장을 취하면서도, **복음의 본질이라고 생각하는 바나 성경의 가르침의 중심에 해당한다고 생각하는 바에 대해서는** 다른 의견을 허용하지 않는 비관용성을 보이고 있다. 이 점은 매우 중요한 점이라고 생각된다. 따라서 KNCC에서는 정통적 교리를 벗어난 가르침에 대하여 그렇게 심각하게 신경을 쓰지 않고, 그것이 인도적인 관점에 도움이 된다고 판단되면 오히려 장려하는 경향이 있다. 이 세상에서 사람들의 자유와 평화에 도움을 주는 것이라면 어떤 생각도 격려될 수 있다는 자세로 나아가는 듯하다.

예를 들어, 그런 입장에서 서서 근래에 김경재 교수는 한국 교회에 대하여 (i) 치유자이신 영 그리스도 예수(Pneuma Christ Jesus as Healer), (ii) 속량자이신 로고스 그리스도 예수(Logos Christ Jesus as Redeemer), (iii) 사회 변혁적 예언자 그리스도 예수(Prophetic Christ Jesus as Transformer), (iv) 교사이신 지혜자 그리스도 예수(Sophia Christ Jesus as Teacher)라는 네 가지 기독론적 입장으로 분류한 다음 같은 생각을 표현한 바 있다.

각각의 특성교회들이 다른 유형의 교회들을 존경하고 자신이 속한 교회의 부족한 점을 채워주는 형제교회라고 생각하면서 진정한 의미의 에큐메니칼 정신을 살려나가야 한다. 에큐메니칼 운동은 조직 구조 통합도 현실적으로 필요하고 중요하지만, 그보다는 형제교회를 자기보다 더 존경하고 귀중하게 여기는 '겸손한 자세'가 절대 요청된다. 지난 몇 년 동안 기독교 대한 하나님의 성회(기하성)와 정교회가 KNCC에 가입하고, 2007년 부활절 연합예배를 한기총과 한기협이 합심하여 실천해낸 것은 감사할 일이지만, 그 파급효과가 한국 개신교를 쇄신시킬 만한 수준에 미치지 못하고 있다. 그러므로, 참된 의미에서 상호 영적 회개와 겸손, 타교단 교회를 자기 교단의 부족한 점을 채워주는 형제 교회로 받아들이는 연대 의식의 각성이 절실하게 요망되는 한국교회사적 카이로스 시점에 와 있다 할 것이다. 근래 교회개혁 특징과 에큐메니칼 정신을 가지고 교회를 개혁해가려는 '한국목회자 협의회'(손인웅 목사 등)의 활동이 기대된다.[17]

이와 같이 KNCC에 찬동하는 입장에 있는 분들은 기본적으로 하나님을 믿는 입장이라면 거의 모든 것을 받아들이는 입장에서 교회의 하나 됨을 추구하는 것으로 보인다. 그러나 과연 그 모든 것을 받아들인다고 하는 것이 어떤 의미인지를 생각해 보아야 한다. 삼위일체 하나님을 온전한 의미에서 받아들이지 않는 이들은 어떻게 할 것인가? 예수 그리스도의 온전한 인성과 신성을 바르게 인정하며 받아들이지 않는 이들은 어떻게 할 것인가? 오직 그리스를 통해서만 구원받는다는 것을 받아들이지 않는 종교 다원주의적 입장을 지닌 이들에 대하여 과연 기독교의 입장을 표명하는 것이라고 언급할 수 있겠는가? 이 모든 것이 다 심각한 문제가 될 수 있다. 또한 종교 다원주의적 입장에서 논의를 하는 것은 과연 각각의 종교의 진정한 정체성을 유지하게 하는 것인지 문제 된다. 물론 이와 같은 논의는 KNCC에

---

17 김경재, "한국 교회와 신학의 회고와 전망". 다음 사이트에서 접속 가능: http://soombat.org/wwwb/CrazyWWWBoard.cgi?db=article&mode=read&num=141&page=1&ftype=6&fval=&backdepth=1.

속한 이들은 별로 심각하게 생각하지 않고, 한기총에 속한 이들이 비교적 강하게 질문하는 것이다. KNCC에 속한 이들은 오히려 종교 다원주의적 방향으로 나가는 것이 진정 기독교적인 방향으로 가는 것이며, 성경의 하나님의 의도에 더 일치하는 것이라고 생각하는 성향이 있다. 그러나 한기총에서는 그런 생각에 대하여 강한 의문을 표시한다.

이와 같이 한기총에서는 기본적으로 복음의 핵심과 성경의 가르침에서 벗어나는 것으로 보이는 모든 운동에 대하여 매우 심각하게 반응한다. (그러나 과연 한기총에 속한 모든 교단과 모든 지도자들이 그런 입장을 취하는지는 모호하다. 교단별로 속해 있기 때문에 그 교단 안에는 이런 운동에 동의하지 않는 사람들도 상당히 포함되어 있는 것도 사실이다. 그러므로 한기총에 속한 교단에 속한 신학자들과 목사님들 가운데 일부는 종교다원주의의 입장을 취할 수도 있고, 이를 강하게 비판하는 한기총의 성명들에 대해서 불편해하는 일도 있을 수 있다. 이와 같은 것이 한기총이 해결해야 할 문제의 하나라고 여겨진다. 그들 안에 있는 다양한 목소리를 어떻게 할 것인가? 다양한 목소리를 다 수용하여 결국은 천주교처럼 다양한 목소리를 포괄하는 운동으로 갈 것인지, 아니면 분명한 복음주의적 입장을 지속하고 나갈 것인지가 문제이다. 향후 몇 년간 한기총은 이 문제를 심각하게 고민하면서 풀어야 할 과제로 여겨진다.)

(2) KNCC와 한기총의 차이의 대표적인 예는 인권 운동이나 사회적으로 크게 문제가 되는 문제에 대한 논의에서 성경의 기본적 가르침을 어떻게 받아들이느냐 하는 데서 나타난다. 그 대표적인 예가 사형 제도에 대한 기독교의 입장을 제시하는 차이점에서 극명하게 잘 나타난다고 할 수 있다.

(물론 그들 안에도 이견을 표명하는 이들이 있지만) 한기총에서는 기본적으로 창세기 9장의 말씀과 성경 일반의 가르침에 유의하면서 기본적으로 사회 속에서는 사형제가 유지되는 것이 하나님의 뜻에 일치하는 것임을 분명히 하고, 그런 입장에 충실하면서도 기독교인들 자신은 자신들이 당한 어려움의 원인이 되는 이들도 진심으로 용서하고, 더 나아가서 회개하며 진정으로 삶을 바꾸는 이들에 대해서는 그들의 사면을 대통령에게 청원하는 등 그들의 사면을 위해 노력하는 태도를 가져야 한다고 주장하였다.[18] 이에 비해서 KNCC에 속한 많은 분들은 사형제를 폐지하는 것이 하나님의 뜻에 일치하는 것이라고 확신하면서 우리 사회 안에서의 사형제 폐지를 위해 여러 가지 노력을 하고 있다.[19]

이는 기본적으로 성경에 진술된 것을 이 시대에 과연 어떻게 받아들여야 하느냐 하는 입장 차이를 극명하게 나타내 보이는 것으로 여겨진다.[20] 한기총에 속한 많은 사람들은 성경의 말씀을 잘 해석해서 성경에서 (고대 이스라엘에만 적용되는 특정한 경우들과 같은 것이 아닌) **모든 시대의 사람들을 규정하도록 보편적으로 진술된 하나님의 뜻을 그대로 받아들이는 것을** 매우 중요하게 여긴다. 이에 비해서 KNCC에 속한 인사들은 대부분 성경에 언급된 것은 그 글이 쓰일 때의 문화적 정황을 반영한 것이며, 따라서 그것은

18 Cf. 2005년 8월 19일 한기총 신학연구위원회 개최 세미나.

19 Cf. "KNCC 사형제 폐지 적극지지". 「국민일보」 2006년 2월 22일자. 다음 사이트에서 접속 가능: http://news.naver.com/news/read.php?mode=LSD&office_id= 005&article_id=0000236223&section_id=103&menu_id=103. 2007년 6월 17일 접속.

20 한기총과 KNCC의 이런 입장 차이를 잘 제시한 「동아일보」 2005년 8월 30일자 연합뉴스 기사로 다음을 참조하라: http://www.donga.com/fbin/output?sfrm=2&n=200508300281. 2005년 9월 2일 접속. 또한 http://www.dailian.co.kr/news/n_view.html?kind=tot&keys=&id=25175도 보라. 2007년 9월 2일 접속.

오늘 우리 시대까지 계속 규제하는 하나님의 뜻을 선언하는 것으로 보면 안 된다는 입장을 표명한다. 오히려 현대를 사는 우리는 "네 이웃을 네 몸과 같이 사랑하라"는 말씀이나 "원수를 사랑하라"와 같은 말씀에 따라서 살인자들도 사랑하는 태도를 나타내어서 사형제를 폐지하는 데 힘을 싸야만 성경적이고 기독교적인 입장에 충실한 것이 된다고 한다.

혹자들은 이와 같은 차이에 대하여 그것들은 그저 성경 해석의 차이로 볼 수 있지 않느냐는 입장을 취하기도 한다. 단순히 성경 해석의 차이라면 그 두 입장 모두 받아들여질 수 있는 것이 된다. 모두 다 성경을 최종적 권위로 받아들이지만 성경 해석을 놓고 입장 차이만 있다는 것이다. 만일 그런 것이라면 그것은 상당히 좋은 경우라고 할 수 있다. 진정 성경의 바른 가르침에 순종하는 마음을 가지고 매우 솔직하게 논의하고 성경의 가르침에 순종하면 문제는 해결될 수 있기 때문이다.

그러나 이는 결국 성경을 어떻게 볼 것이냐 하는 문제에 대한 근원적 대립의 원천에서 발생하는 입장 차이가 되는 것이다. 그런 근원적 문제를 내포하고 있는 입장의 차이라면 이는 결국 성경에서 보편적으로 적용하도록 의도된 지침을 그대로 받아들일 것인가 아닌가 하는 근본적 차이를 보이는 입장 차이가 되는 것이다.

(3) 그러므로 근원적으로 KNCC와 한기총의 기본적 입장의 차이는 성경에 대한 견해에 있다고 할 수 있다. 성경을 전적으로 믿을 만한 문서로 보고, 있는 그대로 받아들이느냐, 아니면 우리들의 정황에 맞도록 성경의 메시지를 수정하여 우리 상황에 맞는 의미를 찾아보려고 하느냐에 모든 차이가 달려 있다. 한기총이 주장하는 복음주의 신학은 기본적으로 성경을

최종적 권위로 받아들인다(*sola scriptura*). KNCC에 속한 이들도 성경을 존중하기는 하지만, 성경을 최종적 준거로 여기지 않는 것으로 보인다.[21] 성경도 변화된 상황에 따라서 이해되어야 하는 것으로 여긴다는 것이다. 이런 입장에서는 성경의 가르침을 그대로 계속 주장하는 것은 오늘날과 같은 다원적 사회 속에서는 오히려 폭력적인 것으로 판단될 정도이다.[22] 이를 단순히 성경 해석의 차이로만 말하는 것은 근본적인 차이를 단순한 해석의 차이로 전환시키는 것이 된다. 근본적인 문제를 정도의 차이 정도로 축소하는 것이 되기 때문이다. 그러므로 성경관의 차이를 아주 분명히 드러내는 것은 매우 중요하다. 그것은 모든 입장 차이의 근원이 되는 것이기 때문이다.

이런 관점에서는 "진보는 보수를 필요로 하고 보수는 진보를 필요로 한다"는 일종의 수사(rhetoric)로 차이를 다 포괄하고 다 묶어 보려는 것이 얼마나 의미 없는 것인지가 드러난다. 그 차이와 대립을 분명히 하고서도 이런 수사(修辭)를 사용할 수 있는지 깊이 생각해야만 한다.

(4) 그 결과 구원론에서 큰 차이가 드러난다. 한기총은 기본적으로 그리스도의 십자가의 구속이 (아르미니안적 이해를 주장하는 이들을 포함해도 궁극적으로는) 특정적인 것이라고 보는 데 반해서, KNCC에는 구속을 특정적인 것이라고 여기는 이들도 있기는 하지만 기본적으로는 보편 구원론적인

---

21 물론 KNCC에 속한 이들 가운데서도 형식적으로는 "오직 성경"의 원리에 찬동한다고 하실 이들이 있다. 그러나 실제로 우리의 모든 판단에서 성경을 최종적 판단의 근거로 삼는가 아닌가 하는 문제를 가지고 논의하다보면 명확한 입장의 차이가 나타나리라고 생각된다.

22 이런 차이를 잘 드러낸 대표적인 논문으로 대전 신학대학교의 신약학 교수인 김덕기 교수의 "한국교회의 성서해석의 폭력성: 상징적 폭력을 중심으로"라는 논문을 보라. 이 논문은 다음 사이트에서 찾아 볼 수 있다: http://kr.blog.yahoo.com/yydeokk196/9097. 2007년 7월 31일 접속.

성향을 나타내고 있다. 복음주의는 결국 오직 예수님을 믿는 사람들만이 구원받는다는 특정주의적 구원을 말한다. 이를 포기할 때 과연 복음주의적 입장이 유지될 수 있는지 심각하게 물어야 한다.

김경재 교수는 "우리는 '역사로부터 구원'이 아니라 '역사를 관통하고, 역사를 넘어서서, 역사가 구원받는 궁극적 성취'를 '새 하늘과 새 땅'의 비젼으로 신앙하기 때문이다."라고 표현하기도 한다.[23] 이를 어떤 뜻으로 해석하느냐 하는 문제가 있기는 하지만 김경재 교수의 평소 생각에 비추어 보면 여기서 말하는 "역사가 구원 받는 궁극적 성취"는 보편 구원론적인 것으로 이해될 수 있을 것이다.

이를 WCC 안에서 좀 더 보수적으로 표현하는 대로 표현하자면 그것은 1989년 산 안토니오(San Antonio)에서 열린 선교 협의회의 표명대로 "우리는 예수 그리스도 외의 다른 어떤 구원도 지적할 수 없습니다. 그러나 동시에 우리는 하나님의 구원하시는 능력에 그 어떤 제한도 가할 수 없습니다"와 같은 표현이 될 것이다.[24]

(5) 따라서 세상과 하나님의 관계에 대한 이해에서도 차이가 나타난다. 한기총의 복음주의적 이해에서는 기본적으로 하나님은 이 세상에 내재하시면서도 동시에 세상을 초월한다는 이해를 나타내 보이는 데 반해서, KNCC에서는 하나님과 세상의 관계를 범재신론(만유재신론, panentheism)적으

23 김경재, "한국 교회와 신학의 회고와 전망".
24 "Summary of Lectures: Mission in the 21st Century," Preparatory Paper No. 7. (United Church of Zambia Theological College, March 2004), acceded on 31st July, 2007, available at: http://www.oikoumene.org/en/resources/documents/wcc-commissions/mission-and-evangelism/cwme-world-conference-athens-2005/preparatory-paper-n-7-mission-in-the-21st-century.html.

로 보는 성향을 가진 이들이 많은 것으로 보인다. 물론 만유재신론은 범신론과 꼭 같지 않다는 것을 다시 지적할 필요는 없다. 그러기에 만유재신론적 성향을 지닌 이들은 범신론과 이신론과 초월적 신론을 모두 비판한다. 그러나 만유재신론의 핵심에는 역사의 과정이 결국 하나님에게도 영향을 미쳐서 어떤 면에서는 역사의 과정을 통해서 하나님의 어떤 면이 변할 수 있다고 주장한다. 그러므로 만유재신론이 과연 하나님의 초월을 온전한 의미에서 인정하며 신학을 하느냐 하는 심각하고도 비판적인 질문을 우리는 제기할 수 있다.[25]

(6) 그 결과 교회의 선교에 대한 이해에서도 큰 차이가 나타난다. 한기총의 복음주의 신학은 하나님 나라의 복음을 전해서 믿는 이들이 예수 그리스도의 초림 이후로는 지금 여기서부터 하나님 나라에 속하여 하나님 나라 백성으로 살고 그 나라의 극치를 바라면서 그 나라 백성으로 살아가도록 하는 일을 가장 중요한 선교적 과제로 여긴다. 복음주의적 하나님의 선교(evangelical *missio dei*) 사상은 기본적으로 신약성경이 말하는 하나님 나라의 성격에 충실한 신약성경적 종말론적 활동을 중심으로 한다. 그러므로 이런 복음주의적 입장에서는 십자가의 복음을 전해서 회개하고 하나님에게로 돌아오게 하는 일이 중요하고, 믿는 이로서 교회의 회원 역할을 제대로 감당하는 것이 중요하며, 그렇게 바르게 예배하는 자답게 교제하며 이 땅에서 진정한 하나님의 백성답게 모든 일상적인 일에서 성경에 나타난 하나님의 뜻을

---

25 근래에 나온 이 문제에 대한 좋은 논의로 칼빈신학교 철학적 신학 교수인 John W. Cooper의 *Panentheism – The Other God of the Philosophers: From Plato to the Present* (Grand Rapids: Baker Academics, 2006)를 보라.

적용하며 사는 것이 매우 중요하다.

이에 비해서 KNCC의 보다 폭 넓은 이해에 의하면 하나님 나라의 일은 이와 같은 것을 넘어 서는 것이라고 이해되며, 따라서 에큐메니칼적인 하나님의 선교(ecumenical *missio dei*) 사상은 단지 기독교에만 해당하는 운동을 넘어서는 폭 넓은 활동을 하나님의 직접적인 사역으로 이해한다. 따라서 이런 사상에서는 굳이 하나님 나라의 복음을 전해서 그것을 믿는 이들만이 구원을 얻어 하나님 나라에 속하게 된다는 이해를 갖지 않으려고 한다. 오히려 기독교 밖에 있는 사람들 가운데서도 인간의 존엄과 인간의 복지를 위해 활동하는 상당히 많은 이들이 모두 다 이미 하나님 나라에 속해 있는 것으로 이해된다.

문제점과 제안

이상에서 우리는 기본적으로 KNCC와 한기총의 신학적 입장 차이를 살펴보았다. 이를 좀 더 분명히 하기 위해서는 두 기관 모두 자신들의 신학적 입장을 분명히 하고, 그에 부합하는 활동을 전개할 것이 요구된다.

전통적 기독교의 용어를 사용하기만 한다고 해서 그것이 기독교 운동이 되는 것이 아니다. KNCC가 계속 전통적 기독교 용어를 사용하지만 그것에 다른 의미를 부여해 넣는 것보다는 아주 분명하게 자신들이 주장하는 바를 명확하게 표현하여 교회 안팎의 사람들로 하여금 모호함으로 인해 방황하는 일이 없게 해야 한다. 즉, 아주 명확하게 본인들이 주장하는 바를 제시해야

한다. 또한 듣는 이들도 종교적이고 공통적인 신학적 용어를 사용하는 이들
이 의도한 진정한 의미를 이해하고 그것을 바르게 이해한 터에서 그런 입장
에 대하여 어떤 태도를 가져야 하는지를 분명히 하면서 들어야 한다.

그러므로 신학적 논의를 깊이 하지 않은 채 순전히 정치적인 이유에서
한기총과 KNCC를 통합해야 한다고 생각하거나 논의하는 것은 심각한 문제
가 아닐 수 없다. 그럼에도 불구하고 근래에 주로 한기총에 속한 인사들로부
터 두 기관의 통합을 말하는 논의가 많이 나왔다는 것은 매우 아이러니컬한
상황이 아닐 수 없다.

전통적 기독교 용어를 전통적 의미에 충실하게 사용할 것을 고집하는
한기총이 그런 용어의 진정한 정신에 부합하게 성경이 말하는 복음적인
사상을 분명히 드러내는 일에 열심을 나타내야 한다. 또한 그런 용어의
사용에 대해서는 충실하려고 하면서도, 실제적 활동에서는 진정한 기독교적
정신을 상실하고 있다면 그것은 더 큰 문제고 죄악이라고 하지 않을 수
없다. 예를 들어, 십자가의 복음을 중요시하면서, 성경에서 자증하시는
하나님을 최상으로 강조하는 한기총의 활동이 실질적으로는 사람들의 숫자
를 중요시하면서 기독교인의 수를 과시하려는 식으로 활동한다든지, 그런
인상을 주는 것은 한기총 자체가 매우 강조하는 복음의 성격을 스스로 부인
하는 것이 될 것이다. 한기총은 무엇보다도 성경에서 자증하시는 삼위일체
하나님에게 충실하고, 그 삼위일체 하나님을 신뢰하며, 그 하나님의 뜻을
하나님께서 의도하신 방식대로 온 세상에 잘 전달하고 그것을 증언하는
일에 전력을 투구해야 한다. 따라서 한기총의 운동은 역시 삼위일체 하나님
중심, 성경 중심, 교회 중심의 운동이 될 수밖에 없다.

한기총이 이 세상의 모든 문제에 대하여 우리의 입장을 드러내야 한다는 강박관념을 가지는 것도 문제다. 각 교회가 교우들에게 이 세상에 모든 문제에 대해 참으로 기독교인다운, 기독교 세계관에 근거한 판단을 하도록 하고, 그 일을 위해 각 분야의 전문가들과 단체들이 성경에 충실한 자신들의 의견을 고하는 것으로 충분할 수 있다. 정말 심각한 몇몇 사안에 대해서만 한기총은 전문가들의 깊은 숙고의 과정을 통해서 성경에 근거한 기독교적 태도에 대한 입장을 제시하도록 해야 할 것이다. 그래야만 그것이 이 세상 속에서 성경적 입장을 대변하는 교회의 목소리로 의미 있게 들려질 것이다. 요새처럼 이 세상에 문제가 발생할 때마다 사안별로 모두 다 한기총의 의견이 몇몇 분들의 입을 통해 전달된다면 사람들은 그 의견을 깊이 있게 숙고하지도 않을 것이고, 의미 있게 듣지도 않을 것이다. 이 사회의 문제가 있을 때마다 나오는 성명들 속에서 이 세상은 마치 한기총이나 교회가 세상의 이익 집단이나 사회적 기구이지 더 이상 교회의 기구라는 생각은 할 수 없게 만들 수도 있기 때문이다. 그렇게 계속하면 우리는 앞으로도 한종호 목사께서 2004년에 개탄한 바와 같이 "입을 열면 모두가 신경을 곤두세우고 귀 기울이는 지도자를 우리 개신교는 가지지 못한 비극을 자인하지 않을 수 없게" 되는 것이다.[26] 이는 한기총의 보다 효과적인 운동 전개 방식에 대한 제안이다.

결론적으로, 한기총은 자신의 신학을 분명히 해야 하고 그에 부합한 신학

---

26 한종호, "한국교회의 교회됨을 위하여", KNCC 창립 80주년 기념 10월 월례 강좌 (2004년 10월 28일), 2007년 6월 26일 접속, 다음 사이트에서 접속 가능: http://www.kncc.or.kr/board_view.asp?no=114&dbname=bbs_55&page=11&key=&st=off&sw=off&sc=off.

적 교회 운동적 활동을 전개해야 한다. 물론 자신의 신학을 분명히 한다는 것은 쉬운 일이 아니다. 일단은 자신들이 현재 가지고 있는 신학적 입장을 명확히 진술하는 일이 필요하다(이는 자신들의 입장에 대한 매우 "솔직하고 자기 고백적이며 회개적인 현상학적 진술"이 될 것이다). 그러나 이와 함께 성경이 가르치는 바에 근거해서 이 땅의 그리스도인들과 교회가 믿고 나아가야 하며 그렇게 드러내야 할 신앙적 모습에 대해서 한기총이 성경으로부터 말해야 하는 바를 명확히 하는 것이 더 중심적인 것이 되어야 할 것이다. 이는 현재 우리의 모습과 조금 다른 것일 수도 있으나 우리 모두 성경적으로 마땅히 지향하고 그것을 향해 나아가야 할 바를 진술하는 것이다(이를 "성경적 신학"이라고 명명해 보자).

우리의 노력은 우리의 현실적 모습을 성경적 신학에 부합하게 끊임없이 수정해 가는 부단한 노력의 과정이 될 것이다. 이런 점에서 우리의 신학은 항상 도상의 신학(*theologia viatorium*)이고, 하나님의 온전한 이해를 따라서 사색하며 그에 따라 사는 신학이어야만 할 것이다. 한기총의 신학이 그러한 것이어야 할 것임을 제안하면서 KNCC의 신학도 그런 방향으로 나아가기를 원하는 것은 지나친 일일까?

이것이 이루어질 수만 있다면 그때는 한기총과 KNCC의 신학 운동적 통일과 연합을 말할 수 있을 것이다. 그때까지는 다름을 분명히 하면서 (agree to disagree) 끊임없이 같이 살며 이야기하는 일을 계속해야 할 것이다. 다름이 없는 것처럼 하는 것은 위선과 거짓을 조장하는 것이 될 것이다. 그러나 우리가 서로 다르기에 서로 같이 있을 수 없을 것처럼 생각한다면 그것은 비기독교적인 것이 될 따름이다. 그러므로 우리는 항상 다름을 분명히 해야 한다. 마치 현실의 우리의 모습은 성경이 말하고 있는 성경적 신학이나 성경적 교회나 성경적 그리스도인의 모습과 다르다는 것을 분명히 해야만 진정한 회개가 일어날 수 있다는 이치와 다름없다. 진정한 회개에 근거해야만 한국 교회의 갱신과 회복이 가능할 따름이다.

12. WCC 총회 한국 유치?

"현재 120개국의 349개 교단의 여러 교회들의 하나 됨과 공통된 증언과 기독교적 봉사와 섬김을 위한 교회들의 교제"를 지향한다는 세계교회협의회 (World Council of Churches)는[1] 과연 무엇을 지향하고 있고, 이에 동참하고 있는 주된 인물들의 신학적 사상이 무엇인지를 살펴보면 그저 그리스도인들이 공동의 증언을 위해 같이 있고 또 그렇게 있어야만 한다는 것이 **아니라는 것**을 알 수 있다. 이는 1948년 암스테르담에서 열린 제 1차 총회에서부터 2006년에 브라질에서 열린 9차 총회까지의 역사를 볼 때 분명히 나타난다. 이 WCC 운동에 한국 교회가 과연 계속해서 참여할 수 있느냐, 없느냐 하는 것이 **적어도 외적으로는** 한국 장로교회의 합동측과 통합측의 분열 원인이 (또한 성결교의 분열 원인이) 되기도 했다. 그런데 이제는 WCC가 많이 바뀌어서 원래 WCC에 적극적으로 참여해야 한다고 했던 통합측의 WCC 총회 유치 성공을 보수적인 교단들이 국가적이고, 한국 교회적인 경사로

1 이는 WCC 공식 홈페이지에서 제시하는 내용이다. Cf. http://www.oikoumene.org/en/home.html.

알고 축하할 수 있는 것일까? 이것은 WCC가 변한 것일까, 아니면 이제는 보수 교단들도 그 신학과 입장이 많이 바뀌어서 WCC에 적극적으로 참여할 수 있는 준비가 된 것일까? 이런 질문이 제기되지 않을 수 없는 시점에 와 있다고 판단된다. 그러나 1차 총회부터 최근의 WCC 운동과 그 신학에 대해서는 많은 분들이 이미 문제점을 지적하는 글을 많이 냈으므로,[2] 이 짧은 글에서는 WCC에서 **최근에** 낸 문서들에 어떤 문제가 나타나고 있는지를 중심으로 논의해 보고자 한다.

"의심의 해석학"과 모든 것의 상대화

교회의 가시적 일치를 추구하는 WCC는 결국 여러 사람들과 함께 작업하면서 해석학의 문제를 다루지 않을 수 없었다. 그래서 WCC는 "하나 됨[정합성]의 해석학"(a hermeneutics of coherence)과 함께 "의심의 해석학"(a hermeneutics of suspicion)도 존중한다고 밝힌다. 이를 하나로 묶은 것을

---

2 그 대표적인 예들로 다음 글들을 보라: Ernest W. Lefevre, 『암스테르담에서 나이로비 대회까지』, 전호진 역 (서울: 한국 기독교교육연구원, 1981); idem, 『나이로비에서 뱅쿠버까지』, 전호진 역 (서울: 생명의 말씀사, 1988); Robert Rapp, 『세계교회협회(WCC) 1981년 현재: WCC의 최근 동향』 (서울: 장로교 신학교, 1981); 전호진, "The Religious Freedom and the Religious Pluralism of WCC," 「성경과 신학」 29 (2001); 최덕성, 『에큐메니칼 운동과 다원주의』 (본문과 현장 사이, 2005). 또한 이형기 교수께서 제공하시는 WCC 자료와 그 신학의 해석에 대한 여러 자료들을(말린 벤엘데렌, 『세계교회협의회 40년사』, 이형기 역 [서울: 한국장로교출판사, 1993]; 이형기, 『WCC의 연구 자료』 [서울: 한국장로교출판사, 1990, 1993]; 루카스 피셔, 『에큐메니칼 신학의 발전사 1』, 이형기 역 [서울: 한국장로교출판사, 1998]; 귄터 가스만, 『에큐메니칼 신학의 발전사 2』, 이형기 역 [서울: 한국 장로교출판사, 1998]; 이형기, 『에큐메니칼 운동사』 [서울: 기독교서회, 2002]) 성경적 관점에서 잘 살펴보면 에큐메니칼 운동이 과연 무엇을 지향해 가고 있는지를 잘 알 수 있을 것이다.

"책임 있는 에큐메니칼적 해석학"(a responsible ecumenical herme
neutics)이라고 하면서 이런 "계속되는 과정인 책임 있는 에큐메니칼적
해석학은 의심에 의해 깨어서 항상 하나 됨(정합성, coherence)을 추구하면
서 진리를 섬기려고 한다"고 말하고 있다.3 이런 "에큐메니칼적 해석학은
하나님의 도움을 받지 않는 인간적인 작업이 아니고, 성령에 의해서 인도되
는 교회적 행위이므로 항상 기도의 맥락에서 수행되어야 한다"고 말하기도
한다.4 이와 같이 성령에 의존하여 기도하면서 하나 됨을 추구하고 진리를
섬기려 한다는 것에 대해서 반대할 사람은 없지만 그들이 말하는 진리라는
것은 의심의 해석학으로 인해 항상 모호한 것일 수밖에 없다. 이들은 대개
성경에 명백히 있는 것도 절대적 진리로 받아들이려고 하지 않고, 그것도
우리가 해석해야 할 대상이라고 말하려고 하기 때문이다. 그러므로 이들이
말하는 하나 됨의 해석학은 결국 다양한 기독교 전통의 긍정적 상보성
(positive complementarity)을 보여주는 역할을 할 뿐이다(Section B, 2,
Paragraph 28).

교회는 해석학적 공동체(a hermeneutical community)가 되도록 부름
을 받았다고 제시하는 것은 좋고, 그것을 설명할 때 그 안에서 주어진 본문들

---

3 "A Treasure in Earthen Vessels: An Instrument for an Ecumenical Reflection
on Hermeneutics," section A, 1, Paragraph 6, available at: http://www. oikoumene.org/
en/resources/documents/wcc-commissions/faith-and-order-commission/iv-
interpretation-the-meaning-of-our-words-and-symbols/a-treasure-in-earthen-
vessels-an-instrument-for-an-ecumenical-reflection-on-hermeneutics/a-treasu
re-in-earthen-vessels-an-instrument-for-an-ecumenical-reflection-on-hermen
eutics.html#c10594. 또한 같은 문서의 Section B, 2, Paragraph 28도 보라.
4 "A Treasure in Earthen Vessels," Section B, 4, Paragraph 32: "Ecumenical
hermeneutics is not an unaided human enterprise. It is an ecclesial act led by the
Spirit and therefore it should be carried out in a setting of prayer."

이나 상징들이나 실천들을 새롭게 탐구하고 해석하려는 헌신이 있는 공동체라고 규정하는 것은 있을 수 있지만,5 다른 상징이나 실천들에 대해서는 전혀 반론의 여지가 없고 동의할 수 있지만, 이들이 아주 분명히 포함시키고 있는 성경에 대해서도 **새롭게** 탐구하고 해석하려고 해야 한다(Section A, 1, Paragraph 7; Section B, 3, Paragraph 28)고 할 때에 그 성경에 대한 태도와 방향이 우리를 상당히 불안하게 만든다.

바르트주의적 성경 이해

해석학적 문제를 깊이 논의하기 시작하면서 WCC는 1963년 캐나다 몬트리올에서 열렸던 제4차 신앙과 직제(Faith and Order) 세계 회의에서 제시한 하나의 전통에 대한 여러 전통들의 관계성에 대한 논의를 다시 제시한다. 그들이 말하는 하나의 전통은 "복음 자체", "교회의 삶 가운데 제시된 그리스도 자신",6 "복음의 전승"(the *paradosis* of the kerygma),7 "한 복음, 즉 살아 있는 하나님의 말씀,"8 또는 "교회의 삶 가운데서 하나님께서 계속

---

5 "A Treasure in Earthen Vessels," Section A, 1, Paragraph 7: "The Church is called to be a **hermeneutical community**, that is, a community within which there is a commitment to explore and interpret anew the given texts, symbols and practices." 또한 "The Church as an Hermeneutical Community"라는 제목을 가지고 있는 Section D 전체(Paragraphs 49-66); 그리고 Section E, 68도 보라.

6 "Scripture, Tradition and Traditions," Section 2, Paragraph 39, in P. C. Rodger and Lucas Vischer, eds., *The Fourth World Conference on Faith and Order*, Montreal 1963, Faith and Order Paper No.42 (London: SCM Press, 1964).

7 "Scripture, Tradition and Traditions," Section 2, Paragraph 45.

8 "A Treasure in Earthen Vessels" Section B, 1, Paragraph 18: "the one Gospel, the living Word of God." 이하 이 section에서 이 문서로부터의 인용은 별 언급이 없는

전달되기를 의도하신 전통"을 뜻한다(Section B, 1, Paragraph 18). 그들은 이를 "그리스도인 하나의 진리요 실재"라고도 표현하고,9 "부활하신 그리스도의 구속적 현존"이라고 말하기도 한다(Section B, 4, Paragraph 32). 그런데 그들은 이것이 "성경 가운데서 증언되고 있고, 성령의 능력 안에서 교회 안에서 교회를 통하여 전달된 것"이라고 한다.10 다른 곳에서는 "성경은 특정한 상황 가운데서 나타난 것이므로, 성경은 그 특정 상황에서의 삼위일체 하나님의 구원적 현존을 증언한다"고 말하기도 한다.11 그렇기에 성경은 진리와 오늘날의 인간적 이야기들의 의미를 판단할 수 있는 기준(a measure for the truth and meaning of human stories today)을 제공한다는 것이다 (Section B, 2, Paragraph 24). 그러므로 성경에 대해서 모든 그리스도인들은 성경이 기독교 신앙과 실천을 형성하는 일에 있어 독특한 위치를 차지한다는 것에 동의할 뿐(Section B, 2, Paragraph 27) 그 이상은 말할 수 없다는 것이다. 또한 해석의 과정에서 성경의 본문이 근본적 규범과 시금석 (the primary norm and criterion)이 된다고는 말하고(Section B, 2, Paragraph 27) 성경 자체가 성령님의 인도하심 하에서 살아 있는 한 전승 (the Tradition)을 언급한다고는 말하지만 이들은 성경의 본문 자체를 그대로 하나님의 말씀으로 언급하지는 않는다. 왜냐하면 이들이 말하는 그 하나

한 그 section과 문단 번호만을 밝히고 본문에 삽입하기로 한다.

9 "Scripture, Tradition and Traditions," Section 2, Paragraph 47 & 48.

10 "Scripture, Tradition and Traditions," Section 2, Paragraph 45. 또한 "A Treasure in Earthen Vessels: An Instrument for an Ecumenical Reflection on Hermeneutics," Section B, 1, Paragraph 16: "… *the one Tradition is witnessed to in Scripture* and transmitted by the Holy Spirit through the Church."(강조점은 필자가 붙인 것임).

11 "A Treasure in Earthen Vessels," Section B, 2, Paragraph 24: "Because the biblical texts originated in concrete historical situations, they witness to the salvific presence of the Triune God in those particular circumstances."

의 전통, 세상 안에 있는 그리스도의 살아 계시는 현존에서 계시되는 그 진리는 "종국적 언어적 정의(定義)나 개념적 논의의 시도를 모두 거부하는, 살아 있는 종말론적 실재"(a living, eschatological reality, eluding all attempts at a final linguistic definition and conceptual disclosure)이기 때문이다(Section B, 4, Paragraph 37). 따라서 이들은 성경 본문에 대해서도 우리가 사용하는 상징들이나 예전이나 다른 전통이나 경험들과 마찬가지로 상대성(the relative weight)을 인정해야 한다고 시사하는 것이다(Section B, 3, Paragraph 31). "하나님의 계시는 그것에 대한 모든 표현들을 초월한다"는(Section B, 4, Paragraph 32) 말로 다시 요약할 수 있는 이런 태도는 결국 칼 바르트(Karl Barth)가 복음과 성경의 관계를 제시하는 것을 잘 반영하고 있다고 할 수 있다. 예를 들어, 이들은 바르트의 통찰을 반영하면서 다음과 같이도 말하기도 하기 때문이다. "성령께서는 각 교회들을 영감하시고 인도하셔서 하나님의 교회의 통일성 안에서 그 한 전통(the one Tradition)을 구현하기를 항상 목적하면서 다른 교회들과의 대화 가운데서 자신들의 전통에 대해서 다시 생각해 보고 다시 해석하는 데로 이끌어 가신다."12 성경을 "영감"하시는 성령님의 사역과 이 본문에서 말하는 각 교회를 "영감"하시는 방식의 차이나 관계에 대해서 잘 말하지 않으므로 그것이 아주 명확히 드러나지는 않지만, 전반적 기조로 볼 때 이들은 본질적으로 그 차이를 별로 생각하지 않는 것으로 보인다.

---

12 "A Treasure in Earthen Vessels," Section B, 4, Paragraph 32: "The Holy Spirit inspires and leads the churches each to rethink and reinterpret their tradition in conversation with each other, always aiming to embody the one Tradition in the unity of God's Church."

WCC와 관련하여 말하고 활동하는 이들은 성경 자체를 계시하고 단언하
는 것으로 보기 어려워한다는 것은 **아주 분명하다**.[13] 이들은 성경의 이런
성격 때문에 오늘날에 성경의 뜻을 드러내려면 성경에 대한 역사 비평적인
접근이 반드시 필요하다고 하는 천주교의 언표를 의도적으로 인용하면서
공언한다.[14] 이를 강조하기 위해 현재까지는 아직도 WCC에 공식적으로
참여하고 있지 않은 천주교 인사들의 논의까지 끌어 들이고 있다는 것이
흥미롭다. 더 나아가서 WCC는 역사 비평적 방법뿐 아니라, 좀 더 전통적
해석과 좀 더 최근의 해석 노력들도 다 포괄한다고 공언한다(Section B,
2, Par. 22). 즉, 본문에 대한 교부적 접근, 예전적 접근, 설교적 접근,
교의적 접근, 심지어 알레고리적 접근까지도 역사 비평적 방법과 함께 연관
시켜 사용할 수 있다고 하며, 또한 근래의 사회학적 해석과 사회과학적
해석, 문예적 특성을 살피는 접근들, 독자-반응 비평, 여성주의적 해석,
해방주의적 해석들을 모두 사용할 수 있다고 하는 것이다. 다시 말해서,
"에큐메니칼적 해석학은 이렇게 넓은 근거를 지닌 성경적 성찰들에서 기원
한 통찰의 다양성을 환영한다"고 말한다(Section B, Par. 26). 이런 해석들
이 상호 대립할 수 있다는 것을 잘 의식하고 표현하면서도, 이런 때에는

[13] WCC의 성경관을 잘 드러내고 있는 다음 문서도 보라: "The Authority of the Bible,
Louvain, 1971," in *The Bible. Its Authority and Interpretation in the Ecumenical
Movement*, ed. Ellen Flesseman-van Leer, Faith and Order Paper No. 99, 2nd edition
(Geneva: WCC, 1983), 42-57.

[14] *The Interpretation of the Bible in the Church* (Pontifical Biblical Commission,
1993), 128-29를 인용하고 있는 "A Treasure in Earthen Vessels," Section B, 1, Paragraph
21을 보라: "The very nature of biblical texts means that interpreting them will require
continued use of the historical-critical method,...[since] the Bible does not present
itself as a direct revelation of timeless truths, but as the written testimony to a series
of interventions in which God reveals himself in human history"(emphasis is given).

어떻게 할 것인지에 대하여는 별 논의를 하지 않고 있는 점에서 어떤 점에서는 무책임하게 과거부터 현대까지 제시되는 모든 해석 방법을 다 허용하는 듯한 인상을 주고 있다.

"다른 대화 상대자가 어떤 구체적 해석을 특정한 신앙과 실천 문제에 대해 적절성을 가지지 않는다고 여긴다 할지라도 본문의 적용성은 배제되지 않는다"고(Section B, 2, Par. 26) 말하는 데서도 이런 허용성만이 강하게 나타날 뿐이다. 여기서 배제되는 해석은 선택적이고 편견에 찬 해석들뿐이다. 그 대표적인 예로 남아공에서 인종 차별 정책을 정당화하던 해석 같은(Section B, 3, Par. 28; Section C, 1, Par. 40) "각 상황 가운데서 생명을 부인하는 결과를 내는 해석들과 같은 것으로 언급하고 있다(Section D, 1, Par. 52). 그와는 대조되는 성경의 더 넓은 증언과 억압 받는 자들의 경험을 중시하는 해석을 강조한다. 그러므로 사실 인류의 공평성이라는 가치를 위해 도움이 되는 것이 좋은 해석이라고 미리 규정되어 제시되고 있다는 점에 우리의 관심을 둘 필요가 있다.

종교개혁 근거를 무너뜨림

오직 성경(Sola Scriptura)의 원리를 버림

그러므로 WCC 활동을 하시는 이들에 따르면 개혁파 전통을 포함한 교회사의 다양한 여러 전통들은(traditions) 이 하나의 전통(the Tradition)과 연관되어 있기는 하나, 이것과는 상당한 거리를 두고 있다.[15] 그들은 이와 같이 이해하므로 몬트리올 회의의 이런 이해와 표현이 우리로 하여금 "오직 성경"과 "성경과 전통들"이라는 이전의 대조를 극복하게 하는 데 도움을 주었다고 강하게 말한다.[16] 그러므로 이들에 따르면 이제는 더 이상 종교개 혁자들의 주장이 필요하지 않게 된 것이 된다. 따라서 그들은 아직은 공식적 으로 WCC에 참여하고 있지는 않으나 계속 대표자들을 보내서 대화하고 여러 위원회에서 같이 활동하기도 하는 천주교회와 하나가 될 수 있는 길을 마련한 것이다. 이런 의미에서 그들은 천주교회를 포함하여 "기독교 공동체 의 통일성과 다양성은 모두 다 성령으로부터 흘러나오는 것이다"라고도 주장한다(Section C, 2, Par. 43).

이와 같이 하여 WCC의 주장자들은 종교 개혁의 형식적 원리인 "오직 성경"만을 주장할 수 있는 근거를 스스로 깨버린 것이다. 이들은 "대부분의 그리스도인들이 사도적 신앙의 표현이 성경 가운데 표현된 신앙의 정식화에 만 한정되어 있지 않고, 신앙의 규범들은 또한 모든 시대를 통하여 나타난 교회의 삶 가운데서 표현되어 왔다"고 말함으로써[17] 또한 성경 본문에 대해 서도 상대적 중요성을 인정해야 한다고 표현함으로써(Section B, 3, Paragraph 31) WCC 문서들은 성경과 전통의 관계 문제에 대하여는 자신들 의 입장을 사실상 개신교적 입장보다는 천주교적 입장에 더 가깝게 표명하고 있다. 그리하여 아이러니컬하게도 모든 교회를 포용하자는 이 운동이 "오직

---

15 "Scripture, Tradition and Traditions," Section 2, Paragraph 47.

16 "A Treasure in Earthen Vessels," Section B, 1, Paragraph 16.

17 "A Treasure in Earthen Vessels," Section B, 2, Paragraph 27: "Most agree that the expression of apostolic faith is not confined to the formulation of that faith expressed in Scripture but that norms of faith have also been expressed in the life of the churches throughout the ages." 또한 Section B, 4, 35도 보라.

성경만"을 주장하는 이들을 배제하는 결과를 낳고 있다. 이들의 주장을 따라 가려면 "오직 성경만"이 우리의 판단 근거요 진리의 기준이라고 주장할 수 없게 되는 것이다. 이런 문제점을 지적하면서 논의하는 교회들은 이들에 의해서 다음 같은 식으로 정죄되고 배제되고 있다. "다른 교회들의 목소리에 귀 기울일 준비가 되어 있지 않은 교회는 다른 교회들 안에서 역사하시는 성령의 진리를 상실할 위험을 기꺼이 감수하려고 하는 것이다."[18]

그러므로 WCC 총회 한국 유치를 기뻐하며 축하하려는 한국 교회 지도자들은 이런 점을 충분히 생각한 후에 그래도 그와 같은 방향으로 나아가기를 원하는지를 스스로 심각하게 물어야 한다.

성찬에 대한 개신교적 이해를 버림

또한 WCC 운동가들은 다양한 교회들이 서로 다른 실천적 모습을 내보이지만 동일한 신앙이 있다는 것을 인정해야 한다는 것을 강조한다(Section B, 4, 35). 이 말을 할 때 이 분들이 특별히 의식하는 것은 천주교회와 개신 교회의 세례와 성찬에 대한 이해와 관련된 것이다. 이것을 문자 그대로 받아들인다면 비록 시행 형태는 다르고 성례에 대한 이해도 다르지만 이는 결국 같은 신앙을 표현하는 것이라는 것이다. 천주교회의 성찬 이해를 과연 이렇게 생각할 수 있을런지, 이런 포용성에 대해서 종교 개혁자들이 어떻게 생각하려는 지는 심각한 문제가 아닐 수 없다.

그러므로 WCC는 여러 교회들이 성찬을 같이 나누지 못하는 것이 큰

---

18 "A Treasure in Earthen Vessels," Section D, 2, Paragraph 58: "Any church which is not prepared to listen to the voices of other churches runs the danger of missing the truth of the Spirit as it operates in the other churches."

문제라고 지적한다(Section C, 2, Par. 46). 이 때 그들은 천주교회와 개신교
모두를 다 염두에 두고 생각하며 말하고 있다는 것은 아주 분명하다. 적어도
종교 개혁시대의 개혁자들의 성찬 이해와 오늘 날 WCC에 적극적으로 참여
하고 있는 분들의 성찬 이해가 상당히 다르다는 것은 매우 자명하게 나타나
고 있는 것이다.

이신칭의 교리를 천주교회처럼 이해하려함

이신칭의에 대한 천주교회와의 대화 문서에 보면 서로 이해할 수 있다고
하면서 결국은 천주교회적 칭의 이해에 근접해 가는 것을 볼 수 있다. 이는
결국 이 대화에 적극적으로 앞서고 있는 개신교도들이 과연 칭의에 대한
개혁자들의 이해에 충실한 것인지를 의문시하게 하는 것이 아닐 수 없다.[19]

WCC의 궁극적 관심

이런 WCC는 결국 다음과 같은 것에 관심을 표명한다. "평화와 공의,
피조계의 온전성을 위한 투쟁"(the struggle for peace, justice, and the
integrity of creation), 그것과 연관된 "증언과 봉사로 이루어지는 선교에
대한 새로운 이해와 의식"(the renewed sense of mission in witness and
service), 역시 그런 것들과 연관되는 "그 안에서 교회가 하나님의 통치의
약속과 신앙의 실천 가운데서의 그 나라의 도래를 선포하고 누리는 예

---

19 이에 대한 필자의 보다 자세한 논의로 이승구, "천주교회와 루터파와 감리 교회가
동의하는 칭의에 대한 질문", 『한국 교회가 나아갈 길』 (서울: SFC, 2007), 170–81을 보라.

전"(the liturgy in which the Church proclaims and celebrates the promise of God's reign and its coming in the *praxis* of the faith).[20] 그러므로 이들이 말하는 예전과 선교도 역시 평화, 공의, 피조계의 온전성을 위한 투쟁과 연관된 것이다. 이는 다른 해석적 가능성은 다 용인하면서도 유일하게 인종 차별적인 해석, 여성 차별적인 해석들, 제국주의적이 된 선교적 노력에 함의된 해석들과 같이 각 상황에서 생명을 부인하는 결과를 내는 것들만 거부하는 데서도 잘 나타난다(Section B, 3, Par. 28; Section C, 1, Par. 40; Section C, 1, Par. 41; Section D, 1, Par. 52). 물론 성경을 선택적으로 해석하여 인종 차별적으로, 성차별적으로 해석하는 것은 잘못하는 것이다. 그러나 그런 해석들만이 잘못된 것이 아니라 하나님의 의도를 제대로 드러내지 못하는 다른 해석들도 잘못된 것임이 명확히 지적되어야 하는데, WCC 문서들에서 잘못된 해석의 예들로 언급된 것들은 오로지 이와 같은 윤리적 문제를 낳은 해석들뿐이므로 문제가 있다고 여겨진다.

그러므로 우리나라에서도 WCC에 참여하고 있는 KNCC와 이와 관련된 이들은 민족의 통일을 "하느님의 명령이며 교회가 감당해야 할 선교적 사명"이라고까지 말하고 있다.[21] 그리고 성공회대학교의 최영실 교수는 자신의 독특한 신학적 이해에 근거하여 우리가 해야 할 일을 다음과 같이 제시한다.

> 한국교회는 추상적이고 신비주의적인 내적 평안으로 도피하지 말고, 제국주의자들의 거짓평화에 맞서서, 불의에 항거하며 저들로부터 **빼앗긴** 약자들의 권리를

---

20 "A Treasure in Earthen Vessels," Section B, 2, Paragraph 25.

21 최영실, "남북 화해와 평화통일에 대한 성서적, 신학적 성찰", 한반도 평화통일 비전 문서를 위한 전문가 토론회 (2009년 7월 3일, 한국 기독교협의회 화해 통일위원회), 8. 그는 이를 한국교회협의회의 88선언문에 기초해서 말하고 있다.

되찾는 일에 헌신해야 한다. 약자를 억압하는 것으로 변질된 법질서와 교리와 이데올로기를 흔들고, 제국주의자들에게 말씀의 '칼'과 '불'을 던지며 맞서 싸워야 한다.[22]

실천신학대학원 대학교의 선교 역사를 담당하는 이범성 교수도 통일을 하나님 나라의 운동이라고 제시하고 있다.[23] 그것은 과연 어떻게 하는 것인가를 물으면 다음 같은 말로 대답할 것이다.

중단된 남북 회담과 경제협력을 재개하고, 휴전협정을 평화협정으로 바꾸고 남북이 합의한 대로 외세의 간섭 없이 자주적으로 남북 화해와 통일을 이루라고 외쳐야 한다. "평화협정이 체결되고 …… 보장되었을 때, 주한미군의 철수"가 아니라, 한반도 평화와 통일을 하루 속히 앞당기기 위해 주한미군은 철수해야 한다는 점을 분명히 해야 한다. 북을 위협하는 한미 합동훈련의 문제를 제기하고, 미국의 핵우산을 요청하며 무기를 사들이며 군사문화를 부활시키고 있는 것은 또다시 동족상잔의 전쟁을 초래하는 것임을 이 정부와 국민 모두에게 일깨우고, 한국교회가 앞장서서 남북이 합의한 6.15 공동선언과 10.4 선언을 이행하여 자주적으로 남북화해와 경제협력, 평화통일을 이루는 구체적인 일들을 선교의 제1 과제로 삼아야 한다.[24]

2009년 남북 교회 부활절 공동 기도문의 다음 구절도 아마 이런 제안의 시각에서 이해해야 할 것이다.

정의의 주님! 하느님의 정의와 평화를 위해 일하게 하시고
어두움과 죽임의 권세들을 두려워하며, 불의에 굴복하지 않게 하소서.

22 최영실, "남북 화해와 평화통일에 대한 성서적, 신학적 성찰", 15.
23 이범성, "통일, 하나님 나라 운동", available at: http://www.kncc.or.kr/Data/BoardView.asp?idx=2336&bbsKind=pds_docu&pg=2&sch=&keyword=.
24 최영실, "2009 한반도 평화 통일 비전 문서", 한반도 평화통일 비전 문서를 위한 전문가 토론회 (2009년 7월 3일, 한국기독교협의회 화해통일위원회), 17-22, 인용은 20쪽.

거짓 평화를 말하는 자들과 분열의 세력에 맞서
결연히 일어서게 하소서.
우리를 일깨워 거짓 평화를 깨뜨리며 참된 평화의 역사를 세우게 하소서.[25]

우리들은 이런 제안에 대해서 과연 어떤 생각을 해야 할 것인가? 성경에 대한 바른 해석에 근거하여 우리가 말할 수 있는 것과 명확히 대조되는 이런 주장의 의미가 무엇인지를 잘 생각해야 할 것이다. 이렇게 말하게 된 이유 중의 하나는 성경에 대한 역사 비판적인 해석에 있다. 그는 많은 역사 비판적인 성경 해석자들과 함께 마태복음 28:19~20에서 "'모든 민족을 제자로 삼아서 아버지와 아들과 성령의 이름으로 세례를 주라'는 말은 후대 교회의 삽입문이며, 마태복음 저자의 신학적 의도와도 상충한다."고 주장한다.[26] 바로 이런 이해로부터 최영실은 "오늘 우리에게 요구된 선교의 제1차적 과제와 목표는 제국과 동족으로부터 이중 삼중의 억압과 위협을 당하며 고통당하고 있는 북의 형제자매를 살리는 일이다."고 주장하는 것이다.[27]

이런 논의를 하면서 이 분들은 아주 이상스러운 성경 해석을 제시하는 일이 많다. 그 대표적인 예로 누가복음 18장의 과부의 기도에 대한 최영실 교수의 해석을 생각해 보자.

그 기도는 '말'이 아니라 불의한 재판관을 **끈질기게 찾아가서, 빼앗긴 권리를 찾는 끈질기고도 용기 있는 '행동'**이다. 과부는 끊임없이 재판관을 찾아가서 '괴롭게 한다.' 과부의 이 행동은 마침내 불의한 재판관으로 하여금 과부의 빼앗긴

25 2009 남북교회 부활절 공동기도문 중에서, http://www.kncc.or.kr/Data/BoardView.asp?idx=2305&bbsKind= pds_docu&pg=3&sch=&keyword.
26 최영실, "남북 화해와 평화통일에 대한 성서적, 신학적 성찰", 12.
27 최영실, "남북 화해와 평화통일에 대한 성서적, 신학적 성찰", 13.

권리를 되찾아 주는 '정의'를 행하도록 만든다. 그러므로 부당하게 자신의 권리를
약탈당한 약소국가와 약자들은 끈질기게 불의한 강자들을 '괴롭히면서', 빼앗긴
자신의 권리를 되찾아야 한다. 약자를 약탈하는 강자들의 법질서와 거짓 교리들
을 폭로하고, 그것들을 깨뜨리고 약자들을 위한 정의의 법을 세워야 한다. 비록
이 일을 하다가 예수처럼 '범법자'로 몰려 목숨을 잃을지라도 강자들의 불의에
항거해야 한다. 불의한 강자들이 돌이켜 억압받는 자들과 함께 하나가 되어 먹고
마시며 웃고 춤추는 그 날이 오기까지!28

이와 같은 독특한 해석은 그들이 논의하는 여러 곳에서 자주 나타나고
있다. 물론 이런 논의에 대해서는 이는 WCC에 참여하는 일부 사람들의
견해이지, 그것이 WCC의 공식적 입장은 아니라는 논의들이 자주 제기된다.
그러나 WCC는 적어도 이와 같은 입장을 충분히 용용할 수 있을 만큼 그
범위가 넓다는 것도 부인하기 어려울 것이다.

물론 WCC에 참여하고 있는 여러 사람들 가운데서 동방 정교회에 속한
이들이 어떤 면에서는 고전적인 신학 내용에 충실하려고 노력하는 면도
있다는 것은 인정해야 한다. 그러나 그분들이 주장하는 신학과 종교개혁적
신학의 심각한 차이, 특히 동방 정교회의 교회적 실천과 종교개혁적 교회의
실천 사이의 상당한 차이도 우리는 심각하게 생각하지 않을 수 없다. 더구나
WCC의 전반적 분위기를 한국의 복음주의적 교회들이 더구나 개혁파적
교회들이 받아들이기에는 상당히 먼 위치에 있다는 것은 부인하기 매우
힘들다. WCC에 적극적으로 참여하며 이를 긍정적으로 평가하시는 이들도

28 최영실, "남북 화해와 평화통일에 대한 성서적, 신학적 성찰", 15f., 강조점은 덧붙인
것임을 밝힌다.

많이 인정하듯이 1991년 2월에 호주 캔버라에서 열렸던 WCC 제7차 총회에서 한국의 여성신학자 정현경이 한풀이 굿을 선보였던 것은 아주 극단적이고 지나친 예의 하나라고 할 수도 있겠지만,[29] 한국에서 KNCC에 참여하는 분들의 성경 해석이나 한국의 정치 사회적 현실에 대한 논의들에서 보여 주는 모습은 그에 못지않은 지나친 예를 잘 나타내 보여 준다고 할 수 있다.

그러므로 2013년도 WCC 총회를 한국에서 개최하기로 유치한 것은 WCC의 신학적 입장에 공감하는 이들의 입장에서는 의미 있는 것으로 받아들여질 수 있지만, 신학적으로 WCC의 주장에 공감할 수 없는 사람들과 그런 교회들로서는 이 세상에 기독교가 성경과 복음에 충실하지 않은 왜곡된 모습으로 전달될 수 있는 기회가 또 하나 주어지는 것이라고 생각하면서 심각한 우려를 표하지 않을 수 없다. 성경이 말하는 복음의 참된 의미를 세상에 전달하는 것이 우리의 사명이다. 그런데 WCC 총회의 한국 유치와 같은 것은 한국 사회에 복음의 왜곡이나 다른 복음을 세상에 전달하고 기독교의 복음에 대한 오해를 가져오게 하는 것이 되기 때문이다.

---

[29] 2009년 가을 한국개혁신학회 정기 심포지엄에서 한신대학교의 오영석 교수께서 그와 같은 입장을 강하게 천명한 바 있다.

13. 포스트모던 세계와 그리스도

얼마 전부터 서구의 지성인들은 자신들이 이제는 더 이상 근대(modern) 가 아닌 근대 이후의 시대(post-modern era)를 살고 있다고 의식하고 그렇게 주장하고 있다. 이 근대 이후라는 것을 계몽주의에서 강조된 근대성의 프로젝트가 실패한 것에 근거해서 그 이후의 새로운 상황이 등장한 것이라고 생각하는 이들이 있기도 하고,[1] 그저 근대성의 프로젝트가 조금 바뀐 상황 가운데서도 이를 유지해 보려는 근대주의의 연장으로 생각하는 이들도 있기도 하다.[2] 그러나 포스트모더니티(post-modernity)를 어떻게 파악하고 있든지, 오늘의 상황은 근대성이 강조되던 때와는 상황이 좀 다른 것은 사실이다. 물론 서구의 일반 대중들은 그렇게까지 심각하게 이 문제를 의식하는 것은 아니다. 그러나 많은 이들이 지금과는 다른 분위기가 그들이 살고 있는 문화적 환경을 지배하고 있다고 느끼는 것이다. 그리고 사실

---

[1] 그 대표적인 예로 우리는 대표적인 포스트모던적 사상가 Jean-François Lyotard의 다음 같은 말을 생각할 수 있다: "아우슈비츠는 근대성의 비극적 실패(incompletion)에 대한 전형적인 예로 언급될 수 있을 것이다"(*The Postmodern Explained* [Minneapolis: University of Minnesota Press, 1992], 18).

[2] 하버마스의 주장과 노력을 참조하라.

서구의 지성인들도 포스트모더니즘은 그 실체가 완전히 드러난 것도 아니고, 아직 형성 과정 가운데 있는 어떤 것이라고 생각하고 있다.[3] 포스트모던 세계의 출현을 강하게 말하는 제임스 밀러도 "지금 서구 문명이 세계관에 있어서 근본적 전환을 맞고" 있는데, "이것은 아직도 지속되고 있는 전환이며, 그래서 새로운 세계관의 세부 성격은 아직까지 다소 모호한 것이 사실이다"고 말한다.[4] 그러나 일단은 포스트모던적 상황을 어떻게 이해하든지 이것이 오늘날 서구 지성인들의 정신적 분위기를 지배하고 있는 일종의 시대 정신(*Welt-Geist*)이라고들 생각하고 있다. 그런가 하면 일찍이 포스트모던적 조건을 말했던 리오타르는 포스트모던적 의식에 충실해서 그 용어 자체를 다음과 같이 비판한다: "포스트모더니즘이라는 용어는 아주 나쁜 용어인 듯하다. 왜냐하면 그 용어는 하나의 역사적인 '시대 구분'의 개념을 가져오기 때문이다. 그러나 '시대 구분화'란 아직도 '고전주의적' 또는 '모던'의 관념이고, '포스트모던'은 단순히 하나의 기분 내지 마음의 상태이다."[5] 그래서 그는 포스트모던적 조건을 "19세기 말부터 과학, 문학, 예술의 게임 규칙에 영향을 미친 변형들 이후의 문화 상태"로 보면서 정보화 사회의 상황과 관련해서 포스트모던을 설명하고 있다.[6]

---

[3] 서구 지성인들의 이런 의식을 잘 반영하면서 송주성은 『포스트모더니즘은 없다』 (서울: 청년문예, 1994)고 선언하기도 한다. 그래서 그는 포스트모더니즘은 진보에 대한 환멸을 이론화해보려는 노력이라고 말한다(30).

[4] James B. Miller, in *Postmodern Theology: Christian Faith in a Pluralistic World*, ed. Frederic B. Burnham (New York: Harper & Row, 1989), 세계신학연구원 역, 『포스트모던 신학』 (서울: 조명문화사, 1990), 23.

[5] J. F. Lyotard, "Rules and Paradoes and Swelte Appendes," *Cultural Critique* 5 (Winter, 1986/1987), 207. 신국원, 『포스트모더니즘』 (서울: IVP, 1999), 279, n. 1에서 재인용.

[6] J. F. Lyotard, *The Postmodern Condition: A Report on Knowledge* (1979), E.T. Geoff Bennington & Brian Massumi (Minneapolis: Univ. of Mennesota Press, 1984),

그러나 한국에 사는 우리 그리스도인들의 문제는 과연 우리가 근대성
(modernity)을 경험했으며, 포스트모더니티(post-modernity)를 경험하
고 있느냐 하는 것이다. 물론 한국 사회 속에 살면서도 개인적으로는 근대성
을 경험하고 계몽주의적 이상을 추구하고 있다가 (푸코나 라캉, 리오타르,
데리다, 그리고 리처드 롤티와 같이)7 이제는 더 이상 그런 식으로 인간과
사회를 이해하려고 할 수 없다고 생각하든지, 아니면 (하이데거와 같이
그를 따르면서) 이제는 조금 바뀐 형태의 근대성을 추구하는 이들이 있을
수 있다. 그러나 계몽주의적 근대성에 대한 이해가 전혀 없거나, 특히 의식적
으로 계몽주의적 이상에 반대해 왔던 이들에 대해서는 어떻게 말해야 될
것인가? 한국의 보수적 그리스도인들은, 서구의 보수적 신학자들과 함께,
처음부터 계몽주의의 주장을 잘 알고도 그것이 우리가 추구하고 나아 갈
것이 아니라고 비판하면서 오히려 의식적으로 반근대적(anti-modern)이

이현복 역, 『포스트모던적 조건: 정보 사회에서의 지식의 위상』 (서울: 서광사, 1992), 13.
　7 이들 대표적인 포스트 모던 사상가들의 대표적인 저서만 소개하면 다음과 같다: Michel
Faucault (1926-1984), *Madness and Civilization: A History of Insanity in the Age of
Reason* (1961), Richard Howard, trans. (New York: Pantheon, 1965); idem, *Discipline
and Punishment* (1975), trans. *A Sheridan* (New York: Vintage, 1977); Jean-François
Lyotard (1924-), *The Postmodern Condition: A Report on Knowledge* (1979), trans.
Geoff Bennington & Brian Massumi (Minneapolis: Univ. of Mennesota Press, 1984);
The Postmodern Explained (Minneapolis: University of Minnesota Press, 1992); Jacques
Derrida (1930-), *Speech and Phenomena and Other Essays on Husserl's Theory of
Signs* (1967), E.T. (Evanston: Northwestern University Press, 1973); idem, *Writing
and Difference*, trans. Alan Bass (Chicago: University of Chicago Press, 1978); idem,
Of Grammmatology, trans. Gayatri Chakravorty Spivak (Baltimore: The Johns Hopskins
University Press, 1976); *Marges de la philosophie* (1972); *Positions* (Chicago: The
University of Chicago Press, 1981); Dissemination (Chicago: The Univ. of Chicago
Press, 1981); Richard Rorty (1931-), *Philosophy and The Mirror of Nature* (Princeton:
Princeton University Press, 1979); idem, *Consequences of Pragmatism: Essays,
1972-1980* (Minneapolos: University of Minnesota Press, 1982); idem, *Contingency,
Irony, and Solidarity* (Cambridge: Cambridge University Press, 1989).

려고 했었다.[8] 이들을 과연 근대성 이후의 사람들이라고 할 수 있을 것인가? 그러므로 서구의 보수적인 신학자들과 함께 우리 사회의 보수적 그리스도인들은 어떤 의미에서는 포스트모던적 주장에 별 의미를 부여하지 않을 것이다.

그럼에도 불구하고 서구의 지성인들이 말하고, 우리 사회의 서구 편향적 인사들이 우리 사회 속에 확산시켜 가고 있는 포스트모던주의라는 또 하나의 유행은 일단 우리 사회의 분위기를 서구의 포스트모던적 상황으로 만들 수 있고, 유행적 사조에 따라 가는 이들은 그렇게 생각하고 그런 조류를 따라야 할 것이라고 하는 암묵리의 압력 아래서 마치 우리도 근대성을 경험하고 그것에 대하여 절망하거나 그것을 새로운 면에서 전개하려는 이들로 생각하게 해 보려는 유혹에 노출시키고 있다.[9] 더구나 우리가 살고 있는 시대의 동시성이라는 특징 때문에 온 세계의 문화가 함께 어우러지는 이 상황 가운데서는 "우리가 반대하든 좋아하든, 이미 우리가 포스트모던 사회에 살고 있다는 사실"을,[10] 그리고 "포스트모더니즘적인 생활 방식은 우리나라에서 광고나 일상생활 속에 이미 깊이 뿌리 내리고 있다"는 것을[11] 인정할 수 있다.

그러므로 우리는 일단 서구 지성인들이 말하는 포스트모던적 특성을

---

8 Mark Noll & David Wells, in *Christian Faith and Practice in the Modern World* (Grand Rapids: Eerdamns, 1988), 졸역, 『포스트모던 세계에서의 기독교 신학과 신앙』 (서울: 엠마오, 1994), 26.

9 이 일은 2001년 5월 11일 – 12일 양일간에 걸친 리쳐드 롤티(Richard Rorty)의 방한 강연을 통해서도 더 분명히 드러났다.

10 신국원, 165.

11 조호연, "역자의 말", Franklin L. Baumer, *Modern Euporean Thought: Continuity and Change in Ideas, 1600-1950* (New York and London: Macmillan Pub. Co., 1977), 조호연 역 『유럽근현대지성사』 (서울: 현대지성사, 1999), 736.

잘 분석해 보고, 이런 상황 가운데서 우리 주 예수 그리스도를 어떻게 제시해야 하는지 생각해 보아야 할 것이다. 그러므로 포스트모던주의에 대한 우리의 고민과 고찰은 결국, 스탠리 그렌츠가 잘 말하고 있는 바와 같이, "우리는 어떻게 해야 기독교 신앙을 다음 세대에 가장 분명하게 전달할 수 있을지를 알아내기 위해서 포스트모더니즘과 씨름해야만" 하는 문제인 것이다.[12]

근대성의 특성들

포스트모던적 상황을 바로 이해하려면 우리는 먼저 근대성(modernity)이라는 것이 무엇을 뜻하는지 알아야 한다. 많은 이들이 르네상스에서 발원되고, 특히 데카르트로부터 시작하여 계몽주의, 특히 헤겔에게서 그 극에 이르렀으며, 그 이후로 전 세계에 영향을 미치고 있는 근대주의(modernism)는 다음과 같은 것들을 중심으로 하는 사상과 조류로 이해해 보려고 한다.

첫째로, **이성과 합리성에 대한 강조**

물론 이전 시대에도 플라톤이나 아리스토텔레스나 아퀴나스에 의해서도 이성이 중시되었지만 그때에 이성은 계시나 이미 주어져 있는 우주의 원리를 이해하는 도구로 이해된 데 비해서, 데카르트 이후의 이성은 점점 더 자율적인 주체요, 스스로 제정한 질서를 세계에 부여하는 주체로 인식되기 시작했다. 심지어 이성을 비판하고 그것이 작용할 수 있는 영역을 분명히 하려던 칸트조차 그 이성의 비판을 이성에 근거해서 한 것이다. 그러므로 칸트의

---

[12] Stanley J. Grenz, *A Primer on Postmodernism* (Grand Rapids: Eerdmans, 1996), 12.

"초월적 자아는 시공을 초월하는 능력마저 부여받아 역사성이나 사회-문화적 조건을 초월하여 매사를 객관적으로 고찰하는 능력을 가진 존재"로 나타난다.[13]

둘째로, 객관성에 대한 강조

근대 사상에 의하면 이성이 파악한 것만이 객관적인 것이라고 여겨진다. 그리고 그런 객관적인 것만이 중요하고 사람들 전체에 대해서 의미를 지닐 수 있는 것으로 여겨지는 것이다. 따라서 개개인들이 가질 수 있는 개인적인 선호는 그의 주관적인 생각으로 치부되고, 객관적으로 논의할 수 있는 의미를 지니지 못하는 것으로 여겨진다. 물론 현대 사상에서 이를 주장하는 정도는 상당히 다양하다. 논리실증주의에서처럼 엄격하게 이 기준을 적용하는 일도 있고, 후기 비트겐슈타인처럼 다양한 논의 가능성을 열어 놓는 경우들도 있다. 그러나 중요한 것은 이성으로 논의할 수 있는 객관적 영역의 것이라고 생각되는 것이다.

셋째로, 진보를 믿는 낙관주의적 성향

이런 점에서 근대 사상은 과거나 현재보다는 미래 중심적이라고 할 수 있다. 따라서 좀 더 나은 멋진 신세계를 이루어 내기 위해 우리는 모든 종류의 실험적 연구를 할 수 있고, 해야만 한다는 것이다.[14] 이런 진보에 대한 신뢰는 상당히 이른 시기부터 나타나서 케플러는 "비행 기술이 발명되기만 하면, 그 즉시 달에 인간 식민지가 건설될 것이라고 생각했다"고 한다.[15]

---

[13] Cf. Grenz, *A Primer on Postmodernism*, 74-81.

[14] 근대 사상의 이런 측면에 대한 설명으로 J. Richard Middleton and Brian J. Walsh, *Truth is Stranger than It Used to Be: Biblical Faith in a Postmodern Age* (Downers Grove: IVP, 1995), 14.

[15] Cf. R. Hooykaas, 『근대 과학의 출현과 종교』 (서울: 정음사), 80.

아마도 이런 진보의 이상을 문학적으로 표현한 것이 헉슬리의 『멋진 신세계』 같은 것일 것이다.[16] 그리고 사회로 사회 질서를 얻기 위한 사회 공학(social engineeing)을 위한 인간에 대한 이해를 제시하는 것이 스키너의 『자유와 위엄의 피안』과 같은 것이다.[17]

넷째로, **인간 중심주의(humanism)**

이는 기본적으로 인간의 능력에 대한 확신과 인간의 능력과 영광을 추구하는 것이다. 따라서 인간은 이 세상 역사의 주인공이고, 행복과 자유를 최대한 누릴 권리를 지닌 가장 위대한 존재로 나타나게 되는 것이다. 이것이 휴머니즘의 이상이다. 여기서 사람들은 인류 전체의 발전과 행복을 위하여 노력해야 하는 것으로 파악된다. 심지어 신앙이나 종교도 인간들에게 유익이 될 때에만 의미 있는 것으로 파악되는 것이다.

그러므로 근대성을 추구하는 근대주의는 이성과 합리성에 의해서 객관적인 진리와 실재를 확보할 수 있고, 이성에 따라 계속 진전해 나갈 수 있다는 낙관적 세계관을 가진 르네상스 이후의 보편적 세계관의 발현이라고 할 수 있다.

포스트모던 시대의 특성들

물론 그 이전부터 포스트-모던주의의 선구자들이 있기는 하지만,[18] 1960

---

[16] Aldous Huxley, *Brave New World* (1932).

[17] B. F. Skinner, *Beyond Freedom and Dignity* (New York: Knopf, 1971).

[18] 비교적 이른 시기인 1934에 스페인의 Federico de Onis와 1956년에 Arnold Toynbee가

년대부터 본격적으로 가시화 되어 나타나기 시작한 포스트모던적 운동을
고찰하면서, 대개의 포스트모던 주장자들은 포스트모던적 상황을 근대성의
전제들, 특히 "과학과 인간의 합리성과 인류의 점진적인 진보에 대한 신념들
이" 부식되고 해체되어 가고 있는 상황이라고 생각한다.[19] 그들은 일반적으
로 이런 포스트모던적 상황을 다음과 같은 특징들에 의해서 특징 지워지는
상황이라고 본다.

　첫째로, **이성 중심주의에 대한 비판.** 즉, 이성중심주의의 보편타당성에
대한 강한 부정을 말하지 않을 수 없다.[20] 상당히 많은 포스트모던적 사상가
들은 이성 중심주의는 다른 담론 체계를 비정상적인 것, 열등한 것으로
억압하는 하나의 특수한 담론 체계라고 본다.[21] 강영안 교수가 잘 지적했듯
이, "포스트-모던 사고에 따르면 이성은 절대적 근원이 아니라, 오히려
현실을 합리화하고 은폐하는 수단이다."[22] 그러므로 포스트모더니즘에서
는 데카르트로부터 시작된 근대적 합리성을 신랄하게 비판하면서, 이제는
이성 중심의 논의보다는 의사 전달에서 **이야기**(story, narrative)가 중심적
위치를 차지하게 된다. 이제는 합리적인 것이 보편적인 진리로 여겨져서

이미 "포스트모던"이라는 용어를 사용하였음에 대한 언급과 그 어원에 대한 설명으로는 신국원,
『포스트모더니즘』, 14를 보라. 오늘날의 포스트모던 사상의 선구자들로 우리는 니체, 프로이드,
그리고 어떤 의미에서의 실존주의자들 등을 들 수 있을 것이다.

　19 특별히 자신을 포스트-모던적 사상가로 말하지는 않지만 부다페스트 출신의 정신분석가
인 프란츠 알렉산더는 이미 1942년에 이런 관찰을 제시한 바 있다. Cf. Franz Alensander,
Our Age of Unreason (Philadelphia: J. B. Lippincott, 1942), 7, cited in Baumer, 567,
n. 6.

　20 Cf. M. Faucault, *Madness and Civilization: A History of Insanity in the Age
of Reason,* trans. Richard Howard (New York: Pantheon, 1965), 25.

　21 Faucault를 인용하는 윤평중, 『포스트모더니즘의 철학과 포스트마르크스주의』 (서울:
서광사, 1992), 54-55.

　22 강영안, 『주체는 죽었는가?』 (서울: 문예출판사, 1996), 67.

모든 이들의 동의를 얻게 된다고 생각되기보다는 많은 사람들이 어떤 이야기를 믿게 될 때 그 이야기가 타인을 지배하는 힘을 부여받게 된다고 하는 것이다.[23] 왜냐하면 이야기와 이야기 사이도 연계와 연속이 있는 것이 아니라, 기본적으로 단절되어 상호 교통 불가능성(incommensurability)이 지배하고 때때로만 소통이 있을 뿐이라고 생각되기 때문이다. 리오타르에 의하면 세상은 기본적으로 파편적인 것이고, 존재는 본래 분산되어 있는 것이다.

따라서 둘째로, 포스트모던적 상황에서는 어떤 단일한 것이 전체를 지배하게 된다고 여겨지기보다는 상당히 다원주의적 성향을 나타내 보이게 된다. 왜냐하면 조금 전에 말한 바와 같이, 기본적으로 존재 자체를 **다원성**과 **이질성**을 가지고 있는 것으로 이해하기 때문이다. 그러므로 포스트모던에서는 중앙 집권적이기보다는 지방 분권적이고, 모든 면에서 다원성을 강조하게 된다. 그래서 이 포스트모던 시기는 "공통적 준거틀"을 찾기 어려워하는 시기라고 여겨지며,[24] "실재에 대한 권리 획득을 주장하는 수많은 목소리를 들을 수 있는 다수성의 소리로 특징 지워지는" 시기라고들 한다.[25] 이는 결국 **거대 담론에 대한 불신** 현상을 낳게 한다. 대표적인 포스트모던주의 사상가의 하나인 리오타르는 이제는 정신의 변증법을 말하는 헤겔의 관념론이나, 부의 창조를 말하는 아담 스미스 식의 자본주의 논의, 노동 주체의 해방을 말하는 마르크스주의적 유물론, 의미의 해석학을 말하는 하이데거의

23 James Sire, 『포스트모더니즘』, 송태연 옮김 (서울: IVP, 1998), 25.

24 Gene Edward Veith, *Postmodern Times, A Christian Guide to Contemporary Thought and Culture* (Wheaton: Crossway Books, 1994), 15.

25 J. Richard Middleton and Brian J. Walsh, *Truth is Stranger than It used to Be: Biblical Faith in a Postmodern Age* (Downers Grove: IVP, 1995), 13.

존재 해석학 등의 거대 담론(metanarratives)들이 오늘날에는 그 신비성을 상실했다고 하면서,[26] 심지어 모든 "총체성에 대한 전쟁을 하자"고 선언하기도 한다.[27] 따라서 이제 우리는 작은 이야기들에 충실해야 한다고 말한다.[28] 이제는 "상충하는 다양한 언어 게임의 시대요 불일치의 시대"라고 한다.[29] 따라서 우리는 "유일한 진리와 고정된 세계로부터 서로 상충되는 해석의 다양성 혹은 생성 중에 있는 세계"로 나아가게 된 것이라고 하는 것이다.[30]

이제는 세계를 "상대적이요, 비결정적이고, 참여적"으로 이해하기 때문이다.[31] 하이젠베르크(Werner Heisenberg, 1901~1976)가 말하는 바와 같이, "모든 실재들에는 수없이 되풀이하여 관찰하고, 제아무리 관찰 방법이 우수하다 하더라도 결코 극복할 수 없는 일종의 불확정성(uncertainty) 같은 것이 존재한다"는 것이다.[32]

따라서 이로부터 문화 활동에서 엘리트주의와 고전문화 중심주의가 붕괴하고, 서민적 문화에 대한 강조가 나타난다. 이제까지 억압받고 소외된 사람들이 사회-문화적 과정에서 제 목소리를 발휘하고 정당한 위상을 차지하게 될 수 있다는 것이다. 비이스는 "포스트모던 예술은 엘리트 갤러리나 아방가르드 살롱에 갇혀 있지 않고 텔레비전과 영화, 록음악과 컴퓨터 게임에서 넘쳐난다"고 표현하고 있다.[33] 이런 대중화 현상과 연관해서 여러

[26] Lyotard, *The Postmodern Condition*, 22, 23, 37.
[27] Lyotard, *The Postmodern Condition*, 82.
[28] Lyotard, *The Postmodern Condition*, 60f.
[29] 신국원, 187.
[30] Nelson Goodman, *Ways of Worldmaking* (Indianapolis, 1978), 10, 김영한, 『21세기와 개혁신학, II: 포스트모더니즘과 개혁신학』 (서울: 한국 장로교 출판사, 1998), 115에서 재인용.
[31] Miller, in *Postmodern Theology*, 35.
[32] Miller, in *Postmodern Theology*, 36에서 재인용.

문화 활동에서 패러디의 사용 등 이종 혼합적 작품이 등장하고[잡종화, hybridiation], 대중문화가 부상하게 되는 현상을 같이 지적할 수 있다. 그리고 이는 결국 문화적 상대주의를 노골적으로 표현하도록 한다. 이제는 그 어떤 것이 표준적이고 옳은 것이라고 할 수 없다는 것이다.

셋째로, 이와 연관해서 **탈구조와 해체를 강조하는 목소리가** 높아진다. 이는 특히 텍스트에 대한 강조와 이해에서 잘 드러난다. 포스트모던적 신학을 말하는 테일러는 데리다의 사상을 반영하면서 이렇게 말한다. "나의 텍스트는 나의 것이 아니다…… 작품은 단일 저자의 산물이 아니고, 항상 많은 공동 저자의 산물이다…… 텍스트란 여러 개의 텍스트에서 온 것들을 엮고 꿰맨 것이다."[34] 그리고 이들 텍스트와 그것을 읽고 생각하는 과정 가운데서 "그릇됨은 끊임없이 계속된다"(erring is endless).[35] 그러므로 이런 입장에서는 책이라고 부르기를 회피하고 항상 텍스트라고 부르려고 한다. 왜냐하면 책은 무엇인가를 지시하는 총체성의 개념이며, 책을 해석한다는 것은 진리나 기원을 드러내려는 시도가 된다고 여겨지기 때문이다.[36] 책으로 보는 것은 닫힌 것이고, 텍스트는 책의 닫힘을 찢는다고 한다. 그리고 텍스트는 맥락 가운데 있는 것뿐이고, 텍스트 밖에는 실재가 없다고까지 여겨진다. 다만 텍스트만 존재한다. "텍스트를 벗어나서는 아무것도 존재하지 않는다."[37] 그래서 어떤 이는 포스트모던이란 본질적으로 형식 파괴적이

33 Veith, 111.

34 Mark C. Taylor, *Erring: A Postmodern A/Theology* (Chicago and London: University of Chicago Press, 1984), 17.

35 Taylor, *Erring*, 184.

36 Taylor, *Erring*, 177.

37 J. Derrida, *Of Grammmatology*, trans. Gayatri Chakravorty Spivak (Baltimore: The Johns Hopskins University Press, 1975), 158.

며, 문화적 무질서의 상태라고 한다. 따라서 문화적 작업에 있어서 **탈장르화**
가 나타났다. 심지어 창작과 비평도 그렇게 엄밀하게 나뉠 수 있는 것은
아니다. 그래서 나타난 말 중의 하나가 소위 "크리픽션"(crifiction)이라는
말이다. 우리 모두가 텍스트 안에서 우리 나름의 작업을 하는 것으로 이해된
다. 이는 결국 모든 전통과의 단절 현상을 낳게 할 뿐이다.

그 이유는 모스트모던 사상의 넷째 특징인 **현재성에 대한 강조**에서 찾을
수 있다. 이는 사회적 분위기와 문화 행위에서 임의성, 우연성, 비재현성,
유희성 등을 강조하는 것과 연관된다. 여기서 예술에서의 행위와 참여를
중시하는 일종의 카니발화 현상이 나타나게 된다. 포스트모던적 이해에
의하면 예술도 하나의 행위이다. 따라서 행위 예술과 "해프닝"(happening)
이 중시된다. 이는 기본적으로 비역사성과 공시성을 강조하는 포스트모던적
분위기와 어울리는 것이다. 푸코는 역사의 연속성이나 인과성을 부인한다.
그는 언어와 함께 역사도 단절적으로 보는 것이다.

다섯째로, **철학적 의미의 주체의 상실**을 또 하나의 포스트모던적 특징으
로 말할 수 있다. 근대 사상에서는 철학적 의미의 주체가 매우 중시되었다.
근대적 주체는 이성을 가지고 사유하는 주체이기도 했고, 결단과 책임의
주체이기도 했다. 그러나 포스트모던적 사상에서는 푸코가 말하듯이 "현상
학이나 실존주의에서처럼 주체에 대한 선험적 이론을 가지고 주체의 형식에
관해 물음을 던지는 것을 거부하는" 것이다.[38] 그리하여 푸코에 의하면
주체는 어떤 불변하는 실체가 아니라, 자신과의 관계에서 나타나는 여러
가지 형식으로 나타나는 것이다. 그래서 그는 이렇게 각기 다른 형식의

[38] 강영안, 20에서 재인용.

주체가 어떻게 역사적으로 구성되는지를 탐구하고자 한다.[39] 그러므로 푸코에게 있어서의 주체는 더 이상 데카르트적인 우주의 중심에 있는 주체가 아니라, 오히려 사회적 관계와 언설, 욕망을 통해 생산된 생산물에 불과하다. 이런 관점에서 푸코, 라캉, 데리다 등은 각기 '주체의 탈중심화', 주체의 도치 또는 형이상학의 해체를 자신들의 철학적 프로그램으로 삼는 것이다.[40] 데리다 같은 이는 "주체는 언어 속에 기록된 언어의 한 기능"이라고 하며, 주체는 "스스로 나누어지면서 스스로 간격을 만들면서, 대기하면서 그리고 스스로 연기시키면서 구성될 뿐이다."고 말한다.[41] 이런 입장에 의하면 주체는 타자의 타자로서의 흔적일 뿐이므로 타자에 대한 주체의 자율성과 우위를 말할 수 없다는 것이다. 이러한 입장에서는 주체가 세계 내에 특별한 지위를 가진 자가 아니라, "바닷가의 모래 위에 그려진 얼굴처럼 사라질 존재"에 지나지 않는다.[42]

그러나 포스트모던주의의 이런 특징은 근대성을 무조건 비판하고 있는 것이라기보다는 근대주의의 논리적 발전이고 계승이며, 또 한편으로는 근대주의에 대한 비판적 반작용이라고 할 수 있다. 거의 모든 포스트모던주의자들이 이를 인식하고 있지만, 하이데거 등이 전자를 강조하는 면이 있다면, 다른 이들은 후자를 좀 더 강조하고 있다고 생각해야 할 것이다.

---

39 강영안, 20에서 재인용.

40 이에 대해서는 강영안, 62; 푸코와 라캉에 대한 국내 연구로는 김형효, 『구조주의의 사유 체계와 사상』(서울: 인간 사랑, 1989), 데리다에 대해서는 김형효, 『데리다의 해체 철학』(서울: 민음사, 1993) 참조.

41 앞의 인용은 J. Derrida, *Marges de la philosophie* (Paris: Minuit, 1972), 16, 그리고 뒤의 인용은 *Positions* (Paris: Minuit, 1972), 41에서 온 것이다. 이 두 인용 모두 강영안, 63에서 재인용하였다.

42 이 인용은 M. Faucault, *Les Mots et les choses* (Paris: Gallimard, 1966), 398에서 온 것이다. 강영안, 65에서 재인용. Cf. *The Order of Things* (London, 1970), 303, 305.

포스트모던적 신학 이해와 포스트모던적 기독론

이러한 포스트모던적 주장을 상당히 그대로 받아들이면서 신학을 새롭게 하자고 하는 이들은 이런 포스트모던적 상황 가운데서는 기독교를 새롭게 이해하고, 따라서 기독교 신학을 새롭게 써야 한다고 주장한다.[43]

예를 들어, 이런 포스트모던적 주장에 충실할 것을 요구하는 이들은 창조 개념도 바꾸어서, 하나님의 계속적인 창조로 보아야 한다고 주장한다. 왜냐 하면 "이 우주는 과거에 창조되어 이미 완결된 것이라기보다는 지금도 계속 창조되는 과정 중이기 때문이다."[44] 밀러는 계속해서 다음과 같이 말한다.

> 창조주로서의 하나님에 대한 언어는 우리가 의식적으로 바꾸어야 할 필요가 있다. 하나님께서는 단순히 과거 어느 한 순간에 창조를 끝내신 것이 아니다. 우리가 알 수 있는 한, 계속 창조해 오셨고, 오늘도 하나님의 창조 행위는 계속 이어지고 있다. 열려진 미래를 가정한다면, 하나님의 창조 행위가 이미 끝났다고 말하는 것이 무엇을 의미하는지가 모호해진다.[45]

43 포스트모던 신학의 주장들 중 대표적인 것들로 다음을 보라. David Tracy, *The Analogical Imagination: Christian Theology and the Culture of Pluralism* (New York: Crossroad, 1981); Mark C. Taylor, *Deconstructive Theology* (New York: Crossroad, 1982); idem, *Erring: A Postmodern A/Theology* (Chicago and London: University of Chicago Press, 1984); Edgar V. McKnight, *The Postmodern Use of of the Bible: The Emergence of Reader-Oriented Criticism* (Nashville: Abingsdon Press, 1988); David Ray Griffin, ed., *God and Religion in the Postmodern World: Essays in Postmodern Theology* (Allbany: State University of New York Press, 1989); David Ray Griffin, ed., *Varieties of Postmodern Theology* (Allbany: State University of New York Press, 1989); Frederick Burnham, ed., *Postmodern Theology: Christian Faith in a Pluralist World* (New York: Harper & Row, 1989).
44 Miller, in *Postmodern Theology*, 42.
45 Miller, in *Postmodern Theology*, 43.

이런 주장은 이전부터 과정 신학자들이 강조하던 주장이었다.[46] 말하자면 계속적 창조(*creatio continuae*)만을 창조로 이해하자는 것이다. 이렇게 말하면서 포스트모던 신학자들은 좀 더 나아가 창조자도 재정의해야 한다는 것이다. 밀러는 이렇게 말한다. "만일 우리가 모종의 역사적 결정론을 받아들이려 하지만 않는다면 세계를 구성하는 모든 요소들은 자기 자신의 창조만이 아니라, 전체로서의 우주 창조에도 역시 참여한다."[47] 그러므로 모든 실재하는 것이 다음의 실재에 존재 근거가 된다는 점에서 모든 실재가 하나님의 창조에 같이 관여한다는 것을 포스트모던적 신학자들은 기꺼이 말하려고 한다.

이런 입장을 지닌 이들을 예수 그리스도에 대해서는 어떤 이해를 가지는 것일까? 대표적으로 존 콥(John B. Cobb, Jr.)에 의하면, 예수는 말씀이 성육한 이들 중의 한 범례이므로 그리스도라고 할 수 있다고 한다. 그는 로고스는 나사렛 예수라는 특정한 역사적 인물의 삶을 형성하는 행위들 속에서 온전히 실현되고 온전히 성육신한다고 말한다. 그러나 그리스도께서 하나님의 뜻을 구현하는 것은 "어떤 존재이든지 자신의 삶을 위한 하나님의 의도를 실현하는 그 정도만큼"이다.[48] 이런 기독론에 따라서 이제 그리스도 안에서만 종말과 새로움이 있는 것으로 이해되는 것이 아니라, 종말 개념의 일종의 철학화가 일어난다. 그런 뜻으로 밀러는 이렇게 말한다. "마지막 날들은 언제나 지금 여기이며, 탄생하는 실재(미래)는 언제나 근본적으로

46 특별히 포스트모던적이려고 하지 않고 말하자면 '모던적'인 과정 신학자의 이런 주장을 보려면 "비교적 온건한 과정 신학자 쇼(D. W. D. Shaw) 교수와의 대담", 이승구 편, 『현대영국신학자들과의 대담』 (서울: 엠마오, 1992), 452-74, 특히 458-59를 보라.
47 Miller, in *Postmodern Theology*, 44.
48 Miller, in *Postmodern Theology*, 49.

새로운 것이다."[49]

항존하시는 예수의 정체성

그러나 시대와 상황이 변해 가도 "예수 그리스도는 어제나 오늘이나 영원토록 동일하시니라"(히 13:8)는 성경의 단언은 항상 참되다. 따라서 우리가 사는 시간과 공간 가운데 우리와 같은 인성을 취하셔서 사시고 구속 사역을 하신 하나님의 영원하신 아들에 대하여 신약성경이 묘사하고 있는 그대로 생각하고, 그의 정체성을 분명히 해야 할 것이다. 예수 그리스도의 정체성은 변할 수 있는 것이 아니다. 이 세상 역사 가운데 사시던 즉, 우리가 말하는 의미에서의 역사상의 예수께서 그가 신약성경 가운데서 기록된 바로 그분이며 따라서 신앙의 그리스도이시며, 니케아-콘스탄티노플-칼케돈 신조가 규정한 그분의 정체성이 바로 이런 성경의 묘사에 충실한 것이며, 그가 루터와 칼빈의 신앙의 대상이요, 그의 말씀에 근거해 종교개혁이 일어난 것이요, 계몽주의자들의 이성에 의한 비판이나 수정 요구에 대항해서 요나단 에드워즈나 구 프린스턴 신학자들이 믿고 인정하던 그분이, 이 포스트모던적 상황에 대해서도 대립하여 서시는 바로 그 예수 그리스도이시다. 그는 어느 시대에나 사람들이 주장하는 시대정신에 대립하여 서서 처음부터 당신님께서 가지고 계시던 독특한 정체성을 주장하시는 것이다. 만일에 우리가 섬기던 그리스도에게 변화가 있다면 그는 참된 하나님이시거나 참된

---

49 Miller, in *Postmodern Theology*, 49.

구속자가 되지 못하신다. 바로 이런 의미에서 히브리서 기자는 다음과 같이 말한다: "예수는 영원히 계시므로 그 제사장 직분도 갈리지 아니하느니라 그러므로 자기를 힘입어 하나님께 나아가는 자들을 온전히 구원하실 수 있으시니 이는 그가 항상 살아 계셔서 그들을 위하여 간구하심이니라"(히 7:24~25).

그렇다면 모든 시대에 대항하여 서시는 그의 정체성은 과연 어떻게 말할 수 있을까? 이에 대한 우리의 유일한 정보는 신약성경에서 찾아 볼 수밖에 없다. 우리는 그 외의 그 어떤 구전(oral tradition)의 가치나 권위를 인정하지 않는다. 오직 신약성경에 기록된 것에 근거해서 우리는 예수 그리스도의 정체성을 말할 수 있다. 신약성경에 근거해서, 그리고 그 가르침을 충실히 반영한 교회들의 성찰을 배경으로 우리는 다음과 같은 것을 말해야 할 것이다.[50]

첫째로, 우리가 사는 이 시공간 가운데로 들어오셔서 하나님 나라를 선언하시고 그 나라를 가져오셔서 이 땅에 수립하신 예수 그리스도는 그 하나님 나라의 왕으로 우리를 통치하시며, 또한 그 나라를 미래 극치에로 인도해 가실 분이시다.

둘째로, 이렇게 하나님 나라를 처음 도입하시고, 극치에 이르게 하실 그 예수 그리스도는 참된 인성을 취하신 하나님의 영원하신 아들이시다.

---

50 전통적인 신학 서적 외에도 20세기말의 정황 가운데서 이런 이해들에 충실한 기독론의 제시로 다음을 보라: David F. Wells, *The Person of Christ* (Illinois: Westchester: Crossway Books, 1983), 이승구 역, 『기독론: 그리스도는 누구신가』 (서울: 엠마오, 1994); Robert Letham, *The Works of Christ* (Leicester: IVP, 1993), 황영철 역, 『그리스도의 사역』 (서울: IVP, 2000); Donald Macleod, *The Person of Christ* (Leicester: IVP, 1998), 김재영 역, 『그리스도의 위격』 (서울: IVP, 2001).

마가는 그의 복음서를 "하나님의 아들 예수 그리스도 복음의 시작이라"고 말하면서 시작하고(막 1:1), 히브리서 기자는 예수 그리스도의 지상 사역을 지칭하면서 "이 모든 날 마지막에는 아들을 통하여 우리에게 말씀하셨"다고 말한다(히 1:2).

셋째로, 그러므로 그 성자는 그가 "아버지"(αββα)라고 부르신 성부와 그가 보내시는 성령님과 함께 거룩한 삼위일체를 이루시는 분으로, 역사상의 그의 계시는 하나님의 어떠하심을 우리에게 보여 주시는 것이 된다. "본래 하나님을 본 사람이 없으되 아버지 품 속에 있는 독생하신 하나님이 나타내셨느니라"(요 1:18).

넷째로, 인성을 취하신 로고스께서는 그 인성으로 자기 백성들의 죄를 담당하시는 속죄의 죽음을 죽으시고, 그의 백성들이 하나님께 순종하여 이루어 드려야할 율법의 모든 요구를 담당하심으로 그가 이루신 의를 그의 백성에게 주셔서 그의 백성들로 하여금 하나님 앞에 당당히 나아가 섬기며, 기도하고, 찬양하며, 경배할 수 있게 하신 것이다.

다섯째로, "하나님으로부터 나와서 우리에게 지혜와 의로움과 거룩함과 구원함이 되"신(고전 1:30) 그리스도는 지금도 교회의 왕으로 우리를 통치하시며, 모든 교회로 하여금 그가 이루신 하나님 나라를 증시(證示)하도록 하시는 것이다.

이와 같은 예수님의 정체성은 그가 이 세상에 사시면서 하나님 나라의 복음을 전하시고, 하나님 나라를 드러내시고, 그 나라를 수립하실 때나, 또 지금이나 그가 장차 다시 오셔서 그 나라를 극치에 이르게 하실 때에도 전혀 변하지 아니하는 것이다.

서구 지성인들과 한국의 지성인들이 주장하고 경험하는 포스트모던적 상황이 예수의 정체성에는 어떤 의미를 지닐 수 있을까?

첫째로, 그의 불변하시는 정체성은 모든 상황에 대한 심판자로서의 의미를 지닐 수 있으므로, 우리는 예수 그리스도의 어떠하심과 그의 사역과 그의 말씀과 그의 정체성에 근거해서 모든 상황과 함께 포스트모던적 상황의 문제점을 적나라하게 드러낼 수 있을 것이다. 그의 절대적 존재 앞에서 다른 모든 사상들이 이전에 그랬던 것과 마찬가지로, 포스트모던적 주장의 문제와 불신이 드러나게 된다. 특히 그의 절대성 앞에서 포스토모던의 상대주의와 모든 진리와 가치에 대한 해체 주장의 문제성이 적나라하게 드러난다. 다른 방식으로는 그런 주장을 피하여 갈 수 없을 때, 그의 절대성 앞에서 이 세상에 절대적 기준이 있음이 나타나게 되는 것이다.

둘째로, 우리는 포스트모던적 상황 가운데서 이제까지 우리들이 잘 파악하지 못했던 예수님의 정체성의 어떤 측면을 발견하거나 더 강조하게 되어 오히려 복음의 풍성한 의미를 찾게 될 수도 있다. 이것은 포스트모던적 상황이 우리에게 적극적으로 가져다 준 유익이기보다는 모든 상황에 대하여 투명하게 서시는 그리스도 자신의 정체성과 모든 상황 가운데서 그리스도의 의미를 더 깊게 추구하려는 우리의 자세에서 얻게 된 유익이라고 할 수 있다.

그렇다면 과연 이 포스트모던적 상황이 우리에게 더 깊이 생각하게 하는 예수 그리스도의 정체성의 측면은 무엇일까? 아마도 우리 주 예수 그리스도는 다양한 이들에게 주님이시되 절대적인 의미에서 주님이시다는 것을 첫째로 말할 수 있다. 다양성을 넘어 다원성까지 말하는 포스트모던적 주장

앞에서 우리는 우리 주 예수 그리스도가 진정 서로 다른 문화와 언어와 배경을 지닌 다양한 이들에게 구주와 주되심을 증언해야 한다. 그러나 그는 다원적 주님 중의 하나나 다원적 표현 중의 하나가 아니라, 다원성을 강조하는 이 시대 상황 가운데서도 유일하고 절대적인 구주요 주님이심을 더 깊이 생각할 수 있게 된다고 할 수 있다. 포스트모던적 상황 가운데서 그 시대정신에 따라 말하는 것이 종교다원주의(John Hick, Paul Knitter, Stanley J. Samartha, Raimundo Pannikar. M. M. Thomas)나[51] 내포주의(Karl Rahner, Clark Pinnock, John Sanders)라면,[52] 우리는 이 다원성을 말하는 상황 가운데서 예수 그리스도 안에서의 배타적이고 제한적인 구원을 더 깊이 생각하게 되는 것이다.[53]

포스트모던 세계 속에서 그리스도의 전파

이제 우리에게 남은 목회적 과제는 이 변화하는 세계 가운데서 어떻게 불변하시는 그리스도를 전할 것인가 하는 문제이다. 만일에 우리들까지도

---

[51] 종교 다원주의에 대한 좋은 비판으로 김영한, "종교다원주의신학이란 무엇인가?," 『21세기와 개혁신학(II): 포스트모더니즘과 개혁신학』 (서울: 한국장로교출판사, 1998), 13-41; "종교다원주의와 그리스도의 유일성", 『21세기와 개혁신학(II): 포스트모더니즘과 개혁신학』, 43-76을 보라.

[52] 내포주의에 대한 비판으로는 Ronald H. Nash, *Is Jesus the Only Savior?* (Grand Rapids: Zondervan, 1994), Part 2 그리고 이에 근거한 이승구, "기독교 배타주의의 강력한 변증을 칭송하며", 『개혁신학 탐구』 (서울: 하나, 1999), 439-47을 보라.

[53] 이 모든 문제들에 대한 좋은 논의와 논쟁의 보고로 John Hick, et al., *Four Views on Salvation in a Pluralistic World* (Grand Rapids: Zondervan, 1996), 이승구 옮김, 『다원주의 논쟁』 (서울: 기독교문서선교회, 2001)을 보라.

그리스도의 불변성과 정체성에 대한 양보와 절충을 시도하려고 한다면 우리
는 참으로 이 시대정신에 밀려 그리스도 자체를 잃게 되는 문제에 빠질
것이고, 그렇다면 우리는 그리스도를 전하는 자들이 아닐 것이다.

첫째로, 우리는 신약성경이 제시하는 그 그리스도를 그대로, 그러나 풍성
하게 전하는 일에 힘을 써야 한다. 신약성경이 제시하는 그리스도는 빈약해
서 이 상황 속에 전해질 때 부끄러워할 만한 분이 아니시며, 오히려 근대와
후근대(postmodern)의 모든 상황에 대하여 서서 그 모든 문제를 드러내어
주시는 분이시며, 그에 관한 복음은 그야말로 풍성해서 2000년의 신학사(神
學史)로도 그 함의를 다 드러내지 못하고 있다.

그러므로 우리는 한편으로는 신약성경에 충실하게 서서 사도들이 전하여
준 그대로 그리스도와 그의 복음을 전하려고 해야 한다. 그렇지 않고 "우리나
혹은 하늘로부터 온 천사라도 우리가 너희에게 전한 [사도들이 우리에게
전한] 복음 외에 다른 복음을 전하면" 저주가 선언되는 것이다(갈 1:8).
그러나 또한 우리는 그 복음의 풍성한 의미를 다 드러내려고 해야만 한다.
그렇지 않으면 우리조차도 그리스도와 복음을 매우 제한된 것으로 만들
위험이 있다. 그리스도와 복음의 풍성함은 우리가 평생을 추구하고 궁구해
도 다 드러내지 못하는 풍성함을 가지고 있다. 이를 위해서는 그리스도와
하나님의 경륜 전체, 즉 하나님 나라와의 관계에 대한 바른 이해를 잘 드러내
는 작업이 선수적 과제로 나타날 것이다.

둘째로, 그렇게 불변하시며 풍성하신 그리스도를 이 포스트모던적 상황
속에 있는 이들에게도 효과적으로 전하기 위해서 우리는 **그의 불변성과
정체성에 손상을 가하지 않는 다양한 방법**을 시도해 볼 수 있을 것이다.

그의 불변성과 정체성이 변질되지 않는 한 우리의 복음을 전하는 방법과 목회하는 방법에 다양한 변용이 추구될 수 있어야 한다. 그리스도와 그의 말씀이 불변적이지, 다른 모든 것은 변화할 수 있음을 우리는 유념해야 한다. 전도와 목회에 있어서 가변적인 것을 불변의 것으로 여기는 잘못을 범하지 않도록 유의해야 한다. 그러나 동시에 불필요한 것을 변화시킨다고 하면서 우리가 전하는 그리스도 자신과 복음을 변질시켜서도 안 될 것이다.

14. 한국교회의 나아갈 길

　필자는 2004년 중반에 "한국 교회의 근원적 문제와 그 극복 방안"에 대한 글을 쓴 일이 있다.[1] 그 근원적 문제란 다른 모든 문제가 그에 근거하여 나타나는 문제라는 뜻으로 필자가 보기에 그것은 '우리가 행하는 모든 일에 있어서 진정한 의미에서 성령님의 인도하심을 따르지 않는 것'이라고 말하였다. 많은 이들이 이 문제에 별 관심이 없는 듯하므로 이 문제는 아무리 강조해도 지나치지 않을 것이다. 앞으로 언급할 여러 문제들은 결국 이 근원적 문제에서 파생한 것이고, 이 문제를 해결할 때라야 여러 가지 문제들도 해결될 수 있을 것이다. 그런 의미에서 사실 필자는 이 근원적 문제를 좀 더 강조하고, 이 문제를 해결하는 방법으로 우리 모두 성령님의 인도하심 받아갈 수 있기를 강력히 촉구하고 싶다.

　그러나 동시에 우리 교회가 나타내고 있는 다양한 문제점들을 그대로 노출시켰는데 더 나아가 그것을 극복하는 길을 제시해 달라는 요청도 있었

---

[1] Cf. 이승구, 『기독교 세계관으로 바라보는 21세기 한국 사회와 교회』 (서울: SFC, 2005), 289-314.

다. 따라서 성령님께 의지하고 성령님을 의존하는 우리 모두의 지혜에 의지하여 이 모든 문제를 극복한 신약성경적 교회를 세우고 그런 교회를 섬겨 나갈 수 있는 길을 생각해 보았으면 하는 소박한 의도로 이 글을 쓴다. 다양하게 언급했던 한국 교회의 문제들로는, 성경과 성경적 복음에 충실하지 않은 문제, 비성경적 전통적 사상의 일례로 이원론적 사유의 고착 문제, 교회에 대한 이해의 문제와 성도간의 관계성의 문제, 성경적 하나님 나라 사상 부재의 문제가 있다. 이를 하나하나 고찰해 보고자 한다.

성경과 성경적 복음에 충실하지 못함

성령님께 의존하지 않는 우리의 근본적 문제 중 또 하나는 성령님께서 영감하여 우리에게 주신 하나님의 말씀인 성경과 그 성경이 우리에게 제시하는 복음에 우리들의 교회와 우리의 삶이 일치하지 않는 것으로 나타난다. 많은 이들이 성경을 중시(重視)하여 말하고 성경 공부가 유행하고 있지만 사실상 성경의 가르침에 충실한 설교를 찾기가 상당히 어렵고, 따라서 많은 교우들의 사상이 성경 가르침과는 거리가 먼 현상을 발견하게 된다. 먼저 성경적 복음에서 벗어난 우리의 모습부터 생각해 보기로 하자.

몇 가지 예를 들어 보아도 우리들 중 얼마나 많은 이들이 성경적 복음에서 멀리 떨어져 있는지 잘 알게 된다. 성경적 복음에 충실하면 우리 스스로 구원받을 길이 없고 오직 예수 그리스도의 십자가 사역만이 우리를 구원하며, 따라서 우리는 오직 그리스도의 십자가의 구속에 의존하여 있고, 살아갈 수밖에 없음을 생각하지 않을 수 없다. 성경적 복음을 믿는 이는 결코 자신을 의지하지 않고, 자신의 노력이나 자신의 의로움에 의존할 수 없다. 자신의 종교적 의식이나 종교적 행위에 의존할 수 없음도 잘 알기에 언제나 십자가의 빛에서 성령님께 의존하여 하나님의 뜻으로 깨닫게 된 것을 힘써 행해가는 것이다. 전혀 전체하지 않고, 전혀 자신의 행함 그 자체에 공로나 의미를 부여하지 않으면서 말이다. 그러므로 예수 그리스도의 십자가 사건이 있은 다음에는 자신들의 그 어떤 행위도 그 자체로 하나님께서 받음직하신 것이라는 생각을 가지지 않게 되는 것이다. 그런 의식은 그들의 의식과 언어생활에도 나타나서 예수 그리스도의 구속의 십자가만 하나님 앞에 온전히 드려진 희생 제사(sacrifice)로 인정하고, 그 십자가 사건이 있은 후에는 인간이 주께 의식(ritual)으로 드릴 수 있는 제사란 없다는 의식을 가지고, 언어생활에서도 그것이 나타나게 된다. 이것은 성경적 복음에 대한 가장 기본적인 사실로부터 나오는 인식의 가장 자연스러운 반응의 하나이다.

따라서 십자가 사건 이후의 신약 성도들은 구약 시대와는 달리 예배드리는 일을 제사 드린다고 표현하지 않게 될 것이고, 예배당을 성전으로 부르지 않을 것이며, 예배당 앞부분도 '제단'(altar, 제사 드리는 단)으로 표현하지 않을 것이다. 십자가 사건을 제대로 이해하고 믿은 처음 신약 교회는 이런 의식이 충만했었다. 성경적 복음을 제대로 인식하고 있었기 때문이다. 따라서 처음 기독교 신자들 가운데서 성경적 복음에 참으로 충실한 이들은 유대교적 의식에 참여하는 일을 더 이상 이방인들에게 요구하지 말아야 한다고 했고, 유대인 그리스도인들의 경우에도 바울적 복음의 가르침에 익숙해진 이들은 예를 들어서 할례를 행하는 것도 더 이상 종교적 의미를 지닌 것이 아니고 그저 유대 민족적 의미를 지닌 것으로 여기게 되었다. 이제 성경적 복음에 충실한 이들에게는 십자가 이외에 다른 제사가 있을 수 없으며, 그리스도께서 우리를 위해 영단번에 영원한 효과를 지닌 희생 제사를 드린 갈보리 언덕 이외에 다른 제단이 있을 수 없으며, 건물로서의 성전도 있을 수 없었다. 그들은 이제 십자가에서 이루어진 그리스도의 영원한 제사에 근거해서 자신들의 삶 전부를 하나님께 '산제사'(living sacrifice)로 드리는 일만이 남아 있었다. 이는 하나님의 거룩하고 선하시고 온전하신 뜻을 분별하여 그 뜻을 삶 전체로 살아가는 일이었다.

그들에게는 이제 온 세상에서 그리스도를 주(主)라고 부르는 모든 이들을 참 성도답게 만들어 가는 일이 매우 중요했으며 그것이 지금부터 그리스도께서 재림하여 이 땅에 다시 오시기까지 계속해서 이루어지고 있는 유일한 하나의 성전 건축이었다. 이런 뜻에서 바울은 "너희가 함께 성전이 되어 가고"라고 했던 것이다(엡 2:21). 신약성경에 의하면 교회가 그곳에 모이는 건물이 아니라 주님을 믿는 참 신자들의 공동체가 바로 교회이고, 바로 그들이 '성전'인 것이다. 바로 그들이 위에 있는 예루살렘에 속한 자들이고, 후에 새 하늘과 새 땅이 임하면 거기 거하며 살게 될 '새 예루살렘'으로 지칭되는 이들이다. 성경적 복음에 충실한 이들은 그런 교회의 참 모습을 이 땅 가운데 잘 드러내기 위해 애써 왔다.

그런데 점차 사람들은 이런 성경적 복음으로부터 벗어나서 이상스럽게도 구약성경이 말하는 용어들을 무시간적으로 교회의 정황에 대입하기 시작했다. 그래서 성도들의 공동체인 각 교회가 그곳에 모이는 건물을 교회라고 하기도 하고, 심지어 그것을 성전이라고 부르기 시작했고, 그 안에서 행하는

의식(ritual)을 '제사'라고 부르기 시작했으며, 그 의식을 주관하는 이를
제사장(priest, 司祭)이라고 부르기 시작했다. 신약과 구약의 무시간적인
이상스러운 종합이 일어나기 시작한 것이다. 예수 그리스도의 십자가 사건
의 영단번적 의미가 이와 같이 손상되기 시작했다. 그리하여 예배하러 모일
때마다 제사장이 제단에서 제사를 드린다는 언어를 사용하게 되었고, 그것
이 교회가 행하는 가장 중요한 것으로 변해 갔다. 이와 같이 신약성경의
복음으로부터 점점 이탈하는 기묘한 현상이 나타난 것이다. 그것은 루터가
교회의 잘못된 성례전에로의 바빌론 유수(Babylonian Captivity of the
Church)라고 부른 것보다 좀 더 심각한 형태로 중세 교회 전체를 지배하게
된 것이다. 십자가를 중심으로 모이는 교회가 예배할 때마다 제단에서 피
없는 제사를 매번 드려야 하고, 그것이 없이는 십자가 사건 자체가 무의미한
것으로 인식되는 이 기묘한 상황을 그냥 있을 수도 있는 것으로 여길 수
있겠는가?

　이런 교회를 불쌍히 여기신 주님께서는 성경의 가르침을 다시 생각하는
개혁자들을 일으켜서 교회가 성경적 복음으로 다시 돌아올 수 있는 은혜를
허락하셨다. 그러나 이때에도 성령님께 온전히 순종해서 성경이 가르치는
온전한 사상으로 돌아오고, 그 의식(意識)과 태도와 언어생활과 예배 의식
(儀式), 그리고 교회 조직과 체제에 있어서도 온전하게 성경적으로 오기
위해서는 시간도 필요했고, 성령님의 인도하심에 온전히 순종하는 노력도
필요했다. 그리하여 어떤 이들은 훨씬 더 성경적인 모습에로 나아올 수
있었고, 철저하게 복음에 충실한 교회의 모습과 성도의 모습을 이루어 보려
는 노력을 한 이들이 있었다. 그래서 우리는 그들로부터 많은 도움을 얻게

된다.

예를 들어, 익숙했던 교회 생활의 모습에서 벗어나 오직 성경이 말하는 대로 교회의 모든 것들을 고쳐 가려고 노력한 이들이 있어서, 우리는 성경이 말하는 가르치는 장로인 목사직, 성도들 가운데서 성도들을 인도하고 감독하는 일을 하는 장로직, 성도들의 삶을 돌아보고 자비의 사역을 실천하는 집사직의 회복을 얻게 되었다. 이들 외에 더 높은 직임으로 감독 제도가 다시 도입되는 것을 막기 위해 피 흘리기까지 하면서 장로가 곧 감독이라고 하신 뜻을 실현하려고 노력한 이들의 모습도 보게 된다.

또한 제단(altar)을 모두 '성찬 상'(table)이라는 용어로 바꾸고, 사제(司祭)와 영적인 아버지라는 뜻의 신부(神父)라는 말을 말씀과 성찬을 수종드는 사람이라는 의미에서 사역자(minister)라고 바꾸었다. 우리 선배들은 십자가의 복음 정신에 근거하여 피 흘리고 사역지에서 축출되는 모진 환난과 핍박을 받아가면서 복음과 성경에 충실한 교회의 모습을 이루어 보려고 노력하였던 것이다. 이 모든 것은 사실 성경이 말하는 복음의 정신에 충실하며, 그에 따라 교회의 모든 것들을 성경이 가르치는 대로 정리하려고 했던 고귀한 시도들이었다.

그러나 어떤 이들은 중도적 입장에 머물게 되었다. 안타까운 일이다. 상황이 이렇게 되자 사람들은 점차 복음에 철저하게 순종하는 것이 꼭 필요한 것은 아닌 양 여기는 일도 생겨졌다. 오늘날 우리네 한국 교회에 나타나고 있는 어떤 해이성은 이런 정도를 잘 나타내 보여 준다. 오늘날 우리 교회 안에는 복음주의적 입장을 표방하는 이들 가운데서도 그저 예수님을 믿고 구원 받고 그리스도인으로 살면 되지, 뭐 그렇게 까다롭게 용어의 문제까지 신경을 쓰는 가고 생각하는 이들이 많이 있다. 오히려 복음주의적 입장을 표방한다고 하는 이들 가운데 많은 이들이 그런 태도를 나타내 보이고 있기도 한다. 여기에 우리의 위기, 우리의 정체성의 위기가 있는 것이다.

얼마 전에 기독교 세계관에 관심 많은 한 교수로부터 다음과 같은 우려에 어린 말씀을 듣게 되었다. 이는 아마도 많은 이들이 공감하면서 그러한 우리들의 현상을 심각하게 우려해야 할 일로 생각해야 할 것이다. 그분의 이야기를 직접 인용해 보면 다음과 같다.

> 교회를 성전으로 부르는 것이 문학적 표현에 불과한 것 같으나, 유독 건축 때 그렇게 하는 것은 구약적 '착각'을 이용해서라도 열심을 내 보자는 것인데, 돈은 신자가 내는데 비전은 목사님이 혼자 마구 세우는 이런 문제를 보면 한국 신자들이 거의 '농노'화 되어가는 것 아닌가 싶은 서글픈 생각이 듭니다.
>
> 구약적 사상이 사제주의를 은근히 부채질해서 목사들께 유리해지거나 교회 강화에 도움이 되는데, 그런 단어들이 예배를 제사라 하고 목사를 제사장 또는 기름부음 받은 종이라 하는 것 등입니다.
>
> 그것 자체도 문제지만 이런 와중에 성도의 하나 됨과 각자의 신앙적 책임, 진정한 예배 의식 등이 일식(eclipse)되어 버리고 있는 것 같군요.

이런 문제의식을 지닌 성도들이 한국 교회 안에 있다는 것은 그래도 희망이 있고, 우리가 이 문제를 극복할 수 있는 길이 있음을 보여 준다. 우리 모두가 성경이 말하는 복음에 충실하고, 그 결과 성경이 가르치는 교회의 바른 모습과 성도의 바른 모습을 회복한다면 여기서 우려로 언급한 모든 문제들이 사라지게 될 것이다. 성도들의 이런 모든 비판이 교회에 대한 진정한 사랑에서 나오고 있음을 깊이 유념해야 할 것이다. 성도의 하나 됨, 각자의 신앙적 책임, 그리고 진정한 예배 의식(意識) 등을 생각하는 성도들의 사유는 복음의 충실하고 성경적 사상에 충실한 교회를 이루어 보려는 진정한 교회 사랑에서 나오는 것이기 때문이다.

다시 한 번 더 강조한다.

● 성경이 말하는 복음에 충실한 우리는 이제 더 이상 십자가 외에는 그 어떤 제사나 이 땅 위에 다른 제단이 있다고 말하지 않는다.

● 주님께 감사하여 경배하는 일을 '제단 쌓는다'고 표현하지 않는다.

● 예배 처소를 '제단'이라고 부르지 않으며, 따라서 '성전'이라고 부르지 않는다. 그러므로 예배 처소와 교육관을 마련하는 일을 '성전 건축'이라고 부르지 않는다.

● 또한 본인 자신이나 온 성도들 모두가 예배를 인도하는 이들을 제사장인 것처럼 생각하지 않으며, 따라서 제사장 의식을 가지지 않고, 사제적 사역을 한다고 생각하지 않으며, 그것을 위해 '제사장'(司祭) 등의 용어를 사용하지 않는다. 따라서 구약 시대에 제사장에게 주어지던 것과 같은 특권이나 의미를 목사나 교역자들에게 부여하여 생각하지 않는다. 예를 들어, 십일조를 그에게 돌린다든지 하는 등의 생각을 하지 않는다.

● 모든 성도들이 서로를 위해 기도하는 것을 매우 중요시하고 서로 기도하기를 힘쓰므로 목사님들도 성도들을 위해 열심히 기도하는 것이 마땅하지만, 목사님의 기도가 사제적 기도와 같은 의미를 지니거나, 특히 이전의 무교적 지도자의 기도와 같은 의미를 지니는 것과 같은 생각을 해서는 안 된다. 마찬가지 원리에서,

● 목사는 신약의 선지자가 아닌 것이므로 선지자라고 부르거나 목회자 후보생으로 공부하는 사람들을 '선지 생도'라고 하거나, 그들이 함께 공부하

는 기관인 신학교를 '선지 동산'이라고 부르지 않는다. 이 모든 것들은 십자가 사건이 가져 온 성취의 의미와 구속사적 진전을 무시하고 구약적 용어와 제도를 무시간적으로 신약 교회에 투영하여 나타난 비복음적이고 부주의한 일이기 때문이다.

● 목회자가 아닌 이들에 대해서 '평신도'(laymen)라고 부르는 일을 하지 않는다. 왜냐하면 이런 용어 자체가 사제주의의 산물이기 때문이다. 사제가 아닌 이들, 특별히 복음을 위해 헌신한 이들이 아닌 이들이라는 의미로 사용되는 이 평신도라는 용어가 우리의 성도들에게 사용되어서는 안 된다. 우리 모든 성도는 모두 다 복음에 헌신한 자들이요, 각기 다른 은사에 따라 각기 다른 방식으로 주님을 섬기는 이들이기 때문이다. 그러므로 모든 성도는 그 말뜻 그대로 성도(聖徒, saints)요, 모두 하나님께서 부르신 부름(*vocatio*)를 수행하는 성직자들이다.

복음을 믿는 우리는 십자가에 근거하여서만 우리들의 모든 것을 이루어 가는 이들이므로 십자가 사상에 벗어난 것은 다 제거하는 과감함을 보여야 한다. 물론 우리는 이 모든 것을 고쳐서 철저히 십자가를 중심으로 하려는 우리의 노력 그 자체에도 의존해서는 안 된다. 오직 성경의 가르침에 근거해서 그런 노력을 하여 가는 그 동기와 그 지난한 노력이 주님 앞에서 있을 뿐이다. 우리의 이 모든 노력과 성경에 근거한 힘씀도 주님의 철저한 심판 아래 있음을 의식하면서 우리가 마땅히 해야 하는 일의 지극히 작은 부분을 겨우 시작해 가는 것에 지나지 않을 뿐이다.

이원론적 사유의 고착

교회가 실질적으로 성경을 바르게 공부하지 않을 때 나타나는 또 하나의 현상은 비성경적인 사상이 교회 안에서 전통적인 사상으로 굳어져서 나쁜 영향을 크게 미쳐가게 된다는 것이다. 위에서 언급한 십자가의 진정한 의미를 무시하는 비복음적인 사상과 함께 오늘날 한국 교회에 나타나고 있는 심각한 문제로 다양한 종류의 잘못된 이원론을 들 수 있다. 성경적 근거 없이 잘못된 형태의 이원론이 마치 기독교의 전통적인 사상인 양 교회 안에 자리를 잡고 있다.

그 대표적인 예가 영적인 것(spiritual)과 육체적인 것(physical)의 대조를 잘못 이해하여 영과 몸의 대조로 이해하는 것이다. 이런 오해는 한국 교회 안에 깊이 뿌리 내려진 것이다. 성경은 분명히 성령에게 속하는 것(성령님을 따르는 것)과 육체에 속하는 것(육체를 따르는 것)을 대조시키고 있다. 성령의 소욕은 분명히 육체의 소욕과 대조된다. 그러나 이 때 **바울이 말하는 "육체"($\sigma \acute{\alpha} \rho \xi$)라는 말은 우리의 "몸"($\sigma \hat{\omega} \mu \alpha$, body)이라는 말과 같은 것이 아님을 잘 유념해야만 한다.** 바울이 말하는 "육체"($\sigma \acute{\alpha} \rho \xi$)라는 말은 "부패한 인간성"이라는 말이다. 따라서 육체를 따른다는 것은 부패한 인간성을 따르며, 부패한 인간성이 원하는 대로 한다. 즉, 성령님과 성령님께 순종하는 새롭게 된 인간성을 따르지 않는다는 말인 것이다. 그러므로 성경이 말하는 성령님을 따른다는 것과 육체를 따른다는 것은 우리의 구성 요소로서의 영을 따르거나 몸을 따르는 것이 **아니라**는 것에 유의할 필요가 있다. 우리는 항상 성령님을 따라야 한다. 그것이 영을 따르는 것이며, 영에 따라 판단하며,

영의 소욕을 따르는 것이다. 그리하면 육체의 소욕, 즉 부패한 인간성이 원하는 바를 따르지 않게 된다.

이 원리가 우리의 삶 전반에 적용되어야 한다. 그 어떤 것이든지 성령님을 따르고 중생한 사람이 성령님을 따라서 하는 일은 영적인 일이 되는 것이다. 바로 이런 원리에 따라 "먹든지 마시든지 무엇을 하든지 다 하나님의 영광을 위하여"(고전 10:31) 할 수 있는 것이고, 그리할 때에 우리는 먹든지 마시든지 무엇을 하든지 다 성령님을 따라서 하는 것이며, 그 모든 일이 다 영적인 것이 되는 것이다. 예를 들어, 어떤 채소를 파는 하는 분이 참으로 하나님의 영광을 위해서 채소를 판다면 그 일이 영적인 일이 되는 것이다. 여기 그리스도인의 소명관과 직업관이 나온다. 그리스도인은 그 무슨 직업이든지 하나님께서 불러 시키신 소명(vocatio)으로 알고서 하나님의 영광을 위하고 하나님을 섬기기 위해서 일해야 한다. 따라서 그가 하는 직업과 관련된 활동에서 그리스도인은 성령님을 따라서 움직여야 하고, 그렇게 하는 것은 필요악과 같으나 먹고 살고 교회에 헌금할 돈을 얻기 위해서 할 수 없이 해야만 하는 세상일을 하는 것이 아니라, 그 직업의 일을 하나님의 영광을 위해 성령님을 따라 하는 것 자체가 영적인 영이 되는 것이다. 그러므로 이런 태도로 성령님을 따라서 주어진 직업을 감당하는 모든 그리스도인들은 모두 하나님으로부터 거룩한 일[聖職]을 맡아 주님을 섬기는 이들, 그야말로 성직자(聖職者)들로 여겨야만 한다.

그러나 아무리 거룩한 것으로 여겨지는 일이라도 그것을 맡은 자들이 하나님의 영광을 위하여 성령님을 따라 섬기지 않는다면 그 일은 영적인 일이 아니고, 육체를 따르는 것, 육체의 일이고 세속적인 일이 되는 것이다.

예를 들어서 어떤 목사님이 목회의 일을 한다고 해도 그 일을 하나님의 말씀의 원칙에 따라 하지 않든지, 이 세상 사람들이 자신의 일을 하듯이 하든지, 세상에서 영광을 얻으려는 동기에서 한다면 그것은 거룩한 일이 아니고, 가장 세속적인 일이 되며, 육체의 일을 도모하는 것이 된다. 마찬가지로 신학 교수가 신학을 연구하고 가르칠 때에 진정 하나님의 영광을 위하여 성령님의 인도하심에 따라 성경의 가르침을 존중하면서 그 성경에 나타난 하나님의 뜻을 따라서 연구하고 교육하지 않는다면, 또한 성경의 가르침을 따르면서도 그것이 자신의 구체적 실존과 관련되지 않은 채 신학을 하며, 오히려 자신의 영광을 추구하며 자신을 드러내기 위해 신학적 작업을 한다면 그것도 신령한 일이 아니고 영적인 일이 못되는 것이다.

우리가 하고 있는 어떤 특별한 일 자체가 우리의 일을 그 자체로 거룩하고 영적인 일로 만드는 것이 아니다. 우리가 과연 성령님을 따라서 성경의 가르침에 맞게 그 일을 했느냐 하는 것이 가장 중요한 것이다. 이런 점에서 우리는 잘못된 이원론을 따르지 않도록 매우 주의해야 한다.

다시 한 번 더 강조하지만, 우리의 구성 요소가 되는 소위 '영'을 추구하는 일이 따로 있는 것이 아니다. 따라서 우리의 구성 요소가 되는 몸을 낮추고 몸을 괴롭게 해야만 성령님을 따라 영적인 존재가 되는 것이 아니다. 오히려 우리의 몸은 우리가 성령님을 따라 순종하는 일을 할 수 있는 구체적인 도구가 된다. 물론 우리의 영도 성령님께 순종해야 하지만, 영이 성령님께 순종하는 것을 구체적으로 표현하는 것이 우리의 몸이기 때문이다. 따라서 그리스도인은 몸과 영혼 모두를 주 앞에서 귀중히 여기고 주님께 순종하도록 하는 이들이지, 영혼만 중시하며 몸을 멸시하는 이들이 아니다. 우리를 창조하실 때 하나님께서는 우리의 영혼은 선하고 고귀하게, 몸은 그보다 조금 못하게 만드시지 않으셨고, 영육 단일체(psycho-somatic unity)로서의 사람이라는 고귀한 존재로 만드신 것이다. 그래서 바른 신학은 하나님의 형상을 영육 단일체로서의 전인(全人)에게서 찾았었고, 잘못된 기독교 사상은 어느 한 부분에서만 하나님의 형상을 찾으려고 했었다. 타락한 사람도 그 몸만 타락한 것이 아니고 몸과 영혼이 다 타락한 것이고, 몸과 영혼 모두 하나님 앞에서 문제가 있어서 그 몸과 영혼이 다 구속 받아야 하는 존재인 것이다. 따라서 그리스도께서 우리를 구속하셨을 때도 그는 우리의 몸과 영혼 모두를 구속하신 것이지, 영혼만 구속하시고 몸은 구속하지 아니하신 것이 아니다. 따라서 그리스도인들은 그들이 몸과 영혼의 전인으로서 십자가의 공로로 구속함을 받아 하나님과 그리스도와 성령님께 속한 자들, 즉 신령한 자들(πνευματικός)임을 인정하고 자신들이 사나 죽으나 그 몸과 영혼을 지닌 전인으로서의 자신들이 그리스도에게 속한 자들임을 인정해야 한다(하이델베르크 요리문답 제1문 참조). 우리의 영혼만 중시하는 이들이 아니고, 영과 몸으로 구성된 전인(全人)을 모두 중시하는 이들이다. 사실 성경이 '영혼'이라는 말을 쓸 때 어느 때는 인간의 한 구성 요소를 뜻하기도 하지만 어느 때는 그 말로 인간 전체를 지칭하기도 하며, 또 때로는 '몸'이라는 말로 인간 전체를 지칭하기도 한다는 점을 깊이 있게 생각해야 한다.

　우리는 우리의 몸과 영혼이 모두 다 구속받은 자들이다. 물론 우리의 구속이 지금은 '아직 아니'의 측면을 띠고 있기는 하다. 이 '아직 아니'의 측면은 우리의 몸과만 관련된 것이 아니라, 우리의 영혼과도 관련되었음을 유념해야 한다. 그러므로 우리의 영혼은 구속함을 받았는데 우리의 몸은 구속함을 받지 않아서 계속해서 죄를 범하는 등의 문제가 발생한다고 생각하는 것은 다 잘못된 관념이 작용한 것이지 바른 기독교 사상의 표현은 아니다. 우리는 몸과 영혼을 대립적으로 대조시키는 형태의 잘못된 이원론에 빠져들어가면 안 된다.

이와 비슷한 문제로 세상 일과 교회 일을 그와 비슷하게 이원론적으로 나누는 것도 잘못된 것이다. 앞에서 지적한 바와 같이 우리가 그 일을 어떤 태도로 하며, 누구의 영광을 위하여하며, 과연 성령님의 인도하심을 따라 하느냐에 따라서 그 모든 일이 다 성령의 일, 영적인 일이 되든지, 아니면 육체의 일과 세속적인 일이 되든지 하는 것이다. 소위 세상의 일이라도 진정으로 하나님의 영광을 위해 성령님의 인도하심을 받아 하는 일이면 그것은 하나님과 상관없는 세상이 일이 아니라, 오히려 하나님 나라의 일이 되는 것이다.

우리는 우리의 세상 안에서의 일도 교회 일과 같은 마음으로 하나님의 뜻을 따라 성령님의 인도하심을 받아 수행해 가야만 한다. 이 세상에서 우리가 행하는 모든 일에 때해 이런 원리를 적용해야 한다. 그리스도인에게는 하나님과 상관없는 영역이 없고, 그리스도와 연관되지 않은 영역이 없어야 한다. 그 모든 삶의 영역이 모두 하나님의 통치를 받아야 하는 영역인 것이다. 그러므로 역사 일반과 우리의 사상뿐 아니라, 정치, 경제, 사회, 문화, 예술 전반과 우리의 환경 문제 등 우리 주변의 모든 것에 대해 우리는 하나님과 연관시켜서 그 모든 영역에서 하나님의 영광을 추구하고, 하나님의 의도를 드러내려고 노력해야 한다. 오늘날과 같이 반신적(反神的) 세력이 우리 주변의 모든 것에 침투한 상황에서는 그 모든 것에서 "하나님 아는

것을 대적하여 높아진 것을 다 무너뜨리고 모든 생각을 사로잡아 그리스도에
게 복종하게 하"는 것을(고후 10:5) 우리 삶의 목표로 삼는 것이다. 여기
이 세상에서의 그리스도인의 삶의 의미가 있는 것이다. 그러므로 그리스도
인은 이 세상 속에서 세상이 흘러가듯이 가면 안 되고, 또한 이 세상에서는
어쩔 수 없이 그냥 살아가는 이들이어서는 안 된다. 오히려 그리스도인들은
이 세상의 이 반신적 세력에 대립하여 그 모든 것을 그리스도에게 복종하게
하는 문화 변혁적 노력을 열심히 해 나가는 존재이다. 여기에 그의 고통이
있고, 그가 받아야 하는 환난과 핍박이 있다. 이런 일을 하지 않으면 어려울
것이 없다. 그러나 자신에게 어려움이 있어도 이런 일을 구체적으로 감당해
나가는 일을 해 나가는 그리스도인들은 이 세상에서 감당해야 하는 핍박이
있는 것이다. 이런 그리스도인들이 이 세상에 있을 때 그들은 모든 문화
속에서 그 문화를 변혁하기 위해 힘쓰는 대응 문화(counter-culture)를
형성해 가는 존재가 된다. 여기에 이 세상 속에서 열심히 살아가는 그리스도
인의 존재 의미가 있다. 이 일에 있어서도 그리스도인들은 교회의 일을
하는 태도로, 즉 하나님의 영광을 위해 성령님의 인도하심을 따르면서 성경
의 가르침을 따라 이 문화적 사역을 성실하게 감당해 나가게 된다. 그 과정
가운데서 매우 자연스럽게 아직 믿지 않는 사람들에게 참된 기독교의 모습을
가시적으로 보여주는 일도 하며, 기회를 '사서' 그들에게 복음을 전하는
일도 감당할 것이다. 이런 복음 증거적 사역은 그리스도인의 그리스도인다
운 이 세상에서의 삶의 자연스러운, 그러나 또한 때를 얻든지 못 얻든지
항상 힘써야 하는 중요한 과제의 하나이기도 하다. 그러나 이 복음 증거적
사역은 이런 문화적 사역의 감당이라는 큰 틀 가운데서만 제대로 이루어지는

것이다.

위에서 우리는 우리가 행하는 모든 것이 진정한 의미에서 신령한 것이어야만 한다고 말했다. 마찬가지 원리로 소위 교회의 일이라도 성경의 가르침을 따라하지 않고 오히려 성경에 나타난 하나님의 명확한 뜻을 따라하지 않는 것이라면 그것은 세속적인 일이요 육체의 일을 도모하는 것이다. 교회의 일을 자신을 과시하며 자신의 영광을 내려는 목적으로 하는 것도 마찬가지로 육체의 일을 도모하는 것이다. 우리 자신을 추구하거나 하나님의 영광을 도외시한 채 교회의 영광만 추구하는 것도 그런 것에 속한다. 아마 중세 교회의 일부 노력이 그러한 것들로 판단될 수 있다. 그러나 중세 교회의 일에 대해서만 그런 판단이 내려질 수 있는 것이 아니니, 우리 주변에도 하나님의 영광, 성경의 명확한 가르치심, 성령님의 인도하심을 도외시한 채 자신들과 기관으로서의 교회의 영광만 추구하며 어떤 일이 수행되는 예는 적지 아니하기 때문이다. 그 모든 것은 신령한 것, 성령님을 따르는 것으로 여기기 어렵다. 그러므로 교회의 일이 모두 진정으로 성령님을 따르며 하나님의 영광을 위한 것이 되도록 힘써야 한다. 교회 일 가운데서 신령한 일이 있지 않은 이 현상은 얼마나 기괴한 현상인가? 교회 안에 있는 모든 사람들은 이런 점에 잘 유의하여 교회 안에서 행하는 모든 일이 신령한 일이 되도록 해야 할 것이다.

교회 이해와 성도간의 관계

교회 개념이 제대로 이해되지 않고 있다는 것도 한국 교회가 가진 심각한 문제 가운데 하나이다. 성경에 의하면 신약 교회는 예수 그리스도를 구주와 주님으로 모시고 사는 성도들이다. 이 성도들의 공동체 가운데서 (1) 복음의 참되고 바른 선포가 있고, (2) 그 성도들 가운데서 성례가 신실하게 성경이 가르치고 있는 대로 수행되며, (3) 그 한 부분으로 성례에 성도들이 제대로 참여하여 참된 은혜를 얻도록 하기 위한 치리가 바르게 시행될 때, 우리 성도들의 공동체가 이런 "교회의 표지들"(*nota ecclesiae*)을 가지고 있을 때 우리는 그런 공동체를 교회라고 한다는 것이 종교개혁 시대에 개혁자들이 성경으로부터 다시 회복해낸 교회에 대한 바른 이해이다.

그런데 오늘날 한국 교회에서는 이와 같은 교회의 표지에 대하여는 언급만 있을 뿐 그 진정한 의미가 사라졌고 그리스도의 진정한 통치를 떠난 교회의 모습이 중세나 종교개혁 때처럼 나타나는가 하면, 그 때보다 더 타락하여 성도들이 모이는 건물을 교회라고 착각하는 일도 비일 비재하다. 그러나 다시 강조하지만 복음의 진정한 선포와 그 복음을 눈의 보이는 방식으로 제시하는 성례와 그 성례를 제대로 시행하도록 하기 위한 권징과 치리의 신실한 시행이 이루어지지 않는 교회 공동체는 교회라는 이름을 가졌어도 교회가 아닌 것이다. 따라서 교회가 모임을 갖는 건물이 교회가 아닌 것은 말 할 나위도 없다. 교회는 그 건물에 모이는 성도들을 가리켜 앞서 말한 교회다운 특성을 유지하고 있을 때에 그 공동체가 교회인 것이다. 따라서 교회는 일정한 시간과 일정한 장소에 모이는 것에만 한정해서 생각해서는 안 되고, 그 진정한 그리스도인들이 사회 속에서 교회로서 배운 바를 잘 실천하며 살아가는 그 삶의 현장 가운데 있다.

교회가 이와 같이 복음의 공동체이기 때문에 교회 공동체 성원들 간의 관계도 어떠해야 함은 아주 자명한 일이다. 그 성원들은 서로를 섬기며 서로를 그리스도의 형상이 이루어지도록 하기 위해 있는 지체들로서 존재하는 것이다. 각 성도가 교회를 이루는 지체들이다. 그러므로 각각의 성도들이 없다면 교회도 없고, 각각의 성도들이 다 건강하게 그리스도인 됨을 유지하지 못한다면 건강한 교회는 생각할 수조차 없다. 우리는 서로를 필요로 하는 존재들이고, 다른 지체가 없으면 나도 교회의 구성원일 수 없고, 교회도 없다. 그리스도의 십자가 사건으로 말미암아 그리스도와 신비하게 하나로 연합된 이들이 함께 모여서 그리스도의 한 몸임을 드러내는 것이 교회이다. 그러므로 이 모든 성원들은 다 교회를 세우는 지체들이고, 그들의 공동의 사명은 교회를 세우는 것(edification, up-building)이다. 우리는 이 일을 위해 부름을 받았다. 그러므로 우리는 서로를 세우는 데 도움이 되는 말(건덕적인 말)을 하고, 그런 활동(건덕적 활동)을 해야 한다. 여기 성도 상호간의 상호 목회(mutual ministry)의 원리가 나타난다. 이 원리는 과거 개혁 교회가 매우 강조해 온 것이다. 우리는 서로가 서로를 지키는 형제이며, 함께 그리스도의 통치를 받아 나가는 형제자매들이다.

교회 공동체 안에 있는 다양한 직임들(offices)과 그 직임을 맡아서 섬기는 직원들(officers)도 모두 이 교회의 교회됨을 위한 직임과 직원들이다. 그러므로 이 모든 직임은 모두 섬기는 일이고(봉사의 직무), 이 모든 이들은 다 섬기는 이들, 우리 말 성경이 잘 번역하고 있는 대로 일꾼들이다. 우리들 가운데서 그 어떤 직임자도 젠 체하거나 스스로를 높일 수 없다. 우리는 모두 함께 주님을 섬기는 이들이되, 어떤 직임을 받은 자는 주장하는 자세로 하지 말로 오직 양 무리의 본이 되도록 권면 받고 있기 때문이다. 교회 안에서는 그 어떤 직임자도 높은 자가 아니다. 교회에는 높은 자가 있지 않기 때문이다. 우리 모두는 다 같이 우리의 머리 되신 그리스도를 섬기는 종들이다. 그러므로 교회 안에 위계질서(hierarchy)를 만들어낸 천주교회 등이 표방한 감독제도는 성경이 알지 못하는 이상한 위계질서를 교회에 잘못 도입시킨 것이다. 감독 제도를 가지고 있는 교회만이 그런 것이 아니라, 우리 가운데서 스스로를 높은 체하며 높은 데 처하는 이들은 모두 다 같은 실수를 반복하는 것이다.

우리는 모두 평등한 그리스도의 양 무리로서의 의식을 가지고 있어야 한다. 우리들 가운데서 양이 아닌 사람은 다 강도요 도적이며, 양 무리 가운데 있는 늑대와 이리이다. 이렇게 그리스도의 양 무리에 속해 있는 성도들은 주께서 주신 은사에 따라서 각기 다른 역할을 감당하며 이 양 무리가 그리스도께 온전히 순종하도록 최선의 노력을 다해 가야만 한다.

이 일을 잘 감당하도록 하기 위해 주님께서는 먼저 우리 모두가 하나님의 말씀으로 가르침을 받아 가도록 하셨다. 주께서 친히 우리를 가르치시는 데 우리를 겸손케 하며 우리들로 하여금 함께 같은 방향을 추구해 가도록 사도의 가르침에 충실하게 복음과 말씀을 가르치는 교사의 역할을 하는 이들을 세우셨다. 이 목사 즉 교사로서의 직임을 받은 양은 자신이 그리스도의 통치를 잘 받아가면서 하나님의 말씀을 잘 연구하여 하나님의 집의 모든 백성들에게 때를 따라 양식을 나누어 주는 일을 감당해야 한다. 온 교회는 성경에 드러난 사도적 가르침을 잘 가르침 받아야 한다. 그러므로 목사의 직무는 새로운 가르침을 만들어 내는 점에서 창의적이어서는 안 되고, 성경에 있는 사도적 가르침을 현대에 생생하게 살아나게 하는 일에 있어서 창의적이어야 한다. 그 말씀의 현재적 적용성을 찾고 적용하는 일에 앞장서서 모든 성도들이 하나님 말씀의 원리에 따라서 생각하고 살아가도록 해야 한다. 그는 하나님 말씀으로 성도들을 섬기는 것이다. 물론 자신도 같이 그 말씀으로 자라나며 성장 하고 성숙해져야 한다.

또한 그는 하나님 나라의 복음을 눈에 보이는 형태로 제시하는 성례를 제대로 섬겨야 한다. 하나님 나라의 복음을 바르게 전해서 사람들로 하여금 예수 그리스도를 진정으로 믿고서 하나님 나라 안에 들어오도록 해야 하고, 그렇게 믿고 하나님 나라 안으로 들어 온 이들을 잘 분별해서 그들에게 성부와 성자와 성령의 이름으로 세례를 베풀어서 그들이 하나님 나라의 백성이며 교회의 성원임을 공식적으로 선언하여 드러내고, 그런 모든 진정한 성도들이 하나님 말씀에 따라 잘 살도록 권면하며, 그렇게 사는 이들에게 그 믿음을 분명히 하고 확신시켜 주도록 성찬에 참여하도록 성찬을 신실하게 수행해야 한다.

장로로 세우심을 입은 성도는 모든 성도들이 하나님 말씀의 원리에 따라 잘 살아 가도록 권면하고, 그 말씀에 따라 살아가는 일을 분명히 하기 위해서 성도들을 돌아보고 심방하여 모든 성도들이 같이 그리스도 안에서 성장해 가도록 해야 한다. 이 일은 성도들이 말씀을 따라 살아가도록 돌아보는 영적인 일이다. 목사와 장로가 같이 감당하는 일은 사무적이거나 행정적인 일이기보다는 영적인 일이고 권면적인 일이다.

또한 집사로 부름을 받은 성도들은 온 교회의 성도들이 함께 봉사의 일을 잘 감당하도록 교회의 봉사와 구제의 일을 총괄하여 모든 교회가 자비의 사역을 잘 감당하게 하는 일을 해야 한다. 먼저는 교회 공동체 안에서 어렵고 궁핍한 이들이 없는지를 잘 돌아보아 그 일을 잘 감당하도록 하고, 여력이 있으면 교회 밖에 있는 이들에게도 자비를 베풀어서 사랑의 감화 가운데 있도록 하는 일에 힘써야 한다.

성경적 원리에 따르는 개혁 교회에서는 이 모든 직무를 맡은 이들의 평등성을 강하게 주장해 왔다. 그러므로 어떤 직임이 다른 직임보다 명목상에서나 실질적으로 높다고 하는 생각과 활동은 모두 성경의 원리와 개혁 교회의 원리에서 벗어난 것이다.

참된 교회 공동체 안에서는 어떤 결정권이 어떤 개인에게 집중될 수가 없다. 우리 모두가 하나님 말씀의 원리에 근거해서 같이 결정을 해 나가야 한다. 모든 성도들이 하나님 말씀의 원리에 주의하지 않으면 우리는 매우 어리석고 때로는 하나님의 원리에 어긋나는 결정을 할 수도 있고, 그런 결정도 교회는 많이 해 왔었다. 그것은 우리 모두가 하나님과 그의 말씀에 온전히 순종하지 않는 데서 나타난 현상이다. 그러나 이렇게 잘못 결정할 수 있는 위험성을 안고서도 교회의 중요한 결정은 항상 모든 성도들이 같이 하는 결정이어야 한다. 그래서 우리는 함께 주께서 우리에게 주신 사명을 하여 나가는 바를 배우고, 그렇게 함께 주께서 주신 일을 감당해 가는 것이다. 모든 성도가 말씀에 근거해서 내린 결정에 대해서 모든 성도들은 같이 나아 가는 모습을 가져야 한다.

교회는 어떤 중요한 결정을 하기 위해서 회의하러 모일 때도 교회는 모두가 성령님의 인도하심을 받으려는 의지로 가득 차야만 한다. 그렇게 하지 않을 때 우리는 하나님의 뜻에 반하는 일을 하게 된다. 교회의 성도들이 진정한 성도가 아닐 때 온 교회가 다 바르지 못한 방향으로 몰려가는 것을 경험할 수 있게 된다. 그럴 때에 진정한 성도들은 할 수 있는 대로 하나님 말씀에 따라 교회가 움직이도록 신령한 노력을 다 하고, 그렇게 되지 않을 때 남은 자로 하나님의 처리하심을 기다려야 한다. 그러므로 교회 안에서는 인간적 행동주의가 있을 여지가 없다. 늘 하나님의 말씀의 원리에 충실하고 그 말씀의 영향력을 강화시켜 나가고, 그리하여 온 교회가 그런 말씀의 통치 하에 있을 때만 교회는 바르게 설 수 있다.

이제 이런 원리 실천의 대표적인 예의 하나로 교회가 목회자를 세습시키는 우리나라에만 있는 독특한 현상에 대해서 생각해 보도록 하자. 만일에 모든 성도들이 말씀의 원리에 따라서 잘 판단하는 가운데서 회의를 한다면, 그리하여 하나님의 통치가 다음 목회자를 세우는 일에서도 작용한다는 것을 믿고, 과연 그런 믿음에 따라 진정으로 기도하고 모든 성도들이 성경의 원리에 따라 판단해 간다면, 어떤 개인이나 집단이 주도해서 그들이 원하는 방식으로 어떤 결과가 나타나도록 교회의 결정이 이루어질 수는 없다. 그런 데 한국 교회 안에서 이와 같이 인간적인 방식으로 어떤 결정이 이루어지고, 그 일에 있어서 개인이나 어떤 특정한 집단의 의견이 주도적으로 나타나게 되는 것은 우리가 진정 성령님의 인도하심에 따라 생각하며 판단해 가고 있지 않다는 것을 단적으로 나타내 보여 준다고 생각된다. 한국 교회처럼 성령님을 강조하는 교회가 그 실질적 형태에 있어서는 성령님을 의존하지 않는 모습을 보이는 것은 우리의 성령 강조가 위선이라는 것을 단적으로 드러내는 증거다. 그러므로 이 점에 있어서도 우리의 가장 근본적인 문제는 역시 성령님의 인도하심에 의존하지 않는다는 점이다.

그 밖에 한국 교회 안에서 시끄러운 모든 문제가 일반 뉴스에도 나타나서 일반인들조차 교회를 바웃게 만드는 모든 문제는 모두 다 우리가 성령님에게 철저히 의존하지 않고, 그 결과 "헛된 영광을 구하여 서로 격동하고 서로 투기하기"(갈 5:26) 때문이다.

그런 일의 하나가 교회 성장주의의 승리 현상을 말할 수 있다. 모든 교회가 교회의 본질적인 모습을 구현하기보다는 소위 말하는 교회 성장을 향해 줄달음치고 있다. 아이러니컬한 현상은 모든 이들이 그런 의미의 양적 교회 성장에 치중하고 있지만 그나마 그런 식으로 성장한 교회는 그렇게 많지 않다는 것이다. 그 와중에서 성도들만 어려움을 실감한다. 그에 고민하던 한 성도는 다음과 같이 안타까움을 토로한 바 있다.

> 은혜를 받는다는 식의 부흥회적 언어, (교회)성장이라는 성경에 없는 단어, 사도들이 평신도에게 강조하지 않았던 '전도'가 신자의 거의 유일한 사명이 되어버린 것, 모여서 하는 행사로서의 '예배'가 인격적 믿음과 삶의 의무를 대체하고 있는 것, 헌금을 헌신으로 아는 것, 헌신의 신학적 의미 (비움과 모심이라고 저는 표현합니다만)를 이교적 희생의 헌신으로 만드는 것들, 모두 신학적으로는 유치한 일탈이지만 목회적으로는 '유리'하다는 공통점이 있는 것이 우연이 아니겠지요. 이게 우연이 아니라면 이건 목회 성공을 위한 파우스트적 '매혼(賣魂)' 행위라고도할 수 있다고 봅니다. 심한가요?
>
> 이외에도 상처 치유 등의 '경험'을 강조하는 심리학적 방법론들, 세일즈맨 리더십과 인본주의 심리학을 근거로 하는 성공학 등이 교회에 들어왔습니다. 그들이 복음보다 더 현실적이고 감동적으로 전파되고 있는 상황도 복음의 이해가 없어진 까닭일 것입니다.

성도들이 얼마나 우리 교회의 문제를 잘 의식하고 있는 것인지를 잘 보여 주는 말이 아닐 수 없다. 이런 말을 읽는 목사님들은 이런 성도들의 말에 대해서 화내거나 무시하지 말고, 이런 성도들이 다 같이 하나님 나라를 잘 드러내는 교회를 위해 참 마음에서 헌신 – 자신을 '비움'과 주님을 참으로 '모심' – 을 할 수 있도록 참된 목회 사역에 힘써 가야 할 것이다.

성경적 하나님 나라 사상 부재

사상적으로 가장 심각한 한국 교회의 문제는 성경적 하나님 나라 사상의 실종 문제라고 할 수 있다. 이는 위에서 언급한 문제들과 연관되어 다양한 형태로 나타난다.

첫째로, 타계(他界) 중심적 사상의 확산이다. 앞서 언급한 이원론과 연관해서 한국 교회의 관심이 죽어서 우리의 영혼이 있게 되는 곳 중심으로 기독교의 중심이 이동하여 많은 사람들에 의해 생각되며, 심지어 그렇게 가르쳐지고 있다. 그래서 그것이 기독교의 가장 기본적인 것처럼 퍼져 나가 만연해 있다. 이는 '성경이 가르치는 온전한 하나님 나라, 즉 천국(天國) 사상'이 왜곡된 결과라고 생각된다.

둘째로, 그와 함께 또 한편으로 지나치게 현세 중심적 사상의 만연이 오늘날 기독교회 안에서 나타나고 있다. 이는 여러 가지 형태를 가지고 나타나는데, 한편에는 영혼이 잘 됨 같이 범사에 잘되고(세상적 축복), 건강(건강의 축복)하기를 축원하는 번영 신학적 강조로 나타나고 있고(카리스마 운동을 하는 교회들), 또 한편에서는 이 세상에서의 안락하고 편안한 삶에 대한 추구로 나타나고 있으며(평범한 기성 교회의 일반적 분위기), 또 한편에서는 이 세상에서 인간들의 노력으로 하나님 나라를 구현하려는 시도들도 나타나고 있다. 이 모든 시도들은 아주 다른 것이지만 공통적으로 하나님의 능력에 의존하지 않거나 하나님의 뜻의 실현보다는 본인들이 중요하다고 여기는 것의 실현을 중심으로 생각과 활동을 전개한다는 것이다. 그래서 아주 타계적(他界的)인 한국 교회가 이상하게도 아주 현실적이라는 것이다. 이처럼 극단적인 성향이 공존하고 있다.

셋째로, 결국 하나님 나라적 가치관의 부재와 실종을 말하지 않을 수 없다. 성령 안에서 사랑과 희락과 화평을 말하는 하나님 나라적 가치는 우리가 현실적으로 필요로 하는 것들에 대한 관심 때문에 다 사라지거나 뒤로 물러나 있다. 그러기에 낮아지며 섬기라는 원리는 우리 교계에서 참으로 실종된 상황 가운데 있다.

넷째로, 하나님 나라 사상에 근거한 교회와 목회 이해의 부족이다. 교회는 이 땅 가운데서 하나님 나라를 가장 강력하게 드러내는 영적 실재이다. 그런 의미에서 교회는 하나님 나라를 증시하기 위한 종말론적 공동체이다. 그런데 그런 종말 질서가 우리들의 교회 안에 있지 않은 것이 심각한 문제이다. 우리의 목회와 교회 행정과 교육과 모든 것에 하나님 나라적 사상과 질서가 나타나야 한다.

다섯째로, 하나님 나라 백성으로서 이 세상 안에서 활발하게 활동하는 그리스도인과 그런 이들의 영향력이 부족하다는 문제를 말할 수 있다. 하나님 나라를 제대로 이해 못하고, 잘못된 영육 이원론의 결과로 이 세상 속에서 하나님 나라의 군대로서 하나님 나라의 가치를 잘 드러내면서 삶의 모든 영역 가운데서 활동하는 그리스도인들을 우리는 그야말로 때때로 만나게 된다. 그때마다 우리는 평생 동지를 만난 듯이 마음이 기뻐 뛰놀게 된다.

마치 세례 요한이 어머니 태중에서 그에게 다가오는 마리아를 느끼고서 기쁨으로 뛰놀았다고 엘리사벳이 말하듯이 우리는 진정한 그리스도인의 하나님 나라 백성으로서의 왕성한 활동을 보면서 기쁨을 느끼게 된다.

그런데 문제는 그런 이들이 아주 적다는 것이다. 상당히 많은 이들에게는 교인됨과 자신의 삶이 별개로 존재하는 양상이다. 그래서 그들도 다른 사람과 같이 자신들의 삶의 편안과 이익을 찾아 헤맨다. 때로는 그것을 위해 신앙을 소극적으로 하는 이도 있고, 때로는 그것을 위해 어떤 종교적 행위와 행사에 열심이기도 하다. 그러나 그것이 자신의 삶을 하나님 나라 백성다운 모습으로 만들지는 못한다. 도대체 신앙을 하는 궁극적 목적이 다른 데 있기 때문이다. 그래도 모든 신앙인들이 다 그런 것은 아니고 신실한 많은 이들이 있다. 그런데 그들은 좋은 교인이고 좋은 신앙인이어서 다른 사람과 좋은 관계를 가지려고 노력은 하지만 이 세상 문제 전반에 대해서, 특히 자신이 감당하고 있는 분야의 일에 대해서 가장 전문가답게 그것도 기독교적 가치관을 잘 반영하면서 활동하는 일에서는 소극적이거나 어떻게 해야 하는지를 모르는 형편에 처해 있다. 우리의 가장 시급한 문제는 이런 이들이 진정으로 그리스도인으로서 하나님 나라적 가치를 반영하는 하나님 나라적 활동을 할 수 있도록 인도하는 것이다. 아마 앞서 말한 성도가 언급한 진정한 헌신, 즉 자신을 비움과 주님을 모심을 할 수 있도록 한다면 이 일이 이루어질 것이다.

그렇게 되면 우리는 주변에 산적한 문제들에 대해서 진정한 기독교적 관점을 제시하고 그것으로 이 세상 사람들에게도 간접적인 기독교적 영향력을 끼칠 수 있을 것이다. 정치적으로 민주적인 사회이면서도 사회의 복잡한 문제를 효과적으로 중재할 수 있는 방안을 제시하는 문제, 이 세상의 가난한 이들을 잘 돌보면서도 우리가 이루어야 하는 경제적 발전을 이루어 가는 일, 가진 자들과 가지지 못한 자들의 권리를 침해하지 않으면서도 그들을 평균케 하는 일, 자녀들의 수월성을 위한 교육을 이루어 가면서도 능력이 없는 이들을 비하하지 않고, 개개인의 은사와 적성에 따른 사회적 활동을 위한 교육과 실천을 제공하는 일, 통일 문제를 위한 교회의 준비를 하고 사회적 준비를 하는 일, 발전하는 과학 기술을 진정으로 책임 있게 사용하도록 유도하는 일, 생명 공학 기술이 발전될 때 그 일을 잘 감당하면서도 인간이 하지 못할 일은 하지 않도록 스스로를 조절하게 하는 일, 예를 들어서 배아를 파괴하면서 배아 줄기 세포를 이끌어 내는 일과 같은 일을 하지 않는 지식의 윤리와 윤리적 지식의 활용을 할 수 있는 과학 기술자의 육성, 이 세상의 복잡한 여러 문제들, 즉 자연적 지구적 재난의 문제, 에너지 지원 고갈의 문제, 테러 문제, 테러 대응의 문제, 전쟁 문제 등에 대해서 가장 사랑에 차 있고 합리적인 해결책을 제시하는 일 – 이 모든 일들이 우리가 다 하나님 나라의 관점에서 같이 생각하고 그에 대하여 기독교적인 의견을 제시하고, 책임성 있게 그런 의견에 근거한 활동을 펼치고, 이 세상 사람들에게도 왜 기독교적 견해를 따라 가는 것이 더 옳은지를 잘 설득해야 할 중요한 과제들인 것이다. 이것은 우리가 활동할 영역과 해결한 과제들인 것이다. 그러나 지금으로서는 이런 문제에 대해서 기독교적으로 대처할 능력들이 우리에게 아주 부족하다는 문제가 있다.

부디 우리 모두가 노력해서 주께서 원하는 성장을 이루어 진정 하나님 나라 백성으로서의 활동을 하면서, 우리의 최선의 노력으로도 다 해결되지 않는 이 세상의 문제를 느끼면서, "나라이 임하옵시며"라고 기도하면서 하나님 나라가 극치에 이르도록 노력해 가야 할 것이다. 우리 주께서 재림하여 오실 때 그는 그의 초림에서 영적으로 이 세상에 가져다주신 하나님의 나라를 극치에 이르게 하실 것이다. 우리가 지금 여기서 하나님 나라 백성으로서의 활동을 하며, 그 극치에 이른 하나님 나라에서 영광과 생명과 의로 가득 찬 가운데서 더욱 더 주님을 잘 섬겨 나갈 수 있기를 원한다.

이 외에도 오늘날 한국 교회가 직면한 여러 문제를 생각할 수 있다. 그 중에 한 대표적인 문제는 잘못된 영성 운동의 문제를 언급할 수 있다. 이에 대해서는 이미 다른 곳에서 다룬 바 있으므로[2] 여기서는 더 다루지 않으려고 한다. 그런데 이 모든 문제가 근원적으로는, 서두에서 말한 바와 같이, 우리들이 모두 성령님께 철저히 순종하고 성령님의 인도하심을 받아가지 않는다는 데서 기인한다. 이 모든 문제를 근원적으로 극복하는 길을 이 모든 문제를 철저히 의식해서 우리들 가운데서 그 문제가 사라지도록 해야 하지만, 그것은 결국 우리가 우리 안에 계신 성령님의 인도하시는 대로 성령을 좇아 살아 나가는 데에만 있다. 그렇게 성령님께 온전히 의존하지 않는 한 우리는 여전히 이 모든 문제 가운데 있을 것이고, 이 모든 문제보다 더 심각한 문제들을 양산해 내는 주범이 될 것이다.

부디 바라기는 우리가 이 모든 문제를 극복해 내는 모습을 온 세상과 하나님 앞에 보일 수 있기를 원한다. 그것이 지금 여기에 있는 우리에게 주어진 시대적 사명일 것이다.

---

2 이에 대하여는 이승구, "영성 개념의 문제점과 성경적 경건의 길", 『한국교회가 나아갈 길』 (서울: SFC, 2007), 209-37.

반기독교적인 사회 속의 그리스도인

19세기 말에 하나님의 은혜 가운데서 천국 복음을 받아들여 세워진 한국 교회가 21세기에 들어서 아주 강한 반 기독교적인 사회 속에 처해 있다. 이것은 여러 면에서 매우 안타까운 상황이다. 어떤 면에서 **이는 우리들이 그 동안 하나님의 백성답게 살지 못했던 결과로 나타난 것이라고** 할 수 있다. 그러므로 이 상황 속에서 우리는 아주 **심각하게 책임을 지려고 해야** 한다. 이런 점에서 오늘날의 상황은 한국 교회의 위기 상황임이 틀림없다. 그러나 이 상황에서 제대로 대처하면 오히려 우리가 참된 그리스도인들과 참된 교회가 될 수 있을 것이다. 그러므로 이런 상황은 **우리들이 참된 그리스도인들과 참된 교회가 될 수 있는 기회이기도** 한 것이다. 이 어려운 상황 속에서 우리가 어떻게 하느냐에 따라서 우리는 더한 문제 가운데로 들어갈 수도 있고, 진정 주님께서 원하시는 교회의 모습을 회복할 수도 있다. 그러므로 오늘 우리는 중세 말기의 상황과 같은 상황 속에 있다고 할 수도 있다. 계속해서 기독교의 이름을 가지고 있으나 진정으로는 성경의 가르침에서 벗어난 교회가 될 것이냐, 아니면 성경의 가르침으로 회복해 가는 교회가 될 것이냐? 이것이 문제인 것이다. 그러면 이제 우리는 어떻게 해야 하는가?

먼저 우리는 그 동안 **그리스도인과 교회이려고 노력했었으나** 온전한 의미에서는 **진정한 그리스도인과 교회가 아니었다는 것을 솔직하게 인정해야** 한다. 그래서 우리는 우리를 비판하는 이 세상을 향해서 우리 모두 함께 진정한 그리스도인이 되자고 말해야만 한다.

그런데 이때 우리가 하나님의 말씀이라는 하나님의 뜻의 **객관적 원리**와 성령님께서 말씀을 사용하셔서 은혜를 베푸신다는 **주체적 원리**를 존중하지 않으면 우리는 진정한 기독교를 이 세상에 없어지게 하는 주범이 될 수 있다. 이 세상에서 하나님의 말씀에 근거해서 성령 하나님께서 빚어 만드시는 사람다움을 드러내는 일을 우리가 제대로 하지 못할 때 세상은 우리를 향해 너희가 하는 일이 과연 무엇이냐를 묻게 된다. 물론 그 동안에도 진정한 그리스도인이 되려고 노력하고 참된 교회를 이루기 위해 노력하신 분들이 많았다. 그러나 이 땅에 있는 보다 많은 그리스도인의 모습은 성경이 말하는 참된 그리스도인의 모습이 아닌 것을 보여 주었기에 이 세상은 우리 모두에게 문제를 제기하고 있다. 우리들은 열심히 모이는 모습을 보여 주었고, 모여서 종교적 예배를 하는 모습을 보여 주었고, 그렇게 모일 수 있는 커다란 예배당을 세우고서 그 위용을 자랑하는 모습을 보여 주었다. 그러나 더 중요한 의(義)와 인(仁)과 신(信)은 버린, 아니면 그것을 너무나도 적게 보여 주는 그런 모습을 나타냈다. 이와 같은 상황 앞에서 우리는 그래도 열심히 해 왔었다고 스스로를 변명하려고 하지 말고 온전한 의미에서는 진정한 그리스도인이 못되었음을 솔직하게 인정해야 한다.

　사실 진정한 그리스도인들은 이 일을 항상 해 오던 것이다. 왜냐하면 회개라는 것은 우리가 처음 믿을 때만 하는 것이 아니고, 그리스도인들이 항상 하나님의 말씀에 비추어 해야 하는 것이기 때문이다. 그래서 우리는 과거의 진정한 그리스도인들과 함께 우리가 잘못하였음을 고백하고 그 잘못된 것으로부터 돌이켜야 한다.

　그러나 이때 우리는 성경이 하나님의 말씀이요, 우리가 따라야 하는 삶의 규범이라는 것을 버리면 안 된다. 그런데 요즈음 한국 교회의 문제점을 지적하면서 성경적 기준에 따라서 비판하고 그것을 변혁시켜 가야 한다고 하는 것이 아니라, 성경적 원리를 버릴 것을 요구하는 일들이 많아지고 있다. 이런 과정을 통해서 이제는 성경에 대한 비판적 접근이 상당히 일반화되어 있다고 말해도 과언이 아니다. 사실 이것이 오늘날의 가장 큰 문제로 여겨진다. 사람들이 성경을 온전히 믿는 것도 아닌데, 계속해서 성경이 말하는 그대로 믿지 않아도 된다는 사상이 온 세상에 넘쳐나고 있다. 이런 식으로 되면 이 세상에서 진정한 그리스도인이 될 수 있는 가능성이 없어지고, 결국 겉으로는 기독교적이지만 속으로는 기독교적인 것이 전혀 없는 **배교적 현상**이 나타나게 될 것이다. 우리가 진정한 그리스도인이 안 되어 참된 기독교의 모습을 이 세상에 보여 주는 일에서 실패하면 사람들은 기독교인 되기를 지속적으로 거부하든지, 아니면 잘못된 기독교적 주장을 진정한 기독교의 주장이라고 생각하면서 잘못된 길을 향해 나아가게 될 것이다.

　이런 상황 속에서 우리는 기독교가 이 세상에 처음 있게 되었던 상황(1세기의 그리스도인들과 교회)이나 기독교가 한국 땅에 처음 있게 되었던 상황을 돌이켜 보아야 한다. 그때 그리스도인들도 반기독교적 사회 속에서 살았었기 때문이다. 그들은 그야말로 소수였다. 그런데 반기독교적 사회 속에서 작은 무리의 양떼와 같던 초기 그리스도인들은 참으로 훌륭하게 참 그리스도 인의 모습을 이 땅 가운데 드러내었었다. 그들은 자신들이 살고 있는 사회에 상당한 변화를 가져오게 했다. 직접적으로는 많은 사람들에게 감화를 주어 그 핍박받는 상황 속에서도 자신들과 같은 그리스도인들이 되게 하고 든든한 교회가 세워지게 한 것이다. 물론 하나님께서 그들에게 힘을 주시고 견디어 나가게 하며 그야말로 "순교자들의 피가 교회의 씨앗이 되게" 하여 주셨기 그것이 가능했지만 그들로서는 최선을 다하여 그 시대의 하나님 백성의 역할을 제대로 감당한 것이다. 그리하여 많은 이들을 그리스도인이 되게 하고 교회의 회원이 되어 그들과 함께 교회를 구성하여 교회의 현실적 모습 을 이 땅 가운데서 드러나게 하였다. 또한 그들은 자신들이 사는 사회에 간접적인 영향을 주어서 교회에 속하지 않은 사람들이 많은 사회 속에도 상대적으로 좀 더 선하고 옳은 것이 나타나도록 하는 일을 상당히 훌륭하게 수행하였다.

그리하여 교회에 속하지 않은 이 세상도 교회에서 하는 것과 그리스도인 들이 하는 것은 일종의 외경과 존경심을 가지고 바라보며, 그들 나름의 방식으로 어느 정도 따라 가는 모습을 가지게끔 했던 것이다. 가장 대표적인 예 하나만 들어서 생각해 보기로 하자. 양반(兩班)과 상인(常人)들을 철저히 구별하는 반상(班常)의 구별이 아주 철저하던 시절에 모든 사람이 하나님 앞에서 평등하다는 것을 배운 한국의 초기 그리스도인들은 상당히 빨리 반상의 구별 없이 교회의 회원 됨과 직원 됨을 구현한 바 있다. 그리하여 초기 새문안 교회의 당회를 구성하는 장로님들 가운데 왕가에 속하는 이씨

문중의 이들도 있었고 백정 출신의 장로도 있었다는 것은 유명한 일화가
아닌가? 이런 것이 세월에 흐름에 따라 점차 교회 밖 세상에도 영향을 미쳐서
이 세상이 반상의 구별이 없는 세상이 되어 가도록 했던 것이다.

그렇다면 이제 우리가 과연 어떻게 해야 이전 시대 우리의 좋은 선배들이
실천한 바와 같이 그렇게 진정한 그리스도인 됨과 바른 교회됨을 실현할
수 있을까?

첫째로, 성경을 매우 존중하면서 성경의 가르침을 철저하게 따르고 순종
하려고 해야 한다. 우리가 성경을 무시할 때 이 세상도 성경을 무시하게
될 것이다. 성경의 사람들(people of the Book)이요, 성경을 사랑하던 사람
들(Bible lovers)이던 이전 선배들처럼 우리들도 성경을 목숨보다 귀중하게
여기고 따라야 할 것이다. 성경을 무시하고 성경을 비평하며, 성경의 가르침
을 온전히 따르지 않는 사람들이 많은 이 세상 속에서 우리는 성경에서
자신을 증언하시는 삼위일체 하나님께 온전히 순종하기 위해서 최선의 노력
을 다해 나가야 할 것이다.

둘째로, 우리가 진정 사랑하는 모습을 보여 주는 참된 인격자들이 되어
성경이 말하는 사랑을 하고 그 사랑의 실천을 이 세상에 보여 주어야 한다.
이 세상은 지금 우리들의 진정한 사랑의 실천을 듣고 보지 못하기 때문에
우리를 향하여 비판의 목소리를 높이는 것이다. 이 세상에서 그리스도인으
로 사는 것은 이런 점에서 매우 어려운 일이다. 하나님의 참 사랑을 보여
주어야 하기 때문이다. 우리가 다 잘 하다가도 하나만 잘못하면 이 세상은
기독교에 대한 비난의 소리를 높일 것이기 때문이다.

이 세상에서 기독교 학교를 한다는 것은 매우 어려운 일이다. 진정한

기독교적 사랑을 드러내지 않을 때 우리는 우리가 운영하는 학교를 기독교 학교라고 하기 어렵기 때문이다. 그 동안 이 한국 땅에도 수많은 학교들이 기독교의 이름과 연관하여 존재해 왔다. 그 모든 학교들은 기독교와 연관되어 있으므로 더욱 더 하나님의 사랑을 잘 드러내며, 또한 하나님의 원칙을 잘 지켜서 이 세상의 다른 학교들도 존경할 정도로 바르고 투명하게 운영해 왔는가? 그렇게 못해 왔기에 이 세상이 우리를 감독하고 간섭하려고 하는 것이다. 우리가 그야 말로 모든 점에서 바르게 해 왔었다면 이 세상이 우리를 향해 감독하겠다고 할 수도 없었을 것이고, 혹시 그렇게 한다면 교회가 그 불의함을 잘 드러낼 수 있었을 것이다. 그러나 이제까지 우리들이 잘못된 모습을 너무 많이 보여 왔기에 세상의 비판에 대해서 강하게 저항하기 어려운 것이고, 그런 저항이 세상에 더 악하게 보이는 것이다. 이제 와서 우리의 마땅한 권리를 주장하기가 어려워진 것이다.

그러니 이 세상에서 기독교 기업을 한다고 말하는 것이 얼마나 어려운 것인지를 생각해 보라. 참된 기독교적 사랑을 잘 드러내지 못할 때, 이 세상은 다른 기업을 향해서 하는 것과는 상당히 다른 비판적인 언사를 사용하면서 우리들을 비판하고 무너뜨리려는 활동을 하게 될 것이다. 이런 것들을 모두 염두에 두면서 우리는 참 사랑을 나타내는 방식으로 기업을 해야 할 것이다. 이윤을 추구해야 하는 기업이 어떻게 그렇게 할 수 있겠는가? 그렇기에 이 땅에서, 특히 반기독교적인 사회 속에서 진정한 그리스도인으로 사는 것이 어려운 현실이다. 그러나 그렇게 하지 않는다면 우리는 진정한 그리스도인으로 활동하는 것이 아니다. 기업을 할 때에도 우리는 그야말로 하나님의 사랑을 드러내고, 하나님의 일을 하는 심정으로 일을 해야 한다.

　그렇게 하기 위해서는 우리 한 사람 한 사람이 그야말로 성경의 가르침에 근거하고 십자가에 근거한 사랑의 화신이 되어야만 한다. 그것이 되지 않으면 아무리 제도를 좋게 만든다고 해도 복잡한 문제는 계속 증폭될 것이다. 참으로 사랑하는 사람은 우리 주변의 사람들의 문제를 깊이 끌어안고 그것을 해결하려고 애쓰는 사람이다. 말 한마디라도 매우 주의해서 하여 그 누구라도 상처받지 않도록 하는 일에 힘써야만 한다. 우리의 모든 말과 행동과 삶에서 우리가 하나님의 진정한 사랑의 통로가 되어야 한다. 루터가 말한 바처럼 우리가 하나님의 사랑의 통로라는 것을 강조하지 않을 수 없다.

　마지막으로, 이 모든 사랑의 삶과 활동을 하면서 우리 속에 있는 소망의 이유를 묻는 사람들에게 대답할 것을 미리 준비하여 적절한 때에 매우 지혜롭게 **우리와 이 세상이 진정으로 살 수 있는 유일한 길인** 하나님 나라의 좋은 소식[天國福音]을 전해야만 한다. 이 세상 사람들이 우리 속에 있는 소망의 이유를 묻지도 않게 하는 삶을 살고 있는 것이 아닌지 진지하게 물어야 한다. 우리가 사랑을 제대로 실천하지 않을 때 이 세상은 우리에게 우리 속에 있는 소망의 이유를 물을 리 없기 때문이다. 이 세상은 이제 그것을 더 이상 묻지 않는다. 우리가 그리스도의 사랑을 드러내지 못했고, 우리 안에 소망이 있음을 나타내지 못했기 때문이다. 이제부터라도 이 세상이 정말 궁금해서 그것을 물을 수 있도록 우리가 사랑을 실천하며 하나님께서 우리에게 주신 소망을 잘 드러내도록 해야 한다. 이 세상에 전달할 하나님 나라에 대한 기쁜 소식[천국복음]을 잘 준비해야 한다. 적당한 때에 지혜롭게 전하기 위해서. 우리가 죽기 전에 반드시 우리 주변 사람들에게 매우 진지하게 그리고 긴급하게, 지금 여기 와 있으나 눈에 보이지 않는 영적인

형태로 와 있는, 그러나 예수 그리스도의 재림 때에는 물리적으로도 확연히
드러날 그 나라의 극치에 이르게 될 하나님 나라에 대한 기쁜 소식[天國福音]
을 전해야 할 것이다.

참고문헌

2. 공적 신학

Anderson, Victor. "The Wrestle of Christ and Culture in Pragmatic Public Theology." *American Journal of Theology and Philosophy* 19/2 (May 1998).

_____. *Pragmatic Theology: Negotiating the Intersections of an American Philosophy of Religion and Public Theology*. Albany: State University of New York, 1998.

_____. "Contour of an African American Public Theology." *Journal of Theology* (Summer 2000): 49-68. http://livedtheology.org/pdfs/VAnderson.pdf.

_____. "Secularization and the Worldliness of Theology." *Converging on Culture: Theologians in Dialogue with Cultural Analysis and Criticism.* 71-85. (Eds.) Delwin Brown, Sheila Greeve Davaney, and Kathryn Tanner. Oxford: Oxford University Press, 2001.

Atherton, John. *Public Theology for Changing Times.* London: SPCK, 2000.

Bacote, Vincent E. *The Spirit in Public Theology: Appropriating the Legacy of Abraham Kuyper.* Grand Rapids: Baker Academic. 2005.

_____. "Abraham Kuyper's Rhetorical Public Theology with Implications for Faith and Learning." *Christian Scholar's Review* 37/4 (Summer 2008).

Barreto, Raimundo, Jr. "Christian Realism and Latin American Liberation Theology: Expanding the Dialogue." *Koinonia* 15/1 (2003): 95-122.

Benne, Robert. *The Paradoxical Vision: A Public Theology for the Twenty-first Century.* Minneapolis: Augsburg Fortress, 1995.

Bolt, John. *A Free Church, a Holy Nation: Abraham Kuyper's American Public*

Theology. Grand Rapids: Eerdmans. 2004,

D'Costa, Gavin. *Theology in the Public Square: Church, Academy & Nation.* Oxford, UK: Blackwell Publishing, 2006.

De Gruchy, John W. "From Political to Public Theologies: The Role of Theology in Public Life in South Africa." 45-62. In William F. Storrar and Andrew R. Morton. (Eds.) *Public Theology for the 21st Century.* Edinburgh: T&T Clark, 2004.

_____. "Public Theology as Christian Witness: Exploring the Genre." *International Journal of Public Theology* I/1 (2007): 26-41.

De Lange, Frits. "Against Escapism: Dietrich Bonhoeffer's Contribution to Public Theology." 141-15. In Len Hansen. (Ed.) *Christian in Public. Aims, Methodologies and Issues in Public Theology.* Beyers Naudé Centre Series on Public Theology. Volume 3. Stellenbosch: Sun Press, 2007.

Forrester, Duncan B. "The Scope of Public Theology." *Studies in Christian Ethics* 17/2 (August 2004): 5-19.

_____. "Working in the Quarry: A Response to the Colloquium." In Storrar and Morton. (Eds.) *Public Theology for the 21st Century.* 431-38.

Hauerwas, S. & W. H. Willimon. *Resident Aliens, Life in the Christian Colony.* 3rd print. Nashville: Abingdon Press, 1989.

Higton, Mike. *Christ, Providence & History: Hans W. Frei's Public Theology.* New York: T & T Clark International, 2004.

Kim, Sebastian. "Editorial." *International Journal of Public Theology* 1/1 (2007): 1.

Laubscher, Martin. "A Search for Karl Barth's 'Public Theology': Looking into Some Defining Areas of his Work in the post-World War II Years." *Journal of Reformed Theology* I/3 (2007): 231-46.

Marshall, C. "What Language Shall I Borrow?: The Bilingual Dilemma of Public Theology." *Stimulus* 13/3 (2005): 11-18.

McDermott, Gerald. *One Holy and Happy Society: The Public Theology of Jonathan Edwards.* University Park: Penn State Press, 1992.

Moltmann, J. "Theology for Christ's Church and the Kingdom of God in Modern Society." In *A Passion for God's Reign*. (Ed.) M. Volf. Grand Rapids: Eerdmans, 1998.

Morton, Duncan. "Duncan Forrester: A Public Theologian." 3-4. In *Public Theology for the 21st Century*. (Eds.) Storrar and Morton.

Stackhouse, Max L. Creeds, *Society, and Human Rights*. Grand Rapids: Eerdmans, 1984.

_____. *Public Theology and Political Economy: Christian Stewardship in Modern Society*. Grand Rapids: Eerdmans, 1987.

_____. *Christian Social Ethics and the Globalization of Economic Life* (1996). 심미경 옮김. 『지구화 · 시민사회 · 기독교 윤리』 서울: 도서출판 패스터 하우스, 2005.

_____. *God and Globalization 1: Religion and the Powers of the Common Life*. Harrisburg: Trinity Press International, 2000.

_____. *God and Globalization 2: The Spirit and the Modern Authorities*. Harrisburg: Trinity Press International. 2001.

_____. *God and Globalization 3: Christ and the Dominions of Civilization*. Harrisburg: Trinity Press International. 2002.

_____. *God and Globalization 4: Globalization and Grace*. Harrisburg: Trinity Press International, 2007.

_____. "Public Theology and Political Economy in a Globalizing Era." 190-91. In *Public Theology for the 21st Century*. (Eds.) Storrar and Morton.

Storrar William F. and Andrew R. Morton. (Eds.) *Public Theology for the 21st Century*. Edinburgh: T&T Clark, 2004.

Storrar, William F. "2007: A Kairos Moment for Public Theology." *International Journal of Public Theology* 1/1 (2007): 5-25.

Thiemann, Ronald F. *Constructing a Public Theology: The Church in a Pluralistic Culture*. Louisville, Kentucky: Westminster/John Knox Press, 1991.

Tracy, David. "Theology as Public Discourse." *The Christian Century* (March

19, 1975): 280-84. http://www.religion-online.org/showarticle.asp?title
=1889.

_____. *The Analogical Imagination: Christian Theology and the Culture
of Pluralism.* New York: Cross Road, 1981.

Van Wyngaard, Cobus. "David Bosch as Public Theologian." http://mycontem
plations.files.wordpress.com/2008/10/david-bosch-as-pub-
lic-theologian.pdf.

새세대교회윤리연구소(NICE) 편. 『공공신학이란 무엇인가』 서울: 선학사, 2007.

이승구. "통일 문제에 대한 그리스도인의 태도와 기독교적 준비". 『성경과 신학』
37 (2005): 413-50=『21세기 개혁신학의 방향』(서울: SFC, 2005).

_____. 『기독교 세계관으로 바라 본 21세기 한국 사회와 교회』. 서울: SFC, 2005.

_____. "사형제도에 대한 기독교적 입장". 『한국 교회의 신학 인식과 실천』. 수원:
합동신학대학원대학교 출판부, 2006.=본서. 제4장.

_____. "성전환자들에 대한 기독교적 고찰". 『21세기 한국 신학의 방향』. 서울:
선학사, 2006: 817-33.=본서. 제3장.

_____. "이성과 계시 문제에 대한 찰스 핫지의 견해". 『교회와 문화』 20 (2008):
188-231.

장신근. "공공신학이란 무엇인가: 공공신학의 형성배경과 지평에 대한 연구". 교회공
적책임을 위한 신학연구소. 제1차 정기논문발표 (2008년 9월 19일).

http://www.ciltpp.com/

http://www.ctinquiry.org/gnpt/institutions.htm.

"Public Theology in the Canadian Context." http://publictheology.org/(the website
of the Centre for Public Theology, a research initiative located in the
Faculty of Theology at Huron University College, at the University of
Western Ontario),

http://libweb.ptsem.edu/collections/kuyper/conferences.aspx?menu=298&sub-
Text=470.

http://www.brill.nl/default.aspx?partid=210&pid=26697

http://www.div.ed.ac.uk/theolissues.

http://www.vanderbilt.edu/gradschool/religion/faculty/ facultypages/anderson.html.

3. 동성애

Alden, R. L. "Sodom." In *The Zondervan Pictorial Encyclopedia of the Bible*. Vol. 5. (Ed.) Merrill C. Tenney. Grand Rapids: Zondervan, 1976.

Arnold, Bill T. *Encountering the Book of Genesis*. Grand Rapids: Baker, 1998.

Bailey, D. Sherwin. *Homosexuality and the Western Christian Tradition*. London: Longmans, 1955.

Barrett, C. K. *A Commentary on the Epistle to the Romans*. New York: Harper & Row, 1957. Reprint. Peabody: Hendrickson, 1987.

_____. *A Commentary on the First Epistle to the Corinthians*. 2nd Edition. London: Black, 1971.

Black, Matthew. *Romans*. The New Century Bible Commentary. 2nd Edition. Grand Rapids: Eerdmans, 1973.

Blaiklock, D. A. "Sodomite." In *The Zondervan Pictorial Encyclopedia of the Bible*. Vol. 5. Grand Rapids: Zondervan, 1976.

Boswell, J. *Christianity, Social Tolerance and Homosexuality*. Chicago: University of Chicago Press, 1980.

Bruce, F. F. *1 and 2 Corinthians*. NCBC. London: Oliphants, 1971.

Brueggemann, Walter. *Genesis. Interpretation: A Bible Commentary for Teaching and Preaching*. Atlanta: John Knox Press, 1982.

Calvin, John. *The Epistle of Paul to the Romans and Thessalonians*. Calvin's New Testament Commentaries. Trans. Ross Mackenzie. Vol. 8. Edinburgh: Oliver and Boyd, 1960. Reprint. Grand Rapids: Eerdmans,

1974.

Conzelmann, Hans. *I Corinthians* (1969). Hermeneia. Trans. James W. Leitch. Philadelphia: Fortress Press, 1975.

Craigie, P. C. *The Book of Deuteronomy*. NICOT. Grand Rapids: Eerdmans, 1976.

Cranfield, C. E. B. *The Epistle to the Romans*. Vol. 1. ICC. New Edition. Edinburgh: T. & T. Clark, 1975.

Davidson, Robert. *Genesis 12-50*. The Cambridge Bible Commentary on the New English Bible. Cambridge: Cambridge University Press, 1979.

De Young, J. B. "The Source and NT Meaning of ἀρσενοκοῖται with Implications for Christian Ethics and Ministry." *Master's Seminary Journal* 3 (1992): 191-215.

DeVries, Simon J. *1 Kings*. Word Biblical Commentary. Waco: Word Books, 1985.

Driver, S. R. *Deuteronomy*. ICC. Edinburgh: T. & T. Clark, 1902.

Dunn, James D. G. *Romans 1-8*. Word Biblical Commentary. Dallas: Word Books, 1988.

Earle, Ralph. "1, 2 Timothy." In *The Expositor's Bible Commentary*. Vol. 11. Grand Rapids: Zondervan, 1978.

Ford, David F. *Theology*. Oxford: Oxford University Press, 1999. 강혜원, 노치준 옮김. 『신학이란 무엇인가?』 서울: 동문선, 2003.

Furnish, V. P. "The Bible and Homosexuality: Reading the Texts in Context." In J. S. Siker. (Ed.) *Homosexuality in the Church: Both Sides of the Debate*. Louisville: Westminster-Knox, 1949.

Gray, John. *I & II Kings*. A Commentary. Third, Fully Revised Edition. London: SCM Press, 1977.

Gunkel, Hermann. *Genesis* (1901). Trans. Mark E. Biddle. Macon: Mercer University Press, 1997.

Guthrie, Donald. *The Pastoral Epistles*. Tyndale New Testament Commentaries.

Revised Edition. Leicester: IVP and Grand Rapids: Eerdmans, 1990.

Hamilton, Victor P. *The Book of Genesis*. Grand Rapids: Eerdmans, 1995.

_____. "Genesis." In *Evangelical Commentary on the Bible*. (Ed.) Walter A. Elwell. Grand Rapids: Baker, 1989.

Harris, R. Laird. "Leviticus." In *The Expositor's Bible Commentary*, (Ed.) Frank E. Gaebelein. Vol. 2. Grand Rapids: Zondervan, 1990.

Harrison, Everett F. "Romans." In *The Expositor's Bible Commentary*. Vol. 10. Grand Rapids: Zondervan, 1976.

Harrison, R. K. *Leviticus*. Tyndale Old Testament Commentary. Leicester, England and Downers Grove: IVP, 1980.

Hartley, John E. *Leviticus*. Word Biblical Commentary. Dallas: Word Books, 1992.

Hobbs, T. R. *2 Kings*. Word Biblical Commentary. Waco: Word Books, 1985.

Kalland, Earl S. "Deuteronomy." In *The Expositor's Bible Commentary*. Vol. 3. Grand Rapids: Zondervan, 1992.

Keil, C. F. and F. Delitzsch. *Commentary on the Old Testament*. Vol. III. Trans. James Martin. Grand Rapids: Eerdmans, 1976.

Kelly, J. N. D. *A Commentary on the Pastoral Epistles*. New York: Harper & Row, 1960. Reprint. Peabody: Hendrickson Publishers, 1987.

Kidner, Derek. *Genesis*, Tyndale Old Testament Commentaries. Leicester and Downers Grove: IVP, 1967.

Kierkegaard, S. *The Works of Love*. Princeton: Princeton University Press, 1993.

Kistemaker, S. J. *1 Corinthians*. Grand Rapids: Baker, 1993.

Knox, John. "Romans." In *The Interpreter's Bible*. Vol. 9. Nashville: Abingdon Press, 1954.

Lea, Thomas F. & Hayne P. Griffin, Jr. *1, 2 Timothy, and Titus*. The New American Commentary 34. Nashville: Broadman Press, 1992.

McNeill, J. J. *The Church and the Homosexual*. Kansas City: Sheed, Andres and McMeel, 1976.

Moo, Douglas. *The Epistle to the Romans*. NICNT. New Edition. Grand Rapids: Eerdmans, 1996.

Mounce, Robert H. *Romans*. The New American Commentary. Nashville: Broadman & Holman Publishers, 1995.

Mounce, William D. *Pastoral Epistles*. Word Biblical Commentary 46. Nashville: Thomas Nelson Publishers, 2000

Murray, John. *The Epistle to the Romans*. Vol. 1. NICNT. Grand Rapids: Eerdmans, 1959.

North, Martin. *Leviticus*. A Commentary (1962). Trans. J. E. Anderson. Revised Translation. London: SCM Press, 1977.

Rosner, Brian S. *Paul, Scripture and Ethics: A Study of I Cor. 5-7*. Leiden: Brill, 1994.

Scroggs, R. *The New Testament and Homosexuality: Contextual Background for Comtemporary Debate*. Philadelphia: Fortress, 1983.

Simpson, Cutherbert A. "Exegesis of Genesis." In *The Interpreter's Bible*. Vol. 1. Nashville: Abingdon Press, 1952.

Thiselton, Anthony C. *The First Epistle to the Corinthians*. NIGTC. Carlisle: The Paternoster Press and Grand Rapids: Eerdmans, 2000.

Von Rad, Gerhard. *Deuteronomy*. A Commentary. London: SCM Press, 1966.

_____. *Genesis*. A Commentary. Trans. John Bowden. Revised Edition. London: SCM Press, 1972.

Wansbrough, Henry. *Genesis*. Doubleday Bible Commentary. New York: Doubleday, 1998.

Wenham, Gordon J. *The Book of Leviticus*. Grand Rapids: Eerdmans, 1979.

_____. *Genesis 16-50*. Word Biblical Commentary. Dallas: Word Books, 1994.

Wright, D. F. "Homosexuals or Prostitutes? The Meaning of ἀρσενοκοῖται (I Cor. 6:9; I Tim. 1:10)." *Vigiliae Christianae* 38 (1984): 125-53.

Wright, G. Ernest. "Introduction and Exegesis." In *The Book of Deuteronomy*.

The Interpreter's Bible. Vol. 2. Nashville: Abingdon Press, 1953.

이승구. 『인간 복제, 그 위험한 도전』. 서울: 예영, 2003. 개정판. 2006.

4. 성전환자

Anders, Charles. *The Lazy Crossdresser*. Greenery Press, 2002.

Craigie, P. C. *The Book of Deuteronomy*. NICOT. Grand Rapids: Eerdmans, 1976.

Driver, S. R. *Deuteronomy*. ICC. Edinburgh: T. & T. Clark, 1902.

Docter, Richard F. *From Man to Woman: The Transgender Journey of Virginia Prince*. Doctor Press, 2004.

Ekins, Richard and Dave King (Eds.) *Virginia Prince: Pioneer of Transgendering*. New York: Haworth Medical Press, 2006.

Feinberg, Leslie. *Transgender Warriors: Making History from Joan of Arc to Rupaul*. Boston: Beacon Press, 1997.

_____. *Trans Liberation: Beyond Pink or Blue*. Boston: Beacon Press, 1998.

Kalland, Earl S. "Deuteronomy." In *The Expositor's Bible Commentary*. Vol. 3. Grand Rapids: Zondervan, 1992.

Keil C. F. and F. Delitzsch. *Commentary on the Old Testament*. Vol. III. Trans. James Martin. Grand Rapids: Eerdmans, 1976.

Rudd, Peggy J. *Crossdressing With Dignity: The Case For Transcending Gender Lines*. PM Publishers, Inc., 1999.

The American Psychiatric Association. *Diagnostic and Statistical Manual of Mental Disorders*. 4th Edition. The American Psychiatric Association, 2005.

Von Rad, Gerhard. *Deuteronomy*. A Commentary. London: SCM Press, 1966.

Wright, G. Ernest "Introduction and Exegesis." In *The Book of Deuteronomy. The Interpreter's Bible*. Vol. 2. Nashville: Abingdon Press, 1953.

인터넷 자료

Blanchard and Klassen. "H-Y Antigen and Homosexuality in Men." *Journal of Theoretical Biology* 185 (1997): 373-378. Cited in http://en.wikipedia.org/wiki/Homosexuality#_note-5.

Burns, Christine, Susan Marshall, Claire McNab, Alexander Whinnom and Stephen Whittle. *Recognising the Identity and Rights of Transsexual and Transgender People in the United Kingdom: A Report for the Interdepartmental Working Group On Transsexual Issues*. Press For Change (June 1999). Available at:http://www.pfc.org.uk/workgrp/pfcr pt1.htm.

Burns, Christian and Claire McNab. "The A to Z of Trans People's Discrimination." Available at: http://www.pfc.org.uk/campaign/a-z.htm.

Intersex Society of North America (May 24, 2006). Why is ISNA using "DSD"? Available at: http://en.wikipedia.org/wiki/Intersex.

Landén, M. and J. Wålinder. et al. (1996). "Incidence and Sex Ratio of Transsexualism in Sweden." *Acta Psychiatrica Scandinavica* 93/4 (1996): 261-263. Cited in http://en.wikipedia.org/wiki/Transgender, n. 2.

Nimmons, D. "Sex and the Brain." *Discover* (March 1994): 64-71. Cited in http://en.wikipedia.org/wiki/Homosexuality.

http://47xxy.org/Chris.htm.

http://en.wikipedia.org/wiki/Homosexuality.

http://en.wikipedia.org/wiki/Sexual_reassignment_surgery.

http://en.wikipedia.org/wiki/Transgender.

http://en.wikipedia.org/wiki/Transgender#_ref-1).

http://news.media.daum.net/society/affair/200606/23/donga/v13135041.html.

http://www.webglaz.ch/rife/eng-faq.html.

http://www.apa.org/topics/orientation.html#mentalillness.

http://www.cnn.com/ELECTION/2004/pages/results/states/US/P/00/epolls.0.htm
l.

http://www.intersexualite.org/English_OII/IAIA/Somers/Chris_Somers.html

http://www.glbtq.com/social-sciences/transgender.html.

http://www.transgender.org/gidr/

5. 사형제, 존치냐 폐지냐

Amnesty International. *The Death Penalty*. New York: Amnesty International,
1987.

Anderson, David A. "The Deterrence Hypothesis and Picking Pockets at the
Pickpocket's Hanging" (March, 2000). Social Science Research Network.
Available at: http://papers.ssrn.com/sol3/papers.cfm?abstract_id=214831.

Anderson, Kerby. "Capital Punishment." Leadership. Available at: http://www.
leaderu.com/orgs/probe/docs/cap-pun.html.

Baker, William H. *Worthy of Death*. Chicago: Moody Press, 1973.

Beatty, Gary D. "The Next Time Someone Says That the Death Penalty Costs
More than a Life in Prison Show Them This Article" (2001). Available
at: http://www.fed-soc.org/Publications/practicegroupnewsletters/crimnal
law/cl010303.htm.

Beccaria, Cesare. *On Crimes and Punishments*. Trans. Henry Paolucci.
Indianapolis: Bobbs-Merrill, 1964. 이수성, 한인섭 공역. 『범죄와 형벌』.
길안사, 1995. http://jus.snu.ac.kr/~ishan/bbs/view.php?id=sub1&page=
1&sn1=&divpage=1&category=9&sn=off&ss=on&sc=on&select_arr
ange=headnum&desc=asc &no=8.

Berns, Walter. "Where Are the Death Penalty Critics Today?" *Wall Street Journal*

(June 11, 2001). Available at: http://www.aei.org/publications/pubID.12 898,filter.all/pub_detail.asp.

Bowers, William J. "The Effect of Executions is Brutalization, not Deterrence." In K. C. Haas & J. A. Inciardi. (Eds.) *Challenging Capital Punishment: Legal and Social Science Approaches*. Newbury Park, CA: Sage, 1988. 49-89.

Bowers, William J. *Legal Homicide*. Evanston: Northwestern University Press, 1984.

Bureau of Justice Statistics. "Capital Punishment Statistics." Assessed on August 11. 2005. Available at: http://www.ojp.usdoj.gov/bjs/cp.htm.

Calvin, John. *Institutes of the Christian Religion*. LCC Edition. Edited by John T. Mc Neill. Translated by Ford Lewis Battles. Philadelphia: Westminster, 1960.

_____. *Commentaries on the First Book of Moses Called Genesis*. Trans. John King. Edinburgh: Calvin Translation Society; Reprinted, Grand Rapids: Baker, 1993.

Cassell, Paul G. "We're Not Executing the Innocent." *Wall Street Journal* (June 16, 2000). Editorial. The Federalist Society for Law and Public Policy Studies. http://www.fed-soc.org/Publications/practicegroupnewsletters/P G%20Links/casselldeathpenalty.htm.

Cassuto, U. *A Commentary on the Book of Genesis*. Part II. Jerusalem: Magnes Press, 1949, 1964.

Clark, Gordon H. "Capital Punishment." *Faith and Thought* 93 (1963): 16.

Clegg, Roger. "The Color of Death: Does the Death Penalty Discrimionate?" National Review Online (June 11, 2001). Available at: http://www. nationalreview.com/contributors/clegg061101.shtml.

Colson, Charles W. "Capital Punishment: A Personal Statement." Prison Fellowship. http://www.pfm.org/Content/ContentGroups/Prison_Fellow ship/Publications/Capital_Punishment/Capital_Punishment__A_Personal _Statement.htm.

Cranfield, C. E. B. "Some Observations on Romans 13:1-8." *New Testament Studies* 6 (1959-60): 241-49.

Davis, John Jefferson. *Evangelical Ethics: Issues Facing the Church Today.* Philadelphia, New Jersey: Presbyterian and Reformed Publishing Company, 1985.

"Death Penalty." New Batch. http://www.newsbatch.com/deathpenalty.htm.

Death Penalty Curricula for High School (1 Nov 2001). Michigan State University Comm Tech Lab and Death Penalty Information Center. Available at: http:// deathpenaltyinfo.msu.edu.

Dezhbaksh, Hashem, Paul Robin, and Joanna Shepherd. "Does Capital Punishment have a Deterrent Effect? New Evidence from Post-moratorium Panel Data." *American Law and Economics Review* 5/2: 344-76. Available at: http://aler.oupjournals.org/cgi/content/ abstract/5/2/344.

Dieter, Richard C. *Innocence and the Crisis in the American Death Penalty.* A Death Penalty Information Center Report. Washington, DC: Death Penalty Information Center, 2004. Available at: http://www.deathpenaltyinfo.org/article.php?scid=45&did=1149.

Dulles, Avery. S.J. "Catholicism and Capital Punishment." First Things 113 (April 2001): 30-35. Available at: http://www.firstthings.com/ftissues/ft0104/articles/dulles. html.

Dunn, James D. G. *Romans 9-16.* Word Biblical Commentary 38B. Dallas: Word Books, 1988.

Eddlem, Thomas R. "Ten Anti-Death Penalty Fallacies." *The New American* 18/11 (June 3, 2002). Available at: http://www.thenewamerican.com/tna/2002/06-03-2002/vo18no11_fallacies.htm.

Ehrlich, Isaac. "The Deterrent Effect of Capital Punishment: A Question of Life and Death." *American Economic Review* 65/3 (June 1975): 397-414.

_____. "Fear of Deterrence: A Critical Evaluation of the 'Report of the Panel on Research on Deterrent and Incapacitate Effects.'" *Journal Legal Studies* 6 (1977): 293.

Ehrlich & Gibbons. "On the Measurement of the Deterrent Effect of Capital Punishment and the Theory of Deterrence." *Journal Legal Studies* 6 (1977): 35.

Linehan, Elizabeth A. "Executing the Innocent." Accessed on August 12, 2005. Available at: http://www.bu.edu/wcp/Papers/Huma/HumaLine.htm.

Fagan, J. "Public Policy Choices on Deterrence and the Death Penalty: A Critical Review of New Evidence." Testimony before the Joint Committee on the Judiciary of the Massachusetts Legislature on House Bill 3934 (July 14, 2005). Cf. http://www.deathpenaltyinfo.org/MassTestimonyFagan.pdf.

Fessenden, Ford. "Deadly Statistics: A Survey of Crime and Punishment." *The New York Times* (September 22, 2000). http://www.nytimes.com.

Forst, B. "Capital Punishment and Deterrence: Conflicting Evidence?" *Journal of Criminal Law & Criminology* 74 (1983): 927-42.

Goetzel, Ted. "Capital Punishment and Homicide: Sociological Realities and Ecomnometric Illusion." *Skeptical Inquirer* (July 2004).

Greenberg, Jack. "Against the American System of Capital Punishment." *Harvard Law Review* 99 (1986): 1670ff. Available at: http://www.pbs.org/wgbh/pages/frontline/angel/procon/greenbergarticle.html.

Gunkel, Herman. *Genesis* (1901). Trans. Mark E. Biddle. Macon: Mercer University Press, 1997.

Hamilton, Victor P. *The Book of Genesis: Chapters 1-17*. NICOT. Grand Rapids, Michigan: Eerdmans, 1990.

Hann, Robert G. *Deterrence and the Death Penalty: A Critical Review of the Econometric Literature*. Communication Division of the Ministry of the Solicitor General, 1976.

Harrison, Everett F. "Romans." In *The Expositor's Bible Commentary* 10. Grand Rapids: Zondervan, 1976.

Honeyman, Jennifer C. and James R. P. Ogloff. "Capital Punishment: Arguments for Life and Death." *Canadian Journal of Behavioural Science* 28 (1

January, 1996). Available at: http://www.cpa.ca/ogloff.htm.

Jackson, B. S. "Reflections on Biblical Criminal Law." *Journal of Jewish Studies* 24 (1973): 24-25.

Johnson, R. *Death Work: A Study of the Modern Execution Process.* CA: Brooks/Cole, 1990.

Kaiser, Jr., W. C. *Toward Old Testament Ethics.* Grand Rapids: Zondervan, 1983.

Kline, Meredith G. "Genesis." In *New Bible Commentary.* The Third Edition. Grand Rapids: Eerdmans, 1970.

Lee, Robert W. "Deserving to Die." *The New American* 6/17 (August 13, 1990). http://www.thenewamerican.com/focus/cap_punishment/vo06no 17_deserve.htm.

Lewis, C. S. *God in the Dock.* Grand Rapids: Eerdmans, 1970.

Liebman, James S., Jeffrey Fagan and Valerie West. "Capital Attrition: Error Rates in Capital Cases, 1973-1995." *Texas Law Review* 78 (2000): 1839ff. http://ccjr.policy.net/cjedfund/jpreport/. ACLU Death Penalty Campaign Statement.

Linehan, Elizabeth A. "Executing the Innocent." Accessed on August 12, 2005. Available at: http://www.bu.edu/wcp/Papers/Huma/HumaLine.htm.

Luther, Martin "Against the Murdering and Robbing Peasants." In *The Works of Martin Luther.* Vol. 4. Philadelphia: Muhlenberg, 1931.

Mill, John Start. "Speech in Favor of Capital Punishment" (Speech given before Parliament on April 21, 1868 in opposition to a bill banning capital punishment that had been proposed by Mr. Gilpin): Available at: http://ethics.sandiego.edu/Mill.html.

Miller, Betty. "What Does the Bible Say About Capital Punishment?" *Overcoming Life Digest* (July/August 2000). Available at: http://www.bible.com/answers/acapital.html.

Mocan, Naci and Kaj Gittings. "Pardons, Executions and Homicide." Working Paper 8639. National Bureau of Economic Research, December, 2001. Available at: http://www.nber.org/papers/w8639.

Moo, Douglas. *The Epistle to the Romans*. NICNT. New Edition. Grand Rapids: Eerdmans, 1996.

Morris, Leon. *The Epistle to the Romans*. Leicester: IVP and Grand Rapids: Eerdmans, 1988.

Mounce, Robert H. *Romans*. The New American Commentary 27. Nashville: Broadman & Holman Publishers, 1995.

Murray, John, *The Epistle to the Romans*. NICNT. Grand Rapids: Eerdmans, 1968. Calvin, John. *The Epistles of Paul to the Romans and Thessalonians*. Calvin's New Testament Commentaries 8. Trans. R. Mackenzie. Edinburgh: Oliver and Boyd, 1960. Reprint, Grand Rapids: Eerdmans, 1973.

Murray, John. *Principles of Conduct*. Grand Rapids: Eerdmans, 1957.

Nevin, Jr., Michael. "The Death Penalty: Draconian or Dividend?" Chron Watch (May 1, 2004). http://www.chronwatch.com/content/contentDisplay.asp?aid=7167.

Para. 56 of *Evangelium Vitae*, An Encyclical Letter on Various Threats to Human Life which Pope John Paul II issued on March 25, 1995. Available at: http://www.vatican.va/edocs/ENG0141/_PP.HTM

Perazzo, John. "The Myth of Racism in American Capital Cases, Or The UN's Ignorance on the Death Penalty?"(13 August 2001). Available at: http://web.telia.com/~u15509119/perazzo.htm.

Ponnuru, Ramesh. "Not So Innocent: The death penalty: an argument continued," *National Review Online* (October 1, 2002). Available at: http://www.nationalreview.com/ponnuru/ponnuru100102.asp.

Porter, Phil. "The Economics of Capital Punishment" (1999). Available at: http://www.mindspring.com/~phporter/econ.html.

Radelet, Michael and Ronald Akers. "Deterrence and the Death Penalty: The View of Experts." Available at: http://sun.soci.niu.edu/.

Report of the Secretary-General to Economic and Social Council, E/2005/3. Session July 29, 2005). Available at: http://www.deathpenaltyinfo.org/

Reynolds, Morgan O. "Does Punishment Deter?" *NCPA Policy Backgrounder* 148 (August 17, 1998). Available at: http://www.ncpa.org/bg/bg148/bg148a.html.

Sailhamer, John H. "Genesis." In *The Expositor's Bible Commentary* 2. Grand Rapids: Zondervan, 1990.

Sanday, W. and A. C. Headlam. *The Epistle to the Romans*. ICC. Fifth Edition. Edinburgh: T. & T. Clark, 1902.

Sellin, Thorsten. *Capital Punishment*. Philadelphia: American Law Institute, 1959.

Sherwin-White, A. N. *Roman Society and Roman Law in the New Testament*. Oxford: Clarendon, 1963.

Simpson, Cuthbert A. "Exegesis on the Book of Genesis." In *The Interpreter's Bible*. Vol. 1. Nashville: Abingdon Press, 1952.

Skinner, John. *A Critical and Exegetical Commentary on Genesis*. Second Edition. Edinburgh: T. & T. Clark, 1930.

Stack, S. "Execution Publicity and Homicide in South Carolina: A Research Note." *The Sociological Quarterly* 31 (1990): 599-611.

Stigers, Harold G. *A Commentary on Genesis*. Grand Rapids: Zondervan, 1976.

Stott, John. *Romans*. Leicester: InterVarsity Press, 1994.

Tullock, Gordon. "Does Punishment Deter Crime?" *The Public Interest* 36 (Summer 1974): 103-11.

Uduigwomen, Andrew F. "The Christian Perspective on Capital Punishment: An Evaluation of Rehabilitation," *Quodlibet Journal*. Online Journal of Christian Theology and Philosophy. Vol. 6, Num. 3 (July-September 2004). Available at: http://www.quodlibet.net/uduigwomen-rehabilitation.shtml.

US Bishops Statement on Capital Punishment (November, 1980). Available at: http://www.osjspm.org/cst/cappun.htm.

Van den Haag, Ernest. "The Ultimate Punishment: A Defense." Available at: http://www.pbs.org/wgbh/pages/frontline/angel/procon/haagarticle.html

Von Rad, Gerhard. *Genesis: A Commentary*. Revised Edition. Trans. John H. Marks. Revised by John Bowden. London: SCM, 1972.

Wenham, Gordon J. *Genesis 1-15*. Word Biblical Commentary 1. Waco: Word Books, 1987.

Westermann, C. *Genesis 1* (1974). Trans. J. J. Scullion. London: SPCK, 1984.

"A Question of Innocence" (December 9 , 2003). Death Penalty, ACLU. Available at: http://www.aclu.org/DeathPenalty/DeathPenalty.cfm?ID=9316&c=65.

"Against Capital Punishment." In *To Abolish Capital Punishment: A Plea to the Citizens of Every Country*. Point Loma, California, 1914). A Summary of Arguments Presented at a Meeting of the Men's International Theosophical League of Humanity, March 31, 1914. Reprinted in *Sunrise* magazine (April/May 1998). Available at: http://www.theosophy-nw.org/ theosnw/issues /pu-vscap.htm.

"Capital Punishment." *Sunrise* magazine (October/November 2000). Available at: http://www.theosophy-nw.org/theosnw/issues/pu-capit.htm.

"Death Penalty." Available at: http://www.policyalmanac.org/crime/death_penalty.shtml.

"Pro Death Penalty Webpage." Available at: http://www.wesleylowe.com/cp.html.

"Robert Lee Massie." Death Penalty Focus of California. Accessed on August 13, 2005. Available at: http://www.deathpenalty.org/facts/cases/Robert Lee_Massie.shtml.

http://deathpenaltyinfo.msu.edu/c/about/arguments/argument4a.htm.

http://deathpenaltyinfo.msu.edu/c/about/arguments/argument3b.htm.

http://deathpenaltyinfo.msu.edu/c/about/history/history-8.htm.

http://jus.snu.ac.kr/~ishan/bbs/view.php?id=sub1&page=1&sn1=&div-page=1&category=4&sn=off&ss=on&sc=on&select_arrange=headnum &desc=asc&no=419.

http://jus.snu.ac.kr/~ishan/bbs/zboard.php?id=board2&page=3&sn1=&div-

page=1&sn=off&ss=on&sc=on&select_arrange=subject&desc=desc&
no=188.

http://www.cbck.or.kr/PDS/period/samok/s1999/s9907/spec1.htm.

http://www.clarkprosecutor.org/html/death/dpusa.htm.

http://www.clarkprosecutor.org/html/death/dpusa.htm.

http://www.csicop.org/si/2004-07/capital-punishment.html.

http://www.deathpenaltyinfo.org/article.php?scid=12&did=169#MRreg.

http://www.osjspm.org/cst/cappun.htm.

http://www.pauline.or.kr/catholic/pds/cath_view.php/id/1134/code/4/page/1.

http://www.prodeathpenalty.com/Articles/Pataki.htm.

http://www.richard.clark32.btinternet.co.uk/abolish.html.

http://www.wesleylowe.com/cp.html.

국제생명운동한국지부. "사형제도의문제점". http://www.hli-korea.org/sub 07/
index09_05.php.

김일수. 『형법 총론』. 서울: 박영사, 1996.

신의기. "실정법 관점에서 본 사형제도". 「에머지」 2002년 3월호. Available
at: http://emerge.joins.com/200203/200203_06.asp.

유호종. "형벌의 정당성 근거에서 본 사형의 정당성". 「에머지」 2002년 3월
호. Available at: http://emerge.joins.com/200203/200203_09.asp.

이준일. "헌법적 정의와 사형제도". 「에머지」 2002년 3월호. Available at:
http://emerge.joins.com/200203/200203_08.asp.

한인섭. "가석방 없는 무기형의 도입을 찬성할 수 없다". Available at
http://jus.snu.ac.kr/~ishan/bbs/view.php?id=sub1&page=1&sn1=&div-
page=1&category=4&sn=off&ss=on&sc=on&select_arrange=head-
num&desc=asc&no=419.

_____. "사형 제도의 문제와 개선 방향". 「형사 정책」 5 (1990): 30-44.

_____. "사형제도에 대한 단상". http://org.catholic.or.kr/chrc/durius/deathpenalty1.htm.

_____. "역사적 유물로서의 사형-그 법이론적, 정책적 검토".「사목」(1999): 43-72.

허일태. "사형 제도 폐지를 위한 변론".「에머지」2002년 3월호. Available at: http://emerge.joins.com/200203/200203_10.asp.

7. 정치 문화

Almond, Gabriel A. "Comparative Political Systems." *Journal of Politics* 18/3 (August 1956): 391-409.

_____ and Sidney Verba. *The Civic Culture*. Princeton: Princeton University Press, 1963.

_____ and G. Bingham Powell, Jr. *Comparative Politics: A Developmental Approach*. 2nd Edition. Boston: Little, Brown, 1978.

Brown, Archie & Jack Gray. (Eds.) *Political Culture & Political Change in Communist States*. 2nd Edition. New York: Holmes & Meier Publishers, INC., 1979.

Dawson, Richard E., Kenneth Prewitt, & Karen S. Dawson. *Political Socialization*. Second Edition. Boston and Toronto: Little, Brown, 1977.

Dodd, C. H. *Political Development*. London: London School of Economics and Political Science, 1972. 정세구 역.『정치 발전과 정치 문화』교육신서 81. 서울: 배영사, 1980.

Kavanagh, Dennis. *Political Culture*. London: London School of Economics and Political Science, 1972. 정세구 역.『정치 발전과 정치 문화』교육신서 81. 서울: 배영사, 1980.

Marshall, Paul. *Just Politics: A Christian Framework for Getting Behind the Issues*. Toronto: Institute for Christian Studies, 1997. 진웅희 옮김.『정의로운 정치』서울: IVP, 1997.

Metz, J. B. *Theology of the World*. E. T. London: Burns & Oates, 1969.

Moltmann, J. *The Church in the Power of the Spirit*. New York: Harper & Row, 1977.

Parsons, Talcott and Edward Shils. (Eds.) *Toward a General Theory of Action*. New York: Harper & Row, 1962.

Pye, Lucian W. "Culture and Political Science: Problems in the Evaluation of the Concept of Political Culture." 65-76. In Louis Schneider and Charles M. Bonjean (Eds.) *The Idea of Culture in the Social Sciences*. Cambridge: Cambridge University Press, 1973.

_____ and Sidney Verba. (Eds.) *Political Culture and Political Development*. Princeton: Princeton University Press, 1965.

_____. *Aspects of Political Development*. Boston: Little, Brown, 1966.

Webb, Sidney and Beatrice Webb. *Soviet Communism: A New Civilization*. 3rd Edition. London, 1944.

이승구. "복음화와 사회 참여". 83-88. 『개혁신학에의 한 탐구』 서울: 웨스트민스터 출판부, 1995. 개정판, 2004.

_____. 『기독교 세계관으로 바라보는 21세기 한국 사회와 교회』 서울: SFC, 2005.

_____. 『기독교 세계관이란 무엇인가?』 개정판. 서울: SFC, 2005.

8. 이주자

Adamson, James. *The Epistle of James*. NICNT. Grand Rapids: Eerdmans, 1976.

Blum, Edwin A. "1 Peter." In *The Expositor's Bible Commentary*. Frank E. Gaebelein. (Ed.) Vol. 12. Grand Rapids: Zondervan, 1981.

Braun, Roddy. *I Chronicles*. Word Biblical Commentary 14. Waco: Word Books, 1986.

Bruce, F. F. *The Epistle to the Hebrews*. NICNT. Grand Rapids: Eerdmans,

1964.

Calvin, John. *Commentary on the Book of Psalms*. 2 Trans. James Anderson. Calvin's Commentaries. Vol. V. Edinburgh: Calvin Translation Society, 1846. Reprint. Grand Rapids: Baker, 1993.

Craigie, Peter C. *Psalms 1-50*. Word Biblical Commentary 19. Waco: Word Books, 1983.

Davids, Peter. *Commentary on James*. NIGTC. Grand Rapids: Eerdmans, 1982.

Delitzsch, F. *Psalms*. Keil-Delitzsch Commentary on the Old Testament. Vol. 5. Trans. James Martin (1871). Reprint. Grand Rapids: Eersmans, 1976.

Durham, John. *Exodus*. Word Biblical Commentary 3. Waco: Word Books, 1987.

Elliott, J. H. A Home for the Homeless. Philadelphia: Fortress, 1981.

Grudem, Wayne. *1 Peter*. Tyndale New Testament Commentaries. Leicester: IVP, 1988.

Guthrie, Donald. *Hebrews*. Tyndale New Testament Commentaries. Leicester: IVP, 1983.

Hafemann, Scott J. (Ed.) *Biblical Theology: Retrospect & Prospect*. Downer Grove: IVP, 2002.

Hagner, Donald A. *Hebrews*. New International Biblical Commentary. Peabody: Hendrickson, 1990.

Hamilton, Victor P. *The Book of Genesis: Chapters 18-50*. NICOT. Grand Rapids: Eerdmans, 1995.

Hughes, Philip E. *A Commentary on the Epistle to the Hebrews*. Grand Rapids: Eerdmans, 1977.

Kidner, Derek. *Psalms 1-72*. Tyndale Old Testament Commentaries. Leicester: IVP, 1973.

Ladd, G. E. *A Theology of the New Testament*. Revised Edition. Grand Rapids: Eerdmans, 1993.

Laws, Sophie. *The Epistle of James* (1980). Reprint. Peabody: Hendrickson, 1987.

Michaels, J. Ramsey. *1 Peter*. Word Biblical Commentary 49. Waco: Word Books,

1988.

Lee, Seung-Goo. *Kierkegaard on Becoming a Christian*. Zoetermeer: Meinema, 2006.

_____. "Proposal for an Apostolic, Biblical, Eschatological Theology: From a Korean Context." In *Religion without Ulterior Motive*. (Ed.) E. A. J. G. van der Borght. Leiden and Boston: E. J. Brill, 2006.

Montefiore, Hugh. *A Commentary on the Epistle to the Hebrews*. New York: Harper & Row, 1964. Reprint. Peabody: Hendrickson, 1987.

Moo, Douglas. "James." *The Evangelical Commentary on the Bible*. Grand Rapids: Baker, 1989.

Morris, Leon. "Hebrews." In *The Expositor's Bible Commentary*. Frank E. Gaebelein. (Ed.) Vol. 12. Grand Rapids: Zondervan, 1981.

Richardson, Kurt A. *James*. The New American Commentary 36. Nashville: Broadman, 1997.

VanGemeren, Willem A. "Psalms." *The Expositor's Bible Commentary*. Vol. 5. Grand Rapids: Zondervan, 1991.

Vos, G. *The Teaching of the Epistle to the Hebrews*. Grand Rapids: Eerdmans, 1970.

Wenham, Gordon. *Genesis 16-50*. Word Biblical Commentary 2. Dallas: Word Books, 1994.

Wessel, Walter W. "James." In *The Wycliffe Bible Commentary*. Chicago: The Moody Press, 1962.

Wheaton, David H. "1 Peter." *The New Bible Commentary*. D. Guthrie and J. A. Motyer. (Eds.) Grand Rapids: Eerdmans, 1970.

Wilson, R. McL. *Hebrews*. The New Century Bible Commentary. Grand Rapids: Eerdmans, 1987.

이승구. "다문화 교육에 대한 기독교적 접근: 기독교적 다문화 교육의 가능성과 시도". 513-45. 『21세기 개혁신학의 방향』 서울: SFC, 2005.

_____. 『한국교회가 나아 갈 길』 서울: SFC, 2007.

_____. "기독교 세계관의 기초로서의 하나님 나라 이해: 기독교 세계관의 신국적 토대". 51–92. 『기독교 세계관이란 무엇인가?』 개정 3판. 서울: SFC, 2008.

9. 안락사

Beare, Francis W. *The Gospel According to Matthew*. Harper and Row, 1981. Reprint, Peabody, Mass.: Hendrickson, 1987.

Berkhof, Louis. *Systematic Theology*. Grand Rapids: Eertdmans, 1941.

Blomberg, Craig L. *Matthew*. The New American Commentary 22. Nashville, Tennessee, Broadman Press, 1992.

Callahan, Daniel. "On Feeding the Dying." *Hastings Center Report* (October 1983): 22.

Cameron, Nigel M. de S. *The New Medicine*. Wheaton, Ill.: Crossway Books, 1991.

Cooper, J. W. *Body, Soul, and Life Everlasting*. Grand Rapids: Eerdmans, 1989.

Cullmann, Oscar. *Immortality of the Soul or Resurrection of the Dead?* New York: Macmillan, 1964.

Davis, John Jefferson. *Evangelical Ethics: Issues Facing the Church Today*. Phillipsburg, New Jersey: Presbyterian and Reformed Publishing Co., 1985.

Feinberg, John S. and Paul D. Feinberg. *Ethics for a Brave New World*. Wheaton, Ill.: Crossway Books, 1993.

Filson, Floyd. *A Commentary on the Gospel According to St. Matthew*. Harper and Row, 1960. Reprint, Hendrickson Publishers, 1987.

Fletcher, Joseph. *Morals and Medicine*. Princeton: Princeton University Press, 1954.

_____. *Humanhood: Essays in Biomedical Ethics*. Buffalo, N. Y.: Prometheus Books, 1979.

Hodge, Charles. *Systematic Theology*. Grand Rapids: Eerdmans, 1940.

Hoekema, Anthony A. *The Bible and the Future*. Grand Rapids: Eerdmans, 1979.

Horan, Dennis J. and David Mall. (Eds.) *Death, Dying, and Euthanasia*. Frederick, Md.: University Publications of America, 1980.

Kelley, Gerald. "The Duty to Preserve Life." *Theological Studies* 12 (1951): 550.

Ladd, George Eldon. *A Theology of the New Testament*. Grand Rapids: Eerdmans, 1974.

_____. *Last Things*. Grand Rapids: Eerdmans, 1978. 이승구 역.『마지막에 될 일들』개정판. 서울: 이레서원, 2000.

Lynn, Joanne and James F. Chidress. "Must Patients Always Be Given Food and Water?" *Hastings Center Report* (October 1983): 17-21.

McFadden, Charles J. *Medical Ethics*. Philadelphia: F. A. Divis, 1967.

Morgan, C. and R. Peterson. (Eds.) *Hell under Fire*. Grand Rapids: Zondervan, 2004.

Morris, Leon. *The Gospel According to Matthew*. Grand Rapids: Eerdmans, 1992.

Shedd, W. G. T. *Dogmatic Theology*. 1889. Grand Rapids: Zondervan, n.d.

Shedd, William G. T. *The Doctrine of Endless Punishment*. New York: Scribner, 1886.

Turner, David L. Matthew. *Baker Exegetical Commentary on the New Testament*. Grand Rapids: Baker Academic, 2008.

Vaux, Kenneth L. *Death Ethics*. Philadelphia: Trinity Press International, 1992.

Wilson, Jerry B. *Death by Decision*. Philadephia: Westminster Press, 1975.

이승구. "예수 믿는 이는 죽으면 어떻게 되는가?" 95-103.『기독교 세계관으로 바라보는 21세기 한국 사회와 교회』서울: SFC, 2005.

_____.『인간 복제, 그 위험 도전』개정판. 서울: 예영, 2006.

_____. 『한국교회가 나아 갈 길』 서울: SFC, 2007.

한국 기독교 생명 윤리 협회(http://www.cbioethics.org/).

11. 두 신학

Barth, Karl. *Evangelical Theology. An Introduction.* Trans. Glover Foley. New York: Holt, Rinehart & Winston, 1963.

Cooper, John W. *Panentheism - The Other God of the Philosophers: From Plato to the Present.* Grand Rapids: Baker Academics, 2006.

Ramm, Bernard. *After Fundamentalism: The Future of Evangelical Theology.* San Francisco: Harper & Row, 1983.

"Summary of Lectures: Mission in the 21st Century." Preparatory Paper No. 7. (United Church of Zambia Theological College, March 2004). http://www.oikoumene.org/en/resources/documents/wcc-commissions/ mission-and-evangelism/cwme-world-conference-athens-2005/preparatory -paper-n-7-mission-in-the-21st-century.html.

김경재. "한국 교회와 신학의 회고와 전망". 2007년 5월 18일에 열린 한국기 독교학회 발제. Available at: http://soombat.org/wwwb/CrazyWWWBoard. cgi?db=article&mode=read&num=141&page=1&ftype=6&fval=&back depth=1.

김덕기. "한국교회의 성서해석의 폭력성: 상징적 폭력을 중심으로". Available at: http://kr.blog.yahoo.com/yydeokk196/9097.

"부활절 진보, 보수 연합예배". 「한겨레신문」 2006년 4월 16일자. http://www.hani.co.kr/arti/culture/religion/116252.html.

이승구. "복음주의와 성경". 41-51. 『개혁신학탐구』 서울: 하나, 1999. 41-51.

정성수. "한기총, 조선 그리스도교 연맹 금강산서 첫 공식 만남 가져". 「세계일보」 2007년 6월 11일자.

http://www.segye.com/Service5/ShellView.asp?TreeID=1052&PCode=0007&Da
taID=2007206102142000405.

"한국기독교협의회 2005년 신년 메시지". http://blog.naver.com/ldy3861?Redirect
=Log&logNo=40009261684.

"한기총 설립 취지문"과 "한기총 정관 제1장 3조". 다음 사이트에서 접속
가능: http://www.cck.or.kr/.

"한기총. KNCC: 교회 연합 위해 협력하자".「연합뉴스」 2007년 2월 9일자.
http://news.naver.com/news/read.php?mode=LSD&office_id=001&ar-
ticle_id=0001544130&section_id=103&menu_id=103.

"한기총의 신학적 입장은 무엇인가?" 한기총 신학연구위원회 세미나 (2007
년 8월 9일). http://www.cbs.co.kr/chnocut/show.asp?idx=587570.

"한북한 선교의 지름길, 탈북자 선교, 한국기독교총연합회",「선교타임즈」
2002년 5월호. http://bbs.kcm.co.kr/NetBBS/Bbs.dll/missiontime2/qry/
zka/B2-mCI-o/qqo/PRMY/qqatt/^

한종호. "한국교회의 교회됨을 위하여". KNCC 창립 80주년 기념 10월 월례
강좌 (2004년 10월 28일).

http://www.kncc.or.kr/board_view.asp?no=114&dbname=bbs_55&page=11&
key=&st=off&sw=off&sc=off.

"KNCC 사형제 폐지 적극 지지".「국민일보」 2006년 2월 22일자. http://news.
naver.com/news/read.php?mode=LSD&office_id=005&article_id=
0000236223&section_id=103&menu_id=103.

"KNCC-조그런 부활절 공동기도문 합의".「연합뉴스」 2007년 3월 15일자.

"KNCC란?". http://www.kncc.or.kr/info1.asp?menuopen=1.

13. 포스트모던 세계와 그리스도

Baumer, Franklin L. *Modern Euporean Thought: Continuity and Change in Ideas,
1600-1950*. New York and London: Macmillan Pub. Co., 1977. 조호연

역. 『유럽근현대지성사』 서울: 현대지성사, 1999.

Burnham, Frederic B. (Ed.) *Postmodern Theology: Christian Faith in a Pluralistic World*. New York: Harper & Row, 1989. 세계신학연구원 역. 『포스트모던신학』 서울: 조명문화사, 1990.

Derrida, Jacques. *Speech and Phenomena and Other Essays on Husserl's Theory of Signs* (1967). E. T. Evanston: Northwestern University Press, 1973.

_____. Writing and Difference. Trans. Alan Bass. Chicago: University of Chicago Press, 1978.

_____. *Of Grammmatology*. Trans. Gayatri Chakravorty Spivak. Baltimore: The Johns Hopskins University Press, 1976.

_____. *Positions*. Chicago: The University of Chicago Press, 1981.

_____. *Dissemination*. Chicago: The University of Chicago Press, 1981.

Faucault, Michel. *Madness and Civilization: A History of Insanity in the Age of Reason* (1961). Trans. Richard Howard. New York: Pantheon, 1965.

_____. *Discipline and Punishment* (1975). Trans. A Sheridan. New York: Vintage, 1977.

Grenz, Stanley J. *A Primer on Postmodernism*. Grand Rapids: Eerdmans, 1996.

Griffin, David Ray. (Ed.) *God and Religion in the Postmodern World: Essays in Postmodern Theology*. Allbany: State University of New York Press, 1989.

_____. (Ed.) *Varieties of Postmodern Theology*. Allbany: State University of New York Press, 1989.

Hick, John, et al. *Four Views on Salvation in a Pluralistic World*. Grand Rapids: Zondervan, 1996. 이승구 옮김. 『다원주의 논쟁』 서울: 기독교문서선교회, 2001.

Hooykaas, R. 『근대 과학의 출현과 종교』 서울: 정음사.

Letham, Robert. *The Works of Christ*. Leicester: IVP, 1993. 황영철 역. 『그리스도의 사역』 서울: IVP, 2000.

Lyotard, J. F. *The Postmodern Condition: A Report on Knowledge* (1979). Trans.

Geoff Bennington & Brian Massumi. Minneapolis: Univ. of Mennesota Press, 1984. 이현복 역.『포스트모던적 조건: 정보 사회에서의 지식의 위상』서울: 서광사, 1992.

_____. *The Postmodern Explained*. Minneapolis: University of Minnesota Press, 1992.

Macleod, Donald. *The Person of Christ*. Leicester: IVP, 1998. 김재영 역.『그리스도의 위격』서울: IVP, 2001.

McKnight, Edgar V. *The Postmodern Use of the Bible: The Emergence of Reader-Oriented Criticism*. Nashville: Abingdon Press, 1988.

Middleton, J. Richard and Brian J. Walsh, *Truth is Stranger than It Used to Be: Biblical Faith in a Postmodern Age*. Downers Grove: IVP, 1995.

Nash, Ronald H. *Is Jesus the Only Savior?* Grand Rapids: Zondervan, 1994.

Noll, Mark & David Wells. (Eds.) *Christian Faith and Practice in the Modern World*. Grand Rapids: Eerdamns, 1988. 이승구 역.『포스트모던 세계에서의 기독교 신학과 신앙』서울: 엠마오, 1994.

Rorty, Richard. *Philosophy and The Mirror of Nature*. Princeton: Princeton University Press, 1979.

_____. *Consequences of Pragmatism: Essays, 1972-1980*. Minneapolos: University of Minnesota Press, 1982.

_____. *Contingency, Irony, and Solidarity*. Cambridge: Cambridge University Press, 1989.

Sire, James. 『포스트모더니즘』송태연 옮김. 서울: IVP, 1998.

Skinner, B. F. *Beyond Freedom and Dignity*. New York: Knopf, 1971.

Taylor, Mark C. *Deconstructive Theology*. New York: Crossroad, 1982.

_____. *Erring: A Postmodern A/Theology*. Chicago and London: University of Chicago Press, 1984.

Tracy, David. *The Analogical Imagination: Christian Theology and the Culture of Pluralism*. New York: Crossroad, 1981.

Veith, Gene Edward. *Postmodern Times. A Christian Guide to Contemporary*

Thought and Culture. Wheaton: Crossway Books, 1994.

Wells, David F. *The Person of Christ.* Illinois: Crossway Books, 1983. 이승구 역.『기독론: 그리스도는 누구신가』서울: 엠마오, 1994. 개정역. 서울: 토라, 2007.

강영안.『주체는 죽었는가?』서울: 문예출판사, 1996.

김영한.『21세기와 개혁신학(II): 포스트모더니즘과 개혁신학』서울: 한국장로교출판사, 1998.

김형효.『구조주의 사유 체계와 사상』서울: 인간사랑, 1989.

_____.『데리다의 해체 철학』서울: 민음사, 1993.

송주성.『포스트모더니즘은 없다』서울: 청년문예, 1994.

신국원.『포스트모더니즘』서울: IVP, 1999.

윤평중.『포스트모더니즘의 철학과 포스트마르크스주의』서울: 서광사, 1992.

이승구.『개혁신학 탐구』서울: 하나, 1999.